André Castelot
HEINRICH IV.

König von Frankreich und Navarra

Wilhelm Heyne Verlag
München

HEYNE BIOGRAPHIE
12 / 214

Aus dem Französischen übersetzt
von Susanne Bally

Titel der Originalausgabe:
Henri IV. – le passionné

© 1986 Libraire Académique Perrin, Paris
© 1987 der deutschen Ausgabe Casimir Katz Verlag, Gernsbach
Wilhelm Heyne Verlag GmbH & Co. KG, München
Printed in Germany 1992
Umschlagillustration: Archiv für Kunst und Geschichte, Berlin
Umschlaggestaltung: Atelier Ingrid Schütz, München
Satz: Layout & Grafik 1000, München
Druck und Bindung: Presse-Druck Augsburg

ISBN 3-453-05333-8

Inhalt

Anstelle eines Vorworts 7

Erster Teil	1	»Das Früchtchen« 11
Der König	2	Der kleine Vendôme 40
von	3	Die Bluthochzeit 63
Navarra	4	»Der Zaunkönig« entfleucht 96
	5	Der Zauber von Nérac 126
	6	Der Teufel ist los 151
	7	Die Krone ist Euer 172
	8	Von Arques nach Ivry 195
	9	Die schöne Gabrielle 219
	10	Der gefährliche Sprung 234
Zweiter Teil	11	Der Triumph 263
Der König	12	Die Toleranz 285
von	13	Die Fügung Gottes 306
Frankreich	14	»Ein arrogantes, durchtriebenes Weibsbild« 325
	15	Eine Ehe zu dritt 346
	16	Verrat am König 367
	17	König Heinrichs Regierung 395
	18	Le Vert-Galant 421
	19	Letzte Leidenschaft 441
	20	Ravaillac 457

Anhang   Zeittafel 488
         Stammbaum 494
         Bibliographie 498
         Anmerkungen 503
         Bildnachweis 519
         Personenregister 520

Anstelle eines Vorworts

»Ist es nicht ein Trauerspiel, daß niemand in diesem Königreich lebt, der nicht erkannt hätte, wo die Wurzel allen Übels liegt, der nicht die Waffen verwünschte, die dieses Land wie eine Krankheit zugrunde richten? Und daß es trotzdem keinen Mund gibt, der das einzige Mittel zur Heilung beim Namen nennt... daß keiner es wagt, das heilige Wort Friede auszusprechen... Und dabei sieht ein jeder, woran dieser Staat krankt, jeder weiß, daß es der Bürgerkrieg ist, der ihn vernichten wird, wie er noch jeden Staat vernichtet hat!...

In dieser Stunde appelliere ich an alle, die unserem Wahnsinn beiwohnten... Ich rufe unseren Adel, die Vertreter der Geistlichkeit und der Städte, ich spreche zum ganzen Volk dieses Landes, dem Volk, das die Felder bepflanzt und die Speicher füllt, das durch seiner Hände Arbeit die Großen nährt und kleidet... Hört auf meinen Ruf und legt die Waffen nieder! Was wird von diesem Staat bleiben, von seinen Städten und Dörfern, von seinem Reichtum und seiner Macht, wenn wir nicht zur Besinnung kommen und unseren Zwist begraben?«

Ausschnitt aus dem Manifest, das Heinrich von Navarra im März 1589 in Châtellerault verfaßte. Fünf Jahre später wurde er unter dem Namen Heinrich IV. in Chartres zum König von Frankreich gesalbt.

Frankreich zur Zeit der Hugenottenkriege 1562–1598

Quelle: Aus dtv-Atlas zur Weltgeschichte, dtv 3001, 194

Erster Teil

Der König von Navarra

Jeanne d'Albret, Mutter Heinrichs IV.

1

»Das Früchtchen«

»Du wirst ein echter Béarner«

Am 14. Juni 1541 wohnt der Hofstaat Franz' I. von Frankreich in der düsteren Festung von Châtellerault einem höchst ungewöhnlichen Schauspiel bei. Nach mehreren, mit Festlichkeiten ausgefüllten Tagen, soll die Hochzeit der blutjungen Jeanne, Tochter von Margarethe von Angoulême (Schwester Franz' I.) und König Henri von Navarra, mit Wilhelm von der Marck, Herzog von Kleve und Geldern, gefeiert werden.

Die junge Braut ist nicht entzückt von der Idee. »Eher stürze ich mich in einen Brunnen, als den Herzog von Kleve zu heiraten«, sträubt sie sich mit allem Kraftaufwand ihrer dreizehn Lenze. Vergebens.

Ihrem Onkel Franz I. liegt aus politischen Gründen viel an einer Verbindung mit den rechtsrheinischen Fürsten und Margarethe – obwohl sie diese Bindung eigentlich selbst nicht gutheißt – läßt ihrer widerspenstigen Tochter eine Tracht Prügel versetzen. Jeanne muß sich beugen, aber...

Aber auf die kirchliche Trauung folgt die fürchterliche Prozedur des »öffentlichen Beilagers«, die sich nach alter Sitte in Gegenwart zahlreicher Höflinge abspielt. Jeanne befindet sich in Erwartung ihres Ehegatten allein im Bett. Doch kaum nähert sich der Freier aus Germanien, als die Braut auch schon von einer Nervenkrise geschüttelt wird. Sie schluchzt, schreit, tobt und wehrt sich mit Händen und Füßen, was die Lust des Herzogs erheblich dämpft. Unter den Augen der peinlich berührten Anwesenden muß er sich schließlich damit begnügen, wie bei einer Eheschließung per procurationem symbolisch sein entblößtes Bein unter die Decke des Brautbettes zu schieben. Danach sucht er gekränkt sein eigenes Schlafgemach auf, wo er eine einsame Hochzeitsnacht verbringt.

Die nicht vollzogene Ehe wird später für ungültig erklärt.

In der Folge hätte Jeanne fast ihren Vetter, den Herzog Karl von Orléans, dritter Sohn Franz' I., geheiratet.

»Haltet sie mir warm für den Fall, daß ich nichts Besseres finde!« soll der junge Prinz, gemäß einer Notiz des päpstlichen Nuntius, nicht gerade galant ausgerufen haben.

Aber das Schicksal ließ dem Bruder des Dauphins keine Zeit, auf Brautschau zu gehen. Er starb eines Abends im Jahre 1545, nachdem er, erhitzt, ein Glas eiskalten Wassers hintergeschüttet hatte.

Franz I. ist um weitere Heiratspläne nicht verlegen. Seinen neuesten politischen Eingebungen folgend, faßt er den Entschluß, den deutschen Pseudogatten seiner Nichte durch den Heiratskandidaten zu ersetzen, den seine Schwester Margarethe schon immer vorgeschlagen hatte, nämlich Antoine de Bourbon, Herzog von Vendôme, ein Vetter im achten Glied des Königshauses. Doch Franz I. stirbt im Jahre 1547, ohne seinen Plan verwirklicht zu haben. Sein Sohn und Nachfolger Heinrich II. erfüllt den letzten Wunsch seines Vaters und bittet Margarethe und ihren Gatten Henri d'Albret, Herrscher des winzigen Königreiches von Navarra, ihre Zustimmung zur Eheschließung ihrer Tochter Jeanne mit dem schönen Antoine de Bourbon zu geben, einem Prinzen, den er als »edel, kühn und von fröhlichem Gemüt« bezeichnet.

Der Erwählte stammt in direkter Linie von Robert, Herzog von Clermont, dem sechsten Sohn Ludwigs IX. (des Heiligen) ab und gehört damit in den Kreis der »ersten Prinzen von Geblüt«. Allerdings ist er durch andere Anwärter vom Anspruch auf den Thron so weit entfernt und auch mit äußeren Mitteln und Ländereien nicht überreich gesegnet, daß Jeanne, die Cousine Heinrichs II. von Frankreich, eine ausgezeichnete Partie für ihn darstellt. Abgesehen von den üppigen Hausgütern in der Gascogne besitzen die Albrets vor allem einen echten Königstitel, selbst wenn das dazugehörige Reich eher einem Zwergenstaat gleicht, und man fast von einem Ehrentitel sprechen könnte... Philipp der Schöne von Spanien, der Vater Karls V., hatte nämlich 1512 die jenseits der Pyrenäen gelegenen Provinzen Ober-Navarras sowie dessen Hauptstadt Pamplona erobert und kurzerhand dem spanischen Königreich einverleibt. Ihrem Vater Henri blieben seither nur die nördlichen Gebiete Nieder-Navarras, und man hat dann auch später oft über den zukünftigen Heinrich IV. gewitzelt, daß er über »mehr Nase als Land« verfüge, und man sein Königreich bequem »auf einem Bein hüpfend« durchqueren könne![1]

Antoine de Bourbon findet seine zehn Jahre jüngere Braut sehr nach seinem Geschmack. Ronsard[2] versichert uns, daß sie »schöner als die drei Grazien und auf allen Seiten wohl gerundet« war. Außerdem ist sie in ihren Worten und Taten »rundheraus« und, wie ein Chronist berichtet, »so aufgekratzt und von so angenehmem Umgang, daß man sich in ihrer Gesellschaft kaum langweilen kann.«

»Ich habe nie eine fröhlichere Braut gesehen als diese, sie lacht ununterbrochen«, stellt König Heinrich II. am Abend der Hochzeit fest, die am 20. Oktober 1548 in Moulins, Stammburg der Familie Bourbon, gefeiert wird.

Am nächsten Morgen verkündet Antoine de Bourbon schmunzelnd seiner Umgebung, daß er seiner ehelichen Pflicht wohl sechsmal nachgekommen sei! Nach dieser Leistung mag sich Jeanne für ihre frühere Halsstarrigkeit gegenüber ihrem Onkel Franz I. beglückwünscht haben. Findet Antoine an seiner fröhlichen, jungen Herzogin Gefallen,

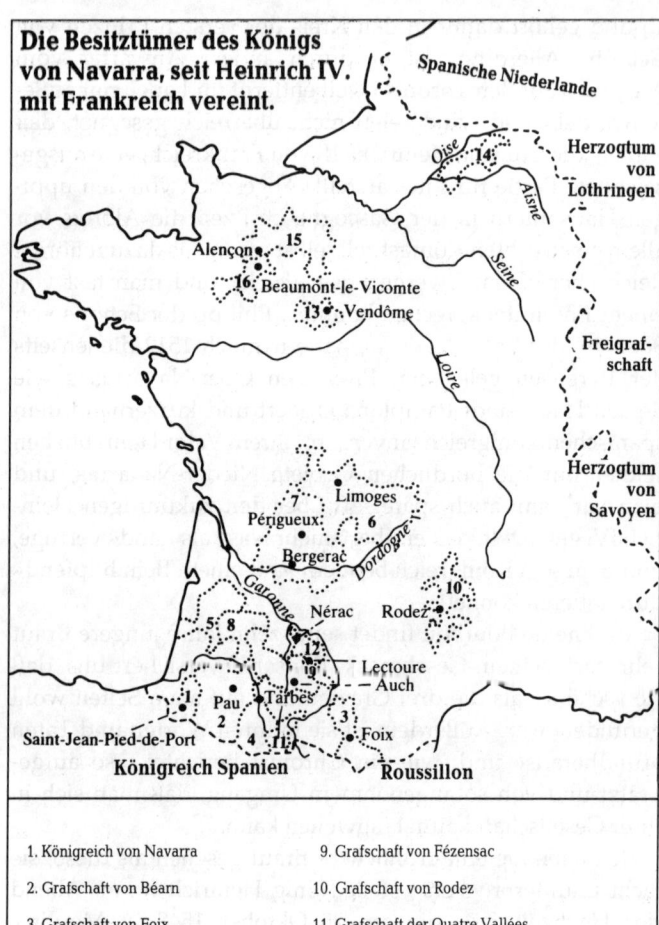

Die Besitztümer des Königs von Navarra, seit Heinrich IV. mit Frankreich vereint.

1. Königreich von Navarra
2. Grafschaft von Béarn
3. Grafschaft von Foix
4. Grafschaft von Bigorre
5. Herzogtum d'Albret
6. Grafschaft von Limoges
7. Grafschaft von Périgord
8. Grafschaft von Armagnac
9. Grafschaft von Fézensac
10. Grafschaft von Rodez
11. Grafschaft der Quatre Vallées
12. Grafschaft von Lomagne
13. Herzogtum von Vendôme
14. Grafschaften von Marle, La Fère und Soissons
15. Herzogtum von Alençon
16. Herzogtum von Beaumont

so ist Jeanne von ihrem temperamentvollen Gemahl entzückt, der auf die verrücktesten Ideen kommt und dauernd mit einem neuen Bartschnitt auftaucht. Gewiß, später sollte sie ihm seinen Egoismus, seine Rücksichtslosigkeit, ja, sogar einen gewissen Zynismus vorwerfen. Vorläufig aber herrscht eitel Sonnenschein unter den Eheleuten.

Ein Jahr nach der fröhlichen Hochzeit von Moulins folgt Margarethe von Angoulême – nach Clement Marots Worten »die vierte der Grazien und die zehnte der Musen« – ihrem Bruder Franz I. in den Tod. Der Witwer, Henri, Herzog von Albret und König von Navarra, ist betagt und gebrechlich. Sofern er nicht doch noch eine neue Ehe eingeht und einen Sohn zeugt, würde Jeanne als seine einzige Erbin einmal über das kleine Königreich herrschen, in dem das salische Recht nicht gilt, sowie über das Herzogtum Albret, über die Grafschaften Foix, Bigorre, Armagnac... Aber im Jahre 1549 waren die Würfel darüber noch nicht gefallen.

Von Antoine de Bourbon, der als Prinz von Geblüt dem König Kriegsgefolgschaft schuldig war, sind einige köstliche Briefe an seine junge Gemahlin überliefert: »Der ganze Ärger, den ich gestern erleiden mußte, und von dem ich Euch erst gar nicht berichten will, ist nichts gegenüber der gräßlichen Nacht, die ich ohne Euch, allein im Bett, verbracht habe,... und so gehe ich mit mir selbst zu Rate, wie ich es anstellen könnte, Euch bei meiner nächsten langen Reise mitzunehmen, denn allein langweile ich mich zu Tode...« Gleichzeitig stellt er fest, daß ihm neuerdings alle anderen Frauen »gar häßlich und tumb« vorkommen. Jeanne antwortet ihm ebenso zärtlich und unterschreibt ihren Brief mit den rührenden Worten »Eure äußerst untertänige und gehorsame Tochter, Ehegattin und Geliebte...«

Die junge Herzogin, die im Béarn zurückgeblieben ist, erwartet ein Kind, das sie in Mont-de-Marsan zur Welt zu bringen gedenkt. Damit ist der zukünftige Vater gar nicht einverstanden. Ein Prinz von Geblüt hat der ersten Niederkunft seiner Gemahlin immer beizuwohnen. Und schon ist die folgsame, hochschwangere Jeanne in einer Sänfte auf dem weiten, gefahrvollen Weg vom heimatlichen Béarn in den Norden, wo Antoine sie in La Flèche erwartet. Am 21. September 1551 schenkt sie in Coucy, im Hoheitsgebiet der Bourbon-Vendôme, einem Sohn das Leben, der den Titel eines Herzogs von Beaumont erhält. Antoine ist überglücklich und verliebter denn je. »Kein Ehemann«, so versichert er ihr, »hat je seine Frau so geliebt, wie ich es tue!«

Das Kind wird der Pflege von Madame Aymée de la Fayette anvertraut, die so verfroren ist, daß sie sogar im Monat August ein wahres Höllenfeuer in ihren Kaminen anzünden läßt. »Besser schwitzen als schlottern«, behauptet sie eigensinnig gegenüber denen, die beunruhigt die Gluthitze betreten, in welcher der schweißgebadete Säugling schmort.

Zwei Jahre lang widersteht die robuste Natur des kleinen Herzogs von Beaumont der Dampfbadatmosphäre, dann stirbt er in La Flèche am 20. August 1553.

»Mein Herz«, schreibt Antoine de Bourbon seiner Frau tröstend, »es wäre mir lieber gewesen, wenn sich Gott uns in anderer Weise kundgetan hätte. Aber für ein Kind, das er uns genommen hat, kann er uns ein Dutzend schenken, denn wir sind beide jung genug, um viele erhoffen zu dürfen.«

Und gerade in diesem Monat August 1553 ist Jeanne nach den Worten Henri d'Albrets wieder in »Erwartung eines Früchtchens«, das sie übrigens, wie wir wissen, in Abbéville empfangen hat. Dieses Mal aber will der alternde Herrscher persönlich über das Wohlergehen seines Enkels wachen, über dessen Geschlecht nicht der leiseste Zweifel in ihm aufkommt, und den er vor allen Höllenfeuern der Welt zu bewahren gedenkt. Als er seine Tochter im fünften Monat schwanger weiß, verlangt er, daß sie Compiègne verläßt und zur Niederkunft ins Béarn unter seine Obhut kommt. Schweren Herzens läßt Antoine seine Frau ziehen und fleht sie an, ihm über den Fortgang ihrer Schwangerschaft, an der er, wie er immer wieder schreibt, mit »größtem Vergnügen« teilnimmt, detailgenau zu berichten. »Vor allem«, betont er,

»wenn ich fühlen kann, daß sich das Kind ganz teufelswild bewegt!« Womit wir den ersten, dokumentarisch festgehaltenen Bericht über des zukünftigen Königs Vitalität besitzen.

Am 5. Dezember 1553 bezieht die Herzogin von Bourbon ihre Gemächer im Schloß zu Pau.[3] Feierlich zeigt ihr der Vater eine goldene Schatulle, die aber mit ihrem Inhalt erst nach der Geburt in ihren Besitz übergehen soll.

Sie enthält das Testament des Königs, mit welchem er seiner Tochter den schönen Besitz von Béarn mit Albret, Foix und Bigorre zum Geschenk macht, eine Gabe von größter Bedeutung, beweist sie doch, daß er sich mit keinen Heiratsplänen mehr trägt. Man kann sich Jeannes Freude vorstellen, von dieser bedrohlichen Ungewißheit befreit zu sein.

»Das alles soll Dir gehören«, verspricht der Vater augenzwinkernd, »wenn Du Dich nicht wehleidig anstellst oder gar ein griesgrämiges Kind zur Welt bringst und vorausgesetzt,... daß Du bei der Geburt ein Béarner Liedchen singst!«

Wenige Tage darauf, am 13. Dezember des Jahres 1553, kurz vor zwei Uhr morgens, wird Henri d'Albret aus dem Schlaf geholt: die Stunde ist gekommen. Hastig schlüpft er in ein pelzgefüttertes Gewand und eilt die Treppen hinunter in den ersten Stock, wo Jeanne in den Wehen liegt.

Als er die Türe öffnet, hört er, daß sie seinen Wünschen wortgetreu nachkommt: mit kleinem, frischem, doch etwas zitterndem Stimmchen singt sie eine alte Béarner Weise, eine Anrufung der »Notre-Dame-du-Bout-du-Pont«, der Muttergottes, die den Brückenübergang über den Wildbach von Pau bewacht. Der Sage nach soll die Weise den Frauen im Kindbett Glück bringen. Sie lautet:[4]

Nouste Daune deu cap deu poun
Adjudat me a d'aqueste hore
Pregat au Diu deu ceu
que m'boulhe die deliura leu,
que mon frute que sorte dehors!

Des Liedchens Macht setzt wundertätig ein, das Kind erblickt das Licht der Welt...

Beglückt über das wohlgelungene Ereignis überreicht Henri d'Albret seiner Tochter das kostbare Kästchen, das an einer langen, goldenen Kette hängt, damit sie es bei sich tragen kann.

Ohne abzuwarten, daß das Neugeborene »gebührend zurechtgemacht« ist, packt er es, wickelt es in seinen weiten, warmen Mantel und stürmt mit dem strampelnden Bündel und dem Ruf: »Mir gehört er, mir!« durch das Schloß.

Fünfundzwanzig Jahre zuvor, bei Jeannes Geburt, hatten die Spanier, die dem König von Navarra keinen männlichen Erben gönnten, gehöhnt:

»Sieh da, ein Wunder! Die Kuh hat ein Schaf geboren!« – womit sie auf das Wappen des Hauses Béarn anspielten, das »Zween gehörnte Kühe mit güldenen Glocken auf schlarlachrotem Feld« trägt.

Henri hat an diesem Dezembertag des Jahres 1553 den Spott nicht vergessen und ruft, von seinem kräftigen Enkel entzückt, aus:

»Ein Wunder! Das Schaf hat einen Löwen geboren!«

Wenn der besorgte Großvater daraufhin dem Neugeborenen mit einer Knoblauchzehe über die Lippen reibt und ihm einen goldenen Kelch, gefüllt mit Wein aus dem Jurançon, unter die Stupsnase hält, so tut er das weniger, um ihm symbolisch Kraft und Stärke des heimatlichen Bodens zu vermitteln, sondern eher um ihn vor der Ansteckung einer Seuche zu bewahren, die gerade sein Land heimsucht. Doch das kleine Bürschchen verzieht das Gesicht und wackelt mit dem Kopf, wie es Kleinkinder oft tun. Der alte Landesvater stellt befriedigt fest: »Du wirst einmal ein echter Béarner!«

Das erwähnte Wundermittel zur Infektionsverhütung wurde im Laufe der Jahrhunderte zum Ritus: Knoblauch und Wein aus dem Jurançon begleiten bis zum heutigen Tag die Geburten der Söhne des französischen Königshauses.

Das Schloß in Pau

Obwohl das Therapeutikum aus Knoblauch und Jurançonwein zweifellos auch auf die anderen Kinder des Ehepaares von Bourbon angewandt wurde, stirbt die 1556 geborene Tochter Madelaine in zartem Alter. Jeannes dritter Sohn, Graf von Marle, bricht sich die Knochen, als sich seine Amme und einer der Edelleute des Hofes damit vergnügten, sich ihn wie einen Spielball von einem Fenster des Schlosses in den Hof zuzuwerfen und... ihn dabei fallen lassen!... Nur das sechs Jahre jüngere Schwesterchen überlebt, das Jeanne aus Ehrerbietung gegenüber der Königin von Frankreich Katharina nennt.

Niemand denkt zu jener Zeit daran, eine Weissagung Ronsards zu beachten, die lautet:[5]

»Mon prince, illustre sang de la race bourbonne,
A qui le ciel promet de porter la couronne
Que ton grand Saint Louis porte dessus le front.«

Wer sollte die seltsamen Worte auch ernst nehmen? Heinrich war doch so weit vom Thron entfernt: sechs Prinzen von Geblüt hatten Vorrang vor ihm!

Sieben Ammen »mit üppiger Brust und von gesunder Hautfarbe« werden an dem Wickelkind ausprobiert, bis man endlich die Richtige findet. Nicht etwa, wie Michelet und andere Historiker später behaupten, um den unersättlichen Appetit des Kleinen zu stillen, sondern weil er die Milch der anderen sechs nicht verträgt. Schließlich kommt Jeanne Fourcade, Eheweib des Jean Lassanséa, seines Standes Landmann, die Ehre zu, den künftigen König zu nähren. Sie wohnt in Billère, und im dortigen Pachthof, auf halbem Wege zwischen Pau und Lescar, bringt der kleine Prinz die ersten Monate seines Lebens zu.

Drei Monate nach seiner Geburt wird die Taufe des Stammhalters auf den Namen Heinrich im Schloß von Pau mit großer Prachtentfaltung und unter Teilnahme der Bevölkerung gefeiert. Während der Festlichkeiten und der Begrüßung der Geladenen liegt das Bübchen in seiner prunkvollen Wiege, die aus dem Panzer einer riesigen Schildkröte gefertigt ist, und die der Besucher heute wie damals mit staunender Rührung betrachtet. Es erhält den Titel des Herzogs von Beaumont, einem bourbonischen Besitz, und den des Grafen von Viane, Name einer der von Spanien besetzten, aber Navarra zugehörigen Grafschaft, um allen zu zeigen, daß auch der künftige König von Navarra nicht auf seine Provinzen jenseits der Pyrenäen zu verzichten gedenkt. Der ereignisreiche Tag findet ein lärmendes Ende bei Gesang, üppigem Schmaus und Trank im Schein der Freudenfeuer, die man am Fuße der Schloßtürme entzündet.

Heinrich erhält zwei Taufpaten, seinen Großvater Henri von Navarra und seinen Onkel Karl, Kardinal von Bourbon[6], der spätere Gegenkönig der Liga, Karl X. Seine Patin ist Isabella von Albret, Schwester seines Großvaters.

Die Tauffeierlichkeiten zu Ehren seines Enkels und Patenkindes sollten das letzte freudige Ereignis im Leben von Henri d'Albret sein, denn er schloß im Jahr darauf, im Mai 1555, im Schloß Hagetmau für immer die Augen. Damit wird Jeanne Königin und Heinrich im Alter von achtzehn Monaten Prinz von Navarra.

Unter diesem Titel nimmt er auch am feierlichen Einzug und Empfang seiner Eltern durch die Reichsstädte des Béarn teil. Die ehrwürdigen Herren sind sich ihrer Eigenständigkeit wohl bewußt und legen Wert auf einen deutlichen Unterschied zwischen ihrer »wahrhaftigen und eingeborenen Königin«, der sie ihre Huldigung erweisen wollen, und ihrem Gemahl Antoine de Bourbon, der in ihren Augen nur der Gebieter seiner Frau – nicht aber der ihre – ist. Es bedarf langer Verhandlungen, bis sie bereit sind, das »Trutz- und Treuebekenntnis« beiden gleichzeitig abzulegen, worauf Jeanne und Antoine, ihre Hände aufeinandergelegt, ihrerseits gemeinsam den Herrschereid schwören.

Als Gemahl der Königin von Navarra wird Antoine de Bourbon von Heinrich II. zum Gouverneur[7] und Admiral der

Provinz Guyenne ernannt, die an das Königreich von Navarra angrenzt. Als Gegenleistung muß er allerdings auf die Statthalterschaft der Picardie verzichten.

Der kleine Prinz ist jetzt von seiner Amme entwöhnt. Wie und in welchem Alter das geschieht, ist ungewiß. Feststeht, daß auf dem Gebiet der Säuglings- und Kinderpflege damals seltsame Sitten herrschten. So weiß man z. B., daß der spätere Ludwig XIII. im zarten Alter von achtzehn Monaten als erste richtige Mahlzeit seines Lebens gehacktes Fleisch einer fetten Ente verzehrte...

Heinrich wird einer Gouvernante, Suzanne von Bourbon-Busset anvertraut, die einer nichtherrschenden Seitenlinie des Hauses Bourbon entstammt und mit einem Albret verheiratet ist, der den Titel Baron von Moissens trägt. Sein Schloß, in der kleinen Ortschaft Coarraze gelegen, beherrscht das Tal des Gave[8] von Pau und bietet einen unvergleichlichen Blick auf die mächtige Bergkette der Pyrenäen.[9]

Die frühe Kindheit des späteren Königs ist die eines Bauernbuben, der, dem Wunsch seines Großvaters gemäß »auf ländliche Art«, den Béarner Sitten gemäß, heranwächst, weit entfernt von der verweichlichenden Erziehung à la française, und vor allem weit weg vom französischen Hof mit seiner lockeren Lebensweise, damit er kräftig und ausdauernd wird und mit seinem Heimatboden verwächst. Er bekommt Fleisch zu essen, aber in erster Linie besteht seine Nahrung aus der derben Kost seiner Landsleute, aus Schwarzbrot und Käse, Milchspeisen, Brotsuppe, Kraut und Knoblauch. Die erste Sprache, die er spricht, ist nicht französisch, sondern die Sprache Béarns. Er läuft meist barfuß und ist in grobgewobene Gewänder gehüllt. Seine Spielgefährten sind die Bergbauernkinder. Die Episoden des Lebens, das er damals führte, wurden zum Lieblingsthema späterer Kupferstecher. Besonders bekannt geworden ist die Darstellung Heinrichs, wenn er von seinen wilden Streifzügen durch die Bergwelt heimkommt, die Haare zerzaust, die Kleider zerrissen, Gesicht, Arme und Beine zerkratzt. Zunächst wird ihm eine Tracht Prügel (für ihn keine Seltenheit), dann eine kräftige Knoblauchsuppe verabreicht. Danach schickt ihn Madame Bourbon-Busset ins Bett, oder besser gesagt auf die Strohmatte, denn er schläft ohne Matratze auf dem Boden.

Die Rute war bei der damaligen Kindererziehung ein durchaus vielverwendetes Instrument. So hat Heinrich IV. später der »Mamanga« des künftigen Ludwig XIII., Madame de Montglat, folgendes empfohlen: »Gebt ihm die Rute jedesmal, wenn er sich widerspenstig zeigt und nicht gehorchen

Die Geburt Heinrichs von Navarra.
Stahlstich aus dem 19. Jahrhundert

will, denn ich weiß aus eigener Erfahrung, daß nichts so gut hilft wie eine tüchtige Tracht Prügel. Ich habe sie reichlich bezogen!«

Es versteht sich von selbst, daß er nur gewaschen wird, wenn er krank ist. Am Ende des 16. Jahrhunderts kamen nur Gesicht und Fingerspitzen mit Wasser in Berührung. Ein Bad für andere Körperteile war den Kurtisanen und einigen »Übergeschnappten« vorbehalten.

Der Ritter von Belleforest ergeht sich in seinem 1575 geschriebenen Buch in Bewunderung über das Volk von Béarn, das »so wacker, höflich, zugänglich und mundfertig ist« und dessen Qualitäten im späteren Heinrich IV. so deutlich verkörpert wurden, daß alle, die »lou noustre Henric« (»unserem Heinrich«) begegneten, ihn als den berühmtesten Gascogner anerkannten. Bis ans Ende seines Lebens sollte Heinrich den ihm eigenen und eigenwilligen, manchmal etwas prahlerischen Stolz seiner Béarner Heimat bewahren, der in seiner Kindheit geprägt wurde.

Jeanne berichtet ihrem Gemahl regelmäßig von den Fortschritten und Taten des vielversprechenden Sprößlings. »Nach dem, was Ihr mir von unserem Sohn schreibt«, antwortet Antoine de Bourbon, »zweifle ich nicht daran, daß er der Hübscheste und Stärkste von allen bleibt, solange er Euren Händen anvertraut ist.«

Anfang des Jahres 1557 nehmen die Eltern den gerade Dreijährigen zu seinem ersten Besuch an den französischen Hof nach Paris mit. Er versteht die französische Sprache, aber er spricht sie noch nicht. Am 12. Februar steht er vor dem König, der ihn »artig, aufgeweckt und kräftig« findet. Als er ihn nach der Begrüßung verschmitzt fragt, ob er ihn wohl zum Vater haben wolle, deutet der Wicht mit dickem Fingerchen auf Antoine de Bourbon:

»Das dort ist mein Vater und König.«

»Wenn Ihr nicht mein Sohn sein wollt«, lacht Heinrich II., »dann vielleicht mein Schwiegersohn?«

»Obé«, antwortet der kleine Heinrich gutmütig.

Und Henri Fafyn, der Chronist eines im Jahr 1612 erschienenen Buches »Antoine de Navarre«, schließt seinen Bericht über diese Szene mit den Worten: »darob beschlossen der Allerchristlichste König und der König und die Königin von Navarra die Eheschließung ihres Sohnes Heinrich mit Madame Margarethe von Frankreich.«

Ob die übrigen Anwesenden den plötzlichen, königlichen Beschluß ernst nahmen oder darüber lächelten, mag dahingestellt sein. Sicher ist, daß er fünfzehn Jahre später, als Heinrich II. längst begraben war, Wirklichkeit wurde.

Im Juli 1559 erschüttert ein schreckliches Ereignis das ganze Königreich bis zu den Bergwänden der Pyrenäen. Ein Ereignis, das den kleinen Prinzen von Navarra dem Thron von Frankreich einen Schritt näher bringen sollte.

Katharina von Medici, »die Krämerstochter«, hatte ihrem Gemahl Heinrich II. nach langer Kinderlosigkeit zehn Kinder geboren, von denen sieben überlebten, darunter vier Söhne: der Dauphin Franz, zart und kränklich, Gemahl der schönen Maria Stuart, Karl, Herzog von Orléans, Heinrich, Herzog von Anjou, und der Jüngste, Herzog von Alençon, der sich nach dem Tod seines ältesten Bruders ebenfalls Franz nennen sollte, drei Töchter: Elisabeth, Claude, bereits dem Herzog von Lothringen versprochen, und Margarethe.

Im Juli 1559 feiert man die Doppelhochzeit der bezaubernden Elisabeth mit König Philipp II. von Spanien und von Margarethe, Schwester König Heinrichs II., mit Philipp-Emanuel, Herzog von Savoyen. Zur Feier dieses Ereignisses wird auf dem Turnierplatz in der Rue Saint Antoine, unweit der Seine zwischen der Rue Saint Paul und der Festung Bastille gelegen, ein königliches Turnier abgehalten. Königin Katharina nimmt in ihrer Loge Platz, etwa auf der Höhe der heutigen Nr. 62 der Rue Saint-Antoine, nicht weit von ihr Diane de Poitier, Herzogin von Valentinois, Mätresse ihres Gemahls. Obschon bereits sechzig Jahre alt, ist Diane noch immer verwirrend schön, wie vom Charme der ewigen Jugend umwoben, und der König betet sie mit unerloschener Liebesglut an.

Der dritte Waffengang sollte beginnen, als die Königin ihren Gemahl bitten läßt, auf die Fortführung des Kampfes zu verzichten, denn der Tag sei drückend heiß und bereits vorgerückt. Tatsächlich schlagen die Glocken von Saint-Paul gerade die Mittagsstunde. Aber Heinrich gibt Katharina zu verstehen, daß er als Turnierherr von diesem dritten Stechen nicht zurückstehen dürfe. Sein Gegner und Herausforderer, der Kommandant der schottischen Garde, Gabriel von Montgomery, Graf von Lorges, sitzt bereits im Sattel. Hörner und Trompeten ertönen mit ohrenbetäubendem Geschmetter. Die Streiter nehmen Stellung und galoppieren unter donnerndem Hufschlag aufeinander zu. Der Zusammenprall ist fürchterlich, die Lanzen zersplittern an den Rüstungen, doch keiner der Kämpfer ist aus dem Sattel gehoben. Jetzt könnte der König das Turnier beenden, doch er will davon nichts wissen. Um den Regeln Genüge zu tun, muß einer der Ritter zu Boden. Noch eine Lanze muß gebrochen werden.

»Sire«, fleht Vieilleville, »ich beschwöre Euch beim lebendigen Gott, seit drei Nächten träume ich, daß Euch heute noch ein Übel widerfahren wird. Dieser letzte Junitag bringt Euch Unheil! Aber... Euer Wille sei Befehl.«

Auch Montgomery drängt auf Abbruch des Streites, während der König an seiner Ritterehre festhält. Aufs Neue rasen die Geharnischten aufeinander zu, wieder ist der Zusammenprall von unerhörter Heftigkeit, die Lanzen sind zerbrochen. Keuchend mühen sich Reiter und Pferde, das Gleichgewicht zu wahren, traben langsam an ihre Ausgangsstellungen am Ende der Schranken und wenden sich erneut zum Angriff. Heinrich II. hat zum dritten Mal eine frische Lanze ergriffen, aber Montgomery vergißt, den Stumpf seiner geborstenen Waffe fortzuwerfen. Lähmende Stille senkt sich über die Turnierbahn. Entgegen dem Brauch – keiner weiß, warum – bleiben auch die Hörner und Trompeten still, die das Kampfsignal geben sollen.

Zum dritten Mal galoppieren die Reiter in ihren glänzenden Rüstungen aufeinander zu. Nichts ist zu hören in der sengenden Sonne, außer dem metallischen Klirren der Harnische und dem Trommeln der Hufe auf dem sandbestreuten Straßenpflaster. In angstvoller Spannung halten die Zuschauer den Atem an: keinem war entgangen, daß der Kommandant der schottischen Garde den zersplitterten Schaft seiner Waffe krampfhaft umklammert hält. Ein letztes Mal prallen die beiden Kämpfer aufeinander. Der Lanzenstumpf Montgomerys gleitet auf dem Panzer seines Gegners ab, reißt das Visier in die Höhe und bohrt sich in den Kopf des Königs. Ein einziger Entsetzensschrei hallt aus der Menge. Katharina und Diane springen von ihren Sitzen auf und müssen, vor Schrecken starr, dem grausigen Schauspiel zuschauen. Heinrich schwankt und sinkt über den Hals seines Rosses zusammen, dessen Mähne sich mit den schwarzen Federn seiner Helmzier mischt. Er hat noch die Kraft, sich bis zum Ende der Turnierschranke im Sattel zu halten. Dort fällt er seinen Knappen in die Arme, die ihn hastig von seiner Rüstung befreien und in das nahegelegene »Hôtel des Tournelles«[10] schaffen. Man kann sich kaum eine schlimmere Verletzung vorstellen: Montgomerys Lanzenstumpf war in das rechte Auge eingedrungen und durch das Ohr wieder ausgetreten!

Der unglückselige Montgomery schluchzt verzweifelt am Fuß des königlichen Bettes. Im ganzen Schloß hört man nichts als Weinen und Wehklagen. Katharina und Diana sind tränenüberströmt und der Dauphin – in Kürze König Franz II. – hält sich, an der Seite seiner jungen Frau Maria Stuart, krampfhaft neben dem Schmerzenslager seines Vaters aufrecht. Sie würden regieren und waren doch erst fünfzehn Jahre alt! Die anderen Königskinder – der spätere Karl IX. und Heinrich III., die junge Margarethe von Frankreich, die einmal Heinrich von Navarra heiraten wird, und der kleine Herzog von Alençon – irren verstört durch die Gemächer.

Ein schwacher Hoffnungsschimmer kommt auf, als bekannt wird, daß man in aller Eile einige Verurteilte im Châtelet enthauptet und die Köpfe zu Ambroise Paré gebracht hat, den berühmtesten Wundarzt seiner Zeit. Vielleicht würde er in letzter Minute eine Möglichkeit zur Rettung des Königs finden? Doch was der geniale Chirurg an den Schädeln der Geköpften auch herumexperimentiert, seine makabren Versuche bringen keine Lösung. Heinrich II. stirbt am 10. Juli 1559 nach zehntägigem Todeskampf.

In den folgenden dreißig Jahren wird das Schicksal noch viermal zuschlagen: Drei französische Könige und ein Dauphin werden ohne männliche Nachfolger sterben, dann wird der Weg für Heinrich von Navarra frei sein, der ihn nach unsäglichen Mühen auf den Thron von Frankreich führt.

Heinrich ist jetzt sieben Jahre alt und die Baronin von Miossens am Ende ihrer Aufgabe angelangt. Die Erziehung des Prinzen wird dem hugenottischen Lehrer La Gaucherie, »hochgelehrt in der griechischen Sprache«, und einem Hofmeister, Charles de Beaumanoir de Lavardin, anvertraut, letzterer ist Vater eins achtjährigen Buben, der mit dem Béarner zusammen aufwächst. Heinrich hat gelernt, sich in Französisch auszudrücken, aber von der Sprache seiner Kindheit ist ihm der urwüchsige, kernige Akzent der bergigen Heimat geblieben, den er bis an sein Lebensende beibehalten sollte.

Er ist kein allzu eifriger Schüler, aber er erlernt schnell das Lesen. Seine erste Lektüre ist – kaum zu glauben, wenn er diese Tatsache nicht selbst bestätigt hätte – eine Übersetzung des Plutarch. »Wer Plutarch liebt«, schreibt er, »liebt mich, denn er hat meine frühesten Kindheitsjahre begleitet. Meine verehrte Mutter, der ich alles verdanke, die sich mit Hingabe meiner Erziehung widmete und, wie sie sich ausdrückte, keinen Sohn wollte, der durch seine Unwissenheit glänzt, hat ihn mir in die Hände gelegt, als ich kaum den Windeln entwachsen war. Plutarch war mir Gewissen und Lehrmeister in der Schule des Lebens und bei der Vollziehung der Staatsgeschäfte!«

Im Dezember 1560, weniger als zwei Jahre nach dem unglückseligen Turnier der Rue Saint-Antoine, erreicht den Hof in Pau eine neue Schreckensnachricht. Franz II., ein kränklicher, aufgeschwemmter Jüngling, leidet an einer chronischen Ohrenkrankheit. Ein bösartiges Geschwür hinter dem Ohr näßt unaufhörlich. Am 7. November 1560, in Orléans, verschlimmert sich sein Zustand plötzlich. Zunächst führen die Ärzte die Verschlechterung auf eine Erkältung zurück. Die Loire war zugefroren und Franz hatte in jugendlichem Leichtsinn, zu dünn bekleidet, am Ballspiel teilgenommen. Am Abend des 17. November, einem Sonntag, wird ihm übel. Eine ganze Schar von Kurpfuschern eilt herbei, verordnet Abführmittel und Rhabarber-Mixturen mit ähnlichem Effekt in Mengen... es fällt ihnen selten etwas Besseres ein. Aber das Geschwür eitert weiter, und die Kopfschmerzen werden unerträglich. In der folgenden Woche scheint der Eiterfluß zweimal zu versiegen, aber die Schmerzen nehmen zu, und das Fieber steigt. Stöhnend leidet der junge König Höllenqualen und verlangt immer wieder, zu trinken. Niemand wagt von Trepanation, der einzigen Rettung, zu sprechen, und der Todeskampf zieht sich hin bis zum 5. Dezember. Gegen Mittag erhält Franz II. die letzte Ölung, und stirbt am Abend, knapp sechzehnjährig.

Sein noch unmündiger Nachfolger, ein schwindsüchtiger junger Mann mit »gelblichen Augen«, voll Temperament, aber manchmal von rasenden Zornesausbrüchen erfaßt, steigt unter dem Namen Karl IX. und unter der Regentschaft Katharinas auf den Thron von Frankreich.

Ein Jahr darauf, 1561, hält Antoine de Bourbon es wieder einmal für nötig, seine Familie bei Hofe vorzustellen. Er läßt Jeanne mit dem achtjährigen Prinzen von Navarra und der kleinen Katharina nach Paris kommen.

In den letzten zwei Jahren sind sich die Eheleute fremd geworden. Von ihrer großen Liebe von dazumal bleibt nur die Erinnerung. Die Königin von Navarra hat die Schattenseiten ihres Ehegatten kennenlernen müssen, seinen Eigendünkel, seine Unbeständigkeit und seinen grenzenlosen Ehrgeiz. Er ist besessen von der Idee, selbst eine echte Krone zu tragen und findet sich mit dem Status einer Art Prinzgemahl immer schwerer ab. Wahrscheinlich aus einem Gefühl der Rache heraus und um seine Unabhängigkeit vor aller Augen zu unterstreichen, betrügt er seine Frau hemmungslos. Er hat sogar ein uneheliches Kind von Luise von Bérandière, einer Hofdame Katharinas, die man allgemein »la belle Rouet« nennt. Aber trotz seiner außerehelichen Abenteuer sieht er weiterhin streng darauf, daß Jeanne ihren hausfraulichen Pflichten getreulich nachkommt, seine Wäsche waschen und seine Kleider flicken läßt.

Antoine ist ein unzufriedener Mann. In der Hoffnung, das unter spanischer Herrschaft stehende Oberbéarn für das Königreich von Navarra zurückzugewinnen, wendet er sich abwechselnd und mit gleichermaßen geringem Erfolg einmal an die Valois und dann wieder an Philipp II. Nach dem tragischen Turnier in der Rue Saint Antoine wurde ihm das ehrenvolle und einträgliche Amt des Generalleutnants des Königreiches anvertraut, aber auch das genügte ihm nicht. Jetzt hofft er, wieder vergebens, zum Vormund des zehnjährigen Karl ernannt zu werden, der gerade den Thron von Frankreich bestiegen hat.

Doch sind es nicht nur diese Beweise seines hochfahrenden und wetterwendischen Charakters, die ihm seine unbestechliche Gemahlin entfremden. Auch religiöse Fragen trennen das Ehepaar.

Jeanne war unter dem bestimmenden Einfluß ihrer hochbegabten Mutter, Margarethe von Angoulême aufgewachsen. Diese hatte, als sie vierunddreißigjährig nach Navarra kam, das kleine Königreich nicht nur zu einem Zentrum des Geisteslebens, sondern auch zu einem »Asyl der Gerechtigkeit« gemacht, in welchem neben den bedeutendsten Dichtern der Zeit (Clément Marot, Ronsard, Rabelais) auch die gelehrten Herren der Sorbonne Aufnahme fanden, denen wegen ihrer

Reformbestrebungen in Paris Verbannung und Scheiterhaufen drohten. Calvin und Melanchthon waren ebenfalls Gäste der kleinen Hofhaltung. Man munkelte, daß die Schwester des Königs selbst zum neuen Glauben übergetreten sei und insgeheim manchmal der protestantischen Predigt beiwohnte...

Dieser Keim fällt bei Jeanne auf fruchtbaren Boden. Sie hält die Reform nicht nur für gerechtfertigt, sondern für notwendig, und fraglos befindet sich der Katholizismus jener Zeit in einem Zustand, der durchgreifende Veränderungen unerläßlich macht. Zunächst hatten sich die Eheleute gemeinsam dem Protestantismus zugewandt. Schon 1557 richtete Antoine de Bourbon die Bitte um Entsendung protestantischer Prediger nach Genf. Aber während er sich zum entscheidenden Schritt nicht entschließen kann, schwört Jeanne im Jahre 1560 dem katholischen Glauben offiziell ab und setzt ihren ganzen Einfluß daran, Heinrich zu einem Anhänger der Reform zu erziehen. Bald werden die Schlösser in Pau und Nérac durch die Anwesenheit ihres Beraters Théodore de Bèze[11] zum Kristallisierungspunkt des Protestantismus in Frankreich.

Währenddessen schwankt Antoine, der Eingebung des Augenblicks folgend, zwischen den religiösen und politischen Parteien, die Frankreich zu zerreißen beginnen, hin und her und gerät so in den Strudel des »abscheulichen Krieges«, wie Montaigne sich ausdrückt, der das Land »wie die Pest« heimsuchen wird. Einmal wendet er sich dem Calvinismus zu, dann der Lehre Luthers, dann dem Glauben Roms, für den er sich dann endgültig entscheidet. »Seine erste Begeisterung schlägt rasch in Langeweile um, und er gibt seiner Regung nach«, seufzt Jeanne, als er ihr seinen unumstößlichen Entschluß mitteilt. Die Untreue gegenüber dem gemeinsam beschlossenen Glauben ist ein schwerer Schlag für sie und »bleibt ein Stachel in ihrem Herzen«.

Wenn nun Antoine sie im Jahr 1561 mit den Kindern nach Paris an den Hof Karls IX. oder vielmehr an den der Regentin Katharina kommen läßt, so vielleicht in der heimlichen Hoffnung, seine Familie unter dem Einfluß des Hofes wieder in den Schoß der katholischen Kirche zurückzuführen. Er rät Jeanne, für die Königinmutter Samen für Gurken und Melonen mitzubringen, Lieblingsspeisen, welche die Florentinerin an ihre Heimat erinnern.

Glaubt er, mit dieser Geste das Wohlwollen Katharinas und ihre Nachsicht gegenüber Jeannes religiösen Auffassungen zu gewinnen? Nein, der wahre Grund liegt in seinem noch immer nicht aufgegebenen Wunsch, neben dem Amt des Generalleutnants auch noch das des stellvertretenden Regenten zu bekleiden... Sollte ihm nicht im Krankheitsfalle Katharinas der Vorsitz des Kronrates zufallen? Katharina krank? Vergebliche Hoffnung! Krank wird die Königin nur einmal in ihrem Leben, nämlich, wenn es ans Sterben geht, und nicht eine Minute vorher!

Zum Empfang der Königin von Navarra hat Katharina ein Bankett angeordnet. Antoine reitet seiner Frau und seinem Sohn in Begleitung seines Bruders, des Prinzen von Condé, und des Admirals Coligny entgegen, beides führende Persönlichkeiten der Hugenotten. Am Abend, im Saal der Schweizer Garde im Louvre, nimmt Jeanne den Ehrenplatz neben der Königinmutter ein. Heinrich von Béarn – achtjährig – hat zur Rechten den elfjährigen Karl IX. – dessen Auftreten täglich unausgeglichener und seltsamer wird – und zur Linken den jungen Herzog von Anjou, der später unter dem Namen Heinrich III. die französische Krone tragen wird. Welch ein Bild!

»Ah, Madame«, hatte im Jahr zuvor die Herzogin von Guise ausgerufen, als sie mit Katharina die Körper der Verschwörer betrachtete, die am Galgen des Burgfrieds von Schloß Amboise schwankten, »Ah, Madame,... Blut schreit nach Blut!«

Düstere Voraussage. Die Herzogin von Guise sollte nur allzu recht behalten. Die jungen Gäste, Heinrichs spätere Spielgefährten, mit denen er sechs Jahre seiner Jugend verbringt, sie alle mußten eines gewaltsamen Todes sterben.

Weniger als zwei Jahre nach dem Bankett, am 18. Februar 1563, wird Herzog Franz von Guise vor Orléans ermordet, seine beiden Söhne, Heinrich und Ludwig, Kardinal von Lothringen, werden an einem kalten Dezembertag des Jahres 1588 auf Befehl Heinrichs III. getötet.

1575, nach fünfzehnjähriger, vom strengen Willen seiner Mutter geprägten Regierungszeit, erliegt Karl IX., von Tuberkulose ausgehöhlt, jämmerlich seinen inneren Blutungen. Zehn Jahre später folgt ihm sein jüngster Bruder, der fiebrige, fahrige, von Intrige zu Komplott taumelnde Herzog von Alençon dreißigjährig ins Grab, bevor er den Thron besteigen kann, auf den er es mit gierigem Eifer abgesehen hatte. Heinrich III. aber, der letzte Valois, auch er kinderlos, wird am 1. August 1589 am Dolchstoß des fanatischen Mönches Jacques Clément verbluten.

Doch auch damit ist der blutige Teufelskreis, den die Herzogin von Guise ahnungslos heraufbeschwor, noch nicht geschlossen...

Jeanne läßt sich von dem warmherzigen Empfang Katharinas nicht berücken und weigert sich standhaft, dem Beispiel ihres Gemahls zu folgen, der, dem nächstliegenden Vorteil nachjagend, heute das verdammt, was er gestern anbetete. Das Ehepaar hat kaum noch Berührungspunkte. Es kommt bald soweit, daß Antoine seiner Frau verbietet, dem protestantischen Gottesdienst beizuwohnen und sie gewaltsam zur Messe schleppen will. Aber sie gibt nicht nach.

»Eher werfe ich meinen Sohn, meinen Gatten und mein Königreich ins Meer, als zur Messe zu gehen!« ruft sie leidenschaftlich aus, während Katharina, wenigstens zu diesem Zeitpunkt noch, im Geheimen hofft, die Zerstrittenen versöhnen zu können. Noch ist der Wunsch, einen Ausgleich zwischen den Parteien herbeizuführen, am Hofe wach, wie eine Bemerkung des Kardinals von Lothringen beweist:

»König Karl würde es vorziehen, bemerkte er, daß alle zur Fastenzeit Fisch statt Fleisch verzehren. Aber wenn einer seiner Untertanen unbedingt Fleisch essen will, so hindert er ihn nicht daran!«

Die Königskinder machen sogar den Streit der Erwachsenen zu einem beliebten Thema ihrer Bubenstreiche. Die Szene des 24. Oktober 1561 ist in die Geschichte eingegangen: Katharina konferiert in ihren Gemächern mit dem Sondergesandten des Papstes, dem Kardinal von Ferrara. Da springt die Tür auf, und der zukünftige Heinrich IV. tritt ein, oder besser gesagt, er hält seinen Einzug auf einem Esel reitend, mit einer roten Sutane bekleidet und einem purpurnen Kardinalsmäntelchen über den Schultern, gefolgt von Karl IX. und seinen Brüdern, ebenfalls beritten und im gleichen Aufzug. Ein Lächeln unterdrückend, entschuldigt die Königinmutter die Eselsparade als »Kinderei«.

Vier Wochen darauf wiederholt sich das Schauspiel. Dieses Mal wird die Maskerade von Karl IX. angeführt, der ein Chorhemd trägt und ein Bischofskreuz in alle Himmelsrichtungen schwenkt, während der Prinz von Béarn immer wieder laut »Ventre Saint-Gris«[12] ausruft, was bei der Regentin einiges Erstaunen ausgelöst haben mag. Dieser ungewöhnliche Fluch, den Heinrich bis an sein Lebensende verwendet, wurde ihm ausnahmsweise von seinem Erzieher gestattet, vielleicht weil er spöttisch die wohlbeleibten Franziskanermönche in ihren grauen Kutten zum Ziel hatte.

Als Antoine de Bourbon eines Tages erfährt, daß seine Gemahlin trotz seines Verbotes einem protestantischen Abendmahl – mit Hostie und Wein – beigewohnt hat, gerät er außer sich vor Zorn, und nach dem Massaker von Vassy, am 1. März 1562, wird das Zusammenleben der beiden im Louvre völlig unmöglich. An diesem Tag macht der Herzog Franz von Guise mit seinem Gefolge in der kleinen Gemeinde von Vassy-sur-Blaise in der Champagne Halt, um der Messe beizuwohnen. Kaum hat er in der Kapelle Platz genommen, teilt man ihm mit, daß an die zweihundert Reformierte – »üble und arrogante Leute schlimmster Sorte« – die Frechheit haben, sich in einer benachbarten Scheune zur Predigt zu versammeln. In den Augen des Guise konnte es sich nur um eine Provokation handeln. Er verläßt die Kirche und stürmt mit großen Schritten zur Scheune.

Zwei Edelleute, die ihm vorausgeeilt sind, werden mit Ehrerbietung empfangen: »Nehmt Platz, edle Herren, wenn es Euch beliebt.« »Wollt Ihr uns verhöhnen?« klingt die Antwort zurück, »Ihr seid alle des Todes!«

Als der Herzog eintrifft, haben die Reformierten seinen Gefolgsleuten gerade die Scheunentüre vor der Nase zugeworfen und beginnen, sich von innen zu verbarrikadieren. Ein ungleicher Kampf beginnt: die unbewaffneten Hugenotten werfen mit Steinen, die Guisarden erwidern mit ihren Musketen. Die Tür wird eingeschlagen, und ein unmenschliches Gemetzel folgt.

Ein Jahr später, auf seinem Totenbett, spricht der Herzog mit taktloser Gleichgültigkeit von dem »peinlichen Vorfall« von Vassy. Mag das Wort peinlich damals auch einen schwerwiegenderen Sinn gehabt haben, als heute... immerhin forderte diese »lästige Angelegenheit« unter den Hugenotten dreiundsiebzig Tote, von den Verletzten ganz zu schweigen.

Für Jeanne bedeutete der Vorfall das Signal zum Aufbruch, der Aufenthalt in Paris wird ihr unerträglich. Antoine willigt in ihre Abreise ein, bestimmt jedoch, daß sie sich mit der kleinen Katharina in sein Hoheitsgebiet von Vendôme zurückziehen soll, während Heinrich am Hof zu bleiben hat. Das Tauziehen um das Kind beginnt. Gehört er als Prinz von Geblüt nach Frankreich oder als künftiger König von Navarra dem Béarn? Den Katholiken oder den Protestanten? Dem Vater oder der Mutter? Jeanne räumt das Feld nicht kampflos, aber schließlich bleibt die geschickte Katharina Siegerin. Bis zum Schluß versucht Jeanne, ihren Sohn auf den in ihren Augen einzig richtigen Weg zu lenken, läßt ihn versprechen, nie die Messe zu besuchen. »Wenn Ihr mir ungehorsam seid, enterbe ich Euch!« droht sie ihm...

Der kleine Prinz ist gerne bereit, alles zu versprechen, was man von ihm verlangt, aber wie soll der Neunjährige dem

Zwang seines Vaters und des Hofes widerstehen, während seine Mutter in der Ferne weilt?

Weinend besteigt Jeanne ihren Reisewagen.

Das Massaker von Vassy verlangt nach einem Gegenschlag. Der Prinz von Condé, Bruder Antoines, stellt sich an die Spitze der Hugenotten und beginnt, Truppen auszuheben. Am 2. April 1563, einen Monat nach dem tragischen Ereignis, nimmt er Orléans mit zweitausendfünfhundert Reitern im Handstreich, läßt jedoch gleichzeitig verkünden, daß die Reformierten nur zu den Waffen greifen, um einen Religionsfrieden zu erringen und um den Prinzen von Navarra aus den »Fängen der Guise« zu befreien.

Die Eskalation nimmt auf beiden Seiten zu: Vierhundert berittene Hugenotten besetzen Vendôme, wo sich Jeanne noch immer aufhält, dringen in die Stiftskirche von St. Georg ein, zerschlagen die schweren Steinsärge, zerstreuen die Gebeine der Gräfin von Bourbon-Vendôme, ja, sie profanieren die sterblichen Überreste von Heinrichs Großeltern, des Grafen Karl von Vendôme und seiner Gattin Franziska. Man kann sich Antoines Zorn vorstellen: hat Jeanne die Untat zugelassen?

Das Land versinkt im Blutrausch. In allen Städten, allen Dörfern, vor den Toren der Schlösser und Burgen wird gebrandschatzt, vergewaltigt, gemordet und verwüstet. Diese erbarmungslosen Konflikte, diese unheilvollen Zeiten werden andauern bis zu Heinrichs »Paris ist eine Messe wert!«. Mehr als dreißig Jahre Mord und Totschlag.

Gleichzeitig verliert das Königshaus seinen Glanz, der Gedanke an das Königtum wird mit Füßen getreten, das Landvolk verhöhnt Karl IX. als »kleinen Scheißkönig«, nirgendwo wird die Autorität des Staates noch geachtet. Jeanne flieht hinter die Grenzen ihres Zwergstaates, aus Angst, Antoine könne seine Drohung wahrmachen, sie gefangennehmen und in irgendeinem Verlies für immer verschwinden lassen.

Antoine de Bourbon, Vater Heinrichs IV.

Der Hof igelt sich in der Festung von Vincennes vor den Toren von Paris ein. Heinrich – er ist jetzt neun Jahre und drei Monate alt – fleht in »großer Angst« um Nachricht von seiner Mutter. Getreu dem Versprechen, das er ihr gegeben hat, weigert er sich standhaft, zur Messe zu gehen, behauptet, krank zu sein. Unter Androhung einer Tracht Prügel muß er schließlich dem Befehl seines Vaters gehorchen.

Im Chor der Festungskapelle von Vincennes wird ihm der Schwur abgerungen, bis zum Tode am katholischen Glauben festzuhalten. Zur Belohnung schlägt man ihn zum Ritter vom Orden des Heiligen Michael, aber das wird ihn kaum getröstet haben.

Sein Herz ist schwer, oft eilen seine Gedanken zu seiner Mutter im geliebten Béarn: »Larchant«, schreibt er an Nicolas von Grimouville, »gebt mir Bericht, daß ich mich nicht um meine Mutter zu sorgen brauche, denn ich habe große Furcht, daß ihr auf der Reise ein Leid zugestoßen sein könnte. Je schneller ich Kunde von Euch habe, desto größer ist meine Freude!«

Antoine ist von der fixen Idee besessen, daß die Hugenotten sich seines Sohnes bemächtigen könnten. So bringt man ihn eine Weile in Montargis in Sicherheit, wo Renée de France, Tochter Ludwigs XII. und damit Schwägerin Franz' I., Prinzessin von Ferrara, über ihn wachen soll. Wird sie nicht bei den Katholiken und Protestanten gleichermaßen geschätzt? Aber der Prinz ist krank, und im Moment fürchtet man weniger den Zugriff der zerstrittenen Parteien, als eine drohende Seuche, die das Land heimsucht – die Chronisten schwanken zwischen Cholera und Pocken! Zum Glück handelt es sich weder um das eine noch das andere und auch nicht um die gefürchtete Gelbsucht, denn dann hätte man ihm als Therapeutikum zerhackte Regenwürmer verabreicht! Zum Glück ist auch die Prinzessin von Ferrara weiser und vernünftiger als so mancher Medicus ihrer Zeit. Sie verordnet dem Jungen zunächst einen Aufguß aus Rhabarber, der »allerlei boshafte Geister aus seinem Körper treibt« und, als es ihm wieder besser geht, eine »kräftige Brühe mit wohltätigen Kräutern«.

Doch auch Montargis wird von den Hugenotten bedroht, die Gefahr für den Jungen nimmt zu, selbst wenn die Prinzessin ihre Kontakte zu beiden Parteien pflegt. Heinrich kehrt wieder hinter die Festungsmauern von Vincennes zurück.

Bald darauf erreicht ihn eine schmerzliche Nachricht, die seinen weiteren Lebenslauf bestimmt. Im Oktober 1562 besetzten die Hugenotten, unterstützt von englischen Truppen, die Königin Elisabeth entsandt hatte, Rouen, die Hauptstadt der Normandie. Die Verteidigung des Platzes wird Gabriel von Montgomery anvertraut, eben jenem unglücklichen Ritter, der vor drei Jahren im Turnier Heinrich II. tödlich verletzte und der in England zum protestantischen Glauben übergetreten war. Unverzüglich rückt zur Entsetzung der Stadt ein

Heer unter der Führung von Antoine de Bourbon und dem Herzog von Guise aus. Die Belagerung beginnt. Am 16. Oktober begeht Antoine eine Unvorsichtigkeit, die ihn das Leben kosten sollte. Einem »menschlichen Bedürfnis« folgend, tritt er aus dem Schutz der Schanzendeckung, das Unvermeidliche geschieht. Nicht im Kampfesgetümmel, wie einige Schmeichler später zu berichten wußten, sondern, gemäß den Worten des Chronisten, »estant à pisser« trifft ihn der Schuß aus einer Muskete, der ihm die linke Schulter zerschmettert. Rouen wird ohne den tapferen Prinzen genommen, worauf sich die königliche Armee wieder nach Paris zurückzieht. Man bettet den Schwerverletzten auf eine Barke und rudert ihn die Seine aufwärts in Richtung der Hauptstadt. Luise de la Bérandière pflegt ihn mit Hingabe und versucht alles, den Geliebten zu retten. Vergebens, die Wunde infiziert sich. Auf der Höhe von Andelys verlassen Antoine die Kräfte. Als er sein Ende nahen fühlt, packt er seinen italienischen Kammerdiener am Bart und flüstert ihm hastig zu: »Dient meinem Sohn, wie er seinem König dienen soll«, dann gibt er seinen Geist auf.

Heinrich, Prinz von Béarn, trägt von jetzt an auch den Titel des Herzogs von Vendôme.

2

»Der kleine Vendôme«

»Dieser wird das Erbe antreten.«

Nostradamus

Katharina hat also ihren Willen durchgesetzt: der Prinz von Béarn bleibt am französischen Hof. Immerhin gestattet sie Jeanne, ihren Sohn in der calvinistischen Glaubensauffassung erziehen zu lassen.

Der vor vielen Jahren von Théodore de Bèze für ihn ausgewählte, dann ferngehaltene Lehrer M. de Gaucherie wird an seine Seite zurückgerufen.

Vom Zwang, zur Messe zu gehen, ist nicht mehr die Rede. Künftig begleitet Heinrich respektvoll König Karl bis an die Kirchentür von Saint-Germain-l'Auxerrois, deren Schwelle er aber ostentativ nicht überschreitet, sondern erhobenen Hauptes in seine Gemächer im Louvre zurückkehrt. Die Königin läßt sich durch das kecke Gehabe des Bürschchens nicht beirren. Im Gegenteil, sie überträgt ihm, dem »kleinen Vendôme«, wie man ihn am Hofe nennt, großzügig die Chargen, die sein Vater innegehabt hatte: den Ehrentitel des Generalleutnants, Gouverneur-Statthalters und Admirals der Guyenne und den Befehl über hundert Lanzen, der ebenfalls rein symbolischen Charakter hat.

Allerdings legt sie in einem schlauen Gegenzug die tatsächliche Statthalterschaft über die Guyenne in die Hände des Sire Monluc, eines brutalen Haudegens, der bereits etliche Siege über die Hugenotten davongetragen hatte und wegen seiner Grausamkeiten gefürchtet ist. Begreiflicherweise ist Jeanne im benachbarten Béarn von dieser Ernennung nicht begeistert. Hatte der Grobian bei seinem Einzug in Bordeaux nicht taktvoll erklärt: »Hoffentlich gibt mir der König bald den Auftrag, ins Béarn einzumarschieren. Ich möchte zu gerne wissen, ob sichs mit Königinnen genauso angenehm schlafen läßt wie mit anderen Frauen!«

Aber alles Protestieren nützt nichts. Monluc bleibt in seinem Amt. Jeanne muß sich damit trösten, daß Heinrich im Louvre sicherer aufgehoben ist als in Pau, wo er den Zugriffen des rauhbeinigen Statthalters ausgesetzt wäre. Außerdem kann er in Paris, in Begleitung seines in strenges Schwarz gekleideten Hofmeisters das berühmte Collegium Navarra[1] besuchen, die weitaus beste Schule des Königreiches, die 1304 von Königin Jeanne, Gemahlin Philipps IV. des Schönen, gegründet worden war. Seither genossen alle Königskinder hier ihren Unterricht. Die Titel von Heinrichs Mitschülern lauten Heinrich, Herzog von Anjou, und Heinrich, Herzog von Guise,... drei Heinriche, die gemeinsam die Schulbank drücken und später auf dramatische Weise in das Schicksal Frankreichs eingreifen werden. Heinrich, Herzog von Anjou, dem der Thron bestimmt war, und Heinrich, Herzog von Guise, der es auf ihn abgesehen hatte, konnten sich schon als Schulbuben nicht leiden. Ein Diplomat weissagte düster, daß sich »diese beiden Temperamente in der Zukunft wohl kaum vertragen würden«. Wir wissen, daß diese Weissagung an einem Dezembermorgen in Blois blutige Wahrheit werden sollte. Und Heinrich von Navarra?

Er lernt Griechisch und Latein, letzteres mit besonderer Vorliebe. Einer seiner Höflinge sagte später einmal von ihm: »Man darf in seiner Gegenwart nur ja kein schlechtes Latein reden,... er merkt jeden Fehler!«

Außerdem zeichnet sich der »kleine Vendôme« in Grammatik aus und beweist in seiner späteren Korrespondenz, daß er eine geschickte Feder zu führen wußte.

Am 19. Mai 1563 veröffentlicht Königinmutter Katharina den Vertrag, der am 12. des Monats in Amboise unterzeichnet worden war und dem ersten Religionskrieg ein Ende setzte. Das Schriftstück, als »Vertrag von Amboise« bekannt, gewährt »Baronen, Schloßherren, Gerichtsherren und anderen Lehensherren Religionsfreiheit unter ihrem Dach«. Das Volk aber erhält nur das Recht, den reformierten Glauben in einer einzigen Stadt innerhalb einer Vogtei auszuüben, außerdem waren die protestantischen Gotteshäuser wie die Siechenhäuser an den Rand der Ortschaften verbannt. Dieser Vertrag, der in so beschämender Weise die Besitzenden begünstigt und das einfache Volk benachteiligt, stellt ein Meisterstück der Parteilichkeit dar; Katharina kann sich über seine Lebensdauer wohl kaum Illusionen gemacht haben. Das friedliche Zusammenleben der beiden feindlichen Religionen ist damit nicht gesichert.

»Das wichtigste war, Zeit zu gewinnen«, läßt Katharina fallen, »Zeit gewinnen für den nächsten Zug!«

Und welch ein Zug...

Den blutigen Gemetzeln zum Trotz, die täglich den Graben zwischen den zerstrittenen Parteien tiefer höhlen, beschließt die Regentin, in der ungebrochenen Hoffnung, ihre Untertanen doch noch miteinander auszusöhnen, den jungen König auf »einer großen Reise« seinem Land vorzustellen. Der Anblick der einträchtig versammelten Königsfamilie wird, so glaubt sie, das Volk besänftigen und dem inneren Frieden dienen. Zwei Jahre lang windet sich der Prunkzug – an dem der »kleine Vendôme« gewissermaßen als Symbol einer mühsam erlangten Verbrüderung teilnimmt – über Frankreichs holprige Straßen bis in die entferntesten Provinzen des Reiches und vermittelt dem Prinzen mit dem Übergang von der Jugend zur Reife einen ersten Einblick in Land und Volk.

*Katharina von Medici in Witwentracht.
Gemälde von François Clouet*

Der Aufbruch findet am 13. März 1564 in glanzvollster Weise statt. Auf den schillernden Vortrupp von mehreren hundert Edelleuten folgt der junge Herrscher – Karl IX. ist nun 14 Jahre alt – mit zwölf kostbar gezäumten, allein seinem Gebrauch bestimmten Rossen und Knappen. Dahinter entrollt sich vor den staunenden Augen der Neugierigen eine buntgescheckte, erregte, wiehernde, bellende Karawane, die sich von eifrigem Peitschenknall und Hü-hott-Rufen begleitet, in Bewegung setzt. Man stelle sich vor: eine vergoldete, mit Seidenstoffen ausgeschlagene und mit Wappensprüchen bestickte Sänfte von Maultieren getragen, ein Festwagen, mit grünem Samt verkleidet, Käfige mit den Hunden der königlichen Kammer – Doggen und Windspiele –, Kisten, Kasten und Truhen mit Turnierausstattungen, Waffen fürs Lanzen- und Ringelstechen, ein ganzes Arsenal von Mummenschanz in maurischer, griechischer und albaneser Manier, kostbare

Kleider für Feste und Maskeraden, der gesamte Dienst der königlichen Garderobe mit Schneidern, Hutmachern und Waffenschmieden. Dazu Planwagen mit dem Mobiliar und den kostbaren Wandteppichen aus dem königlichen Haushalt, die immer mitgeführt wurden. Außerdem ein ganzes Heer von Knappen, Leibwachen und Dienerschaft, das die Königsfamilie umschwirrt.

Die Königinmutter reist in ihrer eigenen, geräumigen Sänfte, von sechzehn Maultieren getragen, und begleitet von einer glanzvollen Reitergruppe, in deren Mitte zwei Lasttiere besondere Aufmerksamkeit erwecken: sie tragen Katharinas berühmte, zuckersüße Konfitüre. Am meisten Aufsehen aber erregt ihr berühmt-berüchtigtes »Aufklärungsgeschwader«, ein Schwarm wohlgeschulter, auserlesen schöner, junger Ehrendamen, die im Netz der königlichen Politik wichtige Maschen darstellen, in denen sich schon manches streng gehütete Geheimnis verfing, mancher Plan zu Fall kam. Da reiten sie tänzelnd um die Sänfte ihrer Herrin, graziöse Amazonen auf prächtigen Zeltern mit Namen Lamiraude, Charenssonay, Bressuire... Auch der junge Béarner trabt in ihrer Nähe, umgeben von seinem eigenen Gefolge, wie es dem zukünftigen König von Navarra gebührt. Er hat darauf bestanden.

Gemäß der damaligen Sitte begleiten selbstverständlich die fremden Gesandten, die geheimen Räte und Würdenträger des Reiches den König auf seiner Reise, umgeben von Notaren, Schreibern und Sekretären. Es fehlen weder Musiker noch Dichter, unter denen sich Ronsard befindet, der Lobeshymnen für die Bankette zu verfassen hat. Den Schluß bildet der Troß des kleinen Volkes mit Geschäftsleuten aller Art, fliegenden Händlern, Handwerkern und Gauklern, mit Kutschen, Karren und Lasttieren.

Über Bar-le-Duc und Nancy, im lothringischen Herzogtum der Guise, wo die Taufe von Katharinas erstem Enkelkind mit festlichem Gepränge gefeiert wird, erreicht der Hof am 14. April 1564 Troyes. Dort stürzt der junge Béarn beim Barrenlauf. Aber die Regentin kann Jeanne, die sich auf dem Weg nach Macon zur Begegnung mit dem König befindet, in einem Schreiben beruhigen: »Ich gedenke nicht, meinen Weg fortzusetzen, ohne ihn bei mir zu haben, aber gottlob hat er kein großes Leid!« Und sie schließt mit den schmeichelnden Worten: »Ich hoffe, Ihr werdet Euren Sohn wohlauf finden und, wie ich glaube, ganz nach Eurem Herzen. Denn alle, die ihn sehen, halten ihn für das hübscheste Kind vor allen anderen. So rede ich mir ein, daß Ihr nicht bereuen werdet, ihn meiner Obhut überlassen zu haben.«

Die Begegnung der beiden Königinnen findet in Macon statt, wo Jeanne umgeben von acht schwarzgekleideten, protestantischen Geistlichen und dreihundert ähnlich unzugänglich wirkenden hugenottischen Reitern einzieht, die im Kunterbunt der Festlichkeiten nicht unbemerkt bleiben. Sie hat in ihrem kleinen Königreich den schmucklosen, reformierten Gottesdienst eingeführt.

Der Geist Calvins hat auch auf ihren Charakter abgefärbt. Nicht nur die katholischen Geistlichen sind aus dem Béarn vertrieben, die Klöster aufgelöst, sondern darüber hinaus auch die Statuen und Heiligenbilder aus den Kirchen und von den Plätzen der Dörfer und Städte verbannt.

Prozessionen und Heiligendienst sind verboten. So können in Macon Reibereien zwischen den beiden Glaubensgemeinschaften nicht ausbleiben. Als die Hugenotten am 1. Juni die Fronleichnamsprozession stören, ohne daß die Königin von Navarra einschreitet, fühlen sich die strenggläubigen Burgunder provoziert. Es sieht nach Streit aus, und Katharina befiehlt in aller Eile eine »Versöhnungsprozession«, an der Heinrich, seine Mutter und ihre Suite barhäuptig teilzunehmen haben...

Kaum ist die verhaßte Zeremonie beendet, als Jeanne auch schon ihren Sohn zum protestantischen Gottesdienst schleppt, der in einem Vorort unter freiem Himmel abgehalten werden muß, da in der Stadt kein protestantisches Gotteshaus zugelassen ist.

Jeanne muß bald erkennen, daß sich Heinrichs Glaubenseifer im Kontakt mit der »schlangengleichen« Katharina merklich abgekühlt hatte. Wie ehedem sein Vater, schwankt der Sohn jetzt zwischen den beiden Religionen. Das darf nicht sein und sie hofft, ihn heim ins Béarn und damit auf den Weg zur rechten Kirche zurückführen zu können. Aber ihr Plan stößt bei der Regentin auf taube Ohren. »Um des Friedens Willen« besteht man darauf, daß der Prinz die Königsfamilie weiterhin auf ihrer großen Reise begleitet und bedeutet seiner Mutter, daß es an der Zeit wäre, ihren Besitzungen in Vendôme einen ausgedehnten Besuch abzustatten... Vielleicht sieht man sich im kommenden Jahr im Béarn wieder?

Während die Königin von Navarra nach Norden zieht, bricht der König von Frankreich mit seiner Kavalkade von achttausend Rossen in Richtung Süden auf. Am 17. Oktober 1564 erreichen sie Salon-de-Crau in der Provence.

Dort ereignet sich am nächsten Morgen, im Schloß Empéri, ein seltsamer Vorfall. Der Prinz von Béarn ist beim Ankleiden. Gerade reicht ihm sein Kammerdiener das Hemd, als sich die Tür auftut und Nostradamus eintritt, sein Samtbarett in einer Hand, einen gewichtigen, indischen Rohrstock mit Silberknauf in der anderen. Die Reden verstummen, die Gesten erstarren. Nachdenklich und eindringlich betrachtet der berühmte Astrologe den Jungen, der nackt vor ihm steht und dem die Sekunden wie eine Ewigkeit vorkommen müssen. Nach einer Weile bricht er sein Schweigen und verkündet, zu La Gaucherie gewandt, feierlich die ausnahmsweise klar formulierte Weissagung:

»Dieser wird das Erbe antreten, und wenn Ihr es dank Gottes Gnade erlebt, so werdet Ihr einst einen König haben, der Frankreich und Navarra unter einem Zepter vereint.«

Heinrich IV. sollte später einmal auf das Ereignis zu sprechen kommen und lachend hinzufügen:

»Ich dachte schon, ich sollte wieder einmal eine Tracht Prügel bekommen, als man mich so lange anstarrte, ohne mir mein Hemd zu reichen!«

Nostradamus stirbt zwanzig Jahre nach der großen Reise nach Salon-de-Crau in der Provence, dem Ort seiner Weissagung, die sich noch nicht erfüllt hatte.

Ein anderes Orakel soll sich eines Abends im Jahre 1559 im Kabinett der Königinmutter im Schloß Chaumont an der Loire zugetragen haben. Den Erzählungen nach ließ Ruggieri, ihr Hofastrologe, den jungen Franz II., der gerade den Thron bestiegen hatte, in seinem Zauberspiegel erscheinen:

»Achtet genau«, sagte er zu ihr, »so oft er sich um sich selbst dreht, so viele Jahre wird er regieren.«

Und vor den entsetzten Augen Katharinas wirbelte das Traumbild des Königs ein einziges Mal um sich selbst, bevor es in Nichts zerrann. Sie sank in Ohnmacht. Als sie erwachte, erschien ihr zweiter Sohn, der spätere Karl IX., im Geisterspiegel und machte dreizehn Drehungen. Anjou, eines Tages Heinrich III., König von Polen und Frankreich, drehte sich fünfzehnmal, bis sein Bild verblaßte und Heinrich von Bourbon, König von Navarra, Platz machte.

Wenn sie den Weissagungen ihres Astrologen Glauben schenkte – und Königin Katharina schenkte ihnen Glauben –, so mußte sie fortan mit der Gewißheit leben, daß das Geschlecht der Valois mit ihren Kindern erlöschen und das Erbe den Bourbonen überlassen würde.

Nach langer Reise erreicht der Zug im Mai 1565 die im äußersten Südwesten des Reiches gelegene Guyenne. Hier endlich darf Katharina auf die Erfüllung eines lang gehegten Wunsches hoffen, nämlich nach siebenjähriger Trennung ihre Lieblingstochter Elisabeth wiederzusehen, deren Hochzeit mit Philipp II. von Spanien am Tag des unseligen Turniers von Paris gefeiert worden war. Elisabeth ist mit großem Gefolge unter dem Schutz des Herzogs von Alba von Madrid aufgebrochen. Treffpunkt der spanischen Königin mit Mutter und Geschwistern ist der Grenzort Hendaye. Am 13. Juni 1565 reitet Heinrich, als Statthalter der Provinz Guyenne, dem französischen Festzug voran, den Spaniern entgegen.

Ihm folgt ein Vortrab von sechs Rittern in silberner Rüstung, mit Wams und wehendem Mäntelchen aus orangefarbenem Samt, der mit silbernem Tuch gefüttert und mit silbernen Tressen bestickt ist. Es muß ein glanzvoller Anblick gewesen sein, denn uns ist der begeisterte Bericht eines ungenannten Zeugen über den jungen Béarn überliefert: » ...immer prächtig anzuschaun, von schöner Statur, freundlich und zuvorkommend zu jedermann, und von so adligem Auftreten, daß er von Franzosen und Spaniern gleichermaßen bewundert wird...«

Wenn Philipp II. seiner Gemahlin den unnachgiebigen Alba zum Begleiter gab, so hatte das seinen guten Grund, denn die Probleme zwischen den drei Königreichen, über die verhandelt werden sollte, waren mannigfach, vor allem aber religiöser Art. Und in diesen Fragen galt es den Spaniern, erbarmungslos durchzugreifen. Der Überlieferung nach hat Heinrich, unbemerkt in einer Ecke des Gemachs versteckt, in dem die Gespräche zwischen Katharina und Alba geführt wurden, den hitzigen Diskussionen beigewohnt. »In ihrem Verlauf«, versicherte Heinrich IV. rückblickend, »wurden die Dolche gewetzt, die später so viel Christenblut verspritzten.« Man trennt sich, ohne Antwort auf die schwebenden Fragen zu geben. Katharina nimmt Abschied von ihrer Tochter, die sie nicht mehr wiedersehen sollte.

Das nächste Ziel der königlichen Kavalkade ist Schloß Nérac, an den Ufern der Baïse im Herzogtum von Albret gelegen, wo sie von Königin Jeanne erwartet wird.[2] Aber auch hier redet man in mühsamen Verhandlungen aneinander vorbei. Jeanne soll sich den Katholiken gegenüber toleranter zeigen? Nun gut, sie ist bereit, sich im Herzogtum und anderen Lehensgütern dem königlichen Willen zu beugen und Nachsicht walten zu lassen. Doch im Béarn ist sie ihr eigener Herr und gedenkt nach eigenem Ermessen und Gewissen zu verfahren. Nach vier Tagen leeren Palaverns trennen sich die Königinnen kühl, mit dem Versprechen auf eine neue Begegnung übers Jahr in Blois. Der Troß zieht weiter in die Bretagne, von dort an die Loire, dann ostwärts nach Vichy und Clermont. Erst am 1. Mai 1566 findet die »große Reise« mit dem Einzug des Hofs in Paris ein Ende.

Jeanne hat ihren Sohn in diesen Jahren kaum gesehen. Doch lang genug, um zu erkennen, daß La Gaucherie, Heinrichs kürzlich verstorbener Erzieher und Hofmeister, versagt hat. Wenn man von den Fächern absah, die im Collegium Navarra gelehrt wurden, war der junge Prinz von einer entwaffnenden Unwissenheit, vor allem was die Wissenschaften und, schlimmer in ihren Augen, die Religion anbelangt. Enttäuscht vertraut sie sich Theodor de Bèze an:

»Die sieben Jahre, die Heinrich in La Gaucheries Obhut zubrachte, sind vertan! Außer einigen fragwürdigen Regeln, und diese ohne Grundlagen und festen Unterbau, hat er ihm nichts beigebracht, so daß das Gebäude seines mageren, oberflächlich eingepaukten Wissens zusammenstürzt, sobald man daran rüttelt!«

Auf den verständnisvollen La Gaucherie folgt also der strenge Calvinist Jean Morely, Lehnsherr von Villiers. Außerdem hält sie es an der Zeit, Heinrich so bald wie möglich vom Hof mit seinen lockeren Sitten zu entfernen. Würde Katharina den Prinzen von Geblüt endlich freigeben?

Dieses Mal muß die Regentin sich schweren Herzens den Argumenten der Königin von Navarra beugen, die deutlich zu machen weiß, daß er die von seinem Vater ererbten Besitzungen bereisen und sich mit Land und Volk vertraut machen muß.

Katharina gibt nach. Jeanne verläßt mit ihrem Sohn den Louvre, in dem er sieben Jahre lang mit den Königskindern gelebt hatte. Gemeinsam besuchen sie die Picardie, brechen dann in Richtung Süden auf, nach Vendôme, nach La Flèche und in die Hausgüter der Bourbonen im Maine. Gegen das Jahresende schließlich geht es ins heimatliche Béarn. Dort soll der zukünftige König von Navarra seinem Volk als Inbegriff eines »rechtgläubigen Protestanten« vorgestellt werden.

Noustre Henric (unser Heinrich), wie ihn seine Untertanen später immer nennen, wird am 1. Februar des Jahres 1567 unter großem Jubel in Pau empfangen. Obwohl er erst vierzehn Jahre alt ist, besitzt er bereits die Haltung und das sichere Auftreten eines Zwanzigjährigen. »Er wirkt höflich und zuvorkommend«, berichtet ein Stadtrat aus Bordeaux, der ihn aufmerksam beobachtete und seine geschickte und gleichzeitig offenherzige Art bewundert, ein Gespräch einzufädeln. Er ist die Gewandtheit in Person und »spricht nie aus, was nicht gesagt sein darf...« Sully erwähnt in seinen Memoiren, daß er schon seit zwei Jahren, also seit dem Alter von zwölf, »äußerst behend die Waffen zu führen wußte, und daß er mit gleichem Talent mit dem Degen, der Muskete, der Pistole, der Hellebarde und dem Spieß umgehen konnte.« In der Reitbahn der Tuilerien war er unter der Leitung seines bretonischen Reit- und Waffenlehrers François Kernevenoy ein wahrer, mit seinem Pferd verwachsener Zentaur geworden. Später brachte er es durchaus fertig, fünfzehn Stunden hintereinander im Sattel zu bleiben und sein Reittier die kühnsten Kapriolen schlagen zu lassen.

Mit Begeisterung nahm er an allen Turnieren teil. Damals sagte man »combattre à la barrière«, »an der Barriere kämpfen«, womit die Holzschranke gemeint war, die die Gegner trennte. Im Béarn lernt er auch noch den Desport[3] kennen, entwickelt sich zum vorzüglichen Springer und Schwimmer, glänzt im Zweikampf, im Barrenlauf und... in allen Arten von Tänzen!

Nach wie vor galt er als Verlobter von Margarethe von Valois. Er wußte das sehr wohl und hätte als solcher, während der »Großen Reise«, gar zu gerne die Erlaubnis erhalten, seiner Braut ein Küßchen zu geben. Doch dafür gab es kein Verständnis. Nicht einmal ihre Hände durfte er küssen. Einem Zeugen zufolge soll Karl IX. trotz seiner Jugend und seiner mangelnden Erfahrung klug genug gewesen sein, gegen solche Wünsche ein diplomatisches Veto einzulegen, weil er »sowohl bei seiner Schwester, als auch bei dem ihr zugedachten Ehegatten so viel Feuer beobachtete, daß ihm Vorsicht am Platze schien, um Folgen zu verhüten, die der Anstand verbietet...«

Heinrich wußte sich überall beliebt zu machen, und die Frauen begannen, Blicke kaum verhüllter Neugier auf diesen lebhaften, manchmal bis zur Waghalsigkeit kühnen Prinzen zu werfen, der eine zart gebräunte Hautfarbe hatte und dessen lockiger Haarschopf kupfern schimmerte. Zwei Adjektive kehren in den Berichten über ihn immer wieder: Er ist kräftig und heiter. Seine erste Liebe – wenigstens die erste, von der uns die Geschichte zu berichten weiß – gilt einer Unbekannten. Der einzige Beweis dieses Abenteuers ist ein Briefchen, das mit den Worten »Mein liebes Herz« beginnt und mit »eine Million Küsse« endet, eine nicht gerade sehr originelle Formel, die er zeitlebens verwendete, wenn er einen Liebesbrief an eine seiner Mätressen verfaßte...

Schon bald war er für seine Großzügigkeit – um nicht zu sagen: Verschwendungssucht – bekannt und häufig schwach bei Kasse. So hatte der künftige König die Angewohnheit, seinen Freunden ein schriftliches Rückzahlungsversprechen zu überlassen, in das er, bevor er es unterzeichnete, die Summe einsetzte, die er als Beweis ihrer Freundschaft von ihnen erwartete. Trotzdem bleibt seine Geldbörse meist hoffnungslos leer, und es ist vorgekommen, daß er die Almosen, die er den Armen zu verteilen gewohnt ist, aus dritter Hand zahlen läßt.

Auf einer Reise durch das Land trifft er eines Tages vor der verabredeten Zeit in Lectoure ein. Vor dem Stadttor sieht er sich statt von den Honoratioren, die sich zu seiner Begrüßung hätten einfinden sollen, von einer Schar Bettler umringt, die ihn mit lautem Geschrei und unter herzzerreißendem Lamentieren bis zu seiner Herberge begleiten. Auf dem Weg dorthin begegnen ihm die über ihre Verspätung äußerst verlegenen Stadtältesten. »Was, meine Herren, hättet Ihr heute für meine Bewirtung ausgegeben?« ruft er ihnen zu. »Sechshundert Livres und mehr? Gut, dann verteilt sechshundert Livres an diese armen Teufel und seid morgen meine Gäste!«

1567. Wieder entbrennt der Bürgerkrieg, erneut zerfleischen sich Katholiken und Protestanten im Bruderhaß. Wie vorausgesehen, bringt der Vertrag von Amboise keinen dauerhaften Frieden. Katharina setzt ihre ganze Schlauheit ein – und Gott weiß, daß es ihr daran nicht mangelt –, um des »kleinen Vendôme« wieder habhaft zu werden. Sollten die Reformierten, wie es jetzt den Anschein hat, große Teile Frankreichs in ihre Gewalt bringen, welch unschätzbares Pfand würde der protestantische Prinz von Geblüt dann in den Händen der Katholiken darstellen! Da es ihren guten Worten nicht gelingt, versucht sie es mit einem macchiavellischen Plan: Jean de Losse, Heinrichs ehemaliger Hauslehrer am Hof, wird beauftragt, seinem Zögling einen Besuch abzustatten, ihn auf eine Jagd einzuladen und zu entführen! Aber »Gottes Hand« straft de Losse noch vor Ausführung der Missetat: ihn trifft unterwegs der Schlag!

Ahnungslos entkommt Heinrich dem Zugriff. Angesichts der drohenden Lage, über die täglich neue Berichte in Pau eintreffen, erhält er den letzten Schliff als zukünftiger König von Navarra. Im Auftrag seiner Mutter reist er in die entferntesten Winkel seines Liliput-Reiches, um Verbindung zum Adel anzuknüpfen, Regierungsentschlüsse zu erläutern, Streit zu schlichten und sein Volk kennenzulernen, Aufgaben, derer er sich mit überraschendem Geschick und Charme entledigt. Schon mit fünfzehn Jahren zeichnet ihn eine Verbindlichkeit aus, die seiner Mutter nie gegeben war. Im Sommer 1568 ist seine Lehrzeit abgeschlossen. Jeanne hat Nachricht erhalten, daß Ludwig, der Prinz von Condé, ihr Schwager, an der Spitze der Hugenottenarmee und eines ganzen Troß von protestantischen Frauen und Kindern, nach abenteuerlichem Marsch von Norden, dauernd von den Katholiken bedrängt, die Loire überquert hat und in La Rochelle eingetroffen ist. Geheimboten berichten ihr aber auch, daß in Paris ein Schlag gegen die Hugenotten geplant ist, daß Monluc beauftragt ist, die Grenzen des Béarn zu überwachen, und daß sogar in Flandern spanische Söldner für das Unternehmen bereitstehen. Es ist an der Zeit, Pau zu verlassen und mit einer möglichst großen Zahl von Truppen, die Guyenne durchquerend, sich in La Rochelle mit Condé zu vereinigen.

Um Fingerbreite entwischen Mutter und Sohn den Fallen, die ihnen Monluc stellt. Aber in Tonneins werden sie von einem anderen Beauftragten der Florentinerin eingeholt. Diesmal versucht sie es mit dem Gelehrten La Mothe-Fénelon, die Flüchtigen im Namen des Königs zur Umkehr zu überreden. In dem Wunsch, sich des königlichen Auftrages würdig zu erweisen, heftet er sich zäh den Béarnern auf die Fersen, wirft seine ganze Überzeugungskraft in die Waagschale, versucht es mit Schmeichelei und mit Drohung und muß am Ende erkennen, daß man beim schlagfertigen Heinrich mit Vorhaltungen schlecht ankommt:

»Oh Prinz, gießt nicht durch Eure Gegenwart (in der Hugenottenarmee) noch Öl in die Flammen, die Frankreich verzehren!«

»Diese Flammen«, erwidert Heinrich verächtlich, »könnten mit einem einzigen Eimer Wasser gelöscht werden!«

»Wie das?«

»Indem man ihn dem Kardinal von Lothringen, der allein für das Feuer verantwortlich ist, eintrichtert, bis er zerplatzt!«

Indessen ist Jeanne nicht zum Spaßen aufgelegt. Sie wettert über den »teuflischen Kerl von Lothringen«, der vor keinem Mittel zurückschrecken wird, um die Rechtgläubigen vom Erdboden zu tilgen, der König Karl dazu bringt, sich die Ohren zu verstopfen, damit er die Wehklagen der Gerechten, sprich der Protestanten, nicht vernimmt. Der arme La Mothe-Fénelon kommt nicht weiter, die »eiserne Königin von Navarra« hat für seine Argumente keinen Sinn.

»Unter dem Vorwand, mir eine Ehre zu erweisen«, entgegnet sie ihm, »will man mich und meinen Sohn an den Hof locken und mir eine Vermittlerrolle zwischen dem König und seinen reformierten Untertanen in die Schuhe schieben. Schöne Worte! Honig um den Mund... das ist es, was man mir bietet!«

Mehr denn je ist Jeanne fanatisch von der Unausweichlichkeit einer kriegerischen Auseinandersetzung überzeugt, fast von dieser Idee besessen. La Mothe-Fénelon wird eilig mit dem Auftrag nach Paris zurückgeschickt, Katharina den Standpunkt der Bourbonen darzulegen: »Dem König in Treue ergeben und nicht gegen ihn«, so muß er unterstreichen, »ergreifen sie die Waffen im Dienste Gottes und der wahren Religion.«

Am 28. September 1568 hält der Prinz von Navarra mit seiner Mutter in La Rochelle Einzug. Jean de Labèze, der Bürgermeister, heißt sie in einer endlos langen Rede willkommen. So lang ist die Rede, daß Heinrich ihm ironisch antwortet:

»Ich habe nicht gelernt, die Worte so wohl zu setzen wie Ihr. Aber wenn ich auch weniger gut rede, so werde ich doch um so besser handeln!«

Bald ist die Armee, man nennt sie die »Armée des Princes«, auf dreißigtausend Mann angeschwollen, Söldner aus Deutschland sind zu ihr gestoßen, Admiral Coligny findet sich auf Schleichwegen ein. Vor den versammelten Truppen übergibt Jeanne ihrem Sohn seine erste Rüstung. Sie entläßt ihn ins Leben mit den Worten.

»Die Blicke Europas sind auf Euch gerichtet. Ihr seid kein Kind mehr. Unter Condé werdet Ihr befehlen lernen.«

Aber soweit ist es noch nicht. Vorläufig hält man ihn und seinen Vetter, den jungen Condé, abseits der ersten Waffengänge. Der Einnahme von Angoulême wohnen die beiden Prinzen als Zuschauer bei.

Vor Loudun angekommen, wundert sich Heinrich, warum man nicht sofort Feindfühlung aufnimmt. »Wenn sich Anjou[4] stark genug fühlen würde, hätte er schon angegriffen. Kommen wir ihm zuvor und der Sieg ist unser!«

Man dämpft seinen Kampfeseifer.

Am 13. März 1569 aber greift Anjou die »Armée des Princes« bei Jarnac an und fügt ihr eine schwere Schlappe zu. Schlimmer noch. Als der Prinz von Condé sich, verwundet, nach der Schlacht dem Sieger ergeben will und sein Visier öffnet, wird er von Montesquiou, dem Hauptmann der königlichen Garde, niedergeschossen, sein Leichnam im katholischen Lager zur Schau gestellt und entehrt.[5] Die Hugenotten hatten einen ihrer großen Heerführer verloren.

Am 1. Oktober 1569 kommt es bei Moncontour noch einmal zur Schlacht, und wieder werden die Hugenotten geschlagen. Entmutigt weichen sie in Richtung auf La Rochelle zurück. Aber in Tonnay-Charente greift die Königin von Navarra energisch ein. »Großherzig und von mannhaftem Willen beseelt«, verpfändet sie ihren Schmuck, veräußert einige Ländereien und gibt damit ein Beispiel für die anderen, denn um frische Truppen anzuwerben, Waffen und Munition zu beschaffen, braucht es Geld, viel Geld. Auch ihr kostbarstes Gut, ihren Sohn, weiht sie »der guten Sache«. An einem Herbstmorgen legt der Prinz von Béarn an der Seite des ersten Admirals und vor dem versammelten Heer den feierlichen Schwur ab, »auf Ehre und Gewissen der hugenottischen Sache sein Leben zu widmen«.

» ...und das solange«, führt Jeanne stolz in einem Schreiben an Theodor de Bèze aus, »bis es dem Herrn gefällt, den Kirchen des Königreiches den heiligen Frieden oder wenigstens die absolute Glaubensfreiheit zu schenken.«

Mit sechzehn Jahren wird Heinrich zweiter Heerführer der Hugenottenarmee, zu der gerade eben noch zwölftausend deutsche Söldner gestoßen sind. Zur Feier des Ereignisses werden zwölf Goldmünzen geschlagen.

Bald darauf verläßt das Heer die lethargische Charente und zieht nach Süden. In der Gegend von Agen flammt der Krieg wieder auf. Einmal bekämpfen sich Katholiken und Protestanten in den Bergen des Vivarois, dann ziehen sich die Kampfhandlungen hinüber nach Burgund. In Arnay-le-Duc führt Heinrich zum ersten Mal, doch noch immer im Schatten des Admirals, die Truppen in die Schlacht, die Gaspard de Coligny endlich den Sieg bringt.

Doch mit dem Sieg ist der Frieden längst nicht errungen. Je länger der Krieg den Krieg nährt, Dörfer und Felder verheert, desto mehr leidet das Volk unter den umherziehenden Truppen, die sich für mangelnden Sold in Dorf und Stadt schadlos halten. »Diese Aufständischen, die man allgemein Hugenotten nennt«, berichtet ein Syndikus, »die nichts kennen als Mord und Vergewaltigung, die Frauen, Kinder und Landleute ergreifen, foltern und mit einem Stein an den Füßen aufhängen, damit sie ihre versteckten Schätze preisgeben...«

Wehe den Einzelgängern, vor allem, wenn es deutsche Söldner sind. »Sie werden von den Bauern erbarmungslos abgeschlachtet, die oft genug unter den Landsknechten zu leiden hatten, armes Volk«, schreibt Heinrich von Navarra an Karl IX.

Schrecken verbreitend zieht die »Armée des Princes« durch das Land und läßt verkohlte Wohnstätten und vernichtete Ernten hinter sich. Jeanne und Katharina, vor allem aber letztere, setzen sich mit äußerster Energie ein, dem Wahnsinn ein Ende zu bereiten. Dann endlich, nach einem Waffenstillstand vom 14. Juli 1570, wird am 8. August in Saint-Germain ein Friedensvertrag unterzeichnet. Den Wortlaut des Vertrages von Amboise wiederholend, garantiert er den Protestanten Religionsfreiheit. Außerdem erhalten sie, für die Dauer von zwei Jahren, vier Sicherheitsplätze: La Rochelle, Cognac, Montauban und La Charité-sur-Loire. Sogar Gaspard de Coligny wird, nur ein Jahr nachdem ihn das Parlament in contumatium zum Tode verurteilt hatte und als Puppe hinrichten ließ, wieder hoffähig und in den Kronrat Karls IX. aufgenommen.[6]

Kaum ist der Frieden im Reich einigermaßen hergestellt, da kommt es im Louvre zu einem Familienskandal: die entsetzte Königinmutter muß feststellen, daß sich zwischen ihrer jüngsten Tochter, der bestrickenden Margarethe, Verlobte des Prinzen von Navarra, und dem jungen Heinrich von Guise... nun, sagen wir, sehr zarte Bande angeknüpft haben. Ausgerechnet mit Guise, dem Ururenkel Ludwigs XII.[7] und, über die verschlungenen Pfade der Fürstenehen, der Lukretia Borgia! Zugegeben, er ist ein unwiderstehlicher, blonder Hüne, aber er hatte sich bereits einen soliden Ruf als »Charmeur der Damen des Hofes« erworben. Außerdem fürchtet Karl IX. den zunehmenden Einfluß der Guise durch eine Ehe mit seiner Schwester. Es kommt zu einem fürchterlichen Auftritt, als er und Katharina von der Tändelei erfahren. Der florentinische Botschafter berichtet an seinen großherzoglichen Hof, daß man die junge Prinzessin wie einen Mehlsack verdroschen habe. Ob es stimmt?

Wie dem auch sei, es scheint der Königinmutter an der Zeit, sowohl den Herzog von Guise als auch Margarethe zu verheiraten, ersteren allerdings nicht mit der Tochter des Königshauses! Das Eheversprechen Heinrichs II. aus dem Jahre 1557 wird hervorgekramt und entstaubt. Als Margarethes Ehemann, so kalkuliert die Regentin, würde Heinrich von Navarra von seiner Mutter getrennt bei Hofe leben und gewiß in den Schoß der Kirche zurückzuführen sein. Sie beschließt, die Angelegenheit umgehend in die Hand zu nehmen. Jeanne d'Albret dagegen sieht keinen Grund zur Hast. Die geplante Heirat kann zwar als Bestätigung des Friedensvertrages von Saint-Germain gewertet werden, aber die plötzlichen Gunstbezeugungen und Ehrungen, mit denen ihr Haus überschüttet wird, kommen ihr verdächtig vor.

»Ich bin von Natur aus mißtrauisch«, läßt sie um so deutlicher vernehmen, als Karl IX. und seine Mutter sie mit sanftem Druck zu einer baldigen Rückkehr – mit Heinrich versteht sich – an den Hof auffordern.

Auf beiden Seiten wird verbissen gefeilscht, und die Folgen beweisen, daß Jeannes Mißtrauen nicht fehl am Platze war. Einer ihrer Briefe an Katharina aus der Zeit vor ihrer Abreise nach Blois legt ironisch Zeugnis ab von der Atmosphäre unterschwelligen Argwohns, die zwischen den beiden Königshäusern herrschte: »Ich weiß nicht, warum Ihr mir sagen laßt«, schreibt sie, »daß ich mit meinen Kindern Eurer Einladung furchtlos Folge leisten könne. Verzeiht, aber die Formulierung macht mich lachen: Wen oder was sollte ich wohl fürchten? Ich habe nie angenommen, daß Ihr kleine Kinder verschlingt...«

Katharina tut, als sei alles bestens geregelt und nimmt Verhandlungen mit dem Papst auf, dessen Dispens eingeholt werden muß, weil die Königskinder verwandtschaftlich zu nahe und in Glaubensfragen zu entfernt voneinander sind. Wie zu erwarten war, lehnt Pius V. das Ansinnen ab.

Unerschüttert durch diese Abfuhr spinnt die Königinmutter ihre Pläne weiter und bittet Heinrichs Onkel, den Kardinal von Lothringen, den Ehebund des jungen Paares zu segnen. Aber es ist nicht einfach, einen Bischof zu finden, der bereit wäre, dem Kirchenfürsten beim Hochamt zu assistieren.

Amyot, Bischof von Damiette, weist das ehrenvolle Amt, das ihm Heinrich von Anjou im Auftrag seiner Mutter großzügig anbietet, schlagfertig mit den Worten zurück: »Euer Gnaden, da der König den Hugenotten Gewissensfreiheit gewährt, darf er sie auch mir nicht verwehren.«

»Ihr habt recht«, erwidert der zukünftige Heinrich III., »aber ist uns nicht allen ein Gewissen eigen und sind wir nicht alle gute Katholiken?«

»Ihre Majestät und Euer Gnaden haben die Pflicht, unseren Rat einzuholen. Was jedoch meine Person und mein Gewissen anbelangt, so bin ich nicht zu Gleichem verpflichtet.«

Schließlich fällt dem Bischof von Digne die heikle Aufgabe zu, der er wahrscheinlich mit verhaltenem Zorn nachgekommen ist.

Zur Stunde gilt es, über die letzten Modalitäten des Ehevertrages handelseinig zu werden. Jeanne bricht nach Blois auf. Noch gibt sie sich der Illusion hin, Katharina den Übertritt Margarethes zum reformierten Glauben abringen zu können.

Heinrich begleitet seine Mutter und seine kleine Schwester bis Agen, und es ist ausgemacht, daß er später zur Hochzeit, wohlbemerkt nur für die Hochzeitsfeierlichkeiten, nach Paris kommen wird, um gleich danach ins Béarn zurückzukehren. Sein Verbleiben am Hof würde ihn zur Geisel der Katholischen machen!

Mutter und Sohn nehmen voneinander Abschied, bleiben aber in engem Briefwechsel. In einem Antwortschreiben der Königin an Heinrich von Schloß Biron aus, sind die Ratschläge zu lesen: »Ich freue mich, daß Ihr guter Gesundheit seid, und daß Pistolle (Heinrichs Lieblingshund) Junge bekommen hat. Allerdings wären mir mehr Rüden lieber gewesen als Hündinnen. Vor allem aber empfehle ich Euch, daß Ihr dem Gottesdienst mehr Zeit opfert als Eurem Vergnügen, daß Ihr fleißig die Predigten der Geistlichen anhört und Euch dem Gebet hingebt...«

In einem Brief aus Tours, datiert am 21. Februar 1572, schärft sie ihm ein, das Béarn nicht ohne ihre ausdrückliche Erlaubnis zu verlassen. »Man spricht davon, daß man Euch zum Aufbruch drängen will, bevor die Verhandlungen abgeschlossen sind...«

Heinrich beruhigt sie: »Ich habe aus Euren Worten sehr wohl verstanden, daß sie mich von meiner Religion abbringen und von Euch trennen wollen. Aber seid ohne Sorge, es wird ihnen nicht gelingen, was sie auch immer anstellen. Niemals gab es einen folgsameren Sohn, als ich es bin!«

Endlich in Blois eingetroffen, ist Jeanne von dem Lotterleben entsetzt, das am Hof herrscht. Empört schreibt sie ihrem Sohn: »Ich möchte auf keinen Fall, daß Ihr an diesem Hof lebt, sondern möchte, daß Ihr Euch mit Eurer Gemahlin nach der Hochzeit in Euer Königreich zurückzieht. Ich wußte, daß Verderbtheit hier herrscht, aber ich ahnte nicht das Ausmaß der Sittenlosigkeit. Hier sind es nicht die Männer, die die Frauen verführen, sondern die Frauen, die sich den Männern an den Hals werfen!...« (Die Frauen, von denen Montaigne sagen wird, daß ihre Gewänder »bis zum Nabel aufgeschlitzt waren...«) »Ah, der Anblick dieses Hofes flößt mir Mitleid und Zorn gleichzeitig ein« schließt Jeanne ihren Brief. Und die Braut? Über Margarethe berichtet die puritanische Königin von Navarra: »Ich gebe zu, daß sie sehr schön gewachsen ist und eine feine Taille hat, die sie bis zum Äußersten einschnürt. Auf ihr Gesicht trägt sie so viel Schminke auf, daß ich um ihre Haut fürchte. Aber hier am Hof schminken sich alle in übertriebener Weise.«

In einem Schreiben vom 25. April legt sie ihrem Sohn drei Dinge ans Herz: Sich stets durch gutes Benehmen angenehm zu machen, immer offen und ehrlich zu reden, selbst wenn es im Geheimen sei, »denn merkt«, fügt sie hinzu, »daß der Eindruck, den Ihr im ersten Augenblick erweckt, entscheidend für die Zukunft sein wird.« Schließlich empfiehlt sie ihm, gut gekleidet zu gehen und die Haare »nach der neuen Mode aufwärts gekämmt zu tragen und nicht nach der alten Sitte, denn die neue scheint mir sehr vorteilhaft... Eure Schwester hat einen bösen Husten und muß das Bett hüten«, fügt sie hinzu. »Wir geben ihr Eselsmilch zu trinken, und sie nennt das Eselskind ihren Milchbruder.« Heinrichs »Schwesterlein«, wie er die kleine Katharina sein Leben lang nannte, bleibt im Gegensatz zu ihrem Bruder immer kränklich und anfällig.

Wenn man Jeannes Berichten Glauben schenken will, so sind die Verhandlungen in Blois äußerst mühselig. »Sie laufen allen meinen Hoffnungen und allen Versprechungen zuwider, die man mir gegeben hat«, klagt sie. »Nie kann ich mit dem König selbst sprechen, immer nur mit der Königinmutter, die mir das Leben sauer macht und vor deren Falschheit ich mich in Acht nehmen muß... Sie tut so, als mache sie sich über mich lustig und verbreitet Dinge über mich, die nicht wahr sind...« Nicht einmal mit Margarethe, der zukünftigen Schwiegertochter, ist eine persönliche Aussprache möglich. In ewigem Hin und Her ziehen sich die Besprechungen in die Länge: »Man piekt und stubst mich von allen Seiten, dann schmeichelt man mir«, seufzt die Königin. »Man leistet allen meinen Argumenten Widerstand, und man will mir die Würmer aus der Nase ziehen!«

Endlich ist eine Einigung in Aussicht. Margarethe erhält eine Mitgift von dreihunderttausend Livres und mehrere Städte in der Gascogne und im Languedoc, aber sie bleibt – das Gegenteil wäre überraschend gewesen – Katholikin. Heinrich wird in seinen Statthalterschaften bestätigt.

Der Hof ist wieder in Paris, und Heinrich erhält die Aufforderung, sich im Louvre einzufinden. Schon ist er auf dem Weg nach Norden, als ihn in Verteuil, an den Ufern der Charente, die Nachricht erreicht, daß die Königin von Navarra schwer erkrankt im Stadtpalast der Prinzen von Condé, Rue de Grenelle-Saint-Honoré, darniederliegt. Sie ist, wie man sagt, vom »bösen Fieber« infolge einer Brustfellentzündung heimgesucht. Heinrich drängt zur Eile, doch schon am nächsten Tag in Chaunay, fünf Meilen von Ruffec, als er sich zur Abendmahlzeit begeben will, ruft ihn der Geistliche zum Totengebet für die Seele der Königin Jeanne, die am 10. Juni gestorben war.

Der plötzliche Tod seiner Mutter ist für den Neunzehnjährigen ein schwerer Schlag. Man berichtet, daß er sich mit seinem Schmerz in seinem Schlafgemach eingeschlossen habe, und daß man ihn laut weinen hörte. »Ich kann Euch das Gefühl der Trauer und Verlassenheit nicht schildern, das mich erfaßt hat und so groß ist, daß ich es kaum ertragen kann. Aber ich vertraue fest auf Gott«, schreibt er dem Baron von Arros, Generalleutnant des Béarn.

Heinrich ist jetzt König von Navarra. Seine Mutter hat auf dem Totenbett ein Testament diktiert, in dem sie ihrem Sohn empfiehlt, »in allen Dingen der Ehre und dem Ruhme Gottes zu dienen und dem Rat Colignys zu folgen.« Außerdem soll er »getreulich in dem Haus wohnen bleiben, das Gott ihm gebaut habe«, mit anderen Worten, am protestantischen Glauben festhalten und »den Lockungen des Fleisches und der irdischen Reichtümer widerstehen«, eben jenen Lastern, die Jeanne am Hof der Valois beobachtet hatte.

Auch das Wohl der Schwester legt die sterbende Königin ihrem Sohn ans Herz. Sie ist erst dreizehn Jahre alt und soll als sittsame Protestantin aufwachsen und selbstverständlich einem Rechtgläubigen angetraut werden. Dieser letzte Wunsch wird allerdings unerfüllt bleiben.

Man hat die tote Königin seziert. Doch allen Untersuchungsergebnissen zum Trotz werden in Heinrichs Umgebung Gerüchte laut, daß sie vielleicht nicht eines natürlichen Todes gestorben ist. Freunde warnen ihn vor den Gefahren, die in Paris auf ihn lauern. Aber Coligny ist der Ansicht, daß die Anweisungen und Verträge der verstorbenen Königin unverbrüchlich einzuhalten seien: Navarras Pflicht ist es, in den Louvre zu kommen und Margarethe von Valois zu heiraten!

Als alles zum Aufbruch von Chaunay bereit ist, wird er von einem heftigen Fieber erfaßt. Seine Abreise erfolgt erst am Ende des Monats, in Begleitung von neunhundert hugenottischen Edelleuten in Trauerkleidung, von denen fast keiner die Bartholomäusnacht überleben wird. Doch greifen wir der Geschichte nicht vor. In diesen letzten Junitagen des Jahres 1572 ist im ganzen Land von nichts anderem als von der bevorstehenden Königshochzeit die Rede.

Am 8. Juli wird Heinrich in Palaiseau, sechs Meilen von der Hauptstadt entfernt, von seinen Vettern aus dem Hause Bourbon und wenig später an der Grenzschranke von Saint-Jacques von den Stadtältesten empfangen. Langsam windet sich der Zug durch die Pariser Straßen und über die Brücken der Cité. Jenseits der Seine, von der Rue Saint-Honoré abbiegend, folgt er der Rue d' Hostriche[8] und gelangt schließlich, zwischen den beiden mächtigen Rundtürmen hindurch, in den Hof des Louvre. Der von Charles V. errichtete, klotzige Burgfried, der sich innerhalb des Vierecks erhob, ist abgetragen.[9] Der prächtige Flügel, dessen Bau auf Anordnung von Franz I. begonnen wurde und die von Katharina angeregten Anlagen sind noch unvollendet. Der schöne Cour Carré (Viereckhof) wurde erst gegen Ende der Regierungszeit Ludwigs XIII., Sohn Heinrichs IV., fertiggestellt.

Katharina, die über alles bestimmt, bringt ihren zukünftigen Schwiegersohn in den Gemächern der Attika unter, die einst von Königin Eleonore bewohnt wurden, der zweiten Frau Franz' I. und Schwester Karls V.

In dieser Umgebung wird der König von Navarra leben, bis er im Februar 1576 der Aufmerksamkeit Heinrichs III. und seines Gefolges entwischt.

3

Die Bluthochzeit

*»... ein einziger Degenstoß genügt,
das Blutbad zu verhindern ...«*

Katharina von Medici

Der sonnengebräunte, junge Mann aus den Bergen des Béarn ist etwas gehemmt, als er der vielbesungenen, brünetten Margarethe nach so vielen Jahren Trennung wieder gegenübersteht. Er fühlt sich von ihrer Eleganz und ihrer strahlenden Schönheit sichtlich beeindruckt.

»Findet Ihr nicht auch«, bemerkt etwas später Brantôme zu Ronsard, »daß unsere schöne junge Königin mit ihren zartschimmernden Gesichtsfarben der erwachenden Morgenröte zu vergleichen ist?«

»Ihr habt ganz recht, mein Herr«, stimmt Ronsard bewundernd zu und macht sich daran, der Morgenröte zu Ehren ein paar Verse zu verfassen. Man weiß, daß er sie Brantôme überreicht hat, doch sind sie leider verlorengegangen.

Die Gewänder des ausgehenden 16. Jahrhunderts enthüllen mehr als sie verhüllen. Der Rock ist vorn in der Mitte geschlitzt, und das weit und tief ausgeschnittene Oberteil gestattet es den Damen der Gesellschaft, die Brust frei zu tragen, eine Mode, der Margarethe ausgiebig huldigt. Ihren Hofdamen ist es erlaubt, ihre Brüste mit den Lippen zu berühren, was sie angeblich mit Entzücken tun. Um mit Ronsard zu sprechen »linden Lüften gleich, die über zarte Früchte streichen...«

Seltsame Sitten am Hof der Valois.

Wenn man Margarethes Gesicht betrachtet, so fallen in erster Linie die sinnlichen Lippen und die großen, schimmernden, vor Lebhaftigkeit und Spott blitzenden Augen auf. Aber auch ihre Beine sind wohlgeformt. Die junge Prinzessin folgt dem Beispiel ihrer Mutter, die den »Amazonensitz« (im Gegensatz zum Damensattel) zu Pferde eingeführt und der ihr Gelegenheit gegeben hatte, großzügig sichtbar zu machen, was im Damensattel verhüllt geblieben wäre und bei ihr besonders sehenswert war.

Kein Mann, nicht einmal ihre Brüder, vermochten Margarethes Charme zu widerstehen. Als die polnischen Gesandten zur Ernennung Anjous zum König von Polen am französischen Hof eintrafen, waren sie von dessen Schwester so hingerissen, daß Albert, der Woiwode von Sieradz, leidenschaftlich erregt ausrief: »Nein, nach dieser Schönheit mag ich nichts mehr sehen! Am liebsten möchte ich es jenen Türken gleichtum, die, nach Mekka pilgernd, von der Pracht und der vollendeten Schönheit der Moschee so durchdrungen waren, daß sie sich mit glühender Bronze blendeten, um ihren Blick fortan nie mehr mit Mittelmaß zu kränken.« Worauf er rauschend den Festsaal verließ.

Don Juan d'Austria dagegen fällt ein scharfsinnigeres, von leiser Ironie gefärbtes Urteil über Margarethe: »Obwohl diese Königin von einer himmlischen Schönheit ist, scheint sie mir eher den Männern zum Verderben, als zu ihrem Wohl geschaffen zu sein.«

Margarethe liebt die geistreiche Konversation, die Kunst der Rede, die sie aufs Vortrefflichste beherrscht. Wie viel lieber hätte sie den galanten Herzog von Guise geheiratet, als Heinrich, den Bauernjungen aus dem Béarn, der auf zwei Schritte Entfernung nach Knoblauch riecht. Eleganz, Vornehmheit, hohe Statur... alles zieht sie unwiderstehlich zu dem blonden Lothringer. Aber die hohe Politik, das heißt Katharina, fragt nicht nach ihren Wünschen und hat längst anders entschieden. Ihr geht es darum, in dem von Fanatismus zerrissenen Land Frieden zu stiften, indem sie die Hand der eigenen Tochter in die des Hugenottenkönigs legt. So soll die Hochzeit der beiden Fürstenkinder zu einem Fest der Versöhnung für das ganze Reich werden. Manche Historiker behaupten allerdings, daß sie einem heimtückischen Plan folgte, indem sie die Führer der Reformierten für die Hoch-

*Margarethe von Valois, erste Gemahlin Heinrichs IV.
Zeitgenössisches Portrait*

zeitsfeierlichkeiten nach Paris lockte, um sie dort auf einen Schlag umbringen zu lassen. Sprechen wir sie mangels handfester Beweise von dieser Anklage frei: sie hat die Schrecken der Bartholomäusnacht – wenigstens vor der Hochzeit ihrer Tochter – nicht geplant. Indessen ist nicht von der Hand zu weisen, daß sie auf Admiral Gaspard von Coligny, Kopf und Herz der Hugenottenpartei, nicht gerade gut zu sprechen ist und seinen Untergang herbeisehnt.

Im Jahr zuvor, nach dem Sieg der Protestanten unter Coligny bei Arnay-le-Duc und dem Friedensvertrag von Saint-Germain, durch den der zweite Religionskrieg ein Ende fand, sollte eine Versöhnung in Blois die zerstrittenen Parteien vereinen. Vor allem Karl IX. setzte große Hoffnungen in eine persönliche Aussprache mit dem Admiral, den er wie einen Vater verehrt hatte. Katharina gab schließlich nach und beugte sich dem Willen ihres Sohnes. Der gefürchtete Feldherr hielt mit fünfzig hugenottischen Edelleuten in der königlichen Residenz an der Loire Einzug. Ebenso rauhbeinig wie sein Onkel, der berüchtigte Konnetabel von Montmorency, hatte er auch, wie jener, seine sprichwörtlich gewordenen Angewohnheiten. Montmorency ließ in kritischen Stunden die Perlen seines Rosenkranzes durch die nervös bewegten Finger gleiten. Sein Neffe Coligny kaute in ähnlichen Situationen an einem legendären Zahnstocher. Und wie der Volksmund vom einen sagte »Gott bewahre uns vor den Paternostern des Herrn Konnetabel«,[1] so seufzte er vom andern: »Gott schütze uns vor dem Zahnstocher des Admirals.« In Blois erschien er versöhnungswillig und voll guter Vorsätze. Doch der Schein trügte. In Wirklichkeit legte er es darauf an, seinen Einfluß auf den jungen König (er war immerhin erst einundzwanzig Jahre alt) zurückzugewinnen, was ihm in wenigen Tagen gelang. Karl sah in ihm die Stütze, mit der es ihm gelingen sollte, sich von dem erdrückenden Regiment der Mutter zu befreien. Geschickt reizte Coligny den Ehrgeiz des Jünglings und flüsterte ihm ein, daß das Wohl des Reiches und der Ruhm seines Königtums von einem gemeinsam von Katholiken und Protestanten geführten Kriegszug gegen den Erzfeind Spanien abhing. Politisches Ziel müsse es sein, Wilhelm von Oranien zu Hilfe zu eilen, um die Niederlande vom spanischen Joch zu befreien.

Aber die militärischen Unternehmungen, von denen sich Karl IX. so viel versprach, endeten mit einem Fiasko. Es gelang nicht, Oranien von der Umklammerung zu befreien, und bei Mons blieben am 17. Juli 1571 an die viertausend Soldaten auf dem Schlachtfeld, von den gefürchteten spanischen Tercios massakriert. Coligny war im Innersten getroffen. Keinesfalls wollte er aufgeben, sondern dachte an nichts anderes als an Vergeltung. Anders Katharina, die sich gemeinsam mit ihrem Kanzler Michael de l'Hospital mit aller Macht an die Friedenshoffnungen klammert. Sie will diesen Krieg nicht. Wird der eigensinnige Admiral das Land erneut in ein blutiges Abenteuer stürzen?

»Sire«, warnt er den König eindringlich, »ich kann mich zwar dem Willen Eurer Majestät nicht widersetzen, wenn er sich den Ansichten der anderen unterordnet. Aber ich bin sicher, daß Eure Majestät es eines Tages bereuen wird, das gegebene Versprechen gebrochen zu haben. Ich jedenfalls gedenke, dem Prinzen von Oranien mit meinen Freunden und Anhängern und mit der Kraft meiner eigenen Person zu Hilfe zu eilen.«

Gerade jetzt wieder, in den ersten Augusttagen des Jahres 1572, verteidigt er vehement seinen Standpunkt im Rat. Aber er unterliegt der Friedenspartei um Katharina, die von Michel de l'Hospital angeführt wird und gegen den Krieg stimmt. Wütend wendet er sich an die Königinmutter mit den Worten, die wie eine Drohung klingen:

»Madame, verhüte Gott, daß der König, wenn er sich weigert, in diesen Krieg zu ziehen, nicht in einen anderen gerät, dem er nicht ausweichen kann!«

Immerhin erhält er eine gewisse Genugtuung, als Karl IX. ihn beauftragt, seiner Mutter zum Trotz zwölftausend Arkebusiere und dreitausend Reiter zu sammeln, um vielleicht... eines Tages... Spanien doch noch anzugreifen. Mag der Admiral auch verloren haben, so hat Katharina den endgültigen Sieg über ihn ebensowenig davongetragen. »Dieser verfluchte Coligny, ist er nicht eine Gefahr für den Frieden«, grollt sie und holt die seit dem Liebesskandal vom Hof entfernten Guise zurück, um die katholische Partei in der Hauptstadt zu stärken.

Inzwischen naht Margarethes Hochzeitstag. Dem altem Brauch folgend, verbringt die Braut die letzte Nacht vor den Feierlichkeiten im bischöflichen Palast auf der Ile de la Cité. Am Morgen des 18. August, es ist Montag, ein strahlender Hochsommertag, tritt die Prinzessin, die wenige Augenblicke später Königin von Navarra sein wird, gekrönten Hauptes vor dem schweren Portal von Notre Dame auf ihren Bräutigam zu. Sie ist in prunkvolle Gewänder gehüllt, die von Perlen und Edelsteinen blitzen, auf den Schultern den Umhang aus Hermelin über dem blauen Königsmantel mit langer Schleppe. Ein wahrhaft fürstlicher Anblick. Brantôme ist vom Glanz ihrer Erscheinung »geblendet«. Aber ihre Augen sind gerötet von den Tränen, die sie die ganze Nacht vergossen hat und deren Strom noch immer nicht versiegen will.

Für die ungewöhnliche Zeremonie waren besondere Vorkehrungen getroffen worden. Während der König, die Königinmutter, die Prinzen von Geblüt, die Lothringer und der Hofstaat in vollem Ornat Margarethe vom Bischofspalais herüberleiten, erreicht von der anderen Seite Heinrich von Navarra mit Condé, dem Admiral, La Rochefoucauld, gefolgt von einer Gruppe protestantischer Edelleute den von Gebäuden eng umstandenen Kirchplatz vor der Kathedrale. Hier, auf einem kunstvoll drapierten Schaugerüst, im Schatten der mächtigen Türme, werden Vetter und Cousine, für deren Ehe noch kein päpstlicher Dispens vorliegt, von Kardinal von Bourbon getraut. Doch als er Margarethe die rituelle Frage stellt, bleiben ihre Lippen stumm. Flehend richten sich ihre

Admiral von Coligny. Gemälde von François Clouet

Augen auf Herzog Heinrich von Guise, der sich abwendet. Schließlich muß der König, in seiner glänzenden Rüstung eine »sonnengleiche Erscheinung«, ihren Kopf durch einen kräftigen Schlag mit der Rechten zu einer zustimmenden Neigung zwingen! Mangels einer deutlicheren Einwilligung begnügt sich der Hof mit diesem stummen Ehegelübde... um es später als Scheidungsgrund zu benutzen!

Dem jüngsten Bruder des Königs, Herzog Franz von Alençon, kommt die Ehre zu, die verweinte Schwester an Navarras Stelle bis zum Traualtar zu führen. Heinrich, der Protestant, macht am Querschiff angekommen kehrt, verläßt die Kirche und begibt sich mit einigen Begleitern »seines Glaubens« zum Palast des Bischofs, wo er das Ende des Hochamtes abwartet. Nach der endlosen Zeremonie ist im großen Saal im Obergeschoß des Louvre ein fürstliches Bankett mit

Musik, Tanz und kurzweiligen Darbietungen vorbereitet. Prunkwagen rollen durch den Saal, auf denen die Götter des Olymp, von Meeresungeheuern umspielt, thronen, während auf der Estrade eine Gruppe von Musikanten mit Violen, Flöten, Lauten und Tamburins die neuesten Tanzweisen aufspielt.

Es wird bis in den späten Abend hinein geschmaust und gefeiert, aber wenn man den Berichten der Zeugen Glauben schenken soll, so hat sich die Hochzeitsnacht der Jungvermählten in tiefer Stille vollzogen... wahrscheinlich wurde die Ehe an diesem 18. August 1572 nicht vollzogen. Heinrich IV. soll später sogar versichert haben: »Wir haben sieben Jahre zusammen geschlafen, ohne miteinander zu reden!«

Bekanntlich braucht es ja keiner Worte, um sich zu lieben!

Am Mittwoch wird im zwischen dem Louvre und der Kirche von Saint-Germain-l'Auxerrois gelegenen Schlößchen »Le Petit Bourbon« eine seltsame Pantomime dargeboten, eine Maskerade, die man fast als Vorboten der kommenden Ereignisse deuten könnte: Karl IX. und seine beiden Brüder bewachen, als Götter des Olymp verkleidet und bis an die Zähne bewaffnet, die Pforten des Paradieses, d. h. den Eingang zu den »blumenreichen Gärten der Champs-Elysées«, in denen feengleiche Nymphen (unter ihnen die junge Königin von Navarra und Maria von Kleve) tanzen.[2] Plötzlich naht, angeführt von Heinrich und Condé, eine Schar wilder Reiter, alles Hugenotten, die sich Zugang zu diesem Paradies verschaffen wollen, was ihnen die drei »göttlichen Wächter« wehren. Nach kurzem Kampf mit Schwertern und Lanzen landen die Angreifer, von Teufeln gezwickt und gezwackt, in der Hölle. Obwohl die Fürsprache der Nymphen ihre Errettung aus dem Höllenfeuer bewirkt, ruft das Schauspiel Befremden, ja ernste Betroffenheit unter den Zuschauern hervor. Beunruhigt fragen sich die protestantischen Hochzeitsgäste, welcher Sinn hinter der absurden Maskerade stecken mag. Gerüchte werden laut über versteckte Waffen in den Häusern der Guise. Einige verlassen die Stadt. Zu wenige...

Auch das »Türkenfest«, das am 21. August zum Abschluß der Festlichkeiten abgehalten wird, erregt Unbehagen, denn wieder stehen die »Ungläubigen« – Heinrich von Navarra, Condé und La Rochefoucauld mit Turban und golddurchwirkten Türkengewändern vermummt – den göttergleichen Helden – Karl IX. und seinen Brüdern Anjou und Alençon als Amazonen mit Pfeil und Bogen umgürtet, die Brust unverhüllt – gegenüber...

Nach drei Tagen Volksbelustigungen, Pantomimen und Banketten, während deren kein Streit die frohe Stimmung störte, ist es nun doch an der Zeit, zum Alltagsleben zurückzufinden. Am Freitag, dem 22. August 1572, begibt sich Coligny wie gewohnt zur Ratssitzung in den Louvre. Gegen 11 Uhr begleitet er den König zum Ballspiel, dem er eine kurze Weile zuschaut, dann verläßt er, von einigen Freunden umgeben, den Palast über die Zugbrücke. Auf dem Holzsteg angelangt, der zwischen dem inneren und äußeren Tor den alten Burggraben der Festungswerke von Philippe-Auguste überbrückt, beschleunigt er seine Schritte: in diesen drückenden Augusttagen lastet ein pestilenzialischer Gestank über den Gruben, in welche die Kammerdiener des Schlosses den Inhalt der Leibstühle zu leeren pflegen.

Jetzt biegt er in die enge Rue d'Hostriche ein, die sich, zwischen zwei Ballspielplätzen gezwängt, entlang dem ehemaligen Wehrgang windet. Von dort gelangt er in die Rue des Poulies. Die Weibsleute, die hier früher in den schmalen Häusern Bordelle unterhielten, sind seit Franz I. verschwunden. Händler haben sich angesiedelt, Säcke und Stoffballen liegen an den Türen. Eben erreicht die kleine Gruppe die Ecke zur Rue des Fosses-Saint-Germain, es ist nicht mehr weit bis zum vornehmen Wohnsitz des Admirals in der Rue de Béthizy. Plötzlich kracht ein Schuß aus einem Fenster zu ebener Erde: Die Kugel stammt aus der Muskete eines gewissen Charles de Maurevert, der als gedungener Mörder unter dem fragwürdigen Titel »königlicher Totschläger« eine Pension bezieht. Seinen hinterhältigen Auftrag erhielt er vom Obristen Franz von

Villiers. Dieser wiederum befolgte eine Anordnung, die von Katharina, dem Herzog von Anjou und, zweifellos, auch vom Herzog von Guise ausgegangen war, allerdings in der Hoffnung auf eine radikalere Wirkung.

Denn die Kugel war nicht tödlich, Coligny ist nur verwundet. Seine Freunde verbinden ihn notdürftig und bringen ihn eilends in seine Residenz, dem Palais Rohan-Montbazon, das sich nicht weit von der Unglücksstelle an der Kreuzung der Rue de Béthizy mit der Rue de l'Abre-Sec erhebt.[3]

Der unentbehrliche Ambroise Paré, Leibwundarzt von vier Königen,[4] eilt herbei. Aber die Verletzung ist nicht schwer: Coligny hat einen gebrochenen Arm und einen ausgerissenen Zeigefinger... es hätte Schlimmeres passieren können. Ungeschickter Maurevert... warum hat er nicht besser gezielt? Seine Arkebuse wird in der Rue des Fosses-Saint-Germain gefunden und gehört eindeutig einem Mitglied der Leibwache von »Monsieur«, dem Herzog von Anjou und späteren Heinrich III.

Der Verletzte versucht, seine erregten Freunde zu beschwichtigen: »Ich bitte Euch, keine Rache! Jede Waffentat würde unserer Sache nur schaden und das in einem Augenblick, da sich unsere Feinde in so unentschuldbarer Weise ins Unrecht gesetzt haben!«

Als Karl IX. erfährt, daß Colignys Verletzung ungefährlich ist, ruft er ehrlich erleichtert aus: »Gott sei gelobt, endlich eine gute Nachricht. Ich hoffe, daß der Admiral bald wiederhergestellt ist... und mir mit seinem Rat zur Seite stehen kann.« Was Katharina in ihren düsteren Plänen bestärkt haben mag.

In Begleitung seiner Mutter und seines Bruders, dem Herzog von Anjou – beide sichtlich verlegen –, begibt sich der König an das Krankenlager des alten Heerführers, der sein Schicksal mit erstaunlichem Gleichmut trägt. »Mein Vater«, versichert Karl, »ist auch die Verletzung Euer, so trifft der Schmerz mich!«

Und er setzt aufgeregt hinzu, daß er fürchterliche Vergeltung üben wolle, an die sich noch die kommenden Generationen erinnern werden. Als sich der königliche Besuch entfernt, dämpft Coligny noch einmal die Wut seiner Freunde: »Warten wir ab, was der König unternimmt. Er hat feierlich versprochen, mir Gerechtigkeit widerfahren zu lassen!«

Inzwischen gärt der Aufruhr in der Stadt. Die Kunde des Anschlags geht wie ein Lauffeuer durch die Gassen. Die einen hoffen, durch Geistliche aufgehetzt, den Ketzern endgültig den Garaus zu machen, die anderen sinnen auf Rache für den Verrat. Die Händler schließen ihre Läden, die Bürgersleute Tür und Tor. Bettler und gemeines Volk rotten sich zusammen. Protestantische Edelleute eilen, Drohungen ausrufend, zur Residenz des Admirals. Der König ist fassungslos: »Was soll das alles bedeuten? Man berichtet mir, daß das Volk aufsteht und zu den Waffen greift!«

»Es tut weder das eine, noch das andere«, fällt ihm Katharina hastig ins Wort, »bedenkt jedoch, daß Ihr selbst es gewesen seid, der heute früh schon der Stadtobrigkeit Anweisung gab, daß keiner seinen Stadtteil verlasse, um Unruhen vorzubeugen.«

»Gewiß«, muß Karl zugeben, »aber ich habe gleichzeitig angeordnet, daß im Stadtgebiet keine Waffen getragen werden sollen. Auf jeden Fall verlange ich Schutz für den Wohnsitz des Admirals!«

Die Unrast schwelt fort. Gegen Abend des 22. August bitten Heinrich von Navarra und sein Vetter Condé um Audienz beim König. Weder sie noch die anderen Führer der Calvinisten fühlen sich länger in der brodelnden Stadt sicher. Schon deshalb nicht, weil sie die Wahrheit ahnen: Katharina, ihr Sohn Heinrich von Anjou und die Guise stecken hinter dem Attentat! Aber als sie um die Erlaubnis bitten, Paris verlassen zu dürfen, glaubt Karl IX., sie beruhigen zu können: Sie haben unter seinem Schutz nichts zu befürchten. Er schlägt ihnen sogar vor, den verletzten Coligny in den Louvre zu schaffen. Er werde ihn in den Gemächern seiner Schwester Margarethe im südlichen Flügel des Palastes unterbringen und ihm jede erdenkliche Pflege angedeihen lassen.

Aber die beiden Prinzen winken ab. Sie sehen den Admiral lieber in seiner Residenz in der Rue de Béthizy, wo er von den Seinen umsorgt und sicherer aufgehoben ist, als getrennt von ihnen im Louvre.

Eilends schafft man auch Waffen und Rüstungen dorthin, um einer möglichen Belagerung die Stirn bieten zu können. Heinrich von Anjou trägt das Seine dazu bei und schickt – scheinheilig – zwei Dutzend ihm ergebene Arkebusiere in das Palais Rohan-Montbazon, denen Heinrich von Navarra ahnungslos fünf Schweizer aus seiner eigenen Garde zugesellt.

Samstag, den 23. August 1572. Ein drückend heißer Morgen. Schon früh läßt sich Karl IX. über das Ergehen des Admirals berichten, was die Königinmutter im höchsten Grade ärgert. Die Angelegenheit nimmt eine böse Wendung, findet sie. Diese übertriebene Fürsorge um den alten Haudegen, der ihr nichts als Schwierigkeiten bereitet! Bei dem wie üblich öffentlich eingenommenen Mittagsmahl fehlt ihr der Appetit. Dazu kommt es noch zu einem Wortwechsel mit Pardaillan, dem Gascogner, der ihm zum Schluß die Bemerkung an den Kopf wirft, daß sich die Hugenotten schon selbst Gerechtigkeit zu verschaffen wüßten, wenn der König sie ihnen verweigere! Das war eine echte Drohung, die zum Handeln rief. Es durfte kein Zögern mehr geben. Noch diesen Abend hieß es, ihren zaudernden Sohn davon zu überzeugen, daß nur ein Ausweg blieb: Erbarmungslose Vernichtung! Ein zweites Mal durfte das Ziel nicht verfehlt werden.

Alsbald geht man daran, den Willen des erregbaren Königs zu untergraben, Schritt für Schritt. Katharina und Heinrich von Anjou schildern die Gefahr, welche die zehntausend »bis an die Zähne bewaffneten« Ketzer für die Stadt darstellen. Sie und die Gegenwart ihrer Führer bedeuten eine permanente Bedrohung, die Residenz des Admirals sei in ein wahres Arsenal verwandelt, vollgestopft mit Waffen und Munition. Schließlich tritt auch der Italiener Albert de Gondi vor, Vertrauter der Königinmutter und früherer Berater des jungen Herrschers, dem man die Verwirrung im Gesicht ablesen kann. Gondi schildert die Lage in den schwärzesten Farben. Der Verrat des Admirals sei so gut wie sicher. Es gehe um Gedeih und Verderb des Königshauses, um die Existenz des Staates.

Energisch mischt sich Katharina in die Diskussion: »Jawohl, mein Sohn, die Hugenotten ergreifen die Waffen, die sie gegen Eure Person erheben werden! Schon hat Coligny eine Gesandtschaft zu den protestantischen Fürsten in Deutschland ausgeschickt, um zehntausend Reisige aufzubieten, desgleichen an die Eidgenossen für ebensoviel Mann Fußvolk. Im ganzen Land trommeln die Calvinisten ihre Anhänger zusammen. Schon sind Ort und Tag festgelegt, an dem auch die äußeren Feinde Frankreichs zu ihnen stoßen werden. Dagegen seid Ihr arm an Waffen und Truppen... ein Gejagter im eigenen Königreich!«

Das Gift wirkt, der Wille des Königs gerät ins Wanken. Da holt die erbarmungslose Mutter zum letzten Schlag aus: »Diese große Gefahr, die Euch, uns und dem Staat droht, die das Land in ein Meer von Ruinen verwandeln und Tausende von Toten kosten kann... ein einziges Mittel vermag sie abzuwenden... ein Degenstoß genügt!«

Wahrscheinlich ahnt sie nicht, daß sie mit diesen Worten das bevorstehende Blutbad legitimiert. Noch eine Stunde geschicktes Manövrieren, und der König ist wider alles Erwarten von der Notwendigkeit des Zuschlagens überzeugt, er glaubt an Colignys Verrat! Als ihn Katharina heuchlerisch fragt, ob die Verantwortung für diesen folgenschweren Schritt ihn nicht erdrücke, hat das Gift längst seine Wirkung getan. Vor Erregung zitternd, mit den Füßen stampfend, schreit er, heult er auf, die Worte sind überliefert: »Man töte sie alle!... Daß keiner entkomme, um mich zur Rechenschaft zu ziehen!«

Die Florentinerin hat gesiegt, die Todesmaschine läuft an und ist nicht mehr aufzuhalten.

Noch in derselben Nacht befiehlt Karl IX. Jean Le Charron, den Vorsteher der Kaufmannschaft[5], zu sich und setzt ihn in

Anwesenheit seiner Mutter und seines Bruders, des Herzogs von Anjou, darüber in Kenntnis, daß die »Anhänger der neuen Religion« einen Aufstand gegen König und Reich planen, daß das Leben der Stadt und ihrer Bewohner auf dem Spiel stehe. Und dies sind die Maßnahmen, die er verordne:

»Verschließt die Tore der Stadt, und nehmt die Schlüssel in Verwahrung. Zieht alle Schiffe und Barken an das rechte Seineufer, und verkettet sie. Ruft die Capitaine, Leutnants und Fähnriche zu den Waffen, weckt alle wehrtüchtigen Bürger! Besetzt Plätze und Straßenkreuzungen, und harrt meiner weiteren Befehle... haltet die Artillerie zum Einsatz bereit. Sie nehme Stellung beim Stadthaus und auf dem Place de Gréve!«

Während sich die Protestanten zur Ruhe begeben, die ihnen der König noch kurze Zeit vorher zugesichert hatte, klingt gedämpfter Lärm aus der Stadt. Mit der vorgerückten Nacht war die Stunde der Guise gekommen. Ihre geheimen Sendboten galoppieren durch die dunklen Gassen, vom Rathaus aus rufen ihre Befehle die Truppen in ihre Standquartiere, die Wachen auf ihre Posten. Rasselnd wird die Seine mit der schweren Eisenkette vom großen Eckturm des Louvre hinüber zum Tour de Nesle auf dem linken Ufer abgeriegelt.

Herzog Heinrich von Guise versammelt die wichtigsten Obristen der Garde um sich:

»Der Tag der Vergeltung ist gekommen! Auf Befehl des Königs soll das Gezücht der Gotteslästerer vernichtet werden: Das Tier steckt in der Falle... Laßt es nicht entkommen!«

Auch im Haupthof des Louvre gruppieren sich die Truppen der königlichen Garde bei Fackelschein. Waffengeklirr, Pferdegetrappel, gedämpfte Befehle erklingen. Als Erkennungszeichen im Dunkel der Nacht tragen die Katholischen ein weißes Kreuz an der Kopfbedeckung und eine weiße Binde um den Hals, die über der Brust gekreuzt ist.

Margarethe von Navarra, in ihrem Kabinett, wird von einer seltsamen Unruhe gepackt. Ihre Mutter war ihr ungewöhnlich erregt vorgekommen, barsch hatte sie sie zu Bett geschickt. Was mochte vorgehen? Von Angst gequält hastet sie hinüber zu Heinrichs Zimmern, wo sie ihren Gemahl in hitzigem Gespräch mit zahlreichen Edelleuten findet. Er scheint beunruhigt, die Freunde guter Dinge. Zitternd schlüpft sie ins Bett, doch findet sie, wie die anderen, keinen Schlaf. Plötzlich haben alle das Gefühl einer lauernden Gefahr, die sie nicht fassen können. Die Atmosphäre ist drückend. Um die düsteren Gedanken zu verscheuchen, schwatzen sie flüsternd bis in die Morgendämmerung...

Der Tag des Heiligen Bartholomäus graut.

Die Luft ist heiß und stickig trotz der frühen Morgenstunde. Vor dem Wohnsitz des Admirals von Coligny geht Heinrich von Guise mit dem Bastard von Angoulême[6] ungeduldig auf und ab. Er wartet. Bei der fieberhaften Rollenverteilung des Vorabends hatte er sich den Haupttreffer gesichert, denn er glaubt, seit dem Tod seines Vaters auf den alten Heerführer einen besonderen Anspruch zu haben. Seine Helfershelfer sind bereits in das Palais eingedrungen, die Wachen durch Anjous Arkebusiere unschädlich gemacht. Sie stürmen die Treppen hinauf in das Gemach, wo der Verletzte ruht. Er leistet keinen Widerstand. Der Überfall kam unerwartet, die Dienerschaft ist geflohen.

Besme, ein tschechischer Haudegen, bricht mit den Worten »Bist Du der Admiral, Du Hund?« in das Schlafgemach ein.

»Junger Mann«, antwortet Coligny ergeben, »nimm Rücksicht auf mein Alter, meine Verletzung. Du wirst doch nicht...« als ihn ein erster Stich trifft.

Da hallt von der Straße herauf die Stimme des Herzogs von Guise: »Ist es bald soweit?«

»Ja, Herr!«

»Dann wirf ihn aus dem Fenster! Der edle Herr von Angoulême will uns nicht glauben, bis er zu seinen Füßen liegt!«

Er richtet seinen Blick nach oben, wo der schwerverletzte Coligny sich an das Fensterkreuz zu klammern versucht.

Die Hugenottenkriege: Bartholomäusnacht in Paris 1572.

Holzstich nach einem Gemälde von François Dubois

Guise hat kaum Zeit, einen Schritt zurückzutreten, als auch schon eine große Gestalt in ein Morgengewand gehüllt, mit dumpfem Aufschlag auf das Pflaster niederschmettert. Der Herzog tritt vor und beugt sich über den Leichnam. Dann zieht er gelassen ein Taschentuch hervor, mit dem er das Blut vom Gesicht des Gestürzten wischt, man kann nie sicher sein. Jetzt lächelt er befriedigt. In diesem Moment sprengt ein Bote des Herzogs von Anjou herbei, den plötzlich Schrecken und Furcht ergriffen hatte. Nichts darf gegen den Admiral unternommen werden, läßt er sagen! Auch Katharina sei, wenn man den Worten ihres Sohnes Glauben schenken soll, über den Aufruhr des Volkes entsetzt, der sich anzubahnen scheine!... Zu spät.

Zu spät, es gibt keine Umkehr mehr, nichts kann das Blutbad mehr aufhalten. Verächtlich stößt Heinrich von Guise den Toten mit dem Fuß beiseite, nicht ahnend, daß ihn sechzehn Jahre später ein ähnliches Schicksal erwartet. Der Leichnam des Admirals wird vom Pöbel von Paris auf finsterste Weise profaniert, enthauptet, entmannt und durch die Straßen geschleift. Der Auftakt für die kommenden Schrecken ist gegeben...

...als die Glocke der nahen Kirche von Saint-Germain-l'Auxerrois Sturm zu läuten beginnt. Ohne Unterbrechung, Stunde um Stunde, begleitet sie mit ihrem gespenstischen Gebimmel die teuflische Metzelei.

Es ist die Stimme der gewichtigen Glocke »Marie«, die bis zum heutigen Tag die Bewohner des Stadtviertels, das sich vom Louvre bis zu den ehemaligen »Hallen« erstreckt, zu Geburt, Heirat und Begräbnis in das Gotteshaus ruft.

Und Heinrich?

Kaum zu glauben, er ist ahnungslos. Nach der in fieberhaftem Gespräch zugebrachten Nacht befindet er sich zur Todesstunde des Admirals, zwei Schritte vom Schauplatz des Schreckens entfernt, mit seinem Vetter Condé beim Ballspiel in der Rue d'Hostriche. Doch die Partie wird von den Wachen unterbrochen, die die beiden Prinzen vor den König führen.

Im Cour Carré des Louvre begegnet ihnen eine Gruppe von etwa dreißig hugenottischen Edelleuten, darunter Charles de Lavardin, Heinrichs ehemaliger Hofmeister, auf Befehl Karls IX. verhaftet und abgeführt. Man erlaubt ihnen nicht, ihrem König zu folgen.

»Lebt wohl, Freunde«, ruft Heinrich ihnen zu, bevor ihn die Wachen die Treppen zum Palast hinaufdrängen, »Gott weiß, ob wir uns wiedersehen!«

Er wird sie nicht mehr wiedersehen. Oben am Fenster erscheint Karl IX. um zuzuschauen, wie die »Parpaillots«[7] umgebracht werden. Dann wendet er sich ab, den beiden Prinzen zu, die unter strenger Bewachung in den Raum geführt werden. Der König ist in höchster Erregung. Bebend wirft er ihnen heuchlerischen Verrat und Verschwörung vor, ohne sie zu Wort kommen zu lassen. Immerhin ist er bereit, ihnen das Leben zu schenken, wenn sie dem Ketzerglauben abschwören.

»Messe, Tod oder Bastille!« schäumt der unglückselige Herrscher, dem Wahnsinn nahe.

Für Heinrich stellt das Ansinnen kein allzu großes Opfer dar, war er doch als Kind und junger Mensch immer wieder zwischen den beiden Glaubensbekenntnissen hin und her gerissen worden. Sarkastisch verlangt er allerdings, daß man ihn in den katholischen Dogmen unterweise, die ihm fremd seien...[8]

Indessen war Margarethe im Morgengrauen, nach der aufregenden Nacht endlich allein, in ihre Gemächer zurückgekehrt und wollte sich dort zur Ruhe legen. Plötzlich lärmt es in den Gängen. Jemand trommelt mit Händen und Füßen an ihre Tür und ruft gellend »Navarra, Navarra!«

»Meine Amme«, erzählt Margarethe in ihren Erinnerungen, »glaubte, es sei mein Gemahl, der König, und beeilte sich, ihm zu öffnen. Aber nein, es war der Edle von Leran, der, von einem Degenstoß am Ellenbogen und von einer Hellebarde am Arm verletzt, in mein Gemach stürzte, verfolgt von vier Bogenschützen. Vor Angst zitternd, warf er sich auf das Bett, in dem ich lag und klammerte sich schutzsuchend an mich, und ich mich an ihn, ohne zu wissen, wer er war, noch was er von mir wollte, und ob die Häscher es auf ihn oder auf mich abgesehen hatten. Also umschlungen und vollhals schreiend flüchteten wir in panischer Angst in den hintersten Winkel des Alkoven und glaubten unser Ende nahe. Aber Gott der Allmächtige hatte ein Einsehen und schickte uns Herrn von Nançay, den Hauptmann der Garde, der sich das Lachen nicht verbeißen konnte, als er mich in derart mißlicher Lage fand, obgleich ich ganz gewiß sein Mitleid erregte. Er erzürnte sich heftig ob der Grobheit und Indiskretion der Bogenschützen und schickte sie fort. Dem armen Leran, der mich noch immer blutüberströmt in den Armen hielt, schenkte er das Leben. Ich habe ihn in meinem Nebenzimmer verbinden und behandeln lassen...«

Wenig später begibt sich die Königin einen Stock tiefer in den Audienzsaal des Königs, ihres Bruders, und bittet ihn um Gnade für Miossens, den ersten Kammerdiener, und Armagnac, den obersten Kammerherrn ihres Gemahls, die er ihr gewährt. Ist sich Karl IX. zu dieser Stunde im klaren über das sinn- und sittenlose Blutbad, das in den Höfen seines Palastes unter den Hugenotten, darunter manche bis vor kurzem noch seine Freunde, von einer Soldateska angerichtet wird, die man vorher trunken machte? Oder war er tatsächlich in diesem Augenblick, wie manche behaupten, damit beschäftigt, von seinem Fenster aus Schüsse auf die Protestanten abzufeuern, die auf Fährschiffen über die Seine ans linke Ufer zu entkommen versuchten? Die Frage ist schon deshalb umstritten, weil man nicht weiß, von welchem Fenster aus er hätte schießen können... Trotzdem... in diesen Stunden der entfesselten Passionen ist nichts unmöglich.

Die ganze Stadt, über der noch immer die Hochsommerhitze brütet, ist von einem wahren Blutrausch erfaßt, versinkt in einem Alptraum von Jagenden und Gehetzten, dröhnt von den Todesschreien der Opfer, dem fetten Lachen der Mörder, von Pistolenschüssen, klirrenden Scheiben, berstenden Fensterläden und vom dumpfen Fall der Gemordeten, die man aus den Häusern wirft.

»Tötet! Schlachtet! Schlachtvieh ist im August so gut wie im Mai!« hetzt der gefürchtete Gaspard von Tavannes, dessen Herz sich in vierzig Jahren Kampf und Krieg versteinert hatte, und er ist recht stolz auf diesen Schlachtruf.

Die niedrigsten Instinkte sind geweckt. Man mordet und foltert, raubt und zerstört. »Die Bevölkerung von Paris gibt sich mit beispielloser Wut und Gier der Plünderung hin«, berichtet der päpstliche Nuntius Salviati. »Viele unter ihnen hätten nie geträumt, jemals so viele Pferde und Silberschätze zu besitzen, wie sie bis zum Abend dieses einzigen Tages zusammenrafften.«[9]

Was ursprünglich als eine Art von königlichem Gewaltjustizakt gegen die »staatsfeindlichen Rädelsführer«, einer Konspiration, geplant und unternommen wurde – wobei nur wenige der Hugenottenführer außer Navarra und Condé mit dem Leben davonkamen –, war in eine unaufhaltsame Massenmetzelei ausgeartet, der wahllos Frauen, Kinder, Greise, vor allem Wohlhabende zum Opfer fielen. An allen Straßenecken häufen sich blutverschmierte Leichen mit schreckverzerrten Gesichtern. Im Stadtviertel der Goldschmiede und Edelsteinschleifer ist keine Menschenseele mehr zu erblicken, und man sagt, daß sich auch einige hochgestellte Persönlichkeiten bereicherten.[10] Der Vorsteher der Kaufmannschaft und die erregten Schöffen der Stadt erbitten Audienz bei der Königinmutter, die ihnen blaß und niedergeschlagen vorkommt.

Aber durch Befehle ist die Volkswut nicht mehr zu dämmen.

Immerhin scheint gegen Mittag des Bartholomäustages so etwas wie eine Stille einzutreten, und man hätte vielleicht auf ein Ende des Grauens hoffen können, wenn nicht religiöse Eiferer das Feuer erneut geschürt hätten, das sich noch drei Tage lang immer wieder entzündet. Dann erst werden die blutigen Klingen wieder in die Scheide gesteckt.

Wagenladungen voll toter Hugenotten werden zur Seine gekarrt und in die trüben Fluten gekippt. Über tausend Leichen häufen sich flußabwärts am Seineknie unterhalb des Hügels von Chaillot und verbreiten einen so fürchterlichen Gestank, daß man die Totengräber hinschickt, um sie auf einer der Inseln zu verscharren. Diese Insel ist später durch Erdaufschüttungen mit dem linken Flußufer verbunden worden. Sie trägt heute den Eiffelturm. Bei den Untermauerungsarbeiten für das mächtige Bauwerk im 19. Jahrhundert kamen zahlreiche Gebeine zutage, bei denen es sich ohne Zweifel um die sterblichen Überreste der Opfer der Bartholomäusnacht des Jahres 1572 handelte. Insgesamt wird deren Zahl in Paris auf etwa dreitausend geschätzt und in der Provinz auf mindestens dreißigtausend. Ein Reim entstand kurze Zeit nach diesen Ereignissen und gab Kunde über die Schrecken des Geschehens:[11]

De savoir le nombre des morts
c'est une chose impossible;
Sans fin, sans cesse les corps
Pendant la fureur terrible
Tant des mâles que des femelles
Etaient tous jetés dans l'eau
Pour emporter les nouvelles
Jusques à Rouen sans bateau.

Am 27. August begibt sich Karl IX. in Begleitung seiner Mutter zur Richtstätte von Montfaucon, wo der geschändete Leichnam Colignys den Gaffern zur Schau gestellt ist und, wie Brantôme verkündet, »einen argen Geruch zu verbreiten beginnt. Gar mancher hält sich geekelt die Nase zu, was der König mit den Worten rügt: Ich tue es Euch nicht gleich, denn der Geruch des toten Verräters ist meiner Nase angenehm!«

Frau Katharina lächelt zufrieden und schaut sich triumphierend zu den Geladenen um, unter denen sich Gesandte aus manchem fremden Land befinden. Sie hat Grund, sich über ihren Sieg zu freuen, denn heute, am 29. September 1572, dem Tag des Heiligen Michael, tritt Heinrich von Navarra mit ihren Söhnen vor den festlich geschmückten Altar, beugt das Knie wie jene und bringt, den anderen Rittern des Ordens gleich, sein Meßopfer dar. Sie hat ihr Ziel erreicht: Heinrich ist ihr Schwiegersohn, Gefangener und Geisel zugleich. Die Stunden des Zweifels, wenn sie kamen, sind ins Unterbewußtsein verbannt, und sie ist weit davon entfernt, sich durch die Erinnerung an die Schreckensszenen beeindrucken zu lassen. Sully behauptet in seinen Zeitberichten, daß »Katharina von Medici mit ihren Hofdamen nach dem Aufruhr durch die Straßen von Paris gewandelt sei, um sich an den nackten, männlichen Leibern zu ergötzen«. Ob die grausige Geschichte stimmt oder nicht, die Florentinerin war von der Reue über das Geschehene nicht zermürbt. Warum auch? Waren die Grausamkeiten nicht auf ihren persönlichen Wunsch, als Akt politischer Notwendigkeit begangen worden? In einem Schreiben an Philipp II. von Spanien, einem der hauptsächlichen Nutznießer der Massaker, rühmt sie sich des Erfolges und der Tatkraft, »dank derer man sich der rebellischen Untertanen entledigt und eine große Gefahr gebannt habe«.

Wenige Tage später, wir schreiben den 3. Oktober 1572, zwingt die Florentinerin ihren Gefangenen, Heinrich von Navarra, zu einer Supplika an den Heiligen Vater, den neuerwählten, konservativen Gregor XIII. – er soll sie unter ihrem Diktat geschrieben haben –, in welcher er um gnadenvolle Aufnahme in den Schoß der Kirche bittet, deren Taufe er einst empfangen... So muß Heinrich ausgerechnet vor dem Papst Abbitte tun, der die Ereignisse von Paris mit Jubelgesang und Freudenfeuern in der Heiligen Stadt hatte feiern lassen! In Gregors Augen war übrigens noch nicht genügend Blut geflossen, denn am 20. November 1572 fordert er über seinen Kardinal-Legaten in Frankreich, Monsignore Orsini, die vollständige Ausrottung aller Hugenotten im Königreich der Valois. Doch die Nichte eines Medici-Papstes schätzt es nicht, gegängelt zu werden, und sei es vom Heilgen Stuhl. Sie läßt ihm antworten: »Künftighin werde ich es nicht zulassen, daß sich der Papst in die französischen Angelegenheiten mischt!«

Die Königinmutter meistert die Kunst der Verstellung aufs Vortrefflichste. Heinrich von Navarra nicht minder. Während der neununddreißig Monate, die er als Geisel der Florentinerin und ihrer Politik im Louvre verbringt, entwickelt er eine Doppelzüngigkeit, die der ihren durchaus würdig ist. Eines Tages fordert er, auf ihren Befehl, seine Heimat, das Béarn, auf, den katholischen Gottesdienst unverzüglich wieder einzuführen... obwohl er genau weiß, daß seine Worte in den Wind geredet sind und höchstens unglaubwürdige Verwunderung erregen. In Erwartung eines Besseren spielt er das Doppelspiel, das man bei Hof so leidenschaftlich liebt. Überraschenderweise erhält er Schützenhilfe von seiner Gemahlin, die einen Annullierungsvorschlag ihrer Ehe, von Katharina eingefädelt, ironisch mit den Worten ablehnt: »Ihr habt mich an seine Seite befohlen, jetzt bleibe ich dort!«

Wenn man an die heißen Tränen denkt, die sie an ihrem Hochzeitstag vergossen hatte, drängt sich allerdings die Vermutung auf, daß es sich bei dieser Stellungnahme wohl eher um einen Racheakt gegen die kalt berechnende Mutter, als um einen Liebesbeweis für Heinrich handelt. Von dieser bescheidenen Rache hatte sie bereits gekostet, als sie ihr, auf die Frage, ob die Ehe vollzogen sei, die Augen in falscher Unschuld gen Himmel gewandt antwortete: »Ich weiß nicht, wovon Ihr redet!«

Sie soll sogar hinzugefügt haben: »Ich halte es mit jener Römerin, die ihrem Mann, der ihr vorwarf, ihm nicht gesagt zu haben, daß er einen schlechten Atem habe, antwortete: Wie sollte ich darum wissen? Sind nicht alle Männer gleich? Wie könnte ich denn bei anderen derlei feststellen, da ich doch keinem anderen als Euch nahekomme!«

Herzog Heinrich von Guise muß ganz schön gelacht haben, als ihm diese Geschichte zu Ohren kam! Wie dem auch sei,

Margarethe war gewiß keine Unschuld mehr gewesen, als sie Navarra ehelichte. Mit seiner gewohnten Unverblümtheit sagte er später: »Sie hat schon ganz emsig vor unserer Ehe damit angefangen, und Ihr dürft mir glauben, daß ich mich nicht groß anstrengen mußte, um den Ring an meinen Finger zu stecken!«

Der dritte Religionskrieg Frankreichs war ohne Vertrag und Friedensschluß zu Ende gegangen. Dafür waren zu St. Bartholomäus die Streiter der Protestanten vom Erdboden getilgt worden. Aber die Rechnung Katharinas ging doch nicht auf. Es blieben genügend Anhänger des Irrglaubens und vor allem Vergeltungsgelüste, die einen längeren Frieden unmöglich machten. Im März 1573 wird eine Strafexpedition gegen La Rochelle, die unbezwungene Hochburg des französischen Protestantismus, das »Calvinisten-Nest«, beschlossen, an der auch Heinrich von Navarra teilnehmen muß. Jean Héritier beschreibt die Einwohner dieser festungsumgürteten Hafenstadt. Sie seien von einem »republikanischen Protestantismus beseelt, einer seltsamen Mischung aus den Resten eines herkömmlichen Feudal- und Kommunalsystems und biblischer Theokratie«. La Rochelle an einem und Sancerre am anderen Ende des Reiches, gehören zu den befestigten Freiplätzen der Reformierten, die sich trotz Krieg und Verfolgung nicht der Macht des Königs beugen wollten. Von allen Seiten waren Flüchtlinge und Krieger hinter die Schutzmauern der Stadt geströmt und bereiteten sich auf neue Kämpfe vor. Nur vom Widerstand Besessene wurden geduldet, die Gemäßigten abgewiesen.[12]

Ihnen gegenüber lag bei Nieul das Hauptquartier der katholischen Armee, die der Herzog von Anjou befehligte. Ein seltsames, bunt zusammengewürfeltes Mosaik zahlreicher, untereinander bitter verfeindeter Parteien, die sich mißtrauisch belauerten. Die Schlächter und die Opfer der Bluthochzeit, der Clan der fanatischen Katholiken um Anjou und die Guise, wie die Zwangskonvertierten um Heinrich von

Navarra und Condé. Aber während der Belagerung bildet sich auf Anregung der einflußreichen Montmorency eine dritte Partei, die der »Malcontents«, der »Unzufriedenen«, eine Gruppe Gemäßigter von beiden Seiten, die man auch »die Politischen« nennt, weil sie Parteigänger der Toleranz sind, eine Versöhnung anstreben und die Frage nach dem Sinn des jahrelangen Kampfes für oder gegen die Messe stellen.

Ihnen hat sich ausgerechnet der jüngste der Valois, Herzog Franz von Alençon, verschrieben, obwohl ihm nichts ferner steht, als moralische Überlegungen. Wenn ihn etwas antreibt, so sind es Eifersucht und Bruderhaß, nicht nur dem König, sondern auch Heinrich von Anjou gegenüber. Zeitgenössische Berichte beschreiben ihn als selten häßlich und von höchst unberechenbarem Charakter. Nur mäßig begabt, dafür jedoch über alle Maßen ehrgeizig, wird er sich mit der undankbaren Rolle des Jüngsten unter den Königskindern nie abfinden, sondern ihnen mit Intrigen und Komplott bis zum Schluß das Leben sauer machen. Zur Zeit der Belagerung von La Rochelle ist er gerade achtzehn Jahre alt und stellt sich an die Spitze der »Politischen« mit dem einzigen Ziel, Anjous Lage zu erschweren. Heinrich von Navarra leiht seinen Plänen ein williges Ohr, allerdings im Sinne einer allgemeinen Versöhnung. Er verspricht Beteiligung, ohne sich ganz festzulegen und hegt im Geheimen die Hoffnung, auf diese Weise dem französischen Hof entschlüpfen und nach dem geliebten Béarn entkommen zu können. Gleichzeitig spielt er dem Herzog von Anjou gegenüber die Komödie des »guten, tapferen Kampfgenossen«. Er nimmt aktiv an der Belagerung teil, befiehlt seiner Garde zwar den Sturm auf die Stadt, aber ist nicht er es auch, der seinen Männern heimlich rät, beim Angriff ein derartiges Kampfgeheul auszustoßen, daß die Belagerten schon von Weitem gewarnt sind und die Offensive schließlich mißlingt? Auf beiden Seiten der Befestigungswälle wissen seine Leute, daß er als Geisel des Königs zur Teilnahme am Kampf gezwungen ist, und man hört einen

*Karl IX., König von Frankreich.
Lithographie nach einem Gemälde von Adolphe Brune*

protestantischen Verteidiger über die Mauer herunter einen Gascogner fragen, wie es denn »noustre Henric« (unserem Heinrich) gehe. Andere behaupten, den Béarner beobachtet zu haben wie er »den Feind« mit einer Muskete anvisierte, deren Lunte nicht gezündet war...

Im Mai 1573 ist trotz hartnäckiger Kämpfe noch immer keine Entscheidung gefallen. Den Belagerten droht Hungersnot und Mangel an Waffen und Munition, den Angreifern politische Zersetzung. Muß Anjou um Ruhm und Autorität fürchten? Da löst ein unerhörtes Ereignis den Konflikt auf eigene Art. Der Hof der Valois ist in höchster Erregung, die Belagerung wird nach etwas überstürzten Verhandlungen abgebrochen... Was war geschehen?

Katharina, die unvergleichliche Politikerin, hatte es dank dem Verhandlungsgeschick des Bischofs von Valence tatsächlich fertiggebracht, nach Aussterben der Dynastie der

Jagelonen einen Valois zum König von Polen und Großfürst von Litauen ernennen zu lassen! Wieder hat sie für ihre Familie einen Sieg errungen und die Rivalen, Iwan den Schrecklichen von Rußland und Erzherzog Ernst von Habsburg, ausgeschaltet. Sie jubiliert: ihr Liebling wird endlich eine Königskrone tragen!

Doch der Erwählte, Herzog Heinrich von Anjou, zögert. Einerseits hat er die Hoffnung nicht aufgegeben, eines Tages den Platz seines kränklichen Bruders Karl einzunehmen, andererseits gehört sein Herz seit Jahren der schönen Maria von Kleve. Die aber ist mit dem verhaßten Condé verheiratet, den er zu gerne im Vorjahr umgebracht hätte! Wenn er schließlich den ehrenvollen Antrag annimmt, so gewiß in vollständiger Ahnungslosigkeit dessen, was ihn an den fernen Ufern der Weichsel erwartet. Er hätte die Augen aufmachen sollen beim Empfang der merkwürdigen Gesandtschaft seines zukünftigen Königreiches im Louvre. Sie scheinen von einem anderen Stern auf die Erde gefallen sein, die ehrwürdigen Herren mit den wallenden, blonden Bärten. Auch sind sie in fremdartige, golddurchwirkte Gewänder gehüllt, die bis auf den Boden fallen, und es hängen ihnen Köcher und seltsame Krummsäbel an den breiten, goldbestickten Gürteln. Ein Bild aus dem tiefsten Mittelalter, das Heinrich von Valois hätte stutzig machen sollen!

Aber Karl IX., der seinen Bruder nicht ausstehen kann (Geschwisterliebe schien im Hause Valois nicht gerade großgeschrieben zu sein), drängt zum Aufbruch. Um den noch immer Unentschlossenen rasch und sicher über die Grenze abzuschieben, beschließt er, Anjou ein Stück weit das Geleit zu geben. Der ganze Hof setzt sich wieder einmal in Marsch, allen voran Katharina, die nicht daran denkt, Heinrich von Navarra, ihren kostbaren Geisel, aus den Augen zu lassen. Hat man nicht erneut von einem hugenottischen Plan gemunkelt, der darauf abzielte, Heinrich und Franz, den Herzog von Alençon, während eines Jagdausflugs zu entführen? Die rebellischen Geister werden in Katharinas persönlichem

Reisewagen von allen Freiheitsillusionen geheilt. In Vitry-le-François kommt der Zug zum Stillstand, denn König Karl ist krank geworden. Er spuckt Blut und kann nicht mehr weiterreiten. Während Anjou allein mit seinem Gefolge in den Osten reist, kehrt der Hof nach Paris zurück.

Franz von Alençon atmet auf: der verhaßte Bruder ist weit fort, und er ist es, der jetzt den Titel »Monsieur«[13] trägt. Hat er nicht das Recht, mit dem Titel auch die Ämter Heinrichs zu erben, zum Beispiel das eines Generalleutnants des Königreiches und vor allem die unmittelbare Thronanwartschaft? Karl IX. lehnt ab.

Überglücklich, endlich seinen begabten Bruder Heinrich los zu sein, hat der König keine Lust, sich gleich wieder den nächsten Störenfried auf den Hals zu laden und sinnt auf ein Ablenkungsmanöver. Könnte man ihm nicht Ruhm und Glanz einer Ehe mit der Königin von England vorspiegeln? Altersmäßig könnte sie zwar seine Mutter sein, aber was tuts? War er, Karl, ihr nicht selbst als Gatte zugedacht gewesen? Sie ist mächtig, reich, berühmt, umschwärmt, und die Partie könnte den Ehrgeiz seines jungen Bruders stillen. Ob der Plan einer Ehe zwischen dem katholischen Prinzen und der puritanischen Königin von beiden Seiten je ernst genommen wurde, ist nicht ganz klar. Feststeht, daß Alençon tatsächlich einige Zeit am englischen Hof verweilt und dort einen gewissen Eindruck hinterläßt. Aber die Ehe kam nie zustande.

Aus der Verbindung Karls IX. mit der sanften Elisabeth von Österreich[14] ist nur eine Tochter hervorgegangen. Karl wird von Unrast heimgesucht und manchmal von plötzlicher Rage gepackt, die zu bezwingen er unfähig ist. Ablenkung und Trost von seinen Familienproblemen sucht er auf der Jagd, der er mit fanatischem Eifer nachgeht. Man sagt ihm auch ein perverses Vergnügen an grausamen Spielen nach, und es soll vorgekommen sein, daß er in blinder Wut ein paar unschuldige Esel in zwei Teile hieb. Dabei besaß er einen außerordentlichen Kunstverstand, liebte die Musik und war immer von den besten Dichtern, Malern und Bildhauern seiner Zeit umgeben. Letztlich eine zerrissene Seele in einem schwachen Körper!

Zehn Monate nach der Bluthochzeit verliebt sich Margarethe unsterblich in Joseph Bonifaz, Seigneur de la Mole, einen vornehmen Edelmann mit verführerischem, seidenweichem Bart. Er ist vierzig Jahre alt und, zum Entzücken der jungen Königin, überaus erfahren... »Dieser edle Ritter«, so kann man in der Chronik des Pierre de l'Estoile[15] nachlesen, »war kühner im Kampf in den Gefilden der Liebesgöttin Venus als auf den Schlachtfeldern des kriegerischen Mars... Er hörte drei oder gar vier Messen am Tag. Die übrige Zeit opferte er den Freuden der Liebe, denn er war überzeugt, daß sein eifriger Kirchgang die zahlreichen Abweichungen vom Pfade der Tugend wettmachten... Der gute König Karl, Gott hab ihn selig, meinte oft lachend, daß man nur die Messen zu zählen brauche, um das Sündenregister des Herrn de la Mole aufzustellen.«

Heinrich von Navarra nahm seiner Frau die geheimen Liebesabenteuer nicht weiter übel, was man nicht von Karl IX. sagen konnte, der von einer krankhaften Eifersucht zerfressen wurde. Ist er tatsächlich, wie manche behaupten, der Liebhaber seiner schönen Schwester gewesen? Sein Verhalten könnte manchmal darauf hindeuten. Einmal stellt er dem vierzigjährigen Galan sogar eine Falle, um ihn auf dem Weg zu Margarethes Gemächern in den Treppengängen des Louvre abzufangen. Aber sei Plan mißlingt, da de la Mole mehr als einen Schleichweg kennt, der ihn ungesehen zur Königin von Navarra führt.

Hätte er sich nur mit diesem Erfolg begnügt! Aber nein, sein Ehrgeiz lenkt ihn in andere Bahnen. Er beginnt, mit dem Herzog von Alençon zu konspirieren, dessen Ziel es ist, seine Schwester für die Sache der Partei der »Politiker« zu gewinnen. »Alençon«, schreibt Margarethe, die man später nur noch verständnisvoll »La reine Margot« nennen wird, in ihren Memoiren, »war eifrig bemüht, bei mir gut' Wetter zu machen, meine Zuneigung zu gewinnen, die bisher eigentlich

Karl gehörte... Aber als ich mich dergestalt umschmeichelt und umworben sah, fand ich, daß ich genauso gut ihn lieben und seine Interessen unterstützen könne...«

Indessen umschwirrt Heinrich, ihr Gemahl, eine der appetitlichsten jungen Damen in Katharinas weiblicher Ehrengarde. Ihr Name ist Charlotte de Sauve, und ein Zeitgenosse weiß von ihr zu erzählen, daß sie »lange Schenkel und ein aufreizendes Hinterteil« gehabt habe.

Verblendet von der Gunst, die ihm von den Geschwistern des Königs von Frankreich zuteil wird, beschließen de la Mole und sein italienischer Freund Coconas, Liebhaber der Herzogin von Nevers, dem Herzog von Alençon, Heinrich von Navarra und Condé zur Flucht zu verhelfen und sie nach Sedan, jenseits der Grenzen, entkommen zu lassen. Allzu vertrauensselig plaudert Heinrich das Geheimnis bei seiner Geliebten aus, die es – ihrer Aufgabe getreu – Katharina weitergibt. Von ihr aus gelangt es selbstverständlich zu den Ohren König Karls, der in einen seiner berüchtigten Wutanfälle ausbricht... Es kommt zu einer wilden Szene, ein Tisch stürzt um. »Man verhafte sie alle!« brüllt er, daß der Louvre in seinen Grundfesten erbebt. Mit größter Not gelingt es Margarethe, ihren tobenden Bruder zu beruhigen und schließlich auch Gnade für ihren Gemahl zu erlangen, indem sie in einem ausführlichen Schreiben für seine Loyalität plädiert und sein Verhalten damit rechtfertigt, daß er sich, als rechtmäßiger König, am Hof in die Rolle eines Gefangenen versetzt, gegängelt, bespitzelt und erniedrigt fühle. Trotzdem, führt sie weiter aus, liebe Navarra das Hofleben und denke keinesfalls an Flucht... Und als Heinrich vor die königliche Untersuchungskommission beordert wird, können die Gerichtskommissare lediglich feststellen, daß sich seine Aussagen erstaunlich gut mit denen seiner Frau decken! Für ihn und für Alençon, der jeden Eid schwört, Bruder und Mutter heiß zu lieben und sich im Louvre durchaus wohlzufühlen, ist die drohende Gefahr gebannt. De la Mole und Coconas jedoch werden zum Tode verurteilt:

»Meine Herren«, entgegnet letzterer resigniert seinen Richtern, »wie immer sind es die Kleinen, die für die Großen zahlen, die alles angezettelt haben.« Er stirbt mit einem letzten Gruß an die Königin von Navarra auf den Lippen.

Einer Legende nach sollen die beiden Prinzessinnen dem Scharfrichter die Häupter ihrer geköpften Liebhaber abgekauft haben, um sie einbalsamieren zu lassen.

Doch das bleibt zu beweisen. Von Augenzeugen bestätigt wurde dagegen, daß Margarethe und ihre Freundin, die Herzogin von Nevers, im Louvre in kostbaren Trauerkleidern mit aufgestickten Totenköpfen einiges Aufsehen erregten!

So fügte es das Schicksal, daß die Anhängerin des Irrglaubens die einzige war, die Worte des Trostes für den unglücklichen König findet. Seine Atemzüge werden ruhiger, und bei Einbruch der Nacht ist Karl IX. bereits in das Dunkel der Ewigkeit entwichen.

Zu später Stunde an diesem 30. Mai durchquert eine hochgewachsene Männergestalt in weitem, schwarzem Umhang den Hof der Festung von Vincennes. Es ist Ambroise Paré, der Leibarzt des Königs, der einem unheimlichen Auftrag nachkommt: Er steigt die Treppen hinauf zum Sterbezimmer, rückt die Kerzen zurecht und... trennt das Haupt des Verstorbenen vom Rumpf, das den Mönchen der Abtei von Saint-Antoine-des Champs bestimmt ist.[16]

Während dieser absonderlichen Operation bildet sich im Schloßhof die Prozession, die den kopflosen Leichnam des Toten von Vincennes nach Saint Denis, der Grablege der französischen Könige, geleitet. Fünfhundert Bedürftige, in schwarze Kutten gekleidet, mit brennenden, gelben Kerzen in den Händen, bilden einen düsteren Trauerzug, der sich zögernd durch die Gassen windet. Ein letztes Mal ehrt eine stumme Volksmenge, was von der irdischen Gestalt ihres jugendlichen Königs übrigblieb...

Ronsard aber reimt trauernd für seinen kunstliebenden Mäzen:[17]

»Ah, malheureux cent fois, vieux château de Vincennes!
Parc et bois malheureux, coupables de nos peines!
En toi ce jeune prince a fermé ses beaux yeux
Dignes de voir toujours la lumière des cieux!«

Pfingsten 1574. In der Schloßkapelle von Vincennes liegen Katharina und die junge Königin Elisabeth, ins Gebet versunken, auf den Knien. Sie erflehen Gesundung für Karl IX., der mit vierundzwanzig Jahren vor der Zeit gealtert und gebückt, von der Schwindsucht ausgehöhlt, seit Tagen mit dem Tode ringt. Er leidet an Purpura, einer Krankheit, die Blutungen in der Haut und den Schleimhäuten hervorruft und für die kein Arzt ein Mittel kennt. Seine Nächte sind von Angstvorstellungen gequält. Schweiß bedeckt seinen Körper.

In so traurigem Zustand findet ihn Heinrich von Navarra, als er an sein Krankenlager tritt. »Mein Burder«, bringt Karl mühsam hervor, »Ihr verliert in mir einen wohlwollenden König und guten Freund. Hätte ich allem Glauben geschenkt, was man mir von Euch berichtete, so wärt Ihr nicht mehr am Leben!«

Am 30. Mai ist allen klar, daß seine letzte Stunde naht. Keuchend wälzt er sich auf seinem Lager, um das sich geisterhaft die blutigen Gestalten der Gemordeten zu drängen scheinen. Ruft er nicht nach jemand? Seine alte, hugenottische Amme steht neben ihm und wischt ihm den Schweiß von der Stirn. »Oh, liebe Amme«, stöhnt er verzweifelt, »Blut, so viel Blut und Mord! Wie schlecht war ich beraten!«

4

»Der Zaunkönig« entfleucht

*»Ich finde ihn im Unglück
größer als im Glück.«*

Sobald der Herzog von Anjou, jetzt König von Polen, vom Tod seines Bruders erfährt, hat er nur einen Gedanken im Kopf: zurück nach Frankreich, fort von seinen neuen Untertanen, obwohl sie ihm vor einigen Monaten einen triumphalen Empfang bereiteten. Aber daheim lockt ein schöneres, mächtigeres Reich. Und außerdem fühlt er sich an den Ufern der Weichsel nicht wohl, kann sich an die rauhen Sitten seiner Sarmaten einfach nicht gewöhnen. Am 15. Juni 1574, vierzehn Tage nach dem Hinscheiden Karls IX., flieht er bei Nacht und Nebel, galoppiert mit kleinem Hofstaat der rettenden Grenze entgegen, während die Empörung des geprellten Landtages, der Woiwoden und des Volkes im Winde verhallt. Kaum ist er dem Zugriff seiner Verfolger entkommen, hat er es weniger eilig. Er findet Zeit zum Bummeln in Österreich, dann in Venedig, wo er vom Dogen empfangen wird und Parfums einkauft. Ach, er kann einfach nicht widerstehen: Elfhundertfünfundzwanzig Ecus gibt er für Moschusessenzen aus und begeistert sich für ein neuartiges Eßinstrument, dessen praktische Verwendung er in den vornehmen Häusern dort kennenlernt: die Gabel! Endlich hatte es ein Ende mit dem Essen mit den Fingern, bei dem man sich die Hände bis in die feinen Manschetten hinein verschmutzte und die ausladende, gefaltete Halskrause hoffnungslos befleckte! Dazu ist zu bemerken, daß dieses wichtige Stilelement der damaligen Herren- und Damenmode derartige Ausmaße angenommen hatte, daß es bei einem Gastmahl aussah, als säßen die Köpfe der Geladenen auf weißen Riesentellern um den Tisch herum.[1]

Inzwischen wird Katharina in Paris ungeduldig. Ihr geht die Saumseligkeit des neuen französischen Königs um so mehr auf die Nerven, als sie wirklich genug andere Sorgen hat. Seit dem Tode Karls liegen die Zügel der Regierungsgeschäfte wieder voll in ihren Händen, und außerdem muß sie die beiden gefangenen Prinzen Navarra und Alençon, denen dauernd ein Bubenstreich, sprich Fluchtversuch, zuzutrauen ist, mit Sperberaugen überwachen. So ist auch nicht daran zu denken, die beiden in Paris, und sei es hinter den Mauern von Vincennes, zurückzulassen, wenn sie sich jetzt auf die Reise nach Savoyen begibt. Dort will sie ihrem Sohn einen würdigen Empfang bereiten.

Einige Wochen vergehen, dann sieht die ehrwürdige Stadt Lyon zur doppelten Feier der Thronbesteigung des neuen Königs und seiner Hochzeit mit Luise von Lothringen-Vaudémont die Vertreter Frankreichs, Navarras und Lothringens in glanzvollen Festlichkeiten brüderlich vereint.

Die Regierungszeit Heinrich III. sollte fünfzehn Jahre dauern. Fünfzehn Jahre Bürgerkrieg und blutige Fehden, einem das Land verheerenden Wechsel von Haß und Versöhnung, von trügerischen Friedensschlüssen und Verrat. Unter Katharinas Söhnen war Heinrich ohne Zweifel der Begabteste, aber trotzdem sie ihn immer als ihren Stolz und Liebling angesehen hatte, konnte sie es nie lassen, in die Regierungsgeschäfte einzugreifen und hinter den Kulissen ihren Einfluß einmal in dieser, dann in einer anderen Richtung spielen zu lassen. So ist sie auch am Aufstieg der Guise zu ihrer herausfordernden Machtstellung nicht unschuldig, die den König derart in die

Enge treibt, daß eine blutige Auseinandersetzung unvermeidlich wird.

Neben diesen düsteren Aspekten erhält der französische Hof während der Regierung Heinrichs III. aber auch jenen frivolen Anstrich, der von den Chronisten mit Wonne in allen Farben ausgemalt wurde: Der König, immer in kostbare Gewänder, manchmal in Frauenkleider gehüllt, mit Ringen, Armbändern und schweren Ohrgehängen herausgeputzt, erregte mehr als einmal das Staunen der Besucher und ausländischen Gesandten. Heinrich III. ist ein wahres Gottesgeschenk für die Historiker, denn seine zwielichtige Persönlichkeit läßt sich problemlos allen ihren Ansichten, Launen und ideologischen Auffassungen anpassen. Je nachdem, ob ihnen daran liegt, ihn zu rehabilitieren oder zu verunglimpfen, heben sie, jeder auf seine Weise, einen Charakterzug in den grellsten Farben hervor, übergehen einen anderen geflissentlich, beugen sich über dieses oder jenes Quellenmaterial und entwerfen so einige völlig widersprüchliche Bilder von dem letzten Valois.

Allerdings ist nicht zu leugnen, daß selbst der unparteiischste Historiker in Schwierigkeiten gerät, wenn er die Berichte dieser Epoche studiert und einander gegenüberstellt. Ein Zeitgenosse beschreibt Heinrich III. als einen »Guerrier amoureux«, einen »verliebten Krieger«, ein anderer vergleicht den »sanften König« mit einem »sehr jungen Mädchen, das ausschließlich die Gesellschaft der Damen sucht«. Ein Dritter wieder verleiht diesem »sehr jungen Mädchen« die Züge eines »wilden und äußerst mannhaften Ritters«.

Dabei scheint das Verhalten des Königs – er ist bei seiner Thronbesteigung dreiundzwanzig Jahre alt – genauso verblüffend widersprüchlich gewesen zu sein, wie die Berichte der Chronisten. Viel wurde über seine »Mignons« und Männerfreundschaften geschrieben. Zu gleicher Zeit aber nennt man ihn auch den Liebhaber des Fräuleins von Châteauneuf oder der Prinzessin von Condé, einer der »drei Grazien« von Kleve, die seine große Liebe gewesen sein muß, und bei deren

*Heinrich im Alter von 23 Jahren.
Lithographie nach einem zeitgenössischen Bildnis*

Tod er sich weinend auf den Boden wirft, mit dem Kopf gegen die Wand rennt, in Ohnmacht fällt und tagelang in völliger Teilnahmslosigkeit verharrt. Er ist der Mann, von dem der spanische Gesandte seinem Auftraggeber, Philipp II., verkündet, er sei von seinem »überreichen Umgang mit den Frauen erschöpft«. Dann wieder zeigt er sich als ein für seine Zeit außerordentlich belesener und gebildeter Monarch, dessen »angenehme Unterhaltung« allseits gelobt wird. Und schließlich kommen wir zu jener Karikatur, die, weil sie so übertrieben ist, am nachhaltigsten durch sämtliche Schulbücher geistert: die Gestalt eines parfümierten Gecken, eines mit Geschmeide behängten und mit Handschuhen ausstaffierten, an Riechsalzen schnuppernden Operettenkönigs, der des Nachts mit seinen Möpsen und Äffchen in einem Meer von Kissen schläft. Sully erzählt sogar in seinen Erinnerungen, daß er ihm einmal mit einem riesigen Korb begegnet sei, den er an einem blauen Seidenband um den Hals hängen hatte und in dem er einen Wurf junger Hunde mit sich herumtrug. Er hielt sich stocksteif und wagte weder den Kopf noch die Hände oder Füße zu bewegen, während er sich mit ihm unterhielt... Dann plötzlich folgen auf Wochen der Ausschweifung Tage der Buße und der klösterlichen Zurückgezogenheit. Eine Natur der Widersprüche, deren Schwächen und Großherzigkeit von Günstlingen und Höflingen schamlos ausgenützt wurden.

Das darf uns jedoch nicht darüber hinwegtäuschen, daß sich dieser leidenschaftliche Bilboquet-Spieler[2] im Laufe der Jahre zu einem beachtlichen Staatsmann gemausert hat, der nichts mehr mit dem Eiferer der Bartholomäusnacht gemein hat, sondern »hundert Tode leidet«, aus Verzweiflung über sein in Glaubenskämpfen zerrissenes Königreich, dem keine Greuel erspart bleiben. Mehr als einmal versucht er, sich Heinrich von Navarra zu nähern und ihm eine Versöhnung – allerdings unter der Bedingung der Konvertierung – vorzuschlagen, womit er sich die Todfeindschaft der Guise zuzieht. Zurück zur Zeit seines Regierungsantritts. Es muß damals eine erstickende Atmosphäre am französischen Hof geherrscht haben, von der Heinrich IV. später folgendes Bild zeichnet: »Hier ist jeder bereit, dem anderen die Gurgel durchzuschneiden! Wir laufen alle mit Dolchen bewaffnet herum und tragen ein Panzerhemd, wenn nicht den kleinen Küraß unter dem Umhang...«

Navarra und Alençon werden streng überwacht und meist in ihren Appartements eingesperrt gehalten, deren Fenster vergittert sind. Sully erwähnt, daß sie oft keine andere Beschäftigung hatten, als Wachteln fliegen zu lassen. In einem Schreiben an Katharina beklagt sich Heinrich selbst, daß man ihn wie einen Gefangenen halte, und daß der Hauptmann der Wache täglich bei ihm eindringe, die Schränke durchwühle und sogar unter dem Bett nach Indizien für Fluchtmanöver suche. Vermutlich glaubte Katharina, mit solchen Maßnahmen ihre Autorität zu betonen und ihre

Geschicklichkeit zu beweisen, Verwirrungen zu lösen, die sie selbst geknüpft hatte.

Eine mehr als seltsame Lage für einen Prinzen von Geblüt, der durch den Tod Karls IX. dem Thron einen wesentlichen Schritt näher gekommen war und dessen Aussichten um so deutlicher wurden, je länger Heinrich III. und Alençon ohne männliche Nachfolger blieben. Aber seit den Ereignissen von 1572 kann er weder auf Freunde noch auf Parteigänger am Hof zählen und wird demgemäß geringschätzig behandelt. Trotzdem läßt er sich nicht anmerken, was in ihm vorgeht, bleibt stets guter Dinge, freundlich zu jedermann und von ausgesuchter Ehrerbietung zur Königinmutter. Im Geheimen aber hat er keinen anderen Gedanken im Kopf, als seine Freiheit endlich wiederzuerlangen.

Selbst Margarethe spürt, daß der Aufenthalt ihres Gatten am Hof von Tag zu Tag bedrohlicher wird, und daß es gut für ihn wäre, wenn er Paris verlassen könnte. In ihren Memoiren beschreibt sie den Fluchtplan, den sie entworfen hatte: »Da mir das Recht vorbehalten war, in meiner Kutsche aus- und einzufahren, ohne daß die Wachen prüften, wer neben mir saß, und ohne daß meine Hofdamen gezwungen wurden, ihre Masken abzunehmen...«, schlug sie Heinrich und Alençon vor, den Louvre in Ihrer Karosse zu verlassen, in Frauenkleidern und die Gesichter hinter Masken versteckt, eine Mode, die es damals den Damen von Stande und denen, die es weniger waren, erlaubte, sich unerkannt in die Öffentlichkeit zu begeben! Die Sache hatte nur einen Haken: sie konnte jeweils nur einen der Prinzen mitnehmen, mußte den Weg also zweimal machen. »Nie«, fährt Margarethe in ihren Erinnerungen fort, »konnten sich die beiden darüber einigen, wer von ihnen als erster drankäme... und so ist aus dem ganzen Plan nichts geworden!« In Wirklichkeit war ihr Bruder am Mißlingen des Vorhabens schuld. Sein Ehrgeiz erlaubte es ihm nicht, dem König von Navarra den Vortritt zu lassen, denn er hatte es sich in den Kopf gesetzt, an dessen Stelle die

Führung der Hugenotten zu übernehmen, weshalb er unbedingt seinem Schwager zuvorkommen mußte.

Ein klägliches Geschöpf, der Herzog von Alençon! Wenn irgendwelche Talente in dieser kleinen Gestalt mit dem aufgeschwemmten Mohrengesicht schlummerten, die nur von Kriegsruhm und Schlachtengetümmel träumte, so sind sie nie zum Ausdruck gekommen! Franz, der bei seiner Taufe ausgerechnet den hochtrabenden Namen Herkules erhalten hatte, war eher schmächtig und litt, wie seine beiden ältesten Brüder, an Schwindsucht. Das Schlimmste an ihm aber war sein Charakter: unaufrichtig, unberechenbar und mißgünstig, der geborene Intrigant und Verräter. Vieles davon mag von den Medici auf ihn übergegangen sein, ohne daß er die Größe und das Genie eines Lorenzo geerbt hätte. Als würdiger Vorgänger von Gaston von Orléans[3] läßt er in der Stunde der Gefahr schamlos Freunde und Parteigänger im Stich. Er wurde nur zweiunddreißig Jahre, zwei Monate und dreiundzwanzig Tage alt, aber diese kurze Zeit hat ihm genügt, die Existenz Heinrichs III. gründlicher zu vergiften, als allen Hugenotten zusammengenommen – was allerhand besagt!

15. September 1575. Es herrscht große Aufregung im Louvre: Herzog Franz von Alençon ist nicht zur königlichen Abendtafel erschienen! Vergebliches Suchen überall, er ist und bleibt verschwunden. Bald stellt sich heraus, daß er sich mit einer Strickleiter aus einem der Fenster der Gemächer seiner Schwester Margarethe in die Gärten hinuntergelassen und von dort aus über die Seine die Abtei von Saint Germain erreicht hatte, deren Mauern damals die Stadtgrenze bildeten. Dort wurde er von seinem Günstling, dem berühmten Bussy, erwartet, mit dem er auf die Straße nach Angers gelangte. Zwei Tage später bereits taucht er, zum Entsetzen Heinrichs III., an der Loire auf und beweist damit, daß er vorhat, seine ehrgeizigen Pläne zu verwirklichen.

Die Anwesenheit des Bruders – und Nachfolgers – des Königs an der Spitze der protestantischen Armee verleiht der Koalition der Hugenotten einen gefährlichen Anstrich von

Legitimität und Legalität, eine undenkbare Situation. Sogar Katharina, die bisher in allen Lagen einen Ausweg fand, ist ratlos. Im Oktober kommt es bei Dormans zu einer Schlacht, in welcher der Herzog von Guise einen unbefriedigenden Sieg davonträgt und die Gesichtsverletzung erhält, die ihm, wie seinem Vater, den Spitznamen »Le Balafré« – das »Narbengesicht« – einträgt. Eine endgültige Entscheidung ist nicht gefallen. Ob es behagt oder nicht, jetzt bleibt nur eines: verhandeln. Die Königinmutter läßt ihre Reisewagen rüsten und eilt, gefolgt von ihrem »Aufklärungsschwadron« junger, hübscher Hofdamen und einer beachtlichen Schar von Sterndeutern und Hofastrologen, nach Chambord zu einer Begegnung mit Alençon, der ihr unerschüttert seine Forderungen diktiert: eine riesige Apanage, bestehend aus der Touraine, sowie den Herzogtümern von Maine, Berry und Anjou, dessen Titel er künftig zu bekleiden gedenkt, da der vorherige Inhaber jetzt die Königskrone trägt.

Auf Drängen von Katharina gibt Heinrich III. nach und schließt Ende Oktober mit dem aufmüpfigen Bruder einen siebenmonatigen Waffenstillstand. Darin wird die Religionsfreiheit, auch außerhalb der befestigten Städte garantiert und in Paris die Gründung von Strafgerichtskammern vorgesehen, denen zur Hälfte katholische und zur anderen Hälfte protestantische Richter vorstehen sollen. Die Reformierten erhalten acht Sicherheitsplätze. Man geht so weit, die blutigen Vorkommnisse der Bartholomäusnacht von 1572 als »Irrtum« zu verurteilen. Heinrich III. nennt sie »einen unglückseligen Zwischenfall, an dem er«, wie er zu behaupten wagt, »keinen Anteil gehabt habe...« Dem Prinzen von Condé fällt die Statthalterschaft der Picardie zu, und dem Béarner verspricht man, sobald er freigelassen sei, den Oberbefehl über Navarra, wobei man sich nicht viel vergibt, da er ihn als König ohnehin besitzt!

Heinrich, weiterhin Gefangener im Louvre, allerdings an etwas längeren Zügeln, macht gute Miene zum bösen Spiel und vertreibt sich die Zeit mit Madame de Sauve »deren feste, weiße Brüste so gut in die Hand eines Edelmannes passen«. Oder auch in Schäferstündchen mit einem Fräulein von Rouet, die – wie könnte es anders sein? – zum weiblichen Hofstaat der Königinmutter gehört. Wenn man einem Zeitgenossen Glauben schenken darf, so soll Katharina der jungen Dame befohlen haben, ihrem Liebhaber »in allem zu Gefallen zu sein«, was ihr das sicherste Mittel erscheint, den König von Navarra aus dem Gleichgewicht zu bringen, das er so aufreizend zur Schau trägt.

Jedenfalls zeigt er wenig Eifer, sich dem neuen Herzog von Anjou anzuschließen. Er wartet ab, beobachtet, wägt. Mit Philosophie nimmt er die Seitensprünge seiner Frau zur Kenntnis, an denen er doch nichts ändern kann. Er läßt sich auch nicht durch das Drängen seines Freundes und Vertrauten Agrippa d'Aubigné,[4] dem sein Zögern unbegreiflich ist, in eine überstürzte Handlung reißen.

»Sire«, fragt Agrippa ihn eines Abends, die Vorhänge des Alkoven zurückschlagend, hinter denen er Heinrich laut seufzen hörte. »Sire, so ist es denn wahr, daß der Geist Gottes Euch noch nicht ganz verlassen hat? Ihr jammert über die Abwesenheit Eurer Freunde? Aber während Ihr Tränen vergießt, haben sie zu den Waffen gegriffen. Sie wollen den Feind bekämpfen, Ihr dient ihm; sie bereiten ihm Schrecken. Ihr umgebt ihn, von falschen Hoffnungen getrieben, mit Liebenswürdigkeit und Schmeichelei!... Sie sitzen zu Pferde, Ihr liegt auf den Knien...«

Er persönlich zöge es vor, das Feld zu räumen.

»Bedenkt, Sire, daß Eure Stellung Euch verwundbar macht, und wenn wir, Eure Freunde, fort sind, werden die Hände, die Euch dienen, weder vor Gift noch vor dem Dolch zurückschrecken!«

Diese Worte, in der Erregung wie eine Herausforderung ausgesprochen, könnten tatsächlich jeden Tag Wirklichkeit werden. Heinrich weiß es genau und zögert doch. Es reizt ihn nicht, als eine Art Feldherr zweiter Klasse seinem Schwager Anjou oder seinem Vetter Condé den Schild zu tragen. Andererseits beschäftigt ihn die Möglichkeit, die Führung der dritten Partei zu übernehmen, die sich zwischen den Extremen in Frankreich bildet, was er mit den Worten formuliert:

»Vielleicht ist der Unterschied zwischen den beiden Religionen nur durch den Haß derer unüberbrückbar geworden, die dauernd von ihm reden! Eines Tages werde ich versuchen, dank meiner Autorität eine Verständigung herbeizuführen.«

Ob es Fluchtgedanken sind oder politische Erwägungen, die ihn beschäftigen? Niemand weiß, was in diesen Wochen in ihm vorgeht, bis plötzlich die Entscheidung herangereift ist. Eines Tages vertraut er sein Vorhaben einigen Freunden, darunter dem Marquis von Fervacques an. Der Augenblick scheint günstig. Seine Überwachung hat sich gelockert, und es ist ihm erlaubt, seiner Lieblingsbeschäftigung, der Jagd, in den Wäldern von Compiègne oder Fontainebleau nachzugehen. Oft kehrt er abends verspätet, mit Jagdbeute beladen, in den Louvre zurück. So wagt er am 1. Februar 1576 eine Generalprobe: Sein Platz beim königlichen Souper bleibt leer. Unruhig wandern die Blicke der Anwesenden zur Tür, vergebens lauschen sie auf seinen Schritt. Aber er bleibt unsichtbar. Ist er ausgerückt, wie Alençon? Aber nein! Am nächsten Morgen erscheint er, als sei nichts geschehen, mit dem ihm eigenen spöttischen Lächeln auf den Lippen und Erde an den Stulpstiefeln, als käme er gerade aus dem Wald. Heinrich III. und Katharina atmen hörbar auf, während er befriedigt feststellt, daß das Experiment gelungen und die Stunde gekommen ist, Ernst zu machen.

Am 3. Februar verkündet er, daß er zur Hirschhatz in den Wald von Halatte, nördlich von Senlis, reiten will. Ohne Margarethe ins Vertrauen zu ziehen, verläßt er den Louvre noch gleichen Tags in Begleitung des Capitaines und eines Leutnants der Garde. Um kein Aufsehen zu erregen, bleiben d'Aubigné und Roquelaure beim Coucher Heinrichs III. zugegen und treffen erst am nächsten Morgen am Stadtrand von Senlis mit ihm zusammen.

»Sire, Fervaques hat Euch verraten!« flüstert d'Aubigné außer Atem. »Der König weiß alles. Der Weg zurück nach Paris bedeutet Schmach und Tod. Leben, Freiheit und Ruhm erwarten Euch überall sonst. Es ist an der Zeit, Eure Peiniger abzuschütteln und die Hände Eurer Freunde zu ergreifen!«

Die Würfel sind gefallen, es gibt kein Zurück mehr. Nur die Offiziere der Garde müssen sie unter irgendeinem Vorwand loswerden. Hastig kritzelt Navarra eine Botschaft an den König, deren genauer Wortlaut leider nicht überliefert ist, und schickt sie damit nach Paris zurück. Sinngemäß muß Heinrich darin seinem Schwager erklärt haben, daß er die Erniedrigungen, die ihm am Hof zuteil werden, nicht länger zu ertragen bereit sei, und daß er es daher vorziehe, Paris zu verlassen.

Wie zu erwarten, löst die Nachricht zunächst größte Entrüstung aus. Katharina zetert über die Natter, die sie an ihrem Busen genährt habe. Aber nach einer Weile schickt sich Heinrich III. eher gelassen in das Unvermeidliche. Es ist nicht auszuschließen, daß er schon jetzt darauf hofft, in Navarra einmal einen wichtigen Verbündeten statt einen gefährlichen Gegner zu haben. Er läßt sogar einige Anhänger seines Schwagers, darunter seinen Pagen Baron von Rosny – eines Tages wird er Herzog von Sully heißen –, ziehen und gibt ihnen zwölftausend Livres und sechs Pferde aus seinem eigenen Stall mit für seinen Schwager. Gleichzeitig läßt er allerdings seine schöne Schwester Margarethe diskret überwachen,... für den Fall, daß sie eines Tages Lust bekäme, ihrem Gemahl nachzureisen.

Die Flüchtigen haben sich zunächst bei Fleurines, eineinhalb Meilen nördlich von Senlis gruppiert. Von dort aus traben sie bei klirrender Kälte südwärts in Richtung der Waldgebiete von Montmorency, in denen sie sich bei stockfinsterer, mondloser Nacht fast verirren. Nach kurzer Rast in Saint-Prix passiert Heinrich mit Agrippa d'Aubigné am Morgen des 5. Februar die Seinebrücke bei Poissy. Der Fluß führt Eisschollen, und Nebel steigen von seinen Wassern auf. Die stille, verschneite Landschaft ist in weißes Licht getaucht. Am anderen Ufer angelangt, zügeln sie ihre Pferde und lauschen. Bald wird gedämpfter Ruderschlag hörbar: die Waffengefährten, die im Nachen übergesetzt haben, springen ans Ufer, und die Spannung löst sich. Im Hochgefühl der endgültig wiedererrungenen Freiheit zitieren Heinrich und Agrippa den Psalm:

»Ich preise Dich, Herr, denn Du hast mich erhöht, und lässest nicht meine Feinde über mich freuen.«

In Montfort-l'Amaury erlaubt sich die Gruppe der Verschworenen einen wohlverdienten Abendschmaus in einer Herberge und sammelt in kurzem Schlummer neue Kräfte. Schon früh am nächsten Morgen sind sie wieder im Sattel und setzen ihre Reise in respektvoller Entfernung von Dreux und Chartres fort. Wenig Volk ist unterwegs zu dieser Jahreszeit, aber in der Nähe eins Dorfes kommt ihnen just ein Landedelmann entgegen, der sie sichtlich für eine Gruppe Reisiger hält. Schon zieht er die Kappe und wendet sich zeremoniell an Roquelaure, dessen Kleidung »am prächtigsten glänzte«. Ob er mit Verlaub bitten dürfe, meint er höflich, das Dorf gnädigst vom Quartiermachen zu verschonen!

»Geht darauf ein!« flüstert Heinrich Roquelaure zu, »aber verlangt, daß er uns nach Châteauneuf-en-Thymerais führt«, eine Ortschaft, die sich auf bourbonischem Grund und Boden befindet.

»Der gute Mann«, fährt Agrippa d'Aubigné in seinem Bericht über die Begebenheit fort, »war nur zu gern bereit, uns diesen Dienst zu erweisen, und während wir so dahinritten, begann er, mit dem König von Navarra zu schwatzen und ihm die letzten Klatschgeschichten vom Hof in Paris zu erzählen. Die Prinzessinnen, meinte er, scheinen dort ein recht lockeres Leben zu führen, in dem Margarethe von Navarra die Hauptrolle spielt. Dabei tischte er auch einige saftige Einzelheiten auf, und dem Prinzen blieb nichts anderes übrig, als mit uns darüber zu lachen. So ging es, bis wir an die Tore von Châteauneuf kamen und Frontenac lauthals dem Kommandanten Lépine zurief: »Wache, öffnet! Die Tore auf, für den König von Navarra, Euren Herrn!« Da hättet Ihr unseren armen Landedelmann, den Herold der höfischen Liebesgeschichten, sehen sollen, als er plötzlich merkte, mit wem er es zu tun hatte und deshalb vor Furcht fast gestorben wäre! Ich hatte alle Mühe, ihn einigermaßen zu beruhigen und ihn auf Umwegen auf den Heimweg zu schicken. Wie ich hörte, ist er zu Hause erst drei Tage später wieder aufgetaucht, so sehr war ihm der Schreck in die Glieder gefahren!«

Im Frühjahr 1576 läuft der siebenmonatige Waffenstillstand mit Franz von Anjou ab. Südlich der Loire ziehen sich die Streitkräfte der Reformierten aus dem Béarn, der Gascogne, dem Périgord zusammen. Während Heinrich sich auf der Flucht befindet, überqueren neue Einheiten deutscher Landsknechte, von den Führern der Hugenotten angeworben, die Maas. Die Partei Anjous ist so mächtig geworden, daß an ein Brechen des Burgfriedens oder gar an eine Schlacht nicht zu denken ist. Von allen Seiten bedrängt, erklärt sich Heinrich III. zu neuen Verhandlungen bereit. Katharina, gefolgt von ihrem Schwadron junger Edeldamen, macht sich erneut auf den Weg zur Loire. Sie wird dieses Mal auch von Margarethe begleitet. In der Abtei, in der Foulques Nerra begraben liegt, kommt es zu einem Treffen mit Franz, dem »verlorenen Sohn«. Doch vergebens schwärmen die verführerischen Damen aus. Mögen sie ihren Charme auch noch so verschwenderisch in den Dienst der Sache stellen, möge Margarethe ihrem Bruder mit den süßesten Worten schmeicheln und die aufopfernde Mutter familiäre und politische Argumente in noch so großer Zahl ins Feld führen,... Franz von Anjou bleibt ungerührt. Heinrich III. muß um des lieben Friedens Willen nachgeben. Am 7. Mai 1576 setzt er mit verbissenem Groll, der ihm die Tränen in die Augen treibt, seine Unterschrift unter ein Schriftstück, das unter dem Namen »La Paix de Monsieur« bekannt wurde, und das außer den Herzog von

Heinrich IV. in Rüstung. Gemälde von Frans Pourbus d. J.

Anjou eigentlich niemanden befriedigt. Vor allem die Katholiken fühlen sich durch die den »Ketzern« garantierten Freiheiten verraten. In Paris murrt das Volk, die niedrige Geistlichkeit schürt das Feuer. Wie eine Herausforderung an den König mutet die Gründung der katholischen Liga durch den Herzog von Guise an, die sich im Laufe der Jahre zu einer Macht im Staate entwickeln wird.[5]

Heinrich von Navarra ist unterdessen in Alençon eingetroffen, wo er, »ohne Aufsehen und Zeremonie«, zum ersten Mal wieder eine Predigt hört. In La Flèche – er befindet sich auf väterlichem Hoheitsgebiet – wird auf seinen Wunsch ein Gottesdienst »à la huguenote« abgehalten, obwohl er dem katholischen Glauben offiziell noch nicht abgeschworen hat. Warum zögert er? Spielt er bewußt ein Versteckspiel? Hemmt ihn die Tragweite der Entscheidung, die unvorhersehbare Folgen nach sich ziehen kann? Oder schiebt er Religionsfragen lieber von sich? Erst das Wiedersehen mit Katharina, der

Schwester, bringt ihn zu einer klaren Stellungnahme, und in Niort sagt er sich öffentlich vom katholischen Glauben los. Die Überquerung der Loire, die in Frankreich so eindeutig den Norden vom Süden trennt, wirkte wie eine Befreiung auf ihn. Unter dem heiteren Himmel der Touraine blüht er auf. Erleichtert ruft er aus: »Gott sei gedankt, der mich befreit hat! In Paris hat man meine Mutter, den Admiral und meine treuesten Freunde zu Tode gebracht, und wenn der Herr mich nicht beschützt hätte, wäre es mir ebenso ergangen. Nie mehr zurück, es sei denn, man schleppt mich mit Gewalt dorthin!...«

Und fügt nach einer kleinen Weile mit seinem gewohnten Humor hinzu: »Nur zwei Dinge fehlen mir, die ich in Paris zurückgelassen habe: die Messe und meine Frau. Den Verlust der ersteren werde ich überwinden. Letztere aber mag ich nicht missen, und ich will sie wiederhaben!«

Während Heinrich seiner Heimat entgegentrabt, geht ihm so mancher Gedanke durch den Kopf. Wäre es nicht möglich, grübelt er, daß... letzten Endes... das Land ihm, Heinrich von Navarra, zufiele? Monsieur ist trotz seines hitzköpfigen Auftretens von äußerst zarter Gesundheit. Hat man nicht schon manchmal um sein Leben fürchten müssen? Dem jetzigen König, seinem Bruder, geht es oft nicht viel besser, und bis heute hat Luise von Lothringen noch keinem Thronfolger das Leben geschenkt.

»Mehr als irgend jemand sonst auf der Welt habe ich ein Interesse daran, für die Gesundung und Erhaltung dieses Landes zu wirken!« sagte er einmal im Jahr 1576.

Gesundung hat das Königreich der Valois allerdings dringend nötig, seit die Bürgerkriege darin tobten, das kann er bei jeder Etappe erneut feststellen. Überall drohen Armut und Hungersnot. Die Felder sind schlecht oder gar nicht bestellt. Die Geistlichkeit ist heruntergekommen, sittenlos und ungebildet. Ein arroganter, selbstsüchtiger Adelsstand findet seine Lieblingsbeschäftigung im Raubrittertum. Was von der Landbevölkerung übrigblieb, geht abgemagert und zerlumpt der Arbeit nach.

Ein Augenzeuge faßt die Lage Frankreichs in den Worten zusammen: »Das Königreich ist eine Rüstkammer, in der als einzige Ware Laster und Schande angeboten werden!« Und Agrippa d'Aubigné nennt das von den Religionskriegen überschattete sechzehnte Jahrhundert »die Zeiten der Heimsuchung«.

Eines hat Katharina mit der Unterzeichnung des »Herrenfriedens«, des Paix de Monsieur, erreicht: der neue Herzog von Anjou ist nach Paris zurückgekehrt und sonnt sich im Schein seiner frisch erworbenen Würden. Als Dankesgeste für die ihm so reichlich zuteil gewordenen Apanagen wird er die Politik des Königs anläßlich der Generalstände unterstützen, die im Dezember 1576 nach Blois einberufen werden. Er wird sich auch offiziell zum Gegner der Protestanten erklären, die ihm erst vor ein paar Monaten geholfen hatten, sich die üppigsten Herzogtümer des Königreiches zu ertrotzen...

Diese Ständeversammlung in Blois steht unter einem Unstern, genauer gesagt, unter dem Einfluß des Herzogs von Guise als Führer der Liga, dem es nicht schwerfällt, sich bei den Ständevertretern, unter denen sich ein einziger Protestant befindet – der Abgesandte des Adels von Saintonge –, Gehör zu verschaffen. Lärmend verlangen sie den Widerruf der Religionsfreiheit und bestehen darauf, daß künftig der Katholizismus als einziges Glaubensbekenntnis in Frankreich geduldet wird.

Heinrich III. muß sich den Forderungen anpassen, wenn er nicht im eigenen Land in die Minderheit gedrängt werden will. Die Generalstände enden mit dem Verbot des calvinistischen Gottesdienstes auf französischem Boden und mit der Verbannung der protestantischen Prediger, Doktoren und Diakone. Die Grundlagen des im Mai geschlossenen Herrenfriedens sind zerstört, der Auftakt zum sechsten Religionskrieg ist gegeben!

»Wieder Blutvergießen? Das erbost mich gewaltig!« stöhnt Heinrich angesichts des neuen Krieges, in dem es in erster

Linie um innere Machtkämpfe und Privatinteressen der Großen geht. Erklärt nicht der Marschall von Biron mit kaltschnäuziger Offenheit: »Wozu sind wir schon da, wenn nicht zum Kriegführen?«

Schottische Hochländer, Landsknechte aus Deutschland, Hellebardiere aus den alten Orten der Schweiz werden auf allen Seiten angeworben, um sich gegenseitig den Garaus zu machen, was Montaigne zu dem Verzweiflungsschrei veranlaßt: »Widerwärtiger, grausamer Krieg! Menschlicher Kitt aus fremden Landen hält unsere Armeen zusammen! Schmach über uns!«

An der Spitze der Hugenottenarmee hatte sich Anjou die Übertragung der Landgebiete erzwungen, die fast ein Königreich für sich ausmachten ... Was kann er wohl einheimsen, wenn er die Reformierten besiegt? Im Gedanken an neue Vorteile läßt er ohne zu zögern die alten Verbündeten im Stich und führt das königliche Heer gegen sie ins Feld. Die Feindseligkeiten werden durch eine Belagerung des hugenottischen Sicherheitsplatzes Charité-sur-Loire eröffnet. Vergebens verhöhnen die Belagerten den neuen Herzog von Anjou von den Festungsmauern herunter mit Spottgedichten, die Hunger und Pest über das katholische Heer wünschen: es kommt ihnen weder das eine noch das andere zu Hilfe! Am 1. Mai 1577 schließlich muß die Stadt ihre Tore dem Eroberer öffnen.

Bereits Ende desselben Monats zieht Monsieur mit seinen Truppen weiter nach Issoire, das nach zweiwöchiger Belagerung ebenfalls fällt. Aber er ist nicht in der Lage, seine schlecht bezahlte und schlecht ernährte Soldateska zu zügeln, die plündernd und brandstiftend durch die Straßen zieht und unter der Bevölkerung ein Blutbad anrichtet.

Erst im September 1577 finden die Kriegshandlungen durch das Edikt von Poitiers ein Ende, nachdem am 17. September in Bergerac ein Friedensvertrag unterzeichnet wird. Er ist ebenso vergänglich wie sein Vorgänger. Man nennt ihn »La Paix du Roy«, den Frieden des Königs!

Als Heinrich von Navarra gegen Ende des Jahres 1577 sein ihm neu bestätigtes Amt als Gouverneur der Guyenne in Agen antritt, zeigt sich ihm das Ausmaß der Verwüstungen, die das Hin und Her der Kriege in der kleinen Stadt anrichteten. Die Aufzeichnungen eines Zeitgenossen entwerfen ein düsteres Bild darüber: »In dieser Gegend, die nur vierzehn Meilen lang und acht Meilen breit ist, zählt man über viertausend niedergebrannte Häuser. Die ehemals fruchtbaren Felder sind verwüstet oder unbebaut, weil die Zugtiere und das Vieh fortgeführt, das Ackergerät entwendet wurden. Es fehlt aber auch an Bauern und Landarbeitern, denn kaum einer hat die Massaker überlebt.« Die Protestanten ihrerseits zerstören sämtliche Kirchen, an denen sie vorbeikommen,... »und wenn alles Erreichbare in Ruinen verwandelt ist, zünden sie den Rest an. So verbreiten beide Seiten nichts als Raub und Mord.«

Navarras Ziel ist, gerade diese sinnlose Zerstörungswut, den blinden Haß zu zügeln und dadurch mit der Zeit die Grundlagen für einen dauerhaften Frieden zu schaffen. Er erläßt eine Reihe von Verfügungen, die den Kampfhähnen beider Parteien das Handwerk legen sollen: Die Stadtbewohner werden aufgefordert, »künftig in Anstand und Würde miteinander zu leben, keine Händel anzufangen und sich gegenseitig weder zu beleidigen noch auf irgendeine Weise zu provozieren. Es ist verboten, den Gottesdienst der Andersgläubigen zu stören oder zu verhindern. Erste Pflicht eines jeden ist es, sein Hab und Gut auf Gott wohlgefällige Art zu verwalten, ohne dem Nächsten Ärgernis zu bereiten.«

Mit der ihm eigenen Philosophie fügt er hinzu: »Die auf die Stimme des Gewissens hören, sind gleichen Glaubens wie ich, und ich bin des Glaubens derer, die es gut und ehrlich meinen.«

Mit einer anderen Verfügung wendet er sich an die Landbevölkerung, die man damals wegen ihrer eigentümlichen Kopfbedeckung die »bérets«[6] nannte: »Die Bauern und Dorfbewohner der Guyenne werden aufgefordert, fortan in gutem Einvernehmen miteinander zu leben. Es ist ihnen auch untersagt, die Steuereinnehmer und Beauftragten des königlichen Schatzamtes zu mißhandeln!«

»Zucht und Ordnung soll in der Armee herrschen«, heißt es weiter. »Das Ausheben von Truppen ohne Genehmigung der Obrigkeit ist verboten und streng zu ahnden.« Mit Plünderern wird schonungslos verfahren: »Gefängnis droht dem, der Mann, Wagen oder Roß aus dem Stall holt, ohne den vom Besitzer erhobenen Preis zu entrichten, und diejenigen, die Frauen und Mädchen vergewaltigen, werden gehängt.«

Mit diesen Anordnungen beginnt ein neuer Abschnitt in Heinrichs Leben, der eines verantwortungsvollen, allen Untertanen gegenüber konziliant gestimmten Staatsoberhauptes.

Er ist vierundzwanzig Jahre alt, intelligent, tolerant und willensbetont. Dazu kommt eine glückliche Mischung von politischem Feingefühl und Bauernschläue, Sinn für direkten, menschlichen Kontakt und Schlagfertigkeit. So hat er sich schon damals angewöhnt, bei seinen Freunden formlos und unangemeldet zu erscheinen, um wie er sich ausdrückte, »im Vorbeigehen von ihrem Wein zu kosten«. In ebenso freimütigem Ton sind seine Botschaften an sie abgefaßt, wie zum Beispiel diese an Manaud de Batz, als es wieder in den Krieg ziehen heißt: »Alter Haudegen, verleih Deinem besten Gaul Flügel! Ich sagte bereits Montespan, daß er seinen zu Schanden reiten soll, um rasch zu mir zu kommen. Warum? Du wirst es morgen in Nérac erfahren; eile, stürze, renne, fliege, Dein Herr ruft Dich, Dein Freund bittet Dich zu sich!« Wie könnte man solchem Ruf widerstehen?

Heinrich liebt den Umgang mit denen, die nie um eine Antwort verlegen sind. Eines Tages begegnet ihm in einem Dorf ein Bauer, dessen Augen von schalkhafter Schläue blitzen.

»Komm her«, ruft er ihn zu sich, »setz Dich mir gegenüber zum Vesper! Wie heißt Du?«

»Sire, ich heiße Gaillard«[7], antwortet das Bäuerlein, indem es sich niederläßt.

»Gaillard?« lacht der König. »Potztausend, das ist mir ein guter Name... kannst Du mir den Unterschied sagen zwischen einem gaillard und einem paillard?«[8]

»Jawohl, Sire«, erwidert der Schlaumeier, »zwischen den beiden steht dieser Tisch!«

»Ventre-saint-Gris! Du bist mir der Rechte! Wie kommt so ein Kirchenlicht in dieses Dorf?«

Auch von seiner eigenen Schlagfertigkeit gibt es zahlreiche Beispiele:

Eines Tages wirft ihm ein Soldat im Vorübergehen zu: »Sire, zwei Worte: Geld oder Urlaub!«

»Soldat, vier Worte: Weder dies noch jenes!«

Ein andermal klagt ihm der Gärtner von Nérac sein Leid: »Sire, es will nichts wachsen hier!«

»Säe Gascogner, guter Freund, die wachsen überall!«

Eine andere, lustige Geschichte ist berühmt geworden: In Capchicot hat sich Navarra zum Nachtmahl bei dem Köhler Etienne de Saint-Vincent eingeladen, ohne daß dieser seinen illustren Gast erkennt. Nach dem traditionellen Chabichou[9] mit Schwarzbrot setzt er ihm den wohl zubereiteten Kopf eines Ebers, den er im königlichen Forst gewildert hatte, mit den Worten vor:

»Vor allem sag' ›Langnase‹ nichts davon!«

»Ich werd' mich hüten«, verspricht Heinrich, die »Langnase«.

Am nächsten Morgen bittet der Köhler seinen Gast, ihn zum Schloß Durance mitzunehmen, wo sich der König von Navarra aufhalten soll. »Ich möchte zu gerne seine Bekanntschaft machen, aber wie ihn erkennen?«

»Daran, daß er seinen Hut aufbehält, wenn ihn alle anderen abnehmen!« erklärt ihm der Béarner und heißt den Kohlenbrenner hinter sich aufsitzen. Als sie im Schloß eintreffen und sich die Höflinge, das Federnbarett in der Hand, zu ihrer Begrüßung tief verneigen, ruft der brave Mann aus:

»Jetzt haben nur noch wir beide den Hut auf dem Kopf,... folglich muß einer von uns beiden der König sein!«

Die Antwort gefällt Navarra so gut, daß er später das Haus des Köhlers in einen steuerfreien Herrensitz umwandeln läßt.

Wie oft hat er, in der Guyenne und in der Gascogne umherstreichend, des Nachts bei einem seiner Untertanen Speise, Trank und sein Dach über dem Kopf gefunden, für die er seine Gastgeber am nächsten Tag reichlich lohnte![10]

Seine Freigebigkeit und sein Sinn für Gerechtigkeit sind bald weitum bekannt. Er vergütet dem Bauern die Ernte, die seine Pferde zertrampelten, einem anderen die Kuh, die seine Hunde gerissen hatten.

Um so verwunderlicher scheint es, daß manche ihn der Undankbarkeit bezichtigten. Dieser Vorwurf mag auf einen Bericht von Agrippa d'Aubigné zurückgehen, der erzählt, daß Heinrich ihm im Jahr 1577, nachdem er ihn auf seinem gefährlichen Ritt quer durch Frankreich bis in die Gascogne begleitet hatte, als einzige Belohnung... sein Bildnis geschenkt habe. Wahrscheinlich ist daran eher Navarras sprichwörtliche Geldnot schuld, als seine Undankbarkeit, aber d'Aubigné fühlte sich derartig gekränkt, daß er einen Vierzeiler über sein Mißgeschick verfaßte, in dem er sich bitter beklagt, für all seine Dienste mit einem Portrait abgespeist worden zu sein!

Allerdings ist die Ursache für d'Aubignés Verbitterung vielleicht eher in seinem eigenen Charakter zu suchen, denn er ist nachtragend und sehr von sich eingenommen. »Der König von Navarra«, behauptet er, »beansprucht die Lorbeeren für sich, die eigentlich mir zustehen!« Er ist auf Ruhm und Nachrede außerordentlich bedacht und fügt grollend hinzu: »Wie empfindlich sind doch die Großen, ja die Größten und Besten auf der Welt! Der König, mein Herr, von der Natur mit so viel Tugenden und Gaben ausgestattet, war äußerst mißgünstig und stets bereit, die Fehler der anderen zu kritisieren. Er konnte es nicht leiden, wenn seine Diener wohlverdientes Lob ernteten.«

»Sire«, tönt es an anderer Stelle in seinen Schriften wie ein Tadel, »ist Euer Gedächtnis so kurz, daß Ihr zwölf Jahre treuer Dienste und die zwölf Wunden, die ich an Eurer Seite erlitt, aus Eurer Erinnerung streicht? Habt Ihr den Freund vergessen, der Euch in der Gefangenschaft aufrichtete, die Hände, die Euch von den Fesseln befreiten?« Welche stichhaltigen Gründe für derartige Vorwürfe vorlagen, ist nicht ganz klar.

Frauen haben in Heinrichs Leben immer eine große Rolle gespielt, und seine Eroberungen, sei es unter den Damen der Gesellschaft oder unter den einfachen Töchtern des Landes, denen er auf seinen Streifzügen und Reisen begegnete, sind zahllos.

Als sein ersten Abenteuer in der Guyenne, also seit seiner Flucht aus dem Louvre, wird Jeanne von Tignonville, eine Jugendgespielin, genannt. Aber die junge Dame ist noch unvermählt und leistet dem Drängen des königlichen Anbeters beharrlichen Widerstand. Wiederum von Agrippa d'Aubigné stammt ein Bericht, nach welchem der König ihn – vergeblich – auf den Knien angefleht haben soll, bei der prüden Schönheit ein Wort für ihn einzulegen – was sich reichlich übertrieben anhört. Wahrscheinlicher ist, daß die Tatsache genügte, die kleine Tignonville mit dem Baron von Panjas zu verheiraten, um sie, einmal auf den Geschmack gekommen, seinen Wünschen gefügiger zu machen.

Trotz dieses Abenteuers sehnt sich Heinrich nach seiner Frau. Die langen Gespräche, die er im Louvre mit ihr führte, fehlen ihm, denn sie ist, nach seinen eigenen Worten »nicht nur geistreich, klug und gebildet wie keine andere, sondern zeigte sich mir gegenüber äußerst hilfreich. Sie hatte großen Einfluß auf ihre Mutter und Brüder, und es gelang ihr immer wieder, sie zu meinen Gunsten umzustimmen, wenn sie gegen mich aufgebracht waren. Und außerdem zog ihre Schönheit so manchen Wackeren an meine Seite!«

Margarethe bestätigt das in ihren Memoiren und behauptet, daß Heinrich »erheblichen Nutzen aus ihrer Freundschaft zog«. Ohne Zweifel könnte die Anwesenheit der Schwester des Königs von Frankreich an der Seite Heinrichs dessen Autorität nur stärken und seinen Unternehmungen Gewicht verleihen, wodurch auch sie politisch eine gewisse Bedeutung erlangen würde. Heinrich schickt eine Gesandtschaft nach Paris, die darüber verhandeln soll, Margarethe nach Nérac zu bringen. Aber sie stößt auf Ablehnung: Heinrich III. denkt nicht daran, seine Schwester ziehen zu lassen.

»Ich habe sie mit einem Katholiken verheiratet, nicht mit einem Hugenotten!« erklärt er mißgelaunt und mit entwaffnender Unaufrichtigkeit.

Fürs erste hat er ihr eine Rolle zugedacht, von der er sich einen ihm persönlich nützlicheren Vorteil verspricht, und die ihrem Ehrgeiz mehr schmeichelt. Die Rebellion der spanischen Niederlande gegen die Gewaltherrschaft Philipps II. ist wieder einmal am Aufflackern, und Heinrich III. glaubt, dem mächtigen Gegner einen schweren Schlag zuzufügen, indem er den Aufständischen zur endgültigen Freiheit verhilft. Vielleicht ließe sich bei dieser Gelegenheit auch ein flandrisches Königreich für seinen lästigen Bruder Franz zusammenbrauen? Dann wäre er ihn endlich los, und er hätte zwei Fliegen mit einer Klappe geschlagen. Margarethe wird offiziell auf Badekur nach Spa, inoffiziell in geheimer Mission nach Valenciennes und Cambrais geschickt, um Verbindung mit dem flämischen Adel aufzunehmen. Ihrem Geist und Charme, meint er, würde es schon gelingen, eine Verständigung herbeizuführen. Mit prunkvollem Gefolge begibt sich die Königin von Navarra auf ihre »Badereise«, und es kommt zu einigen glänzenden Empfängen. Aber der Plan mißlingt, und kurze Zeit später muß sie fluchtartig die Grenze in der entgegengesetzten Richtung wieder überqueren. In ihrem Stolz gekränkt, beginnt sie, kaum nach Paris zurückgekehrt, erneut mit Anjou zu komplottieren und verhilft ihm im Februar 1578 zu seiner zweiten Flucht aus dem Louvre. Des Kampfes müde, erteilt Heinrich III. seiner Schwester die Reiseerlaubnis in die Guyenne. Vielleicht wiegt er sich sogar in der Hoffnung, daß sie in der Lage ist, Heinrich in den Schoß der katholischen Kirche zurückzuführen?... Worin er sich gewaltig irrt.

Aber wenn er Margarethe schon zu ihrem Gatten entläßt, so sollte es in einem ihrer Königswürde entsprechenden Rahmen und im vollen Besitz der Lehensgüter sein, die sie als Mitgift bei ihrer Hochzeit erhalten hatte, nämlich die Grafschaften von Agen, Quercy, Rouergue und Gaure sowie einige andere kleine Gerichtsbarkeiten.

Da sich diese Hoheitsgründe bis an die Grenzen des hugenottischen Béarn erstrecken, könnte ihr Einfluß vielleicht einige der »Rebellen« dort zur Vernunft bringen. Margarethe, die bisher der Gedanke, den Louvre mit seinen glanzvollen Festen und vielseitigen Abwechslungen zu verlassen, nicht übermäßig begeistert hatte, findet Geschmack an der neuen politischen Aufgabe und stürzt sich mit Freuden – und nicht schweren Herzens, wie manche Geschichtsschreiber behaupten – in die Reisevorbereitungen. Außerdem wird sie auf dem langen Weg nicht sich selbst überlassen sein: die Königinmutter hat beschlossen, ihre Tochter zu begleiten und bei dieser Gelegenheit einen seit langem vorbereiteten Plan zu verwirklichen, nämlich auf Schloß Nérac Katholiken und Protestanten in einer Konferenz unter einem Dach zu vereinen.

Wenn sich Katharina auf Reisen begibt, so ist der ganze Hofstaat in Bewegung, und das bedeutet viel Aufwand, Prachtentfaltung und damit hohe Kosten. Da wie immer Ebbe in der Staatskasse herrscht, sieht sich Heinrich III. gezwungen, die Geistlichkeit zur Erhebung einer Sondersteuer »einzuladen«, der sie mit wenig Eifer nachkommt... Wie könnte sie auch ihrem König, der sich ostentativ täglich in den Pfarrkirchen der Stadt zur Messe einfindet, diesen Dienst verweigern?

Am Samstag, dem 26. Juli 1578, ist es soweit. Margarethe und die Königinmutter nehmen Abschied von Heinrich III., der sich in Schloß Ollainville in der Gegend von Arpajon, südlich von Paris aufhält. Der Aufbruch ist ein Ereignis für das Volk, denn die beiden Königinnen sind von einem Troß von dreihundert Personen begleitet. Katharinas unentbehrliches weibliches Aufklärungsgeschwader darf ebensowenig fehlen, wie ihr Stab von Hofastrologen. Theologen, Rechtsgelehrte, Schreiber und der Kanzler des Reiches, Hofbeamte, Musikanten und Marketender formen eine buntgemischte Menge zu Pferde und auf Rädern. Charlotte de Sauve trabt auf einem Maultier daher, nur zu gern bereit, auf einen Wink Katharinas ihre Liebschaft mit dem Béarner wieder aufzunehmen...

Entgegen Margarethes Erwartungen ist ihr Gemahl nicht zu ihrem Empfang zur Stelle, als sie mit ihrer Mutter in Bordeaux eintrifft. Die Erklärung für sein Ausbleiben ist schnell gefunden. Zum einen herrscht dort der unfreundliche Marschall Biron als Statthalter, mit dem sich Heinrich nicht verträgt. Zum anderen hat ihm die Stadt vor zwei Jahren, als er sich auf der Flucht nach dem Süden befand, die Tore nicht geöffnet. Es müßte schon ein anderer Treffpunkt gefunden werden, was nicht ganz einfach ist, denn die eine Stadt ist zu katholisch für Navarra, die andere zu hugenottisch für Katharina. Schließlich fällt die Wahl auf Casteras, ein einsam gelegenes Schlößchen auf halbem Weg zwischen dem katholischen Saint-Macaire und dem protestantischen La Réole, wo endlich, am 2. Oktober 1578, die Zeremonie des Wiedersehens stattfindet, die unter dem Zeichen der Freude und Versöhnung steht. Margarethe, in Silber und Gold gehüllt, entsteigt als Symbol der Liebe und des Friedens ihrem Wagen, Heinrich grüßt sie galant und beugt das Knie vor seiner Schwiegermutter, die ihn überschwenglich ans Herz drückt, was ihn, wie er später erzählte, zur Vermutung veranlaßte, daß sie wohl tasten wollte, ob er unter seinem gestickten Wams ein Panzerhemd trage.

»Der König von Navarra«, berichtet Katharina ihrem Sohn nach Paris, »hat uns äußerst zuvorkommend und, wie mir scheint, mit großer Herzlichkeit begrüßt... Nach dem Empfang und nachdem wir uns eine Weile über Alltäglichkeiten unterhalten hatten, bestiegen wir meinen Wagen und fuhren hierher in den Ort, von dem Ihr wißt...«

Bei dem »Ort, von dem Heinrich III. wußte«, handelte es sich um das hugenottische La Réole, wo für Heinrich und Margarethe das Nachtlager bereitet worden war. Trotzdem haben sie das Bett erst am nächsten Abend geteilt, weil der Béarner so stark nach Knoblauch roch!

Für Charlotte de Sauve hat Heinrich kein Auge mehr übrig, dafür um so mehr für Victoire d'Alaya, die man La Dayelle nennt. Sie ist jung, sie ist hübsch, sie ist Spanierin, und er hat sie – wie könnte es anders sein – in Katharinas Hofstaat entdeckt. Viel ist nicht bekannt geworden über diese Liebschaft. Man weiß nur, daß sie zum Kreis der sechsundfünfzig »registrierten« Mätressen des »Vert Galant« gehört.[11]

Während Margarethe eine Rundreise in ihre Lehensgüter unternimmt, und in jeder Stadt einige gebrochene Herzen hinterläßt, bemühen sich Katharina und Navarra, dem »Frieden des Königs« zum Durchbruch zu verhelfen. Verkörpern sie nicht vor aller Augen die langersehnte Eintracht zwischen Katholiken und Protestanten, indem sie die gegenseitige Achtung und Wertschätzung täglich neu demonstrieren und auf das Hervorheben persönlicher Machtentfaltung verzichten? Kann sich nicht der Friede, der jetzt in der Familie des Königs herrscht, auf die Untertanen auswirken? Befinden sich seine Gäste auf katholischem Boden, so zieht sich Heinrich diskret zurück, betreten sie hugenottisches Land, dann ist er gleich wieder zur Stelle. Auch Katharina überbietet sich an Gunstbeweisen und Rücksichtnahme. Als ihr die Stadtväter von Auch die Schlüssel der Stadt überreichen wollen, weist sie sie mit liebenswürdiger Geste zurück: »Gebt sie meinem Schwiegersohn!« Dieser nimmt sie feierlich entgegen, beugt das Knie und händigt sie ihr aus...

In Auch kommt es aber auch zu einem kleinen Zwischenfall, der beweist, daß sich das Klima im Lande noch nicht grundlegend geändert hat, den Heinrich aber ohne ernste Folgen auf echte Ritter-Art beendet:

An einem Novemberabend, während des Banketts tritt der Herzog von Armagnac zum König und flüstert ihm ins Ohr, daß sich ein Trupp Katholischer in einem Überraschungsangriff des hugenottischen Platzes La Réole bemächtigt habe.

»Madame«, wendet sich Navarra an die Königinmutter, »ich dachte, Ihr seid als Friedensstifterin gekommen, und nun entfacht Ihr neuen Streit?« Doch als sie Biron einschalten will, fügt er hinzu: »Laßt mich nur machen!«

Wenige Tage später, am 22. November, winkt er Rosny und Turenne zu sich: »Ruft unauffällig alle Freunde und Diener zusammen, die Ihr auftreiben könnt. In einer Stunde sitzen wir zu Pferde, den Küraß unter dem Jägerwams. Daß mir alle folgen, die mich lieben!«

Der Trupp nimmt zu später Stunde nicht etwa die Straße nach La Réole, sondern die nach Fleurance, der Hauptstadt der katholischen Grafschaft von Gaure, Bestandteil von Margarethes Apanage. Der Platz wird im Handstreich genommen und Heinrich kehrt mit den Seinen zufrieden nach Auch zurück. »Er wollte Gleiches mit Gleichem vergelten«, meint Katharina gutgelaunt, »aber ich habe doch den fetteren Brokken erwischt!« Sie mußte immer das letzte Wort behalten.

Sieben Meilen von Agen entfernt, erheben sich an den Ufern der Baïse die malerischen Reste eines Schlosses, das einige Jahre lang Glanz und Bedeutung einer kleinen Metropole erlangte: Nérac. Von den vier Gebäudetrakten, die einst den Hof umschlossen, hat nur einer die Wirren der Revolution überdauert. Zur Zeit unseres Berichtes diente das Schloß Heinrich von Navarra als Hauptsitz, den er für den hohen Besuch fürstlich ausgestattet hatte. Ein Nymphenreigen empfängt die beiden Königinnen, und eine junge Gascognerin, Demoiselle Sauvage, trägt zu Margarethes Begrüßung, auf einem weißen Zelter thronend, ein Gedicht in Gascogner Mundart vor – »Saludat d'un cant doux la plus belle deu moun«[12] – das von Heinrichs Truchseß, Wilhelm von Bartas, verfaßt worden war. Zum Dank überreicht »La plus belle deu moun« der charmanten Nymphe eine bestickte Schärpe. Nérac hat wieder eine Königin.

Man richtet sich auf den Winter ein auf Schloß Nérac, und zum Entsetzen eines puritanischen Geistes wie Agrippa d'Aubigné lösen Bälle und Bankette einander ab bis zum Christfest, das Katharina und Margarethe in der Abtei von Paravis an der Garonne verbringen, da die Kirche von Nérac, St. Niklaus, von den Hugenotten niedergebrannt worden war.

Es wird Zeit für ernstere Arbeit. Nach langen, mühevollen Vorverhandlungen beginnen am 2. Februar 1579 endlich die Konferenzen, für die Katharina die große Reise unternommen hatte und die sie persönlich mit einer sorgfältig einstudierten Rede eröffnet. Aber es geht den Hugenotten nicht um Rethorik. Heinrich, ihr Wortführer, zählt die Schikanen auf, die seine Glaubensbrüder immer wieder zu erleiden haben: die Todesurteile, die an reformierten Gefangenen erbarmungslos vollzogen werden, während politische Gefangene am Leben bleiben, die Weigerung, den Toten eine würdige Grabstätte in den Dorffriedhöfen zu gewähren, die vielen anderen Übergriffe der Katholiken, die von der Obrigkeit ungeahndet bleiben. Vor allem aber beschuldigt er die katholischen Geistlichen, dem Königsfrieden von 1577 zum Trotz das Volk aufzuwiegeln, zu neuen Massakern aufzuhetzen und den Mord an den Reformierten als »Gott gefällig«, ja gottgewollt hinzustellen.

»Wenn wir zu den Waffen gegriffen haben«, schließt Navarra seine Rede, »so geschah es wider unseren eigenen Willen, weil uns kein anderer Ausweg blieb, und keinesfalls etwa gegen den König, den Staat oder die Krone, sondern um in ihrem Namen Frieden und Ordnung zu bewahren.«

Vorschläge und Gegenvorschläge folgen, Forderungen werden vorgetragen und wieder verworfen, oft erhitzen sich die Geister. Vier Wochen vergehen in zähen Verhandlungen, bis endlich eine Einigung in Aussicht steht. Den Protestanten werden für sechs Monate vierzehn Sicherheitsplätze gewährt, drei in der Guyenne, elf in der Languedoc... Heinrich III. ist sogar bereit, ihre Garnisonen aus der Staatskasse zu besolden. Im Gedanken an das stets angestrebte, bisher nie erreichte politische Gleichgewicht, sollen sie abwechselnd von katholischen und protestantischen Gouverneuren verwaltet werden. Man sollte meinen... aber nein. Die Vertreter der Hugenotten in ihren schwarzen Talaren – Katharina nennt sie in ihren Briefen an ihren Sohn in Paris die »Nachteulen« – sperren sich noch immer. Die Unerbittlichsten unter ihnen sind dabei, den Verhandlungstisch zu verlassen, als Heinrich, ergrimmt über ihren Eigensinn, mit der Faust auf den Tisch haut und sie zur Annahme des Kompromisses zwingt.

Acht Monate sind seit Eintreffen der Königinnen vergangen, der Frühling zieht ein, es wird Mai und Zeit, an die Heimkehr zu denken. Bis zuletzt hat Katharina noch gehofft, ihren Schwiegersohn überreden zu können, mit Margarethe in den Louvre zurückzukehren. Er lehnt höflich, aber bestimmt ab: sein Platz als Statthalter des Königs ist hier. Bis Toulouse und Castelnaudary, wo Mutter und Tochter heiße Abschiedstränen vergießen, gibt er ihnen das Geleit. Dann erwartet Katharina in Carcassonne noch eine Überraschung: Heinrich hat sich mit seinem Gefolge am frühen Morgen aufgemacht, um ihr noch einmal seine Abschiedsgrüße zu Füßen zu legen. Sie ist gerührt, Navarra zu einem letzten Opfer bereit: Er nimmt eine Schere zur Hand und schneidet sich eigenhändig die Locken ab, die beiderseits über seine Ohren fallen: das Kennzeichen der hugenottischen Haartracht, die für Katharina ein dauerndes Ärgernis war. Was bleibt seinen Begleitern anderes übrig, als es ihm gleichzutun? Kleine Ursache, große Wirkung: Die Schwiegermutter reist beglückt weiter, und die Locken wachsen von selbst wieder nach! Wären doch die religiösen Probleme so einfach zu lösen, wie die Lockenfrage!

Bevor sie nach Nérac zurückkehren, hält Heinrich mit Margarethe feierlichen Einzug in Pau, was den puritanischen Bewohnern seiner Béarner Hauptstadt sehr wenig behagt, hatten sie doch unlängst noch auf eine Scheidung von der Katholikin gedrängt. Seit Jeanne d'Albrets Zeiten galt das Béarn als Hochburg des Calvinismus in Südfrankreich. Die katholischen Kirchen und Klöster im Land sind aufgelöst, teils zerstört, teils in Schulen umgewandelt. Das Abhalten der Messe ist strengstens untersagt, es gibt keine katholische Geistlichkeit mehr. Schweren Herzens und als Zeichen ihres besonderen Entgegenkommens richten die Untertanen der unerwünschten Königin eine kleine Kapelle im Schloß ein, wo sie im Geheimen die Messe hören kann, und die außer ihr niemand betreten darf...

Im eigenen Land gerade eben geduldet, verläßt Margarethe nach einigen Wochen mit Heinrich erleichtert die ungastliche Provinz und schwört, ihr auf immer und ewig den Rücken zu kehren...

Die Eheleute befinden sich auf dem Weg nach Montauban: »Eines Nachts erreichten wir einen kleinen Ort, Eauze geheißen«, berichtet Margarethe, »als der König, mein Gemahl, von einem schweren Fieber und schlimmen Kopfschmerzen befallen wurde. Sie hielten vierzehn Tage an, während derer ich Tag und Nacht über ihn wachte. Er fand keine Minute Ruhe, warf sich hin und her, und wir mußten ihn von einem Bett zum anderen schaffen. Ich war stets um ihn, ohne meine Kleider zu wechseln und habe ihn so gut gepflegt, daß er des Lobes voll war und allen davon erzählte...«

Am 7. August 1579 ist der kleine Hof wieder in Nérac versammelt.

5

Der Zauber von Nérac

»... hier werden die Geister entrostet,
während die Waffen verrosten ...«

Im Spätsommer 1579 eröffnet Heinrich von Navarra seine Hofhaltung in Nérac, Stammschloß der Albrets, das schon seiner Großmutter Margarethe von Angoulême als Lieblingsaufenthalt diente. Einige Jahre lang wird nun die junge Margarethe dem Ort ihren Stempel aufdrücken, die einzigen Jahre, in denen sie wirklich Königin ist und in denen sich ihr das Leben von der angenehmsten Seite zeigt. Begeistert notiert sie in ihrem Tagebuch: »Das Hofleben in Nérac ist ergötzlich. Wir reden von nichts anderem als von der Liebe und ähnlichem Zeitvertreib...«

Während Heinrich sonntags in Begleitung seiner Schwester und seiner Freunde dem protestantischen Gottesdienst beiwohnt, begibt sich Margarethe mit ihrem Gefolge zur Messe in die kleine Kapelle, die im Schloßpark, dem »Jardin du Roy«, errichtet worden war. Jeder kann, seinem Gewissen folgend, die Messe oder die Predigt hören, ohne daß sein Nachbar Anstoß daran nimmt – ein unerhörtes Ereignis im Frankreich des sechzehnten Jahrhunderts. Zum ersten Mal sieht man an einem französischen Fürstenhof Hugenotten und Katholiken in Frieden und Eintracht zusammenleben.

Margarethe hat die schönen Möbel, Wandteppiche und silbernes Tafelgerät aus dem Schloß Pau herbeischaffen lassen, stellt antike Statuen in Buchsbaumhecken auf und läßt die Quellen im Park fassen. Verschlungene Wege führen unter schattigen Bäumen und vom Plätschern der Brunnen begleitet bis zur Baïse hinab. Am Ufer des Flüßchens lädt eine dreitausend Schritt lange Allee, die von den dunklen Säulen der Zypressen und wohlduftenden, rosafarbenen Oleanderbüschen gesäumt ist, zum Flanieren ein. Noch heute zeugen Marksteine von der Existenz dieser fürstlichen Promenade, die auf Margarethes Anregung und nach ihren Entwürfen entstand. Es gibt auch Rasenplätze für das Ballspiel, Uferpavillons zum Angeln, und wenn es heiß ist, begibt sich der Hof zum Badehäuschen an der Baïse, erbaut sich an der Schildkrötenzucht oder bestaunt das Wildgehege mit exotischen Tieren. Der Rest des Tages vergeht mit »ganz ehrenwerten Lustbarkeiten«, erzählt sie weiter. Glaub es, wer mag.

»Unser Hof kann es in Annehmlichkeiten und Zerstreuung durchaus mit dem Hof des Königs von Frankreich aufnehmen«, schreibt sie und findet die Herren und Edelleute im Gefolge ihres Gemahls mindestens »ebenso galant und ritterlich wie jene, die ich in Paris gekannt habe. Es gibt an ihnen nichts auszusetzen, außer, daß sie Hugenotten sind!« Jedes Streitgespräch über dieses heikle Thema wird vermieden. Man spielt lieber Theater, und die Königin von Navarra studiert mit einem Chor junger Mädchen der Stadt Ronsards Liebeslieder ein, die des Abends am Flußufer mit Margarethes kleinem Orchester zur Aufführung gelangen.

Ihre strahlende Schönheit und Lebenslust verdreht auch in Nérac so manchem jungen Ritter den Kopf, wofür sich Heinrich mit etlichen Seitensprüngen schadlos hält. Hatten sie nicht einen Pakt »gegenseitiger Untreue« geschlossen?

In ihrem Schlafgemach, das im Schein von tausend Kerzen schimmert, pflegt Margarethe auf Bettüchern aus schwarzem Taft zu ruhen, der den Perlmuttschimmer ihrer Haut in verführerischer Weise zur Wirkung bringt. So mag sie Clermont d'Amboise empfangen haben, der sie oft noch auf der Schwelle ihres Gemachs eng umschlungen hielt und heiß küßte, während Heinrich mit seinen Freunden würfelnd wartete. Aber Clermont d'Amboise ist nicht der einzige, der die Gunst des freien Zutritts bei ihr genießt. Andere erfreuen sich derselben Huld. So zum Beispiel Heinrich de la Tour d'Auvergne, den man den »schönen Turenne« nennt, und der sich bald von dieser Leidenschaft befreit, weil »sie ihm Leib und Seele bedroht«. Margarethe macht sich aus diesem Verlust nicht allzu viel, denn der kühne Krieger scheint ein recht kümmerlicher Liebhaber gewesen zu sein. »Er erinnert mich«, schreibt sie, »an eine Wolke, die vorüberzieht, ohne Schatten zu werfen...« Sein Nachfolger dagegen, Jacques von Harlay de Champvallon, Oberstallmeister von »Monsieur«,[1] entfacht in ihr die wahre Passion, eine Liebe auf den ersten Blick, »die ihre Seele wie mit Sonnenstrahlen belebt«. Sie nennt ihn »ihr Alles« und »ihr schönes Herz«, und als er die Guyenne verlassen muß, kommt ihr das Dasein vor, als sei es »in eine steinige Wüstenei verwandelt«.

Seit La Dayelle mit der Königinmutter nach Paris reiste, hält Heinrich unter Margarethes Hofdamen Ausschau nach neuen Eroberungen. Unzählig sind die Geliebten, die man ihm in Memoiren und Anekdoten nachsagt. La Dayelle wird durch ein Fräulein von Montagu und diese durch eine Madame d'Allous ersetzt. Katharina von Luc, Tochter eins Arztes aus Agen, verweigert aus Liebeskummer jede Nahrung – und verhungert –, als er sie nach kurzer Liaison verläßt. Eine andere, Anne von Bambefort, stürzt sich aus dem Fenster. Trotz dieser traurigen Episoden hat es den Anschein, als ob es die Frauen und jungen Mädchen in Nérac als entehrend empfanden, wenn sich der Blick ihres leichtlebigen Schloßherrn nicht wenigstens ein einziges Mal auf sie gesenkt hatte.

Dabei gibt Heinrich selbst zu, daß es seiner Frau schwerfiel, »ihn zu liebkosen, wenn er verstaubt und verschwitzt von der Jagd heimkam, und sie ließ die Laken wechseln, in denen sie erst eine Viertelstunde gelegen hatten«. D'Aubigné behauptet sogar, daß Heinrich von Läusen überzogen war... Glücklicherweise bleibt Margarethes gepflegter Stil, ihr Geschmack und ihre ausgesuchte Eleganz auf die Dauer doch nicht ganz ohne Wirkung auf ihren Gemahl. Er gewöhnt es sich an, abends seine zerschlissenen Jagdkleider und groben Hemden abzulegen und dafür in ein kostbares Wams aus schwarzweißer Seide, in farbige Beinkleider und Strümpfe aus holländischem Leinen zu schlüpfen. Manchmal soll er sogar Seiden-

Das Schloß Nérac, Residenz des Hauses Albret

strümpfe getragen haben. Das Inventar seiner Garderobe erwähnt außerdem »Reitermäntel aus scharlachrotem Samt mit güldenen und silbernen Borten und Posamenten sowie betreßte Umhänge aus spanischem Tuch«. Mehr noch – es soll vorgekommen sein, daß er sich gewaschen hat. Jedenfalls finden sich in den Haushaltsbüchern von Nérac Eintragungen über – welch Wunder – den Kauf eines Schwammes, um des Königs Kopf zu waschen, über Duftessenzen und über Gold, um seine vermutlich stark von Karies verdorbenen Zähne zu vergolden.

Die Rechnungsbücher zeugen aber auch von Heinrichs Großzügigkeit seiner Gemahlin gegenüber. Er überhäuft sie mit Schmuck, schenkt ihr Stoffe für ihre Gewänder, von denen sie nie genug haben kann, und parfümierte Handschuhe, die eine besondere Raffinesse der Zeit darstellen, besonders, wenn das Parfüm Gift enthält, was in diesem Falle sichtlich nicht zutraf.

Aber Margarethe ist nicht nur an äußerem Luxus interessiert. Sie gilt nicht zu Unrecht als sehr beschlagene Kennerin der humanistischen und platonischen Lehren. Bilden nicht die Schriften des Philosophen ihre Lieblingslektüre? Jedenfalls pflegt sie lange Gespräche darüber mit Montaigne, der aus dem benachbarten Périgord stammt, und dessen »Gedanken und Meinungen« über seine Zeit Aufsehen erregen.[2] Heinrich hat ihn an seinen Hof gezogen und zum Ritter der königlichen Kammer ernannt. Der Königin von Navarra ist es zu verdanken, daß in Nérac »die Geister entrostet wurden, während die Waffen verrosteten«. In ihren Augen besaß ein Kavalier ohne Liebe auch keine Seele, und sie hat, bemerkt Agrippa d'Aubigné ironisch, »diese Maxime auch allen vorgelebt.«...

Es herrscht in Nérac eine eigene, extravagante Atmosphäre, der sich keiner entziehen kann, und für welche die lockere Art des Königs tonangebend ist. »An diesem Hof«, erzählt ein Chronist, »hatten die Herren es sich angewöhnt, bei Tisch herzhafter nach dem Allerwertesten der Damen als in die

Schüsseln zu greifen, obwohl die Speisen sehr schmackhaft zubereitet waren.«

Eine von Heinrichs berühmtesten Eroberungen jener Zeit, die – vielleicht – zum ersten Mal sein Herz etwas höher schlagen ließ, war die junge Françoise von Montmorency-Fosseux, »La Fosseuse« genannt. Sie war so jung, daß er, der doch selbst erst fünfundzwanzig Lenze zählte, sie mit »meine Tochter« anredete, was den »Übergang von den unschuldigen Spielen zu den schuldigen erleichtert haben mochte« (Raymond Ritter). Sie war ein Schleckermäulchen, und der König begann ihr den Hof zu machen, indem er sie mit Konfitüren aus Genua und Safranbirnen aus Tour verwöhnte. Die ganze Affäre soll von Margarethe selbst eingefädelt worden sein, die die kleine »Fosseuse« während eines Aufenthalts in Montauban in seine Arme legte, weil sie sie kindlich und unschuldig fand. Das hat sich jedoch mit ihrem neuen Status als königliche Mätresse rasch geändert, und Margarethe revidiert ihre Meinung: »Sie ist arrogant und taugt fast nicht mehr zu meinem Dienst. Zu allem Unglück hat sie sich so um die Gunst des Königs, meines Gemahls, bemüht, daß sie nun schwanger ist.« Eines Nachts im Jahre 1581 weckt Heinrich seine Frau, er befindet sich in höchster Erregung:

»Meine Freundin«, stößt er hervor, »seid so gut und steht der Fosseuse bei, die in den Wehen liegt... Ihr wißt, wie sehr ich sie liebe! Seid so gut und helft mir!«

»Ich achte Euch zu sehr, um über etwas gekränkt zu sein, das von Euch kommt«, antwortet Margarethe gutmütig, aber in einem Ton, der ein wenig ironisch klingt, wirft sich einen Morgenmantel um und eilt in das Gemach der Gebärenden.

»Gott hat gewollt, daß das Kind, ein Mädchen, tot geboren wurde«, schließt sie wenig später den Bericht über dieses Ereignis ab, der über ihre eigenen Gefühle nichts aussagt.

Diese Geburt eines ersten, wenn auch totgeborenen, königlichen Bastards eröffnete eine lange Reihe von »Kindern der Liebe«. Aber gerade diese Fülle außerehelicher Nachkommenschaft, seine Schwächen, Liebschaften und Abenteuer, die Überschwenglichkeit und Lebhaftigkeit seines Geistes, seine temperamentvolle, blumenreiche Sprache, seine sprudelnde, volkstümliche Lebenslust haben aus dem »bon Roy Henri« die legendäre Gestalt des beliebtesten Königs in der Geschichte Frankreichs gemacht.

Das Bild wäre jedoch unvollständig, wenn nicht seine Schattenseiten aufgezeichnet würden. So kann der zukünftige »Vert Galant« auch recht grausame und gefühllose Seiten aufziehen, sobald seine Leidenschaft für eine Frau abkühlt. Er kann egoistisch und knauserig sein, außer seinen Mätressen gegenüber, die er mit Gold und Juwelen überhäuft, was er meist hinterher bereut, und was mehr als einmal das empfindliche Gleichgewicht des Staatsbudgets ins Wanken bringt. Auch haben ihn die vielen Jahre, in denen er seine wahren Gefühle und Gedanken verbergen mußte und wohl nur dank seiner Schlauheit und Verstellungskunst am Leben blieb, zu einem Meister der Lüge und Spitzfindigkeit gemacht. Mit erstaunenswerter Leichtigkeit bringt er es fertig, sich seiner Pflichten und Ämter zu entziehen, sobald ihn das Feuer der Liebe packt und seine Gedanken beherrscht.

Sein Lebenswandel fordert zwangsläufig die puritanischen Moralisten heraus, und sein Freund und persönlicher Ratgeber, Duplessis-Mornay, ein verständnisvoller, aufrichtiger Mann, muß ihn eines Tages warnen:

»Sire, es ist an der Zeit, den Liebesspielen, mit denen ihr Euch verzettelt, ein Ende zu setzen und Eure Liebe der Christenheit und dem Schicksal Frankreichs zu widmen!«

Heinrich bemüht sich, wenn auch nicht immer mit vollem Erfolg, den Richtlinien seines weisen Ratgebers zu folgen. Nach den Vorstellungen von Duplessis-Mornay soll sein Tagesplan folgendermaßen aussehen: Um acht Uhr früh soll er angekleidet sein und mit seinem Hofgeistlichen die Morgenandacht verrichten, bevor er sich zur Ratssitzung begibt. Die Mittagstafel kann zwischen zehn und elf Uhr morgens, die Abendtafel zwischen sechs und sieben Uhr abgehalten werden. Dazwischen bleibt ihm Zeit, das zu tun, was ihm gefällt, bis auf eine Stunde, die er noch den Geschäften widmen soll. Während der Abendtafel sollten erbauliche Gespräche im Beisein der Räte geführt werden. Danach mag sich der König nach seinem Belieben vergnügen und zerstreuen, bis ihn um neun Uhr ein Geistlicher zum Nachtgebet in seinem Schlafgemach erwarte... »Wenn er mit diesem guten Beispiel vorangehe«, meint Duplessis-Mornay, »so werde ihm der ganze Hof folgen!«

Trotz der ehrlichen Bemühungen für einen Gott wohlgefälligen Lebenswandel, gelangen Klatschgeschichten über Intrigen und Amouren am Hof in Nérac zu den Ohren Heinrichs III. Die arroganten Höflinge und eitlen Mignons höhnen über die Zustände, die in dem Zwergstaat herrschen. Man entrüstet sich über die Schwester des Königs, die sich nicht schämt, mit den Ketzern zu tanzen und philosophische Gespräche zu führen... Berichte darüber wandern den Weg zurück nach Nérac. Margarethe fühlt sich in ihrer Ehre verletzt und außerdem: hat man sie nicht um einen Teil ihrer Mitgift geprellt? Weder die dreihunderttausend Livres noch die Stadt Cahors, die zu ihren Apanagen gehört, sind ausgeliefert. Die Atmosphäre zwischen Nérac und Paris wird zusehends gespannter. Männer, Liebhaber und Favoriten steigern sich gegenseitig – von eifersüchtigen Damen aufgehetzt – in eine wahre Kriegspsychose. Und so entsteht aus verletzter Eitelkeit, aus Wortgefechten, Drohbriefen und Spottgedichten ein neuer Konflikt, den man »la guerre des amoureux«, den »Krieg der Liebhaber« nennen wird.

Die Kampfeshandlungen beginnen in der Guyenne, wo sich die Unverträglichkeit zwischen Heinrich, dem Gouverneur der Provinz, und seinem Generalleutnant, dem katholischen Armand von Gontaut, Baron von Biron, täglich zuspitzt. Eigentlich wären sie dazu geschaffen, sich zu verständigen, was später auch geschehen wird. Vorläufig aber ist eine Versöhnung der beiden ähnlichen Charaktere – beide kapriziös, beide draufgängerisch – unmöglich. Eines Tages besetzen die katholischen Truppen unter Biron das protestantische Figeac. Die Überraschung ist so vollständig, daß kaum jemand an Verteidigung denkt.

Navarra nimmt seine Frau als Zeugin: Der Friede von Nérac ist gebrochen. »König Heinrich III. versichert, daß er den Frieden wünscht? Ich würde es ihm gerne glauben, aber die Machenschaften seines Rats und seins Feldherrn reden eine andere Sprache. Er hat sich nur verstellt und will unseren Untergang... Der Feind ist bereits zu Pferd, die Städte rufen zu den Waffen, nur wir, die Protestanten, sind unvorbereitet...« Jedenfalls behauptet das unser Béarner.

Noch im Oktober 1579 richtet Heinrich an Franz von Montesquiou, Baron von Faget und Auriac, eine Botschaft: »Faget, ich breche mit meiner Armee auf, um, mit den Truppen des Herrn von Montmorency vereint, Brugairolles zu Hilfe zu eilen. Ich bitte Dich, halte Dich bereit, daß Du nur noch den Fuß in den Steigbügel zu setzen brauchst, wenn ich eintreffe. Raus aus den Federn und mit uns!...

P.S. Im Vorbeikommen werde ich von Deinem Wein probieren.«

Und so kommt der Stein ins Rollen.

Heinrich ist entschlossen, auf den Friedensbruch mit Krieg zu antworten und sich eigenhändig zu holen, was man ihm verweigert, je schneller, desto besser. Dabei ist es ihm nicht unlieb, Condé, der sich noch immer als Führer der Hugenotten hinstellt, zu beweisen, was er ohne ihn mit der Waffe in der Hand fertigbringt. Die Katholiken haben ihm Figeac genommen, er wird Cahors erobern.

Im Frühjahr 1580 versammelt er seine Freunde und Anhänger mit einem kleinen Heer von Arkebusieren und Hellebardieren um sich – im sechzehnten Jahrhundert bedurfte es nicht immer großer Heere, um einen Krieg zu führen, bei dem es oft nur um den Besitz eines einzigen Platzes ging. Dann, während einer stürmischen Mainacht, unter dem Grollen eines Gewitters, überrumpelt er die schlafende Stadt, die von einem mächtigen Befestigungswerk umgürtet ist. Noch heute zeigt die Valentré-Brücke, die ehedem durch eine Poterne, zwei Bastionen und eine eisenbewehrte Fallbrücke geschützt war, von dem Ausmaß der Anlagen. Hinter den Bollwerken der Stadt lauert aber auch eine Garnison von zweitausendfünfhundert schwerbewaffneten Streitern, die ihrer seltsamen Helmform wegen »les salades«, die »Salatköpfe«, genannt werden und die sich nicht so schnell geschlagen geben. Trotz des Überraschungsangriffs sind fünf Tage heißer Kämpfe notwendig, um in den Besitz von Cahors zu gelangen. Während die Sturmglocken läuten, Befehle hallen, Büchsenschüsse krachen, Balken bersten, kämpft sich der König, Seite an Seite mit den Seinen, ein von wütenden Hieben schartiges Schwert in der Faust, von Bastion zu Bastion, von Barrikade zu Barrikade. Wie der spätere Sully, Baron von Rosny, berichtet, »war sein Gesicht von Pulver und Blut verschmiert, er aß und trank, wie es der Zufall gestattete und schlief stehend, an eine Hauswand gelehnt, im stärksten Getöse...«

Am 1. Juni 1580 endlich schweigen die Waffen, die Stadt hat sich ergeben. Ein von Erschöpfung gezeichneter Heinrich, dessen Füße »ganz zerschunden und blutig sind«, kritzelt eine rührende Botschaft an Madame von Batz, die Frau eines seiner Kampfgefährten: »Obwohl ich über und über mit Blut und Staub bedeckt bin, drängt es mich, Euch, bevor ich meine Kleider ausziehe, kundzutun, daß Euer Gemahl wohlauf ist. Capitaine Navailles, den ich Euch mit dieser Nachricht schicke, wird Euch berichten, daß wir den Angebern von Cahors eine gute Lehre erteilt haben. Euer Gemahl ist nicht weiter als eine Hellebardenlänge von meiner Seite gewichen...

Euer ehrfürchtiger Diener: Heinrich«

Durch diesen glänzenden Sieg ermutigt, setzt Navarra seinen Kleinkrieg gegen Biron fort, der ihn mit seinem Heer in der Gegend von Marmande erwartet. Aber schon die ersten

Scharmützel machen die Übermacht des Marschalls deutlich. Heinrich sieht ein, daß sein größerer Vorteil zunächst im Verhandeln liegt.

Am Samstag, dem 26. November 1580, wird in Périgord der Friede von Fleix unterzeichnet, der für die Hugenotten nicht ungünstig ausfällt. Marschall Biron wird durch Matignon ersetzt... Heinrich atmet auf, zunächst ist er seinen persönlichen Feind los. Die Garantie der im Edikt von Nérac zugestandenen vierzehn Sicherheitsplätze ist bestätigt und auf sechs Jahre verlängert. Einziger Schatten: er muß Cahors dem König von Frankreich »gehorsamst« wieder ausliefern.

Katharina und Heinrich III. hatten das Waffengeklirr im Süden mit Unwillen zur Kenntnis genommen und stehen Navarras Erklärung, er habe mit der Einnahme Cahors doch nur der Gerechtigkeit im Namen des Königs zum Sieg verholfen, etwas skeptisch gegenüber... Doch andere Sorgen lenken ihre Aufmerksamkeit auf sich. Der Heiratsplan zwischen dem Bruder des Königs und der mächtigen Elisabeth von England ist nach jahrelangem, fast lächerlichem Hin und Her endgültig gescheitert. Sie speist ihren Freier recht kläglich mit Geld und ein paar Schiffen zur Unterstützung seiner neuen flandrischen Pläne ab. Von der spanienfeindlichen Bevölkerung begeistert begrüßt, zieht er in Antwerpen ein und ernennt sich alsbald zum Herzog von Brabant, später auch zum Grafen von Flandern. Durch seine Maßlosigkeit aber und durch seinen Verrat an Oranien endet auch dieses Unternehmen mit einem Fiasko. Heinrich III. rührt keinen Finger. Selbst wenn er es wollte, könnte er es kaum, denn er ist durch die Intrigen der Guise und ihrer Liga an seinem eigenen Hof völlig isoliert. Seine einzige Hoffnung liegt in der Rückkehr seiner Schwester und seines Schwagers. Aber die Geheimboten, die er nach Nérac schickt, pochen an verschlossene Türen. Der König von Navarra läßt ihm antworten, daß die Lage in der Guyenne noch zu unsicher sei, und daß sein Gouvernat seiner Anwesenheit bedürfe.

Margarethe dagegen leiht den Sirenen aus Paris ein geneigteres Ohr. Das Leben in Nérac beginnt sie zu langweilen. Außerdem hat sie nur noch den schönen Oberstallmeister Champvallon im Kopf, dem sie im Louvre oder im Schloß Fontainebleau so viel näher wäre. Anfang des Jahres 1582 reist sie ihrer Mutter zum Schloß La Mothe-Saint-Héray entgegen, das unweit von Saint-Maixent im Poitou gelegen ist. Es folgt ein reger Briefwechsel zwischen dem Königspaar, der damit abschließt, daß Heinrich am 31. März seine Zustimmung zur Rückkehr seiner Frau an den Hof von Frankreich gibt. Allein?... das heißt: der schöne Champvallon ist unter ihrem Gefolge, wie könnte es anders sein, aber auch die »kleine Fosseuse«, gewissermaßen als Lockvogel für den zurückbleibenden Gatten. Doch wenn die Königinnen glauben, daß er nach diesem Köder schnappen wird, dann irren sie sich gewaltig. Die Erinnerungen an den Louvre sind ihm ein Greuel, und alle Bemühungen, ihn in die Hauptstadt zu bewegen, schlagen fehl. Selbst als Katharina ihm versichert, daß König Heinrich ihn über alle Maßen liebe... selbst als Margarethe ihn inständig bittet!

Nach diesem Mißerfolg sucht man nach wirksameren Mitteln. Es entwickelt sich zwischen Paris und Nérac ein Federkrieg, der in Erpressungsmanövern, Drohungen und gegenseitigen Beleidigungen gipfelt. Katharina eröffnet die Kampfhandlungen. In einer theatralischen Szene verlangt sie von ihrer Tochter, ihre Ehre als Königin von Navarra reinzuwaschen, indem sie unverzüglich die »Fosseuse« aus ihrem Hofstaat entlasse. Margarethe gehorcht. Heinrich, vor die vollendete Tatsache gestellt, nimmt die Entlassung seiner Geliebten äußerst mißgelaunt zur Kenntnis und reagiert mit übertriebener Heftigkeit. Zwei Schreiben der beiden Königinnen, in welchem die Worte »Hure«, »Dienstbotenallüren«, »Kränkung« und »Schande« mehr als einmal vorkommen, machen den Weg zurück in die Guyenne. Die Geister erhitzen sich auf beiden Seiten der Loire, und neue Schmeicheleien werden ausgetauscht, Vorwürfe über Vergangenes breitgetreten...

Das Geplänkel wird durch das Eingreifen Heinrichs III. verschärft, der von Margarethe weitere Entlassungen aus ihrem Hofstaat fordert, weil die betreffenden Damen »von Grund auf verdorben und bösartig seien«. Wieder nimmt Heinrich von Navarra für die Angeklagten in bissigen Worten Stellung. »Immerhin«, fügt er hintergründig hinzu, »lebt ja auch Margarethe wie es ihr gefällt in der nächsten Umgebung Eurer Majestät, und ich täte Unrecht daran, mich über das eine mehr aufzuregen als über das andere!«

Vielleicht wäre der Streit schließlich doch im Sande verlaufen, wenn er sich nicht durch weitere Bosheiten und Dissonanzen zu einem Riesenskandal gesteigert hätte. Heinrich III., möglicherweise durch die inneren Machtkämpfe, die seinen Thron bedrohen, überreizt, verfällt plötzlich in eine seiner sporadisch wiederkehrenden moralisierenden Phasen. Margarethes Lebenswandel stört ihn, und sie ärgert ihn besonders, weil sie seine Favoriten nicht ausstehen kann, denen er Ehrenposten und Vorrechte einräumt, die ihnen – wie sie meint – nicht zustehen. Die Günstlinge rächen sich, indem sie dem König eine Litanei von wahren und unwahren Klatschgeschichten über ihre Liebschaft mit Champvallon auftischen. Er ist außer sich. Man sagt, er habe bei einem Diner öffentlich die Liste von Margarethes zahlreichen Liebhabern aufgezählt und hinzugefügt:

»Die Königin von Navarra hat sich nicht nur mit den jungen Gascognern prostituiert, sie hat sich auch noch mit den Maultiertreibern und Kesselflickern der Auvergne eingelassen!«

Sie bleibt ihm die Antwort nicht lange schuldig:

»Was beklagt sich der König über meinen Zeitvertreib? Er hat mich doch selbst in den Sattel gehoben!«

Aufs Höchste aufgebracht, macht dieser seiner Empörung in einem Schreiben an seinen Günstling, den Herzog von Joyeuse, Luft, der gerade in Italien weilt. Aber der Kurier wird auf seinem Weg umgebracht, und der Brief verschwindet. Für den König gibt es nur einen Urheber des hinterhältigen

Mordes: Margarethe. Nur sie konnte ein Interesse daran haben, zu verhüten, daß der kompromittierende Bericht in die Hände des Empfängers fiel und an die Öffentlichkeit geriet. Resultat der Tragikomödie: Während eines Balls kommt es zu einem heftigen Wortwechsel zwischen den Geschwistern. Margarethe wird vom Hof gewiesen!

Was bleibt ihr anderes übrig, als zu gehorchen? Am 8. August 1583 verläßt sie Paris. In Bourg-la-Reine kreuzt sie den Zug des Königs, der sich auf dem Weg zu den Bädern in Bourbon-Lancy befindet. Ostentativ zieht er die Ledervorhänge seiner Karosse herunter, damit jeder sehen kann, daß er seine Schwester nicht mehr grüßt! Beklagenswerter Zwischenfall. Es sollte die letzte Begegnung der beiden sein, die einst in unzertrennlicher Geschwisterliebe einander verbunden waren.

Zwischen Palaiseau und Saint-Cler wird die Königin von Navarra von Arkebusieren der Wache des Königs angehalten, die sie zwingen, ihre Maske abzunehmen und systematisch den Wagen, das Bettzeug, die mitgeführten Kästen und Körbe durchwühlen. Vergebens. Von dem Kind, das sie, wie die Lästermäuler behaupten, Champvallon geboren haben soll, und von kompromittierenden Schriften ist nichts zu finden...

Heinrich III., der seinem Schwager bereits die Rückkehr seiner Gemahlin angekündigt und ihm die Gründe der Verbannung erläutert hat, muß sich verlegen eingestehen, daß Margarethe das Opfer einer üblen Verleumdung geworden ist. Ein zweites Schreiben wandert nach Nérac, worauf Navarra seinen Freund d'Aubigné nach Paris schickt, um Genugtuung für seine Frau zu verlangen. Dieser verteidigt ihre Ehre vor Heinrich III. so vehement, daß es um ein Haar wieder zum Bruch gekommen wäre.

Als Margarethe in Jarnac eintrifft, findet sie eine Botschaft ihres Gemahls vor, der sie bittet, zunächst an Ort und Stelle ihren Wohnsitz aufzuschlagen. Noch kann er den Groll der letzten Monate nicht vergessen. Bedauernswerte, haltlose

Königin! Innerhalb kurzer Zeit hat sie sich mit ihrem Bruder und mit ihrem Gemahl überworfen und ist vom großen wie vom kleinen Königshof ausgeschlossen.

Der Groll über die vergangenen Kränkungen ist jedoch nicht der einzige Grund, weswegen Heinrich Margarethe vorläufig noch von Nérac fernhält. Es gibt noch einen schwerwiegenderen. Er heißt Corisande. Die Begegnung mit ihr hatte in eben diesem Sommer des Jahres 1583 stattgefunden, und sie sollte sein Leben für sieben Jahre in völlig neue Bahnen lenken. Vorbei scheint die Zeit der oberflächlichen Liebeleien, hier spricht zum ersten Mal sein Herz. Der ewige Spötter wandelt sich zum demütigen Liebhaber, zu ihrem »Gefangenen«, ihrem »Kriegsknecht«, den sie mit einer ihm unbekannten mütterlichen Zärtlichkeit umgibt. Corisande... eigentlich lautet ihr Name Diane d'Andouins, aber als junges Mädchen hatte sie sich plötzlich entschlossen, den Namen dieser Romanheldin zu übernehmen, und dabei blieb es.

Corisande aber trug ursprünglich nicht nur den gleichen Vornamen wie Diane de Poitier, sie war auch mit ihr verwandt. Mit sechzehn Jahren schon wurde sie dem Grafen Philibert von Gramont und Guiche angetraut, von dem sie zwei Kinder, Antonin und Katharina, hatte, und der bei der Belagerung von La Rochelle den Tod fand. Heinrich konnte sich sogar an ihre Hochzeit erinnern, denn er mußte damals als Vierzehnjähriger seine Mutter bei der Unterzeichnung des Ehevertrages vertreten. Sie ist groß, schlank und sehr intelligent, die schöne, ernste Corisande,... so ganz anders als die Frauen, die er vor ihr gekannt hatte. Zudem verfügt sie über ein beträchtliches Vermögen, das sie ihm in selbstloser Weise immer wieder zur Verfügung stellt, wenn er mit der Besoldung seiner Armee in Rückstand gerät.

Ein wenig autoritär und hochmütig ist die junge Dame schon, und leicht aufbrausend, aber das macht sie durch ihr hoheitsvolles Benehmen wett, das so makellos ist wie ihr Teint. Wenn sie trotz ihrer Tugend bereit ist, die Geliebte des Königs, ihres Königs zu werden, so vor allem deshalb, weil

*Heinrich III., König von Frankreich.
Lithographie nach einem zeitgenössischen Bildnis*

sie ihn von ganzem Herzen liebt. Außerdem ist sie seit dem Tod ihres Mannes ungebunden und spürt, daß ihr im Leben ihres »Schicksalshelden« eine bestimmende, mäßigende Rolle zugewiesen ist. Ein Zeuge stellt erstaunt fest: »Wie wunderlich, diese Frau aus bestem Hause, die unseren Prinzen in ihren Händen nach ihrem Willen formt und wendet!«

Corisande kannte als Kind den protestantischen Gottesdienst, kehrte aber bei ihrer Heirat zum katholischen Glauben zurück. Sie weiß, was Religionswechsel heißt, kennt die Zwistigkeiten und Kriege, die daraus entstehen und hat die Hintergründe der Politik längst durchschaut. Sie ist eine Frau von erlesener Kultur, eine Dame von Welt und fördert die Künste. Montaigne sagt von ihr, daß es in Frankreich wenig Frauen gibt, die sich in der Poesie so auskennen wie sie.

Unter dem Einfluß von Corisande wird aus dem kratzbürstigen Béarner ein ritterlicher Edelmann, der »seiner Dame«

auf die galanteste Weise den Hof macht. Ihre starke Persönlichkeit beeindruckt ihn. Er hat Spaß an ihren originellen Einfällen. Ihr sonntäglicher Kirchgang ist ein wahres Schauspiel: Gefolgt von ihrem Mohren, dem Zwerg Bertrand, dem englischen Pagen und einem Lakaien, der ihren Pudel an der Leine führt, steigt sie feierlich die steinernen Stufen zum Kirchenportal hinauf... Um das malerische Bild vollständig zu machen, schenkt Heinrich ihr zwei bunte Papageien!

Frühjahr 1584. Franz von Anjou ist nach seinem Versagen als selbsternannter Herzog von Brabant in den Louvre zurückgekehrt, wo die unermüdliche Mutter anläßlich des Karnevals einen letzten Versuch macht, die beiden feindlichen Brüder auszusöhnen. Eine Maskerade jagt die andere, Trinkgelage, Bälle und Mummenschanz folgen einander in atemberaubendem Rhythmus. Endlich geben sich Heinrich und Franz in den Armen Katharinas den Bruderkuß. Aber keiner der beiden läßt sich vom Schein trügen: Aschermittwoch trennen sich ihre Wege wieder, im Guten immerhin. Der König begibt sich zu Bußübungen nach Vincennes, der Herzog reist krank, vor Fieber und Schwäche schwankend, in seine Residenz von Château Thierry.

Auch in Nérac hat eine Versöhnung stattgefunden, die des zerstrittenen Ehepaares. Im April 1584 holt Heinrich seine Frau aus Jarnac zurück, und einige indiskrete Höflinge wollen wissen, daß sie lebhaft diskutierend die von Zypressen und Oleander gesäumte Allee auf und ab gegangen seien, und daß Margarethe dann mit Tränen in den Augen ins Schloß kam. Das Leben im wundersamen Nérac nimmt seinen Lauf – wie ehedem. Beglückt schreibt sie ihrem Bruder, daß sie ihren Gatten mit Freuden wiedergefunden habe – die Vorgänge vom Vorjahr scheinen vergeben und vergessen.

Im Juni 1584 trifft die Nachricht ein, daß Franz von Anjou in Château Thierry einem von einem Blutsturz begleiteten schweren Fieber erlegen sei. Katharina muß ihren dritten kinderlosen Sohn zu Grabe tragen. Obwohl sie seit Jahren an Trauer gewöhnt ist und seit dem Tode ihres Mannes nur noch schwarze Gewänder trägt, klagt sie in einem Brief an ihren Schwiegersohn: »Ihr könnt Euch denken, wie bitter mir das Leben ist, in dem alle vor mir sterben!«

Nach dem Tod des jüngsten Valois stellt sich dringlicher denn je die brennende Frage der Thronfolge. Heinrich III. ist seit neun Jahren mit der sanften Luise von Lothringen-Vaudémont verheiratet, doch weder Badekuren, noch Wallfahrten, Bittgottesdienste oder Bußübungen haben dem Königspaar die Geburt eines Erben beschert. Kein Zweifel: Heinrich von Navarra ist der künftige Herrscher Frankreichs, falls er den jetzigen König überlebt. Aber wird er als Protestant über ein katholisches Reich regieren können? Für Heinrich III. stellt sich diese Frage nicht einmal mehr. Schon etliche Wochen vor Anjous Tod erklärte er seinen Freunden eines Abends in Fontainebleau: »Von heute an erkenne ich den König von Navarra als meinen einzigen, rechtmäßigen Nachfolger an. Er stammt aus königlichem Geschlecht. Ich habe mich immer zu ihm hingezogen gefühlt und weiß, daß auch er mich liebt. Freilich ist er manchmal etwas kratzbürstig und rauh, aber der Kern ist gut. Er wird auch meinen Charakter ertragen, und wir werden uns gut verstehen.«

Ganz so glatt geht es mit dieser Nachfolge jedoch nicht. Heinrich von Navarra ist durch seine Großmutter mütterlicherseits, Margarethe von Angoulême, Schwester Franz' I., mit der Linie der Valois verbunden. Aber diese, über die weibliche Seitenlinie hergestellte Verbindung ist nicht rechtsgültig. Auch seine Ehe mit der Schwester der drei letzten französischen Könige bringt ihn, aus demselben Grund, dem Thron nicht näher.[3] Im vierzehnten Jahrhundert schon, bei der Nachfolge Philipps des Schönen, hatten die Rechtsgelehrten die Frauen durch eine verfälschte Auslegung des alten salischen Gesetzes nicht nur von der französischen Krone selbst, sondern auch von dem Recht ausgeschlossen, sie zu übertragen![4]

Väterlicherseits geht der Stammbaum Heinrichs von Navarra, wie wir gesehen haben, über Antoine de Bourbon auf Robert von Clermont, sechsten Sohn Ludwigs des Heiligen, zurück, der Stammbaum Heinrichs III. auf dessen ältesten Sohn, Philipp III. von Frankreich. Die beiden Heinriche sind also Vettern, wenn auch so weit entfernten Grades, daß die Verwandtschaft im heutigen Privatrecht für eine Erbschaft nicht anerkannt würde. Sie genügt jedoch, um Navarras Thronansprüche zu rechtfertigen. So bleibt die Frage der Religion das einzige ernste Hindernis für ihn. Vor allem von den katholischen Bourbonen, seinen nächsten Verwandten, wird ihm nahegelegt, dem protestantischen Glauben abzuschwören und zum katholischen zurückzukehren, was er mit den Worten zurückweist: »Schließlich legt man eine Religion nicht ab, wie man ein Hemd auszieht!«

Auf diese Absage hin denken manche an Karl von Bourbon, Bruder Antoines, und Heinrichs Onkel und Taufpate, als Thronfolger. Er ist zwar Kardinal, aber er könnte vom Heiligen Vater die Lösung seiner Gelübde erbitten, heiraten und Nachkommen zeugen. Wenigstens läßt sein Kardinalshut keine Zweifel an seiner Rechtgläubigkeit aufkommen... Aber der Prälat ist betagt, und wenn er kinderlos stirbt, stellt sich das Problem in ein paar Jahren erneut.

Bleiben noch die Guise als Prinzen von Geblüt, die im Hintergrund ihre Fäden spinnen und auf ihre Art das salische Gesetz zu umgehen trachten. Denn auch ihre Familie ist durch die weibliche Linie mit der der französischen Könige verbunden[5] und somit von der Erbfolge ausgeschlossen. Angesichts dieses Problems haben sie einige durchtriebene Ahnenforscher beauftragt, ihnen einen Stammbaum zurechtzuzimmern, der das Haus Guise auf die Karolinger zurückführt. Es ist also älter als das der Kapetinger. In der Frage der Thronfolge, argumentieren sie, hat das Blut Karls des Großen Vorrang vor dem eines Hugo Capet!

Heinrich III. durchschaut diese Machenschaften. Er hat seine Wahl getroffen und setzt alles daran, Navarra um der

Krone willen zum Übertritt zu bringen. Im Frühsommer 1584, schon kurz nach dem Tode Anjous, beauftragt er einen seiner Vertrauten und Günstlinge, den Herzog von Epernon, noch einen eindringlichen Vorstoß zu wagen. Navarra und Epernon treffen sich zunächst, am 25. Juni 1584, in Pamiers, dann am 29. in Escosse. Schließlich findet eine längere Zusammenkunft in Pau statt, an der eminente Vertreter beider Glaubensbekenntnisse teilnehmen.

Heinrich behandelt seinen Gast mit äußerster Zuvorkommenheit, verwöhnt ihn mit Wildbret aus den Tälern von Aspe und Ossaud, mit Reihern aus der Guyenne, mit Früchten aus Orthez, ja, er läßt sogar Gletscherschnee aus den Pyrenäen herbeiholen, um die Getränke zu kühlen, denn es ist heiß in diesem Sommer in Navarra...

Auf üppige Mahlzeiten und angenehme Zerstreuungen folgen lange, ernste Unterhandlungen. Die Gespräche ziehen sich über mehrere Wochen hin. Man sieht Heinrich häufig in seinem Arbeitszimmer oder in den Gärten des Schlosses auf und ab gehen. Manchmal allein, manchmal mit seinen Ratgebern. Die Spannung steigt, angeregte Diskussionen machen grüblerischem Schweigen Platz. Schließlich äußern alle ihre Ansicht.

»Wäre es nicht besser«, meint Roquelaure, der im Namen der Katholiken spricht, »täglich fünfhundert Messen zu hören, als einen Bürgerkrieg zu entfesseln? Wenn der König nicht mit dem Herzen Katholik sein kann, so sei er es nach außen hin, mit den Lippen.«

»Man soll doch zunächst einmal die Mörder der Bartholomäusnacht bestrafen!« gibt Mermet im Namen der Hugenotten zurück.

»Meiner Ansicht nach«, bemerkt der Kanzler Ferrier nachdenklich, »sollte der König von Navarra das bleiben, was er ist, anstatt das Risiko einzugehen, daß man ihm Unbeständigkeit und Leichtfertigkeit vorwirft, ohne sicher zu sein, ob es ihm überhaupt einen Nutzen bringt. Einmal katholisch geworden, werden ihn die einen als einen Verräter im Stich lassen, während die anderen die Aufrichtigkeit seines Schrittes anzweifeln.«

Ein weiser Rat, der voll und ganz Heinrichs eigener Überzeugung entspricht. Er ist zu intelligent, um nicht vorauszusehen, daß er durch eine plötzliche Konvertierung seine Anhänger verlieren würde und dabei nicht einmal sicher sein könnte, die Katholiken für sich zu gewinnen. Was er dem König von Frankreich bieten kann, ist nicht die Abwendung von seinem Glauben, sondern ein Bündnis und den Beistand seiner Parteigänger. Epernon kehrt mit diesem mageren Trost nach Paris zurück.

Im Frühjahr 1585 wird Margarethe von einer seltsamen Unruhe gepackt. Sie, die jahrelang die Liebschaften ihres Mannes lächelnd hingenommen und es auch geduldet hat, daß er sich großzügig ihrer Mitgift bediente, fühlt sich plötzlich in Nérac »eingeengt« und durch Heinrichs neue Liaison gekränkt. Sie bildet sich sogar ein, daß Corisande ihr nach dem Leben trachtet. Das ist neu. Was mag dahinterstecken? Am 15. Mai 1585 verläßt sie Nérac und siedelt mit ihrem kleinen Gefolge in das nahegelegene, katholische Agen über, das zu ihren Lehensgütern gehört. Doch bald nach dem ehrerbietigen Empfang durch die Stadtältesten, beginnt ihr Verhalten Befremden hervorzurufen, das wenig später in Empörung umschlägt. Es spricht sich herum, daß sie sich insgeheim der Liga angeschlossen hat. Mit spanischem Geld, das ihr der Herzog von Guise beschaffte, hebt sie ohne die Zustimmung des Königs, ihres Lehensherrn, Truppen aus, läßt zwölfhundert bewaffnete Reiter in die Stadt kommen, häuft Munition an... Kein Zweifel, sie plant, ihrem Bruder und ihrem Gatten gleichzeitig den Kampf anzusagen und die Tore von Agen der Liga zu öffnen! Margarethe im Lager ihres ehemaligen Geliebten? Eine unerhörte Herausforderung!

Mit wachsender Besorgnis beobachten Mutter und Bruder in Paris die beunruhigende Entwicklung im Süden. Eilends beordert Heinrich III. Matignon mit seinen Truppen nach

Agen, um die rebellische Amazone daran zu hindern, auch noch die Städte Toneins und Villeneuve-d'Agen für die Liga zu besetzen, wobei ihm ein glücklicher Umstand zu Hilfe kommt. Margarethe hat sich mit ihrem hochfahrenden Wesen, mit Beschlagnahmungen und maßlosen Steuererhebungen derartig unbeliebt gemacht, daß sie am 25. September 1585, nur wenige Monate nach ihrem Einzug, von der meuternden Stadtbevölkerung vertrieben wird. Mit ihrem neuen Geliebten, dem jungen, brutalen Stallmeister Aubiac, jagt sie zu Pferde in wilder Flucht davon, gefolgt von den letzten Getreuen und einigen Ehrendamen, die in der Eile ohne Masken und nur halb bekleidet davoneilen. »Man hätte sie eher für Zigeunerinnen gehalten, als für die Hofdamen einer Königin!« bemerkt lakonisch ein Augenzeuge des merkwürdigen Ereignisses.

Marschall Matignon hat Agen wieder für Heinrich III. in Besitz genommen und die Gemüter beruhigt. Mit ritterlicher Geste schickt er der Tochter Frankreichs sechsundzwanzig Packesel, mit ihren Möbeln, Kleidern und Habseligkeiten beladen, nach. Aber wohin?

Auf Irrwegen rettet sie sich mit ihrem schönen Stallmeister auf Schloß Ibois in der Auvergne, wo sie die königlichen Truppen unter Führung des Marquis von Canillac im Oktober aufstöbern und verhaften. Aubiac wird wegen Mordes zum Tode verurteilt und gehängt. Bis zum letzten Augenblick preßt er den kleinen blauen Seidenmuff seiner Geliebten ans Herz...

Margarethe aber bleibt die Gefangene ihres Bruders. Achtzehn Jahre verbringt sie in der düsteren Festung von Usson, die von mächtigen Wällen umgeben und von vier Bollwerken geschützt ist. Man sagte von ihr, daß nur die Sonnenstrahlen Einlaß in ihre Mauern fanden, und doch... die Kunde von Margarethes zahlreichen Liebesabenteuern dort, von Stunden heiterer Muse und höfischer Spiele beweist, daß Frauen fähig und in der Lage sind, über Festungsmauern hinweg zu triumphieren.

Die Rebellion seiner Schwester mochte Heinrich III. besiegt haben, den Herzog von Guise jedoch noch lange nicht. Im Gegenteil.

Der Einfluß der von ihm gegründeten Liga wächst ununterbrochen durch neuen Zulauf aus allen Schichten der Bevölkerung, entwickelt sich zu einer zweiten Macht im Staat. Heinrich von Guise hat alles, was Heinrich III. fehlt: Schönheit, Kraft, Selbstsicherheit, Redegewandtheit. Wie leicht gelingt es ihm – und dem Gold von Spanien – das Volk von Paris zu Begeisterungsstürmen hinzureißen. Für die Lothringer gibt es nur ein Ziel: ein rein katholisches Frankreich, von dessen Boden jede Spur der Hugenotten verschwinden muß. Ihnen gegenüber ist der König machtlos. Von allen Seiten bedrängt, vereinsamt, täglich neuen Sticheleien ausgesetzt, sieht er am Ende keinen anderen Ausweg, als in Nemours, am 7. Juli 1585 einen Vertrag zu unterzeichnen, in welchem er sich offiziell zum Mitstreiter der Liga erklärt und als solcher in Zukunft auf jeden Vermittlungsversuch zwischen Katholiken und Hugenotten verzichtet. Wenn ihm seine Krone lieb ist, muß er außerdem verordnen, »daß künftighin auf dem ganzen Territorium kein anderer Gottesdienst geduldet wird als der katholische, und daß die Protestanten innerhalb von sechs Monaten des Landes verwiesen werden, sofern sie bis dahin nicht ihrem Glauben abgeschworen haben.« Das bedeutet Bruch mit den Vereinbarungen von Nérac, es bedeutet Krieg, immer wieder Krieg. Diesen wird man den »Krieg der drei Heinriche« nennen.[6]

Armer König. Seiner innersten Überzeugung zum Trotz ist er gezwungen, sich an die Spitze der katholischen Armee zu stellen und den Reformierten die Sicherheitsplätze abzunehmen, die er ihnen vor fünf Jahren zugestanden hatte!

»Der Gedanke an diesen Krieg«, gesteht einige Jahre später Navarra dem Herzog de La Force, »die Vorahnung der Schrecken, die er über das Land verbreiten wird, haben mich so erregt, daß mein Schnurrbart über Nacht zur Hälfte weiß wurde.«

Diese Erregung kommt auch in seinem Brief vom 21. Juli 1585 an Heinrich III. zum Ausdruck: »Was ist meine Belohnung für Treue und Gehorsam? Daß die Feinde Eurer Majestät, die laut und deutlich erklären, daß sie meinen Untergang wollen, gegen mich ins Feld ziehen!« Noch zwinge er sich angesichts des Unrechts, das sie beginnen, und aus Respekt vor der königlichen Autorität, Ruhe zu bewahren...

Das Schreiben bleibt ohne Wirkung, denn Heinrich III. hat zu diesem Zeitpunkt fast seine ganze Handlungsfreiheit eingebüßt. Er kann auch nicht umhin, am 9. September die Bulle von Papst Sixtus V. zu veröffentlichen, die den König von Navarra und den Prinzen von Condé exkommuniziert und als Häretiker mitsamt ihren Nachkommen des Thronanspruchs für verlustig erklärt. Navarra ist des weiteren für schuldig befunden, spricht das Oberhaupt der Christenheit, »unbeständig und schwankend vergangene Schwüre widerrufen« und, schlimmer, »die Arme der Aufrührer und Ketzer bewaffnet und blutige Kriege geführt zu haben, die Stadt und Land verwüsteten und die Rechtgläubigen dahinschlachteten«.

Der Betroffene läßt sich nicht entmutigen. Am 11. Oktober 1586 richtet er ein langes Schreiben an die »Herren der Theologischen Fakultät der Sorbonne«, mit welchem er sie bittet, vor ein unabhängiges und rechtmäßiges Konzil geladen zu werden, welches über alle Fragen und Kontroversen der Religion nach Recht und Gewissen debattiere und entscheide, und dessen Entscheidung er demütigst hinnehme... »Was die Behauptung anbetrifft, ich sei ein Ketzer, so liegt es an Euch, edle Herren, jene zu belehren, daß es einen großen Unterschied gibt zwischen Irrtum und Häresie, und daß diejenigen, die irren, längst nicht alle Häretiker sind. Heißt es nicht, der Sache einen bösen Dienst leisten«, fügt er hinzu, »wenn die Bekehrung mit Verkehrung und Aufruhr begonnen, die Belehrung durch Verheerung, Krieg und Ausrottung ersetzt wird, anstatt brüderliche Milde und Mahnung anzuwenden?«

Am 6. November 1586 werden in Rom Flugblätter angeschlagen, die Heinrichs Antwort auf die päpstliche Bulle darstellen. Ihr Text lautet: »Wir, unumschränkter König von Béarn, erster Prinz von Geblüt und Pair von Frankreich,... erklären und erhärten, daß sich Sixtus, der sich Papst der Christenheit nennt, schwerer Lüge schuldig gemacht hat, und daß er selbst ein Häretiker ist, indem er wissentlich Geistliches und Weltliches verwechselt.«

Am 1. Januar 1586 wendet sich Navarra, der sich in der Zukunft eine einigende Rolle spielen sieht, in einem Schreiben an die französische Geistlichkeit, in welchem seine Friedensphilosophie zum Ausdruck kommt: »Es will mir scheinen, daß der Krieg, den Ihr mit solchem Eifer führt, eines wahren Christen und vor allem derer unwürdig ist, die sich die Verteidiger des Evangeliums nennen, und daß es einen solchen Krieg zwischen Christen überhaupt nicht geben sollte. Wenn Euch jedoch dieser Krieg so wohlgefällig ist, wenn Ihr den blutigen Kampf der friedlichen Diskussion, die zerstörerische Konspiration dem beratenden Konzil vorzieht, dann komme das vergossene Blut über Euch, aber nicht über mich.«

Die Liga dagegen hegt keinerlei Friedenswünsche. An Eintracht und friedlichem Zusammenleben liegt ihr nichts, Toleranz ist in ihren Reihen ein Fremdwort! Vor allem aber: Ein Ketzer auf dem Thron von Frankreich – niemals!

Zeitalter der Wirren und der Finsternis! Im sechzehnten Jahrhundert wird in Frankreich Toleranz mit Schwäche, wenn nicht gar mit Feigheit gleichgesetzt. Man zieht es vor, die Konflikte durch erzwungene Bekehrung zu beenden, statt sie durch Versöhnung zu verhindern. Man sucht Bündnisse mit den äußeren Feinden Frankreichs, um den angeblichen Feind im Innern, den andersgläubigen Mitbürger, zu vernichten!

6

Der Teufel ist los

*»... Wenn die Hugenotten solche Mienen
aufsetzen und ihre Psalmen singen,
dann ist nicht gut Kirschen mit ihnen zu essen ...«*

Nach außen hin spielt Heinrich III., was bleibt ihm schon anderes übrig, das Spiel der Liga, an die er vertraglich gekettet ist, und die er durch die ihm zufallende Führerrolle legitimiert. Im Geheimen aber ist er mehr denn je entschlossen, sich mit dem zu verständigen, der in seinen Augen allein würdig ist, seine Nachfolge anzutreten. Eine verzweifelte Lage zwischen Wunsch und Wirklichkeit.

Im Namen der Liga muß er Krieg gegen die Hugenotten führen. Im Namen der Liga muß er mehr und mehr Waffen schmieden lassen. Täglich speien die Gießereien Mengen von Pistolen aus, die allerdings so wenig Durchschlagskraft und Zielsicherheit besitzen, daß man am besten erst damit schießt, wenn das »Weiße im Auge des Feindes sichtbar wird«. Fällt der Gegner darauf nicht vom Pferd, dann heißt es, auf ihn zuzupreschen, ihn mit dem Schwert in Stücke hauen und aufspießen!

Das Gewicht der Kampfhandlungen liegt im Südwesten des Königreiches, wo der Herzog von Mayenne, von Spanien aktiv unterstützt, eine Armee von zwanzigtausend Mann versammelt hat. Gegen diese Übermacht kann Heinrich von

Navarra in offener Schlacht nichts ausrichten, aber an der Spitze einer Handvoll Waffengefährten unternimmt er mit dem ihm eigenen Ungestüm zahlreiche kleine, örtlich geführte Attacken gegen den Feind. Man erkennt ihn von weitem. Sein weißer Federbusch flattert im Winde, er galoppiert durch die Weinberge und stürzt mit Wut und Todesverachtung in den Kampf. Einmal wird ihm der Steigbügel mitsamt der Stiefelsohle durch einen Musketenschuß unter dem Fuß weggefegt, und Agrippa d'Aubigné stellt beunruhigt fest, daß »Navarra im Kriegsgetümmel vergißt, daß er der Erbe der Krone ist«.

Langsam und mühevoll kämpft er sich mit den Seinen bis nach Nérac durch. »Sie haben mich wie ein wildes Tier umringt und geglaubt, daß sie mich im Netz schnappen können«, erzählt er. »Aber ich habe sie einfach über den Haufen gerannt!«

Als er im März 1586 von einem Teil der feindlichen Armee in seinem Schloß in Nérac umzingelt ist, läßt er sich eine originelle Kriegslist einfallen, um der drohenden Gefangennahme zu entkommen. Der Haupthof des Schlosses liegt höher als die Wälle und Gräben und kann vom Belagerer eingesehen werden. Als erstes schleust er die Pferde, vom Feind unbemerkt, durch die beiden Türme in den Vorhof hinunter. Dann begibt er sich, während die Pferde im Schutz der Mauern gesattelt werden, im Schein der Fackeln auf die Befestigungswerke, was sofort ein heftiges Feuer der feindlichen Hakenbüchsen hervorruft. Das war genau das, was er wollte. Zur Antwort läßt er die verfügbaren Bombarden donnern, was sie hergeben, und benützt die entstandene Verwirrung, um zu verschwinden, sich in den Sattel zu schwingen und mit zwanzig ihm ergebenen Edelleuten durch ein Seitentor das Weite zu suchen. Als der Kommandant der Belagerungsarmee den König von Navarra zur Übergabe auffordert, ist dieser längst über alle Berge.

Im April 1586 hält er sich einige Zeit im protestantischen Bergerac auf und zieht von dort weiter nach La Rochelle. Hier erreicht ihn die Nachricht, daß sich Marschall Biron mit seinem Heer auf die Belagerung von Marans vorbereitet, das den Schlüssel zum Hinterland der uneinnehmbaren Hugenottenstadt, dem fruchtbaren poitevinischen Sumpfland bildet.

Über seinen Inspektionsritt in den bedrohten Landstrich ist ein ebenso charmanter wie anschaulicher Bericht an Corisande erhalten: »Gestern abend bin ich von Marans zurückgekommen, dessen Befestigungen und Verteidigungsmöglichkeiten ich besichtige. Ah, ich wünschte, Ihr wäret dabeigewesen! Wahrhaftig, das ist ein Ort, wie ich noch keinen sah und der Euch gefallen würde. Marans ist eine Insel, von üppig bewachsenen Sümpfen und Brüchen umgeben, durch die sich ein wahres Labyrinth von Kanälen in allen Längen und Breiten zieht. Sie dienen dem Transport von Holz und allen möglichen anderen Gütern. Inmitten der Sümpfe sind Tausende von Gärten angelegt, die man nur auf dem Wasserweg erreichen kann, denn Straßen gibt es nicht. Die Insel von Marans hat einen Umfang von zwei Meilen. Ein Flüßchen, das eher ein Kanal ist, fließt unterhalb des Schlosses und quer durch das Städtchen, das ungefähr so groß ist wie Pau. Wenige Häuser, an deren Tür nicht ein kleines Boot angekettet liegt. Das Flüßchen teilt sich in zwei Arme, die nicht nur größere Boote, sondern Schiffe bis zu fünfzig Tonnen bis ins Herz der Stadt tragen, denn es sind nur zwei Meilen bis zum Meer. Landeinwärts ist der Fluß bis zum zwölf Meilen entfernten Niort für größere Fahrzeuge schiffbar. Weitum auf den Inseln im Sumpfgebiet liegen Bauernhöfe und Mühlen verstreut. Überall ist der Gesang der Vögel zu hören, von denen es eine Unmenge gibt, sogar Meeresvögel aller Art nisten hier. Ich schicke Euch einige Federn von ihnen. Aber das Unglaublichste ist der Reichtum an Fischen, die sehr groß werden und wenig kosten; ein großer Karpfen ist für drei Sols, ein Hecht für fünf zu haben! Marans ist eine Stätte regen Handels, der sich zur Gänze auf dem Wasserweg abwickelt. Auf dem Land, das sehr schön ist, wächst gutes Korn. Ein

Land, in dem sichs im Frieden wohl sein läßt, und das im Krieg Schutz und Sicherheit bietet. Eine Stätte des Glücks für Liebende, der Sehnsucht für die, die getrennt sind... Meine Seele, mein Alles, bleibt mir gewogen. Glaubt an meine unerschütterliche Treue, es hat nie eine makellosere gegeben. Lebt glücklich, seid glücklich, bleibt glücklich. Euer Sklave betet Euch an mit aller Inbrunst seines Herzens. Ich küsse Dir millionenfach die Hände.«

Trotz seiner sechstausend Mann ist es Biron nicht gelungen, das Paradies von Marans zu erobern. Ausgehungert, von Krankheit dezimiert und von den Mücken der Sümpfe zerstochen ziehen sie ab. Der Sieg liegt bei denen, die den Krieg »à la huguenote« zu führen wissen, das heißt, schlecht ernährt, schlecht ausgerüstet, aber von ihrem Glauben getragen.

Die seit Jahren umherziehenden, teils landesfremden Truppen, die sich die Verpflegung für Mann und Roß meist gewaltsam »an Ort und Stelle besorgen«, das Hin und Her von Schlacht, Flucht und Verfolgung, bleiben nicht ohne Folgen für das Land. Die drückenden Abgaben und Steuern, von den Einnehmern rücksichtslos »im Namen des Königs« eingezogen, entfremden das Herrscherhaus zusehends von seinen Untertanen. Hie und da ist es schon gegen Ende des Jahres 1585 zu Meutereien gekommen, die von der Liga geschickt angeheizt wurden und ihr neuen Zulauf brachten. Immer lauter tönen die Proteste darüber, daß die hohen Herren weit weg im Louvre dem Armen die »letzte Münze aus dem Säckel stehlen, um sich in Saus und Braus ihren Vergnügungen, Lastern und Trinkgelagen hinzugeben«.

Die Ernten waren schlecht gewesen, und im Frühjahr 1586 sind Speicher und Keller leer, Hunger und Elend breiten sich aus. »Im August«, berichtet Pierre de l'Estoile, »kann man in fast ganz Frankreich ausgehungerten Menschengruppen begegnen, die in den Feldern die halbreifen Ähren von den Halmen pflücken und verschlingen.«

»Es zerreißt einem das Herz«, stöhnt der spätere Heinrich IV., »zu sehen, daß das Volk des Hungers stirbt!«

Aber auch Heinrich III. möchte im Grunde genommen einen Frieden, den ihm seine Verträge mit der Liga verbieten. In einem letzten Versuch hofft er, das Unmögliche durch Verhandlung zu erreichen. Auf seine Bitte besteigt Katharina noch einmal ihre Reisekutsche und bricht in die Provinz von Saintonge[1] auf. Sie hat etwas von einer tragischen Gestalt an sich, eine schwerfällige, schwarze Erscheinung, von Alter und Gram gebeugt, die fünf ihrer sieben Kinder zu Grabe getragen hat. Und doch bleibt sie für den König der geschickteste Botschafter, den er sich denken und der einzige, dem er vertrauen kann.

Die denkwürdige Begegnung soll am 13. Dezember 1586 im neuen Schloß von Saint-Brice stattfinden, das auf halbem Wege zwischen Jarnac und Cognac am Ufer der Charente liegt. Aber Heinrich von Navarra hat es nicht eilig und macht sich ein Vergnügen daraus, die ergraute Königin vierzehn volle Tage in Saint-Maxence warten zu lassen, bis er sich am vereinbarten Treffpunkt einfindet. Katharina begrüßt ihren Schwiegersohn mit »überschwenglicher Zärtlichkeit« und tastet nach alter Gewohnheit seine Rippen nach einem versteckten Dolch ab, was man ihr angesichts der vierhundert hugenottischen Streiter, die das Schloß umlagern, nicht verübeln kann. Heinrich durchschaut das kleine Manöver und öffnet lachend sein Koller: keine Furcht, er ist waffenlos!

Die Gespräche von Saint-Brice beginnen zwei Tage später. Der Zufall hat es gewollt, daß der Wortlaut der Verhandlungen, von unbekannter Hand notiert, sehr viel später als Manuskript in St. Petersburg zutage trat:

»Also, mein Sohn«, beginnt Katharina, »werden wirs zu etwas Gutem bringen?«

»Nichts wäre mir lieber als das, Madame, aber es hängt nicht von mir ab.«

»Doch, Ihr müßt mir nur Eure Wünsche vortragen.«

»Meine Wünsche, Madame, sind Eure Befehle!«

»Lassen wir das Gerede, und nennt mir Eure Forderungen.«

»Madame, ich habe keine.«

»Aber, aber... macht wenigstens einen Vorschlag.«

»Madame, es ist nicht an mir, Vorschläge zu machen.«

Darauf Katharina, leicht irritiert: »Dummes Geschwätz! Wollt Ihr die Ursache am Untergang des Königreiches sein? Denkt Ihr nicht daran, daß gerade Ihr, nach dem König, größtes Interesse an seinem Bestand habt?«

»Wenn das Eure Ansicht ist und die des Königs, meines Herrn, warum schickt er dann acht Armeen gegen mich ins Feld?«

»Fordert, was Ihr wollt, der König wird es Euch bewilligen.«

»Ergebensten Dank, Madame. Seid versichert, daß ich nie meine Pflicht gegen ihn versäumen werde.«

»Habt Ihr mir nichts anderes zu sagen?«

»Damit ist doch schon sehr viel gesagt.«

»Wollt Ihr dem König nicht gehorchen?«

»Madame, ich gehorche ihm schon seit achtzehn Monaten nicht mehr!«

»Mein Sohn, wie könnt Ihr so etwas sagen!«

»Weil es die Wahrheit ist, Madame. Der König, der mir ein Vater sein sollte, bekämpft mich wie ein Wolf, und Ihr habt mich wie eine Löwin bekämpft.«

»Wie bitte? Bin ich Euch nicht immer eine gute Mutter gewesen?«

»Doch Madame, aber das ist lange her. Seither hat sich Euer Wesen sehr verändert.«

»Ihr wollt doch nicht, daß all die Mühe, die ich mir gegeben habe, umsonst war? Habt Ihr mich zum Besten gehabt?«

»Madame, das ist nicht meine Schuld, sondern Eure. Ich hindere Euch nicht daran, abends in Eurem Bett zu ruhen. Aber Ihr hindert mich seit achtzehn Monaten daran, in meinem zu schlafen!«

»Mein Sohn, ich kenne Euch nicht mehr! Ihr wart früher doch so sanft und umgänglich. Heute blitzt der Zorn aus Euren Augen und klingt aus Euren Worten.«

»Madame, es ist schon richtig, daß die jahrelangen Kämpfe und Widerwärtigkeiten, die ich durch Euch zu ertragen hatte, mein Wesen veränderten.«

»So kommen wir nicht weiter. Versuchen wir wenigstens, einen Waffenstillstand zu schließen. Er gibt Euch Zeit zur Überlegung und zur Aussprache mit Euren Anhängern. Vielleicht wird ein guter Frieden daraus!«

»Gut Madame, ich werde es tun...«

Die brennenden Fragen stehen im Raum, ohne daß sie einer der beiden ausspricht. Katharina erwähnt den Glaubenswechsel nicht, Heinrich nicht die Liga, und doch wissen beide genau, was der andere mit seinen versteckten Worten sagen

Heinrich von Navarra. Kreidezeichnung nach François Clouet

will. Außerdem hat Katharina Familiensinn und nie einen Hehl daraus gemacht, daß der Herzog von Guise ihr als Neffe nahesteht. Sie versucht, das ihm Unannehmbare zu entschuldigen: »Ihr irrt Euch, mein Sohn, sie[2] haben sich nicht gegen das Königreich verschworen, es sind alles Franzosen und treue Katholiken dazu, die besten des Landes! Aber sie fürchten die Macht der Hugenotten. Und um es ganz offen zu sagen: Der König kennt ihr Ziel und heißt es gut.«

Womit sie eine glatte Lüge ausspricht.

Drei Monate gehen mit leerem Gerede und fruchtlosen Diskussionen dahin. Hartnäckig versucht die Königinmutter noch einmal, die Kernfrage von Heinrichs Übertritt zum katholischen Glauben anzuschneiden, aber er wehrt ab: »Madame, Ihr verlangt etwas von mir, was mir mein Gewissen und meine Ehre verbieten.«

Ein Vorstoß Katharinas bei Turenne verläuft ebenso ergebnislos: »Der König, mein Sohn, wünscht, daß es nur eine Religion im Königreich geben soll.«

»Wir möchten dasselbe, Majestät, vorausgesetzt, daß es die unsere ist!« antwortet der streitbare Soldat, womit er eine Behauptung aufstellt, die nicht mit der des Königs von Navarra übereinstimmt.

Selbst Katharinas Bemühungen um eine Annäherung zwischen ihrem Schwiegersohn und ihrer gefangenen Tochter Margarethe scheitern. Dem Béarner ist die unberechenbare Amazone lieber im Gewahrsam ihres Bruders, hinter Schloß und Riegel.

Die Konferenz endet, wie zu befürchten war, am 7. März 1587 mit einem Mißerfolg. Man trennt sich, ohne etwas erreicht zu haben. Nicht einmal dem Verhandlungsgeschick Katharinas ist es gelungen, die Schlingen zu lösen, in denen das Herrscherhaus und damit das Land verfangen ist. Es sollte die letzte Begegnung zwischen Katharina von Medici und Heinrich von Navarra sein. Während die Königinmutter sich auf den Heimweg macht, stürzt sich Heinrich mit seiner Handvoll Hugenotten in einen aussichtslosen Kleinkrieg. Sie sind ihrer kaum mehr als zweihundert, tagelang unterwegs, einmal hier, einmal dort, Tag um Tag im Sattel, nächtelang ohne ein Bett zu Gesicht zu bekommen. Unermüdlich trommelt er Glaubensbrüder, Freunde und Anhänger zusammen, weil »sie nicht fehlen dürfen, wenn ihr Feldherr zum Kampf ruft«.

Um eine Entscheidung herbeizuführen, bedarf es jedoch umfangreicherer Verstärkung. Man hat dem späteren Heinrich IV. manchmal vorgeworfen, daß er seine protestantischen Freunde in Deutschland um Hilfe gebeten und damit ein fremdes Heer ins Land geholt hat. Aber die Katholischen wurden seit Jahren von Spanien mit Truppen, Waffen und Gold unterstützt, von den Schweizer Söldnern ganz zu schweigen. Die Gründe seines Schrittes erklärt er in einer Schrift »Über den bevorstehenden Einzug einer Armee in Frankreich«: »Bis jetzt haben wir uns auf einen Defensivkrieg beschränkt, den wir von unseren Sicherheitsplätzen aus führten und ohne von uns aus die Initiative zu Kampfhandlungen zu ergreifen, die das Land verheeren und dem Volk Leid und Elend bringen. Allerdings hatten wir gehofft, mit unserer Langmut die Kriegslust der Lothringer zu dämpfen. Heute müssen wir unseren Irrtum einsehen. Der grenzenlose Ehrgeiz und Vernichtungswahn der Liga wird das Land zugrunde richten, wenn wir ihr nicht gewaltsam Einhalt gebieten.«

In einem Schreiben an Heinrich III. heißt es sogar recht ironisch: »Wollen Eure Majestät es mit Wohlgefallen zur Kenntnis nehmen, wenn wir jetzt zu den Waffen greifen, denn wir tun es nicht für uns, sondern für Eurer Majestät Freiheit und Sicherheit...«

Zwei Jahre lang hatten die reformierten Fürsten Deutschlands die Hilferufe ihrer französischen Glaubensbrüder unbeantwortet gelassen. Jetzt plötzlich ändert sich ihre zögernde Haltung, und sie schicken in aller Eile eine aus allen Teilen Deutschlands und Graubündens geworbene Armee von Landsknechten und Reisigen unter dem Befehl des Barons Fabian von Dohna nach Frankreich. Eine Masse von dreißigtausend Mann wälzt sich über die Grenzen im Osten und verbreitet Schrecken und Tod. Wird es ihnen gelingen, die Verbindung mit den Streitkräften Heinrichs von Navarra herzustellen?

Ein Teil der französischen Armee zieht ihnen unter Befehl des Herzogs von Guise entgegen, während der Herzog von Joyeuse mit dem anderen Teil südwärts marschiert, wo er sich, vereint mit Biron, gegen Navarra wenden soll.

Am 3. August 1587 hat Joyeuse bereits Maillezais erreicht und damit praktisch das ganze Poitou besetzt. Trotz dieses Erfolges ist er vom Pech verfolgt. Die Eilmärsche in den Süden haben seine Truppen erschöpft und zu weit vom Nachschub getrennt. Die Versorgung wird knapp, und er muß sich zum Rückzug in die Touraine entschließen.

Auf diese Gelegenheit hat unser Béarner gewartet. Er heftet sich der Armee des Königs auf die Fersen und nötigt sie, in La Haye, das heute Lahaye-Descartes heißt, Zuflucht zu suchen.

Vierzehn Tage später hat Navarra mit seinen achthundert Mann die Provinz zurückerobert und wendet sich von dort aus nach Süden, um in der Gascogne Verstärkung aufzunehmen. Kaum wird sein Vorhaben deutlich, als der Herzog von Joyeuse an der Spitze der Royalisten wieder auftaucht und ihm, im Gedanken an den Zusammenschluß mit Biron, nachdrängt. Wenn der Plan gelingt, sitzt Heinrich in der Klemme. Zum Glück gelingt er nicht, denn Anne de Joyeuse ist eher ein eingebildeter Höfling als ein fähiger Heerführer. Seine Kräfte überschätzend, greift er an, ehe die Verbindung mit der Armee des Marschalls von Biron vollzogen ist.

Seine Kundschafter hatten ihm berichtet, daß die Truppen Navarras im Norden der Dordogne, nicht weit vom Zusammenfluß der Isle und der Dronne lagerten. Die Stellungen der Hugenotten in der Nähe des Dorfes Coutras, sagte man ihm, seien ungünstig und im Falle eines Angriffs bliebe ihnen nichts anderes übrig, als sich abzusetzen und die Artillerie zurückzulassen, die auf dem anderen Ufer aufgestellt war. Er glaubte es, aber er sollte sich irren.

Im Morgengrauen des 20. Oktober 1587 stellt sich die Armee des Königs von Navarra in einer kleinen Ebene östlich von Coutras zum Kampf auf. Die Streitkräfte sind auf beiden Seiten etwa gleich stark. Von weitem zieht der Herzog von Joyeuse mit seinen sechstausend Mann heran. Die glänzenden Rüstungen blitzen wie tausend Feuer im Morgenlicht, die Federbüsche an den Helmen wirbeln und wiegen im Wind. Unter den Rüstungen tragen sie weiche Kittel aus Samt oder Seide, ihre Pferde sind durch gepanzerte Überwürfe geschützt und in ihren Scheiden stecken kostbare Damaszenerklingen. Für unseren Béarner sind das »pomadisierte, moschusduftende Zierpuppen«. Man muß zugeben, daß die Ausrüstung der Hugenotten im Vergleich zu der der Royalisten armselig wirkt. Ihre Rüstungen sind verbeult und matt, ihre Pferde ohne Schutz. Sie tragen keine Spitzenkrägelchen um den Hals, sondern derbe Kragen aus Rindsleder. Sold haben sie schon lange keinen gesehen, mancher von ihnen hat Hof und Gut verpfändet, um Navarra zu Hilfe zu eilen. Ein Chronist bezeichnet das Aussehen ihrer Kleidung als »abgeschabt«.

Heinrich, mit einer einfachen Sturmhaube auf dem Kopf, ordnet seine Leute in dicht gescharte Haufen, wie es damals üblich war. In einem Hohlweg, der versteckt einem kleinen Gehölz entlang führt, postiert er seine Arkebusiere, die Gabeln ihrer Hakenbüchsen fest in die Erde gepflanzt. Von hier aus können sie, vom Feind unbemerkt, das Feuer eröffnen. Die Artilleristen beziehen mit einigen Geschützen auf einer sandigen Anhöhe, die das Schlachtfeld beherrscht, Stellung.

Gegen sieben Uhr kommt die feindliche Armee in Sichtweite, in ihrer Mitte eine lanzenstarrende Reiterschar. Das hugenottische Fußvolk, das ihnen stoisch entgegenblickt, ist auf beiden Flügeln von der Reiterei flankiert, über die Condé und Turenne das Kommando ausüben.

Ein kritischer Augenblick gegenseitiger Abschätzung geht der Schlacht voraus. »Mut, Freunde«, feuert Heinrich seine

Truppen an, »reiche Beute erwartet Euch! Die feinsten Schranzen stehen uns gegenüber! Der Geringste unter euch kann morgen auf dem größten Pferd sitzen und aus silbernen Schüsseln essen... Auf das Wohl unseres Landes und für die Ehre Gottes: haltet euch an die Guisarden!«

Und zu seinen Vettern Condé und Soissons (Söhne Ludwigs von Condé) gewandt, ruft er aus: »Denkt daran, daß bourbonisches Blut in euren Adern rollt! Gott sei mit uns, ich werde euch zeigen, daß ich der Älteste bin!«

Als sich die Royalisten zum Kampf aufstellen, klingt aus den Reihen der Hugenotten der Psalm:

»Dies ist der Tag, den der Herr macht,

lasset uns freuen und fröhlich darinnen sein!«

»Tod und Teufel«, ruft einer von Joyeuses Begleitern aus, »das muß ein Haufen Feiglinge sein. Hört nur, sie beten!«

»Mein Herr«, antwortet sein Nachbar, »wenn die Hugenotten solche Mienen aufsetzen und ihre Psalmen singen, dann ist mit ihnen nicht gut Kirschen essen!«

Schon greift der katholische Adel an der Spitze der Reiterei an und stürzt sich mit einem Fuereifer, der nicht einer gewissen Grandezza entbehrt, auf das im Viereck aufgestellte protestantische Fußvolk, das den Schwerpunkt der hugenottischen Streitkräfte bildet. In diesem Augenblick eröffnen die im Hohlweg versteckten Arkebusiere fast aus nächster Nähe ein mörderisches Feuer auf die Masse der heranwogenden Helmziere. Geschützsalven donnern von der Anhöhe herunter in die Nachdrängenden. Von seiner Stellung aus beobachtet Navarra den ersten Zusammenprall der Kämpfer, wartet, bis das Feuer endet[3] und stürmt dann mit seiner Reiterei gegen das Zentrum des feindlichen Heeres. Ein wildes Handgemenge entsteht, ein erbittertes Ringen von Mann gegen Mann, die Zügel zwischen den Zähnen, die Pistole in der einen Hand, die Streitlanze oder den Degen in der anderen. Als einer der ersten sinkt Anne de Joyeuse, Schwager und Favorit Heinrichs III.,[4] tödlich getroffen aus dem Sattel.

Wenig später folgt ihm sein junger Bruder Claude in den Tod... Die Blüte der königlichen Armee verblutet in dem Kampf, in den sie sich so siegesbewußt gestürzt hatte. Von allen Seiten bedrängt, zersprengt und dezimiert, weichen die Royalisten zurück und lassen über zweitausend Tote, darunter dreihundert Edelleute, auf dem Schlachtfeld. Sämtliche Offiziere, außer dem Sire von Lavardin, haben den Tod gefunden. Gefallene, Verletzte, Pferdekadaver, Helme, Schwerter und Lanzen liegen auf der zerwühlten Ebene verstreut umher. Die Hugenotten haben nur fünfunddreißig Mann verloren.

Die Schlacht bei Coutras dauerte keine zwei Stunden. Sie bringt dem König von Navarra seinen ersten eindeutigen Sieg, aber er läßt sich davon nicht blenden. Zuviel französisches Blut ist geflossen, als daß er mit den anderen lärmend den Triumph über den Feind feiern könnte. Dankbarkeit erfüllt ihn, gewiß, aber auch Ehrfurcht vor den Toten, als er sich am Abend vor den Leichnamen des Herzogs von Joyeuse und seines Bruders, Claude, verneigt, die in der kleinen Herberge aufgebahrt liegen. Ob er an das unwürdige Ende denkt, das Guise seinem Onkel Condé einst bereitete? Ein solches Verhalten wäre für ihn undenkbar. Mit dröhnender Stimme gebietet er seinen zechenden Waffengefährten Schweigen: »Ruhe, meine Herren, in dieser Stunde der Tränen, die auch die Sieger achten sollten!«

Er kümmert sich um die Toten, die dem König so nahestanden, und übergibt sie mit einer handgeschriebenen Botschaft an den Marschall von Biron: »Mein Herz ist betrübt, daß ich an diesem Tag keinen Unterschied zwischen guten Franzosen und Anhängern der Liga machen konnte. Man wird Euch berichten, daß ich ritterlich mit ihnen verfahren bin.....« Heinrich von Navarra läßt in der Kirche von Coutras für das Seelenheil der Gefallenen eine Messe lesen, der er mit seinen Offizieren beiwohnt. Ein nie dagewesenes, in dieser Zeit völlig ungewohntes Ereignis. So beginnt sich in Coutras das Bild zu formen, das die Geschichte seither von ihm bewahrt hat.

Als am 9. November 1587 auf Heinrichs Anweisung die zweiundzwanzig eroberten Fahnen und Standarten der schönen Corisande zu Füßen gelegt werden, befindet sich ein kurzes Schreiben aus seiner Hand dabei: »Meine Seele, hier ist der Teufel los! Ich habe den großartigsten Kampf meines Lebens hinter mir, aber das ist nur ein Anfang. Bleibt mir gewogen, das ist mein sehnlichster Wunsch. Womit ich die reinste Wahrheit sage und millionenfach Eure Hände küsse.«

Zehn Tage später liegen sich die Liebenden in Corisandes Residenz in Schloß Hagetmau in den Armen. Herkules zu Füßen der Omphale? Man munkelt, mancher seiner Waffengefährten murren... Vielen ist sein Verhalten unverständlich, und manches ist darüber geschrieben worden: Was hat er sich den Freuden der Liebe hinzugeben, solange Krieg ist? Warum nützt er den Sieg von Coutras nicht aus?

Heinrich kennt sich zu gut in der Kriegskunst aus, um sich in eine Winterkampagne hetzen zu lassen, der seine Kräfte nicht gewachsen wären. Abgesehen davon kann man seinen Wunsch nach wohlverdienter Ruhe begreifen. Er ist des rastlosen Reiterlebens satt, bei dem er oft tagelang nicht aus der Rüstung kam, auf nacktem Boden oder im Heu geschlafen hat. Genug mit Schlachtenlärm und Pulverdampf...

Fassungslos notiert Agrippa d'Aubigné in seinen Schriften: »Es herrschte große Unzufriedenheit unter den Führern der Reformierten, als der König von Navarra alle Versprechungen in den Wind schlug und seinen Sieg der Liebe opferte.«

Tat er das wirklich? Es war der Armee des Königs von Frankreich gelungen, den Reisläufern des Herrn von Dohna den Übergang über die Loire zu verlegen. Demoralisiert und plündernd strömen sie nach Osten zurück, die Streitkräfte des Herzogs von Guise auf den Fersen, der ihnen eine schwere Niederlage zufügt.

Die Überlebenden, soweit sie nicht über die Grenze entkommen können, ergeben sich, auf den Béarner fluchend, »der lieber zu Füßen seiner Angebeteten schmachtet«, als ihnen zu Hilfe zu kommen.

In Wirklichkeit sind es drei Gründe, die Heinrich veranlassen, die Kampfhandlungen, allen Kritikern zum Trotz, nicht gleich wieder aufzunehmen. Zum ersten seine Kenntnis der Lage, denn ein Zusammenschluß mit den deutschen Söldnern ist unmöglich geworden. Zum zweiten sein Charakter, der es ihm erlaubt, den Problemen des Alltags in die Freuden des Lebens zu entwischen, sobald sich die Gelegenheit dazu bietet. Vor allem aber widerstrebt es ihm, gegen den König von Frankreich ins Feld zu ziehen, die Krone zu bekämpfen, die er selbst einmal tragen wird. Sein Gegner ist die Liga, nicht Heinrich III. Das Gebot der Stunde ist, die Kampfeslust

Herzog Heinrich von Guise, Führer der katholischen Liga

seiner Hugenotten zu dämpfen und den Souverän zu schonen. Davon läßt er sich auch nicht durch die laut protestierenden Freunde abbringen, die sich grollend in ihre Besitzungen zurückziehen. »Wie könnte ich, Euer Bruder, Feind Eurer Person sein?« schreibt er an seinen Schwager in Paris. »Ich, Prinz von Eurem Blut, Franzose aus Eurem Volk?«

Diesen Winter verbringt Heinrich von Navarra in Nérac, wo ihm eines Tages zu Beginn des Jahres 1588 ein Bittsteller aus Friesland gemeldet wird. Das Benehmen des Mannes scheint indessen so verdächtig, daß man ihn genauer nach dem Woher und Wohin ausfragt. Und siehe da, er gesteht ohne große Umschweife, daß er den Auftrag habe, den König zu töten, aber daß ihm zum Schluß der Mut zur Tat gefehlt habe... Eine erste Warnung des Schicksals? »Kürzlich habe ich hier einen Mörder entdeckt, der mir nach dem Leben trachtete«, schreibt er Corisande, »ein Anhänger des katholischen Glaubens, versteht sich, Eures Glaubens...« Worauf sie ihm schlagfertig antwortet: »Wenn Euch alle Katholiken so wohlgesinnt wären wie ich, dann hättet Ihr nichts zu befürchten! Aber ich bitte Euch: seid auf der Hut!« Von da an läßt Heinrich keine Unbekannten mehr zu seiner Tafel zu, die allen seinen Untertanen offensteht.

Wenig später wird ihm hinterbracht, daß eine Hochzeit in der Nachbarschaft in Wirklichkeit der Deckmantel für eine Zusammenkunft von Anhängern der Liga darstellt, die seinen Tod beschlossen haben. Einer seiner Getreuen zersprengt die Verschwörer, bevor der Plan zur Ausführung kommt...

Es sollte sich noch ein dritter, ernsterer Vorfall ereignen. Im März 1588 trifft die Nachricht in Nérac ein, daß sein Vetter Heinrich, Prinz von Condé, der noch vor wenigen Monaten bei Coutras neben ihm gekämpft hat, ganz unerwartet gestorben ist. In der Nacht zum 5. des Monats stellten sich Erbrechen und schwere Magenkrämpfe ein, die bis zum Morgen anhielten... Der plötzliche Tod hat etwas Unheimliches an sich, und eine Weile wird seine Witwe – wahrscheinlich zu

Unrecht – verdächtigt, ihren Mann durch einen ihrer Pagen, namens Belcastel, von dem behauptet wurde, er sei ihr Geliebter, vergiftet zu haben. Daß sogar Heinrich von Navarra lange Zeit diesen Verleumdungen Glauben schenkt, beweist, in welchem Klima des Argwohns sich das Leben damals abspielte.[5] Die wahre Ursache seines Todes ist nie aufgeklärt worden. Fest steht nur, daß die Anhänger der Liga den Tod ihres erbitterten Feindes mit Freudenfeuern und Böllerschüssen feierten.

In einem der vielen Briefe an Corisande – er ist am 8. März 1588, drei Tage nach dem Tod Condés geschrieben – lesen wir: »Ich bin sehr unruhig. Es kommt so viel auf mich zu. Dieses Jahr wird viele Entscheidungen bringen, das fühle ich. Euer Wohlwollen ist mir eine Stütze, versagt sie mir nicht...«

Seit er die Armee des Herrn von Dohna über die Landesgrenzen gejagt hat, läßt sich Heinrich von Guise von der Pariser Bevölkerung wie ein Held feiern. Sie vergöttert ihn und haßt den König, der in ihren Augen den Vertrag von Nemours nicht einhält und die Hugenotten weder enteignet noch vertreibt. Flugschriften wandern von Hand zu Hand, die zum Aufruhr gegen den Monarchen aufrufen, der hinterrücks mit dem exkommunizierten Ketzer verhandelt. Das Verhalten des Herzogs wird so anmaßend, daß Heinrich III. ihm nahelegt, einige Zeit auf seinen Besitzungen in Lothringen zu verbringen. Aber wenn er glaubt, dadurch Ruhe und Ordnung in der Stadt hergestellt zu haben, irrt er sich. Paris ist längst in den Händen der Liga, die wie ein Geheimbund organisiert ist. Ihre Führer, man nennt sie »die Sechzehn«, weil sie über die sechzehn Pariser Stadtteile befehlen, bedürfen der Anwesenheit des Guise nicht, um zu den Zielen zu kommen, die sie sich gesetzt haben. Jeder der »Sechzehn« hat in seinem Bezirk Zehner- und Hundertschaften, deren Anführer einander nicht mit Namen kennen. Bis hinab zum Handwerker und Händler sind alle Mitglieder der Liga mit besonderen Aufgaben betraut, für deren Erfüllung sie verantwortlich sind. Am schlimmsten sind die streitbaren Kleriker, unter ihnen der haßerfüllte Pfarrer der Gemeinde von Saint-André, die das Volk von der Kanzel herunter gegen die Hugenotten, gegen Navarra und... gegen den König aufhetzen. Die Herzogin von Montpensier, Schwester des »Balafré«, schwört, Heinrich III. ins Kloster zu schaffen und ihm eigenhändig die Tonsur zu scheren. Sie hat sogar einige Mörder gedungen, die ihm auflauern sollen, wenn er sich zu seinen Bußübungen nach Vincennes begibt, aber der Anschlag kommt nicht zur Ausführung.

Das war die Lage in Paris, als Heinrich von Navarra im Frühjahr 1588 seinem Schwager mehrere Schreiben überbringen läßt, in denen er ihn bedrängt, die Vereinbarungen mit der Liga, die im Sold des Erzfeindes Spanien steht, zu brechen. Warum nicht mit ihm, Navarra, eine französische Liga gegen die spanische bilden? Aber Heinrich III. will davon nichts wissen. Noch immer glaubt er, allen bösen Anzeichen zum Trotz, allein mit dem Guise und seinem Anhang fertigzuwerden. Hat er ihn nicht aus Paris verbannt? Noch lagern seine treuen Schweizergarden im Vorort von Saint-Denis, aber bei der geringsten Meuterei werden sie in Paris einmarschieren!

Am Montag, dem 9. Mai 1588, gegen halb ein Uhr mittags öffnet sich leise die Tür zum Kabinett, in dem der König über seine Pergamente gebeugt sitzt. Sein Kammerherr tritt zu ihm: »Sire, der Herzog von Guise ist eingetroffen!«

Der Arbeitende schrickt zusammen und streicht sich mit den langen, feinen Fingern über die wächserne Stirn: »Er hat es gewagt?« fährt er auf, »hat er? Das wird er mit dem Leben bezahlen!«

Tatsächlich ist Guise, den Befehl seines Königs mißachtend, zurückgekommen und reitet lächelnd, von der Bevölkerung mit jubelnder Begeisterung begrüßt, durch die Straßen. Er genießt es, daß man ihn den »König von Paris« nennt.

Heinrich III. kann nicht ahnen, daß es seine Mutter war, die den »Balafré« zu diesem Affront ermuntert hatte, und daß sie ihn in ihren Gemächern im Hôtel de Soissons erwartet.[6] Von Husten geschüttelt, von Gicht und Rheumatismus gebeugt, ist Katharina nur noch der Schatten ihrer selbst, eine Nebenfigur auf dem Schachbrett der Geschichte, auf dem sie so lange Zeit die Hauptrolle spielte. Aber sie kann es nicht lassen, im Hintergrund ihre Netze zu knüpfen und hält krampfhaft an der Idee fest, die beiden zerstrittenen Vettern, ihren Sohn und ihren Neffen, beide Heinrich geheißen, auszusöhnen. Man darf nicht vergessen, daß sie Italienerin, Nichte eines Papstes und glühende Katholikin ist, und daß ihr möglicherweise der katholische Guise näher steht, als der protestantische Navarra... Als der Herzog gemeldet wird, richtet sie sich auf und verlangt nach ihrer Sänfte. Gemeinsam gehen sie langsam zum Louvre hinüber.

Heinrich III. erhebt sich nicht, als der »Balafré« in sein Kabinett tritt. Totenblaß starrt er ihn an: »Mein Vetter«, stößt er hervor, »warum seid Ihr gekommen?«

Weiter kommt das Gespräch nicht. Jedes Verständnis zwischen den beiden Männern ist ausgeschlossen. Einen Augenblick lang erwägt der König, ob er den Verhaßten nicht umbringen lassen soll, aber er verscheucht den Gedanken wieder. Die Bluttat würde das Zeichen zum Aufstand der Bewohner von Paris, vielleicht zur Erstürmung des Louvre geben. Unnützes Risiko. Er muß sich gedulden. Fürs erste ruft er die ihm treuen Truppen zu den Waffen.

Am 12. Mai 1588 werden die Pariser beim Morgengrauen durch die Trommeln und Pfeifen der Schweizergarde geweckt, die den Vorort von Saint-Denis verlassen hat und in kriegerischem Schritt durch die Straßen zieht. An der Porte Saint-Honoré nimmt der König seine Truppen selbst in Empfang und verteilt sie an die strategischen Punkte: an die Brücken, den Kinderfriedhof, den »Place de Grève« und auf die »Ile de la Cité«.

Eine verhängnisvolle Entscheidung. Richelieu sagte fünfzig Jahre später über Paris: »Weh dem, der das wilde Tier weckt!« Die Stadt ist hellwach und keineswegs eingeschüchtert. Wie ein Lauffeuer geht der Ruf von Mund zu Mund: »Der König läßt Paris besetzen, ›Bruder Heinrich‹ will die Führer der Liga ermorden!« Die Sturmglocken läuten, Waffen werden verteilt... Paris ist im Belagerungszustand, und zum ersten Mal in der Stadtgeschichte sieht man die engen Straßen und Gassen alle hundert Schritte mit Ketten abgesperrt oder mit Fässern, Balken, Pflastersteinen und sogar auch mit Möbeln versperrt. An diesem Tag, dem »Tag der Barrikaden«, entdecken die Pariser das einfachste und wirksamste Mittel, der Obrigkeit zu trotzen. Ein Verfahren, das ihnen im Auf und Ab der Geschichte so manches Mal zum Sieg verhalf und gegen das, wenigstens bis 1848, kein Kraut gewachsen war.

Die Organisation des Aufruhrs klappt wie am Schnürchen, ohne daß der »Balafré« auch nur seine Stimme zu heben braucht. In kürzester Zeit sitzen die Truppen des Königs, die sich den Weg zum Louvre bahnen sollten, in der Falle fest, können weder vorwärts noch zurück. Sie sind machtlos der Wut des Pöbels ausgeliefert, während Guise, im feinen, weißen Wams und mit einem eleganten Stöckchen in der Hand, leichten Schrittes von Barrikade zu Barrikade schlendert... herausfordernd, arrogant. Er könnte sich alles erlauben an diesem 12. Mai 1588, aber den letzten Schritt wagt er nicht zu tun. Es genügt ihm, das Ausmaß seiner Macht deutlich zu machen und, auf Bitten Katharinas, den Aufruhr zu stoppen, was ihm allerdings nur mit größter Mühe gelingt. Gipfel der Schande: »Der Herzog von Guise erteilt großmütig den Garden des Königs das Recht auf freien Durchzug zum Louvre, und... wie durch Zauberhand öffnen sich vor ihren Schritten die Barrikaden, um sich hinter ihnen wieder zu schließen. Auf sein Geheiß werden die lebenswichtigen Punkte der Hauptstadt von seinen Leuten besetzt, das Arsenal, die Bastille, Brücken und Tore. Niemand denkt daran, sich schlafen zu legen diese Nacht in Paris. Freudenfeuer flammen auf, man singt, tanzt und droht: »Bruder Heinrich, hüte Dich! Morgen kommen wir, um Dich aufzuknüpfen!«

Und der Betroffene selbst? Am nächsten Tag, wir schreiben den 13. Mai, begibt sich Katharina, durch die Vermittlerrolle, die ihr unerwartet zugefallen ist, mit neuen Kräften und Lebensgeistern beschwingt, gegen fünf Uhr abends zu Besprechungen zu ihrem Neffen Heinrich von Guise. Zur gleichen Zeit öffnet sich im Erdgeschoß der »Galerie du Bord de l'eau«[7] eine Pforte, und Heinrich III. tritt über die Schwelle. Zunächst tut er so, als wolle er sich in den Gärten der Tuilerien ergehen. Dann macht er kehrt und wendet sich festen Schrittes den Stallungen zu, wo alles zur Flucht bereit ist. Nach einem kurzen Blick zurück schwingt er sich auf sein Pferd und galoppiert, gefolgt von einigen Ministern, Mitgliedern der französischen und Schweizergarde und seinen treuen »Quarante-Cinq«,[8] Seine-abwärts davon. Auf dem Hügelzug beim Dorf Chaillot angekommen, halten sie inne und lassen ihre Blicke über die ferne Hauptstadt schweifen, deren Zinnen und Türme im Abendlicht verschwimmen.

»Je n'y rentrerai que par la brèche!« ruft der König drohend aus,[9] gibt seinem Pferde die Sporen, und wenige Minuten später ist der Reitertrupp in Richtung Rambouillet verschwunden.

Paris hat über seinen König gesiegt, aber die Krone verloren. Für wie lange?

7

Die Krone ist Euer

*»Wir sind alle in einem Schiff,
das untergeht...«*

Heinrich IV.

»Als dem König von Navarra die Nachrichten von den Pariser Barrikaden überbracht wurden«, lesen wir bei Pierre de l'Estoile, »verharrte er einen Moment lang in Stillschweigen. Dann sprang er auf und rief munter: Aber den Béarner haben sie noch nicht!«

Schon wahr... aber Guise und seine Liga haben das Königreich! Heinrich mag Boten um Boten nach Rouen senden und dem König von Frankreich versichern, daß er auf seine Unterstützung zählen könne, um die Monarchie zu retten... der Valois winkt ab. Er will sich nicht mehr in den Kirchenstreit mischen, der sein Land ruiniert. Nicht einmal der Graf von Soissons, Bruder des verstorbenen Prinzen von Condé, den Navarra als Sonderbeauftragten schickt, kann etwas bei ihm ausrichten. Heinrich III. verschließt sich auch seinem Vorschlag, den Papst als Friedensstifter anzurufen.

Die abweisende Haltung des französischen Königs hat ihre Gründe. Alles, was der machtlose Herrscher aus Paris retten konnte, war seine Krone, und die kleinste Unvorsichtigkeit kann ihn auch diese kosten. Gerade zu dieser Zeit ereignet sich, was schon seit Monaten Gesprächsthema an allen europäischen Höfen ist: Im Sommer 1588 lichtet die »unbesiegbare Armada« Philipps II. die Anker in Lissabon, die Armee der Inquisition an Bord, »vom Papst geweiht, von Gott verdammt«. Schwimmenden Festungen gleich, gespickt mit über zweitausend Kanonen und Bombarden, alle Segel gehißt, gleitet die gefürchtete Flotte an den Küsten Frankreichs entlang auf die verhaßte Insel zu. Sie ist aber gleichzeitig eine Bedrohung für das Königreich Heinrichs III., der im Falle ihres Sieges über die Engländer damit rechnen muß, daß es zu einem Bündnis zwischen Philipp und den Guise kommen wird. Wie lange Navarra im Ernstfall mit seinen Hugenotten dieser Übermacht standhalten könnte, das vermag niemand vorauszusagen... und das Frankreich der Valois würde zu einer spanischen Provinz degradiert!

Navarra oder Guise? Vor diese heikle Wahl gestellt, gibt Heinrich III. schließlich dem Drängen seiner Mutter nach und nimmt wieder Verhandlungen mit seinem Todfeind auf. Aber in seiner Situation ist es von der Verhandlung zur Kapitulation nur ein Schritt. Im Juli 1588 unterzeichnet der König den unrühmlichen »Pacte de l'Union«, den Unionspakt, der sofort in Paris an allen Straßenecken ausgerufen und angeschlagen wird. Im Grunde handelt es sich um eine Neuauflage des Vertrages von Nemours, mit dem Heinrich III. bereits hoch und heilig geschworen hatte, die Irrlehre schonungslos aus dem Land zu vertreiben und mit Navarra und den Seinen weder Waffenstillstand noch Frieden zu schließen. Aber der Unionspakt geht noch einen Schritt weiter in der Demütigung des Monarchen, indem dieser sich verpflichten muß, die Unruhestifter der Pariser Barrikaden vom 12. Mai zu amnestieren und... Heinrich von Guise zum Generalleutnant des Königreiches zu ernennen, eine der höchsten Ehren, die er zu vergeben hat. Das ist noch nicht alles. Der König ist gezwungen, Kardinal Karl von Bourbon, den Onkel Heinrichs von Navarra, ein »pervertierter Nichtstuer«, wenn man de Thou[1] Glauben schenken darf, in den Rang des ersten

Prinzen von Geblüt zu erheben und damit zu seinem Nachfolger zu erklären. Ein schmählicher Fetzen Pergament...

Aber wider Erwarten werden die schwerfälligen Schiffe der Armada von den beweglichen Seestreitkräften des Lord Howard erfolgreich angegriffen, von Brandern in Flammen gesetzt und vom Sturm in alle Winde verstreut. Die Hoffnungen Philipps II. versinken im Ärmelkanal. Für Heinrich III. ist die schlimmste Gefahr gebannt, und er glaubt, die Fesseln des Unionspaktes abschütteln zu können. Die eben erst ernannten guisefreundlichen Minister werden entlassen und durch solche ersetzt, die ihm ergeben sind. Auch hält er sich für stark genug, der Aufforderung der Lothringer nachzukommen und die Generalstände einzuberufen. Generalstände wohl, aber nicht in Paris, das die »Sechzehner« beherrschen, sondern in Blois, in der Touraine, wo die Valois nach wie vor die uneingeschränkte Anhänglichkeit und das Vertrauen ihrer Untertanen genießen.

Während Baron von Oignon im Ständesaal des Schlosses von Blois die Tribünen für das große Ereignis aufstellen läßt und die Abgeordneten aller Provinzen nach ihren Rängen ordnet,[2] beobachtet Heinrich von Navarra von La Rochelle aus, wie die Liga täglich die Macht der Monarchie untergräbt. Sein Informationsdienst funktioniert ausgezeichnet. So weiß er, daß Heinrich III. am 6. Oktober zur Eröffnung der Versammlung, ganz in seine Würde drapiert, die Komödie seines Königtums auf vollendete Art spielt. In Wirklichkeit aber wissen alle, daß er als Vertreter der Krone allein steht. Allein mit seiner Mutter. Und ohne Nachfolger! Der Anblick ist prächtig: Die Abgeordneten des Klerus im Chorrock und Mantilla, die Edelleute mit federgeschmücktem Samtbarett, buntem Wams und weitem Umhang, die Abgeordneten des dritten Standes: die dem hohen Richteramt angehörenden in langer Robe und mit viereckigem Doktorhut, der niedere Richterstand mit der kleinen Kappe und die übrigen in der Kaufmannstracht mit pelzbesetzter Schaube. Sie alle erheben sich barhäuptig beim Erscheinen des Königs, der gemessenen

Schrittes dem Thronsessel zustrebt. Zu seiner Rechten, etwas tiefer, nimmt Katharina Platz, zu seiner Linken Königin Luise und zu seinen Füßen der Herzog von Guise, den Blick zum Saal gewandt.

Die in Schwarz gekleidete Gestalt des Königs wirkt fast zerbrechlich, aber der Ton seiner Stimme ist bestimmt, fast etwas drohend.

»Ich bin euer alleiniger und rechtmäßiger König von Gottes Gnaden!« hebt er an, »und ich habe als solcher uneingeschränktes Recht über die Monarchie, die eins und unteilbar ist.«

Die Ermordung Heinrichs III. durch den Mönch Clément.
Zeitgenössischer Kupferstich

Schweigen ringsum. Auch der »Balafré« rührt sich nicht. Doch gleich darauf zuckt er zusammen, und sein Gesicht läuft zornrot an. Die Worte Heinrichs III. klingen an sein Ohr: »Aber es gibt Fürsten in meinem Königreich, die Ligen und Bünde gegen mein verbrieftes Recht geschlossen haben.« Er macht eine kleine Pause und fährt dann mit ruhiger Stimme fort: In meiner unendlichen Güte bin ich bereit, das Vergangene zu vergessen. Künftighin jedoch werde ich keinen Bund mehr dulden, der nicht meiner persönlichen Autorität untersteht, und seine Anhänger setzen sich der Anklage der Majestätsbeleidigung aus...«

Armer König. Er spricht von Macht und Pardon, als ob er noch im Besitz des einen oder des andern wäre. Die Eröffnungssitzung ist beendet, die Verhandlungen beginnen. Als erste melden sich die Führer der Liga, Heinrich von Guise und sein Bruder, der Kardinal von Lothringen, zu Wort. Sie verlangen lärmend, daß der Satz »Es gibt Fürsten in meinem Reich...« aus dem Protokoll entfernt werde. Keine Stimme erhebt sich gegen ihr Begehren, statt dessen wird Beifallsgemurmel laut. Heinrich III. muß sich blutenden Herzens fügen.

»Es wurde festgestellt«, notierte ein Chronist, welcher der erniedrigenden Szene beiwohnte, »daß, während der König seine Worte widerrufen mußte, ein schwerer Gewitterhagel niederprasselte und das Licht im Saal so sehr verdunkelte, daß man gezwungen war, zum Lesen und Schreiben am hellichten Tage die Kerzen anzuzünden. Jemand sagte, daß man das Testament des Königs und des Königreiches niederschrieb, und daß das Kerzenlicht seine letzten Züge beleuchtete...«

Am 18. Oktober folgt eine erneute Niederlage des Königs, von dem die Abgeordneten eine Bestätigung des Unionspaktes von Rouen und damit die Bestätigung der Guise in ihren Machtbefugnissen verlangen.

Mit Schrecken muß Heinrich III. feststellen, daß die Liga unter den Ständen weit mehr Anhänger besitzt, als er angenommen hatte, und das Königshaus weniger, als er hoffte. Von da an beginnt ein erbärmlicher Abstieg von Kapitulation zu Kapitulation. Keine Demütigung bleibt ihm erspart. Er braucht Geld, aber seine Bitte um Subsidien wird von den Abgeordneten abgelehnt.

»Ich werde meine persönlichen Ausgaben einschränken«, fleht er. »Aber wie soll ich ohne Geld leben? Mir die Subsidien entziehen, heißt, mich zugrunde richten und...«

Schweigen.

»...und den Staat mit mir!«

Einer der Guisarden antwortet ihm frech: »Und? Was solls? Dann seid ihr eben nicht mehr König!«

»Meine Herren«, kichert ein anderer, »ein Unglück ist geschehen! Des Königs Kochtopf ist umgestürzt, wer wird nun für seinen Haushalt sorgen?«

Heinrich III. tut, als ob er den Affront nicht hört.

Er tut in den folgenden Wochen auch so, als ob er nicht bemerkt hätte, daß das Gefolge von Heinrich von Guise täglich zunimmt. Der Herzog ist dauernd von einem geradezu anmaßenden Schwarm von Höflingen umgeben, von knisternden Roben und wallenden Kardinalsmänteln. Es sieht aus, als halte der Lothringer Hof und nicht der König von Frankreich.

Am Abend des 17. Dezember 1588 gibt der Herzog ein Souper. Unter schrillem Gelächter wiederholt seine Schwester, die Herzogin von Montpensier, immer wieder: »Mein Bruder, Ihr haltet ihn fest, und ich, mit meiner Schere, werde ihm eine Krone scheren!«

Kein Zweifel, es scheint ihnen allen das Einfachste auf der Welt zu sein, »Bruder Heinrich« von seinem Thron zu schieben und selbst darauf Platz zu nehmen. Seinen Blick fest in die Augen seines Bruders geheftet, erhebt der Kardinal von Lothringen sein Glas:

»Ich trinke auf die Gesundheit des Königs von Frankreich!«

Venetianelli, ein Italiener, sitzt unter den Anhängern der

Guise am anderen Ende der Tafel und ruft lauter als alle anderen:

»Es lebe Heinrich ›Le Balafré‹! Es lebe der Erbe Karls des Großen!«

Aber schon am nächsten Morgen steht er vor Heinrich III. und berichtet haarklein über den Vorfall. Der König erbleicht. Das war der Schritt zu weit, das Fünkchen, an dem sich seine Widerstandskraft entzündet: wenn der König nicht den Herzog von Guise umbringt, wird dieser ihn töten und Frankreich ins Verderben reißen. So ist, was er jetzt plant, in seinen Augen kein Verbrechen, sondern Strafe für Rebellion, notwendige Maßnahme zur Erhaltung des Staates. Sein Entschluß ist gefaßt.

Aber auch die Guise haben ihre Spitzel im Lager des Königs. Warnungen werden laut: »Bruder Heinrich« führt etwas gegen den Herzog im Schilde! Es wird vielleicht doch nicht so leicht sein, dem Sohn der Medici die Tonsur zu scheren! »Er wird es nicht wagen!« meint Heinrich von Guise, aber um reinen Tisch zu machen, bittet er den König um Audienz.

Die berühmt gewordene Szene spielt sich im Schloßgarten ab, in dem eine eisige Brise Schneeflocken um die knisternden Buchsbaumhecken wirbelt. Nebliges Grau hängt in den kahlen Bäumen, und das Krächzen der Raben tönt aus den Niederungen. Eine Atmosphäre, die das Herz erstarren läßt. Nach einigen Höflichkeitsformeln setzt der Herzog zum Angriff an, indem er dem König die Niederlegung seines Amtes als Generalleutnant des Reiches anbietet. Heinrich III. hat Mühe, seinen Gleichmut zu wahren. In Sekundenschnelle erkennt er den Abgrund, der sich vor ihm öffnet: Wenn der »Balafré« geht, zerbricht Frankreich in drei Teile, das Frankreich der Hugenotten unter Heinrich von Navarra, das Frankreich der Liga, von Spanien unterstützt, unter Heinrich von Guise, und zwischen diesen beiden Mächtigen, eingeklemmt, armselig, das königliche Frankreich der Valois, das seine!

In diesem Augenblick hört er die Stimme des Herzogs:

»Sire, warum sollte ich verschweigen, daß man mich in letzter Zeit oft warnte, Ihr wolltet mir übel?«

Haltung bewahren, sagt sich Heinrich III., und schiebt mit einem katzenfreundlichen Lächeln seinen Arm unter den seines Vetters: »Aber, aber! Wie könnt Ihr solchen Worten Glauben schenken? Haltet Ihr mich für fähig, gegen Euch zu konspirieren? Ich versichere Euch, daß mir niemand im ganzen Königreich nähersteht als Ihr...«

Guise betrachtet ihn skeptisch, und Heinrich III. merkt, daß er einen Schritt weitergehen muß! »Was ich Euch hier sage, ich beschwöre es beim Leichnam unseres Herrn und werde darauf gleich nachher die Hostie empfangen!«

Die Audienz ist beendet. Der König wendet sich, ein Zittern verbergend, zum Gehen. Hat er den Guise überzeugen können? Außer sich vor Wut und Erregung schleudert er, in seinem Kabinett angelangt, seine Kappe in eine Ecke und wirft sich in einen Sessel. Als sein Zorn verraucht ist, rafft er sich auf: »Mut, Hoffnungslosigkeit führen zu nichts!« murmelt er.

Laugnac, der Obrist der »Fünfundvierzig«, der abseits auf die Befehle seines Herrn wartet, wirft ihm einen fragenden Blick zu. »Übermorgen!« befiehlt der König mit tonloser Stimme und fügt hinzu: »Es wird schwer sein. Haltet Euch bereit.«

Man kann dem gedemütigten Monarchen einen gewissen Respekt nicht versagen, daß er den Strafvollzug hier, in seinem Kabinett, unter seinen Augen ausführen läßt und nicht etwa heimlich, im Dunkel des Waldes von ein paar gedungenen Mördern.

Eine Ratssitzung ist auf die frühen Morgenstunden des 23. Dezember 1588 einberufen. Um vier Uhr morgens läßt sich der König wecken und überwacht bei Kerzenlicht die Vorbereitungen zur Bluttat. Im kleinen Saal nebenan, der nur durch einen Gang von seinem Kabinett getrennt ist, versammeln sich die Minister und Räte. Ihre Schritte, ihre gedämpften Stimmen, das Rücken der Stühle sind zu hören...

Der Rest ist nur zu bekannt. Ein nebliger Dezembertag graut, als der König Heinrich von Guise zu einer persönlichen Unterredung vor der Sitzung in sein Gemach bitten läßt. Unbekümmert folgt der Lothringer dem Boten, der ehrerbietig zur Seite tritt, um ihn durch die Tür schreiten zu lassen, und schrickt erst zusammen, als dieser sie hinter seinem Rücken hastig verriegelt. Zu spät. Fünf gezückte Dolche stürzen sich auf den Ahnungslosen, bevor er Zeit hat, seinen Degen aus der Scheide zu ziehen. Sie durchbohren ihn wieder und wieder, bedrängen ihn von allen Seiten wie eine Meute Hunde, die einen wilden Eber reißt. Der Herzog blutet aus vielen Wunden, aber er steht noch immer.

»Verrat«, ruft er, »elender Verrat!«, als Du Gast, einer der »Fünfundvierzig«, dem Schwankenden den Gnadenstoß versetzt. Er torkelt auf Laugnac zu, der ihn mit der Scheide seines Schwertes zurückstößt. Vergeblich nach einem letzten Halt tastend, bricht Heinrich von Guise endlich zusammen.

Von da an geht alles sehr schnell. In den Galerien, Gängen und Gärten des Schlosses werden die leitenden Köpfe der Liga verhaftet, als erster der Kardinal von Lothringen mit dem Erzbischof von Lyon. Sie werden in einer Bodenkammer unter dem Dach eingesperrt und am folgenden Tag, am 24. Dezember, ebenfalls ermordet.

Erleichtert, ja, freudig bewegt betritt Heinrich III. das Gemach seiner Mutter: »Endlich bin ich König von Frankreich, Madame... Ich habe den König von Paris getötet!«

Ob er das wirklich gesagt hat, ist nicht belegt. Sicher ist, daß Katharina ihn schreckenstarr anblickte, zu krank und zu elend, um noch ein Wort zu sagen. Hatte nicht sie den Herzog von Guise immer heimlich, selbst gegen ihren Sohn, unterstützt und ihm so zu seiner Macht verholfen?

Am Abend des 4. Januar 1589 heult der Sturm um die Türme des Schlosses von Blois, fegt durch die mächtigen Kamine und bläst den Rauch in die Zimmer. Läden schlagen, und im Garten ächzen die Bäume im Wind. Königin Katharina, Regentin und Mutter dreier Könige, ringt nach Atem. »Sie hat ein schweres Fieber«, notiert ein fremder Gesandter.

»Obwohl die Ärzte behaupten, es handle sich nur um eine leichte Erkältung, weiß man, daß ihr hohes Alter Grund zu den schlimmsten Befürchtungen gibt«.

Am nächsten Morgen diktiert sie ihr Testament, in welchem alle, außer Heinrich von Navarra und die immer noch gefangene Margarethe, bedacht werden. Aber sie weigert sich starrköpfig, das Schriftstück zu unterzeichnen, denn, »ihr Geist reiche dafür nicht mehr aus...«, behauptet sie. Die Tochter der Medici will nicht glauben, daß der Tod bereits vor ihrer Tür steht. Wie könnte er, da ihr doch Nostradamus und Ruggieri, ihr Hofastrologe, immer wieder weissagten, daß sie bei Saint-Germain sterben werde! Und Blois ist weit von Saint-Germain entfernt.

Aber ihr Zustand verschlimmert sich, und Heinrich III. besteht darauf, daß sie die Sterbesakramente erhält. Ein ihr fremder Beichtvater des Königs betritt das Gemach, in dem sie von Husten geschüttelt liegt. »Wie ist Euer Name«, fragt ihn Katharina.

»Julian von Saint-Germain, Madame.«

»Der Tod!« ruft die alte Königin und gibt noch am selben Tag ihren Geist auf.

Paris ist noch immer in den Händen der Liga und der Feinde der Valois. Das Begräbnis in Saint-Denis muß auf bessere Zeiten verschoben werden. Da es in Blois keinen Einbalsamierer gibt, hebt man in aller Eile ein Grab in der Stadtkirche für die mächtigste Königin ihrer Zeit aus... »Man machte mit ihr nicht mehr Umstände als mit einer Ziege«, heißt es nach Aussage ihres Arztes François Miron.

Das Schicksal hat es gewollt, daß sich viel später, unter Ludwig XIII., Diana, Herzogin von Châtellerault, Tochter ihrer Rivalin Diane de Poitier, ihrer erinnerte und die Überreste der »schwarzen Königin« in Saint-Denis neben ihrem Gemahl Heinrich II. zur letzten Ruhe betten ließ...

Zur letzten Ruhe? Das heißt, bis sie durch die Revolution knapp zweihundert Jahre später in ein Massengrab geschaufelt wurden.

»Endlich bin ich Alleinherrscher!« hatte Heinrich III. nach dem Mord am Herzog von Guise und nach dem Tod seiner Mutter ausgerufen. Aber er ist es weniger denn je. Die Wirklichkeit sieht anders aus.

Statt die Wogen zu glätten, fachen die blutigen Ereignisse in Blois den Bürgerkrieg noch mehr an. In Paris zerschlägt die Volkswut die Embleme der Valois. In der Kirche von Saint-Paul werden die Grabmäler geschändet, die der König seinen Favoriten Joyeuse und Claude von Saint-Sauveur nach der Schlacht von Coutras errichten ließ. Die Liga wird zur Partei der Aufständischen, zum Inbegriff der Königsgegner. Der Herzog von Mayenne, Bruder des »Balafré«, kann sich dem Zugriff der Häscher entziehen und läßt sich vom Rat der »Sechzehn« in Paris zum Generalleutnant des Reiches ausrufen. Er steht bereits an der Spitze seiner Truppen vor Tours, und bei Amboise schlägt seine Armee die königliche Reiterei in die Flucht.

Apathisch läßt Heinrich III. den Dingen ihren Lauf. Es ist, als ob der Entschluß von Blois seine Kräfte gelähmt, seine Energie erschöpft hätte. »Er geht so gleichgültig seinen Herrscherpflichten nach«, notiert Pierre de l'Estoile, »daß er Orléans verliert und in den folgenden sechs Wochen sein Königreich auf Tours, Blois und Beaugency zusammenschrumpfen läßt.« Seit der Zeit, da der Sitz der Monarchie an die Loire verlegt worden war,[3] hatte es keine so ernste Stunde mehr gegeben.

Aber auch unser Béarner sieht sich anläßlich der protestantischen Abgeordneten-Versammlungen in La Rochelle mit einigen Schwierigkeiten konfrontiert. Die siebenunddreißig Kirchenvorstände, die vom 14. November bis zum 17. Dezember in ihrer Hochburg zusammentreten, hören zunächst geduldig an, wie Heinrich von Navarra sich beklagt, daß seine Handlungsweise von ihnen oft falsch interpretiert wurde. Unglücklicherweise steht ihm der puritanischste und redegewandteste der calvinistischen Geistlichen, der agressive Jean Gardezy von Montauban, gegenüber, von dem er sich eine ganze Salve von Anschuldigungen gefallen lassen muß, unter denen sein lockerer Lebenswandel nicht die harmloseste darstellt. Man wirft ihm auch, Gipfel des Absurden, seine kostbare Kleidung vor – ihm, der zumeist in abgeschabten Mänteln herumläuft –, die Spitzen, Federn und Edelsteine, die seine Zeremonienhüte zieren... Die Zierde des Hugenotten, wird ihm bedeutet, ist die Schlichtheit seines Gewandes, seine Zurückhaltung und seine Sittenstrenge! Navarra muß dem Ende der Versammlung entgegengefiebert haben, enttäuscht über soviel Kleinkrämerei. »Wirklich«, schreibt er an Corisande, »eine zweite Kirchenversammlung, und ich verliere den Verstand!«

Ob sich Heinrich III. seines Schwagers besinnt, der wahrscheinlich seine einzige Rettung bedeutet? Rastlos wandert er von Schloß zu Schloß und nähert sich unmerklich, über Chaumont, Amboise und Chenonceau – das Königin Luise zum Erbe erhielt –, der Grenze zum Poitou. Auch der Béarner hat La Rochelle hinter sich gelassen und Niort erreicht. Auf Schloß La Mothe-Freslon wird Navarra plötzlich von einem schweren Fieber niedergeworfen. Man fürchtet um sein Leben, und landauf, landab werden Gebete für seine Genesung zum Himmel geschickt. Sie müssen Gehör gefunden haben, denn zwei Monate später sitzt der Unermüdliche wieder im Sattel und reitet im März 1589 in Châtellerault ein. Sein Aufenthalt dort ist von besonderer Bedeutung, weil er von hier aus das aufsehenerregende Manifest veröffentlicht, das die Franzosen zur Einheit aufruft.

»Ist es nicht ein Trauerspiel«, schreibt er, »daß niemand in diesem Königreich lebt, weder groß noch klein, der nicht erkannt hätte, wo die Wurzel allen Übels liegt, der nicht die Waffen verwünschte, die dieses Land wie eine Krankheit zugrunde richten? Und daß es trotzdem keinen Mund gibt, der das einzige Mittel zur Heilung beim Namen nennt...? Kein einziger der jämmerlichen Vertreter der Generalstände in Blois hat es gewagt, das heilige Wort Frieden auszusprechen..., und dabei sieht ein jeder, woran dieser Staat krankt, jeder weiß, daß es der Bürgerkrieg ist, der ihn vernichten wird, wie er noch jeden Staat vernichtet hat!

Wir sind alle in einem Haus, das einzustürzen droht, in einem Schiff, das untergeht. Es gibt nur eine einzige Rettung: den Frieden. Friede, der die Ordnung wiederherstellt, Friede, der seine Urkraft wiederverleiht, Friede, der Ungehorsam, Korruption und Aufruhr aus seinem Gebiet verbannt und die Tore öffnet für ein Leben in Gerechtigkeit und Harmonie!

Ich beschwöre euch alle mit diesem Schreiben, sowohl euch, die Katholiken und Diener des Königs, meines Herrn, als auch jene, die es nicht sind. Ich rufe euch auf als Franzosen! Ich fordere euch auf: habt Mitleid mit diesem Staat und mit euch selbst. Genug der Leiden, der Jahre des Zorns, der Zeiten der Kriegstrunkenheit! Die Stunde der Besinnung ist gekommen!

Und in dieser Stunde appeliere ich an alle, die unserem Wahnsinn beiwohnten... Ich rufe unseren Adel, die Vertreter der Geistlichkeit, unsere Städte; ich spreche zum ganzen Volk dieses Landes, dem Volk, das die Felder bepflanzt und die Speicher füllt, das durch seiner Hände Arbeit die Großen nährt und kleidet... hört auf meinen Ruf und legt die Waffen nieder! Was wird von diesem Staat bleiben, von seinen Städten und Dörfern, von seinem Reichtum und seiner Macht, wenn wir nicht zur Besinnung kommen und unseren Zwist begraben...?«

Dieses Manifest des späteren Heinrich IV., das er im Monat März des Jahres 1589 in Châtellerault veröffentlichte, ist für seine Zeit etwas Unerhörtes, nie Dagewesenes. Es bleibt dahingestellt, wie viele seiner Zeitgenossen die Größe seiner Gedanken erkannt haben. Einer hat sie sicher erkannt, Heinrich III. Für ihn gibt es von jetzt an nur noch einen Gedanken: die Verbindung mit Navarra.

Aber trotz allen guten Willens auf beiden Seiten ist es nicht leicht, dreizehn Jahre Kampf, Streit und Hinterlist mit einer Handbewegung auszulöschen. Nicht nur die strengen Katholiken um Heinrich III. erheben Einspruch gegen einen Pakt mit dem Ketzer, auch die fanatischen Calvinisten um Navarra wettern gegen die Versöhnung mit dem »Mörder von Sankt Bartholomäus«! Behutsam eröffnen die beiden Heinriche geheime Verhandlungen, die zunächst einen Waffenstillstand erwirken.

Heinrich III. hält Hof in Tours, Heinrich von Navarra rückt auf dem südlichen Ufer der Loire langsam näher. Boten eilen von einem Lager zum anderen.

»Wir sind in der Nähe von Tours angelangt, wo sich der König aufhält«, berichtet Navarra an Corisande. »Seine Armee lagert etwa zwei Meilen von der unseren entfernt, ohne daß etwas geschieht. Die kriegsgewohnten Männer von beiden Seiten begegnen sich und fallen sich in die Arme, ohne daß ein Befehl dazu ergangen wäre.«

Am 22. März versammelt der König die aus Paris verjagten Parlamentsmitglieder, soweit sie nicht in der Bastille gefangengehalten werden, im Kapitelsaal in Tours, und ausnahmslos beschwören sie ihn, sich mit Navarra zu vereinigen.

Am Sonntag, dem 30. April 1589, findet im Schloßpark von Plessis-les-Tours eines der denkwürdigsten Ereignisse der französischen Geschichte statt: die Versöhnung der beiden Könige, die sich nicht mehr begegnet waren, seit der »kleine Vendôme« eines Abends im Winter 1576 aus dem Louvre entwich. Die unerhörte Neuigkeit hat sich wie ein Lauffeuer in Tours und in den umliegenden Ortschaften und Weilern verbreitet. Der Andrang ist so groß, daß der König von Navarra sich kaum Eingang durch das Schloßtor verschaffen kann.

»Es befand sich dort eine solche Menge des Volks«, berichtet Pierre de l'Estoile, »daß die Könige, trotz der Befehle, die von allen Seiten klangen, eine volle Viertelstunde lang mit ausgebreiteten Armen an beiden Enden der Allee standen, ohne daß sie zueinander gelangen konnten. Das Gedränge und der Lärm waren unbeschreiblich, denn die Stimme des Volkes dröhnte jubelnd:

Es lebe der König! Es lebe der König von Navarra! Vivat die Könige!«

Jetzt stehen sich die beiden Männer Auge in Auge gegenüber. Heinrich von Navarra, Schweiß und Staub bedeckt. Die weiße Hugenottenschärpe nimmt etwas von der Strenge seiner rostbraunen Pluderhosen. Sein Wams ist an den Schultern und an den Seiten vom Küraß abgeschabt. In der Hand hält er seinen grauen Hut, dessen legendärer, weißer Federbusch wie ein Friedensfanal wirkt. Sein Gesicht ist sonngebräunt, Bart und Haare zeigen die ersten grauen Fäden. Ihm gegenüber Heinrich III., zart, schlank, fast schmächtig zu nennen. Sein Blick ist müde. Die violette Trauerkleidung läßt seine Gesichtsfarbe gelb erscheinen. Im Gedränge kommt er die Treppe herunter, während Navarra sich langsam den Weg zu ihm bahnt. Jetzt, endlich, sind sie beieinander angelangt. Sie umarmen und küssen sich dreimal liebevoll, und man sieht dem Béarner dicke – manche sagen erbsengroße Tränen aus den Augen kullern. An diesem Tag gibt es an der Loire weder Hugenotten noch Katholiken, sondern nur noch Franzosen. Das Land konnte gerettet, die Liga besiegt werden. Jedenfalls durfte man hoffen!

Am Abend dieses 30. April 1589 schreibt Heinrich an seinen Kanzler Philippe Duplessis-Mornay: »Das Eis ist gebrochen, obwohl mich manche davor warnten, daß es, wenn ich hinginge, mein Tod sein würde. Aber ich habe Gott vertraut, der in seiner Güte nicht nur mein Leben beschirmte, sondern mir auch die Freude des Königs und den unbeschreiblichen Jubel des Volkes zeigte. Es haben sich tausend Sonderlichkeiten ereignet, von denen ich bald mehr berichten werde. Schickt mir mein Gepäck und laßt die Truppen vorrücken...«

Am nächsten Morgen um sechs Uhr früh begibt sich der König von Navarra in das Kabinett Heinrichs III., und zwei Tage vergehen, wie Agrippa d'Aubigné berichtet, »in Beratungen und mit der Begrüßung der reformierten Capitaine«.

Auf dem Weg nach Chinon versucht Mayenne, an der Spitze seiner Armee, ihnen den Weg zu verlegen. Um ein Haar wäre es ihm gelungen, den König gefangenzunehmen, wenn sich die Hugenotten nicht dazwischengeworfen hätten. Der Bruder des »Balafré« wird in die Flucht geschlagen, wofür er durch die Verwüstung der Ortschaft von Saint-Symphorien blutige Rache übt... Erbarmungsloser Bürgerkrieg. »Uns ist alles erlaubt«, drohen seine Truppen, »denn wir kämpfen für die gerechte Sache, und der Papst selbst ist mit uns!«

Der von Navarra herbeigesehnte Friede ist noch in weiter Ferne.

»Meine Seele«, schreibt er wenig später an Corisande, »ich sende Euch diese Zeilen aus Blois, wo man mich vor fünf Monaten als Ketzer und der Krone unwürdig erklärte, deren einzige Stütze ich jetzt bin. Seht darin das Werk Gottes an denen, die ihm vertrauen. Es geht mir Gott sei Dank gut, und es ist die reine Wahrheit, wenn ich Euch schwöre, daß ich niemanden auf der Welt mehr liebe und verehre, als Euch, und daß ich Euch die Treue bis zum Grab halten werde...« Unter die letzte Zeile dieses Briefes, der erhalten ist, setzte Corisande die skeptischen Worte... »Es sieht nicht danach aus!«, und aus dem Satz »ich halte Euch die Treue...« macht sie »ich halte Euch die Untreue bis ins Grab« und fügt die drei Worte hinzu: »Das glaube ich.«

Auch wenn Heinrich die Komödie noch weiterspielt, so bleibt von der großen Liebe von einst nur noch die schöne Erinnerung. Freundschaft tritt an die Stelle der Leidenschaft.

Nach der Einnahme von Châteaudun kehrt Navarra nach Tours an den Hof zurück. »Sire«, beschwört er den König, »Gott weiß, daß ich Euch wie meinen Bruder liebe, und daher sage ich Euch: wenn Ihr Euer Königreich zurückgewinnen wollt, so müßt Ihr mit Paris beginnen und über die Brücken einziehen.[4] Jeder der euch anderes rät, berät Euch schlecht.«

Er empfiehlt ihm auch, seine über die Provinzen verteilten Truppen zu sammeln und für das einzige wichtige Ziel einzusetzen. Er selbst trommelt seine Freunde zusammen. Glaubensfragen dürfen nicht mehr ins Gewicht fallen, alle müssen für den Kampf gegen die Liga bereit sein. »Lieber Frosch«, schreibt er an den Baron Pujols, »wenn Du mich liebst, stoße zu mir mit allem, was Du mitführen kannst. Wenn sich der König beeilt, werden wir bald die Türme von Notre Dame zu sehen bekommen.«

Die Armee des Königs ist jetzt auf zwanzigtausend Mann angeschwollen und lagert bei Poissy, »alle im besten Einvernehmen«. Die Belagerung der Hauptstadt kann beginnen.

Ist es die Aussicht auf den baldigen Einzug in Paris im Zeichen ihrer friedlichen Verständigung, der Toleranz zwischen den beiden Religionen, die dem Béarner Flügel verleiht? Kaum je zuvor hat man ihn so freudig erregt gesehen, stets im Sattel, unermüdlich von einem Vorposten, von einem Regiment zum andern galoppierend, die weiße Schärpe und der kleine, hellrote Umhang im Winde flatternd.

Um Mayenne in Paris ist es dagegen schlecht bestellt. Kaum achttausend Streiter bleiben ihm noch. Als Sancy und Longueville bei Conflans-Saint-Honorine mit weiteren zwanzigtausend Mann Verstärkung zu den Royalisten stoßen, ruft er die Spanier zu Hilfe.

Langsam scheint sich der Ring um die Stadt zu schließen. Am Abend des 19. Juli können die Guisarden die Lagerfeuer des feindlichen Heeres auf den Höhen von Vanves und Saint-Cloud leuchten sehen. Aber noch geben die Fanatiker nicht auf. Von der Kanzel herunter hetzen die Pfarrer das Volk auf zur Rache am Verräter Valois, der den Herzog von Guise tötete, und an Heinrich von Navarra, den Ketzer und Schürzenjäger, den er zu seinem Nachfolger machen will. An den Straßenecken wird die Papstbulle angeschlagen, mit welcher Sixtus V. den König auffordert, sich in Rom für den begangenen Mord an Guise zu rechtfertigen. Während der dicke Mayenne die Möglichkeiten eines Ausfallversuchs erwägt, läßt seine Schwester, die Herzogin von Montpensier, in hysterischer Verblendung falsche Siegesmeldungen verbreiten. Die Verwirrung erreicht ihren Höhepunkt. Nur ein Wunder kann die Belagerten retten. Und das Wunder geschieht!

Es hat einen Namen: Jacques Clément, ein zweiundzwanzigjähriger Bauernsohn aus einem Dorf in der Gegend von Sens, Mitglied des Dominikanerordens. Er ist von den Haßtiraden, die rings um ihn gegen den »reißenden Wolf, den Tyrannen und den Ketzer« erklingen, in seiner devoten Einfalt - manche nennen ihn den Exaltiertesten seines Klosters - zutiefst beeindruckt.

»Ist es erlaubt, einen Tyrannen zu töten?« fragt er seinen Beichtvater.

Die Antwort ist ausweichend,... und doch faßt er seinen Entschluß. Er wird Frankreich von dem verhaßten König befreien!

In Paris tagt der Rat der »Sechzehn«. Die Situation in der Stadt wird täglich ernster, denn von den umliegenden Dörfern sind die Bewohner zu Tausenden mit ihrem Vieh hinter die Mauern der Hauptstadt geflüchtet. Es fehlt an Verpflegung für die Bevölkerung, an Futter für die Tiere. Spanier lagern in den Kirchen der Vorstädte. Die Spannung wächst. Täglich kann die Kanonade beginnen, Zeichen für den Sturmangriff. Während der Ratssitzung wird der Prior der Dominikaner - ihr Mutterhaus befindet sich in der Rue-Saint-Jacques, was ihnen später den Namen »Jakobiner« einträgt – gemeldet, welcher der erstaunten Versammlung mitteilt, daß einer seiner Mönche das Vorhaben gebeichtet habe, Heinrich III. zu ermorden...

Die Rettung, das war die Rettung! Kurz vor dem Fall von Paris greift das Schicksal in den Lauf der Dinge ein, hält das Rad an, das sich zugunsten des Königs zu drehen begann! So wird Heinrich III. seine Hauptstadt nie wiedersehen und Heinrich IV. erst nach Jahren erbitterter Kämpfe.

Wir schreiben Sonntag, den 31. Juli 1589. Gegen Abend meldet sich Jacques Clément bei den Armee-Vorposten von Saint-Cloud. Er legt ein – gefälschtes – Beglaubigungsschreiben des in der Bastille eingekerkerten Parlamentspräsidenten Achille von Harlay vor, das von den Wachen für echt gehalten wird. Ungehindert gelangt er zum Palais Gondi, in dem

Heinrich III. untergebracht ist, und verzehrt in aller Ruhe mit den Dienern des Königs das Abendbrot. Man sieht ihn dabei ein langes Messer mit schwarzem Griff aus dem Ärmel ziehen, Fleisch und Brot damit schneiden... Er ist wortkarg und tut geheimnisvoll, denn er habe eine persönliche Botschaft für den König. Gleich morgen früh, versichert man ihm, wird der Monarch ihn empfangen. Ein Mönch flößt doch immer Vertrauen ein!

Am 1. August führt man ihn in das Gemach Heinrichs III., das zum Zeichen der Hoftrauer um die Königinmutter mit violettem Samt ausgeschlagen ist. Der König ist bester Laune. Er hat eben seine Bouillon zu sich genommen und sitzt auf dem Nachtstuhl, einem reich geschnitzten Sessel mit Baldachin. In demütiger Haltung nähert sich der Mönch, nestelt am Ärmel seiner Kutte. Er habe eine wichtige Mitteilung für seine Majestät, flüstert er geheimnisvoll. Bellegarde, der königliche Oberstallmeister, tritt einige Schritte zurück. Heinrich neigt sich vor... als sich ihm auch schon das Messer seines Mörders in den Unterleib bohrt.

»Ah, der verfluchte Mönch! Er hat mich getötet«, ruft er, springt auf und reißt den Dolch aus der Wunde, während sich die Wachen auf den Dominikaner stürzen, ihn in übereiltem Zorn erdolchen und aus dem Fenster werfen! Seine Leiche wird wenig später auf dem Kirchplatz von Saint-Cloud verbrannt.

Noch hofft man, daß der König nur leicht verletzt ist und in ein paar Tagen genesen kann. Heinrich III. selbst ist ruhig und gefaßt, er scheint nicht zu leiden. Doch am Abend stellen sich heftige Schmerzen im Unterleib ein, von Ohnmachten und Schweißausbrüchen begleitet. War Jacques Cléments Messer vergiftet? Plötzlich wird allen klar, daß keine Überlebenschance besteht.

Gegen elf Uhr trifft der König von Navarra ein. Den Küraß hastig über das Wams geschnallt, war er von Meudon herübergeritten und wirft sich am Lager des Verletzten auf die Knie.

»Mein Bruder«, sagt Heinrich III. müde, »da seht ihr, wie unsere Feinde uns mitspielen. Hütet Euch, daß Euch nicht Gleiches zustößt! Das Gesetz, dessen Hüter zu sein ich mich stets bemüht habe, bestimmt Euch zu meinem Nachfolger auf dem Thron des Reiches. Doch werdet Ihr Schwierigkeiten ohne Ende begegnen, wenn Ihr Euch nicht zum Übertritt zum katholischen Glauben entschließt. Darum mahne ich Euch auf das Dringlichste: Für das Heil Eurer Seele und für Euer eigen Wohl, für das ich den Segen des Himmels erflehe: werdet Katholik! Ich sterbe in Frieden, weil ich Euch in meiner Nähe weiß. Gottes Wille geschehe... die Krone ist Euer...«

»Meine Freunde«, fährt er nach einer kleinen Weile zu den übrigen gewandt fort, »ich bitte und befehle Euch, nach meinem Tod meinen Bruder dort als Euren allein berechtigten König anzuerkennen und ihm treue Gefolgschaft zu schwören. Sancy soll zu den Schweizern, Aumont zu den Deutschen gehen und ihnen meinen Willen kundtun...«

Der letzte Valois hat nur noch wenige Stunden zu leben, ein glückloser, noch nach Jahrhunderten verkannter König. Mühsam legt er die Beichte ab und empfängt die Sterbesakramente.

»In manus tuas Domine...«, hört man ihn flüstern, »vergib meine Sünden.«

Heinrich III. stirbt am 2. August 1589 um drei Uhr morgens.

Wenige Stunden später hat die Neuigkeit die Stadtgrenzen überquert, und die Armeevorposten des Ermordeten können die Guisarden beobachten, die auf den Befestigungen wahre Freudentänze aufführen und die grünen Schärpen der Liga schwingen. Das Jubelgeschrei der Pariser dringt herüber:

»Er ist tot! Der Verräter ist tot!«

Die Herzogin von Montpensier läßt sich in ihrer Karosse durch die Straßen fahren, um die frohe Botschaft unter dem Volk zu verbreiten: »Ich bedaure nur eines«, schreit sie hysterisch, »daß die Bestie nicht mehr erfahren hat, daß ich es war, die den Arm des Mörders bewaffnete!«

Saufgelage werden an Straßenecken und Plätzen abgehalten, die in Orgien ausarten. Die Kirchen füllen sich zu Dankgottesdiensten für den Märtyrer Jacques Clément, der sein Leben für den Sieg des rechten Glaubens opferte. Der Vorsteher der Kaufmannschaft schlägt vor, ihm im Chor von Notre Dame eine Statue zu errichten. Der Rat der »Sechzehn« faßt den Beschluß, alljährlich am 1. August ein Hochamt für sein Seelenheil abzuhalten... Fieberwahn ergreift die ganze Stadt.

Bei Einbruch der Nacht kann Heinrich IV. von den Fenstern von Saint-Cloud aus die Freudenfeuer beobachten, die hier und dort in der Stadt aufflammen. Sogar von den Türmen der Kathedrale scheint ein Leuchtfeuer zu blinken, das ihn zum Narren hält. Als er vom Fenster zurücktritt und sich zum Lager des toten Königs wendet, umfängt ihn feindseliges Schweigen. Da steht es vor ihm, das feige Hofgesindel, die kriecherischen Günstlinge des Verstorbenen und wagen nicht, ihm in die Augen zu sehen. Sie ziehen ihr Kappen tief in die Stirn oder werfen sie zu Boden, ballen die Fäuste und zischeln einander zu:

»Lieber tausend Tode sterben...«, hört man eine Stimme.
»Alles, nur keinen Hugenottenkönig!« faucht eine andere.
Der Marquis d'O, Superintendant der Finanzen, macht einen Schritt auf den neuen Monarchen zu und verkündet vernehmlich, daß es sein Gewissen nicht zulasse, ihn als König anzuerkennen. Zornesbleich, aber mit ruhiger, tonloser Stimme antwortet ihm Heinrich: »Wer sich nicht Zeit für reifliche Überlegung lassen will, kann gehen und seinen Sold bei den Mördern seines Königs holen. Ich halte ihn nicht zurück.«

Er weist eine Konvertierung nicht von sich, aber er duldet es nicht, daß man ihn jetzt, in der ersten Stunde, an der Gurgel packt. Der schwerwiegende Entschluß bedarf der Besinnung.

Jetzt tritt der Baron von Givry vor und kniet nieder: »Sire, ich habe die Edelsten unter Euren Führern um den toten

König weinen sehen... sie erwarten voller Ungeduld die Befehle des lebenden. Die Tapferen sind mit Euch, nur die Feigen werden Euch verlassen!«

Mit Givry stoßen die Truppen aus der Champagne zu Heinrich IV., D'Humières, an der Spitze der Picarden, erklärt sich ebenfalls für den Béarner. Die Marschälle von Aumont und Biron - sein alter, bärbeißiger Gegner in der Guyenne - folgen dem Beispiel. Die Schweizer Reisläufer, die deutschen Landsknechte und die schottischen Regimenter unterwerfen sich seinem Befehl.

Der Mörder Heinrichs III. wird von der Garde ergriffen und erstochen. Zeitgenössisches Gemälde

Im Verlauf einer Zusammenkunft beim Herzog von Luxemburg-Piney erklären sich die katholischen Edelleute bereit, Heinrich IV. den Treueid zu leisten, wenn dieser ihnen hoch und heilig verspricht, die katholische Religion im Lande unangetastet zu lassen, was er am 4. August mit den Worten beschwört: »Wir, Heinrich, von Gottes Gnaden, König von Frankreich und Navarra, versprechen und schwören, den Glauben der römisch-katholischen und apostolischen Kirche im Königreich von Frankreich zu erhalten und zu wahren. Wir verpflichten uns, den protestantischen Gottesdienst auf die Orte zu begrenzen, wo er jetzt ausgeübt wird und den Reformierten keine weiteren Plätze zu übergeben.«

Doch vielen, zu vielen katholischen Adligen und Vasallen genügt diese Zusicherung nicht. Zahlreich sind diejenigen, die es, wie der Herzog von Epernon mit seinem siebentausend Mann starken Heer, vorziehen, sich in ihre Besitzungen zurückzuziehen und die Entwicklung der Dinge abzuwarten. Ein einziger, Louis de l'Hôpital, Marquis von Vitry, tritt offen zur Liga über.

Die Armee des Königs schmilzt wie Butter an der Frühlingssonne. Bald bleiben Heinrich nur noch achttausend Franzosen, zwölftausend Reisläufer und zweitausend Landsknechte... die Hälfte des Heeres hat sich in Rauch aufgelöst.

Unter diesen Umständen die Belagerung aufrechtzuerhalten, wäre sinnlos. Sieg, Friede, Versöhnung... alles das, was vor einer Woche noch in greifbarer Nähe schien, ist in ungewisse Fernen entrückt. Die Boten des Herzogs von Mayenne an Philipp II. von Spanien sind bereits unterwegs, um ihm zu sagen, daß es Gott gefallen habe, das Land von dem verhaßten König zu befreien, aber daß die Liga mehr denn je der Unterstützung bedürfe, um auch den Ketzer loszuwerden, der den Thron bedrohe...

Trotzdem ist der »Ketzer« der rechtmäßige König von Frankreich. Vorläufig steht er hoffnungslos allein seinem in sich zerstrittenen Reich gegenüber.

8

Von Arques nach Ivry

»*König ohne Land, General ohne Geld,
Ehemann ohne Weib...*«

Heinrich IV.

Am frühen Morgen des 6. August 1589 reitet Heinrich IV. neben dem Sarg seines Vorgängers aus den Toren von Saint-Cloud und begleitet den Toten ein paar Meilen nordostwärts in Richtung auf Compiègne, wo der Leichnam eine vorübergehende Ruhestätte in der Abtei von Saint-Corneille finden wird. Ein trauriger Epilog für die glücklose Regierungszeit des letzten Valois...

Dann wendet er sich an der Spitze seiner kleinen Armee nach Westen. Man kann sich den Béarner wohl vorstellen, wie er gedankenversunken dahintrabt. Er ist so arm, daß er sich aus den Trauergewändern Heinrichs III. seine eigenen schneidern lassen mußte. Die Bauern in den Dörfern sehen staunend ihren neuen König vorbeiziehen, der so gar nicht seinen Vorgängern gleicht. Der sonst so fröhliche Béarner ist nur zwei Jahre jünger als der letzte Valois, aber trotz seines kräftigen, drahtigen Körperbaus wirkt er zehn Jahre älter. Er ist bärenstark, aber von recht kleinem Wuchs – nicht größer als ein Meter fünfundsechzig. Wie ein venezianischer Diplomat es feinsinnig formulierte, konnte man ihn »nicht groß nennen, aber klein war er noch viel weniger!« Sein sonnenverbranntes Gesicht ist von vielen Falten zerfurcht, sein krauser Bart ergraut und sein üppiger Haarschopf von silbernen Fäden durchzogen. Sein wohlwollender, herzlicher Blick kann eiskalt werden, wenn man ihn reizt.

An diesem Augusttag mochte er über die Zerbrechlichkeit des Herrschertums nachgegrübelt haben, oder, wahrscheinlicher noch, über die Verantwortung, die riesigen Aufgaben, die seiner harren, und die bescheidenen Mittel, die ihm für ihre Bewältigung zur Verfügung stehen. Es heißt auch, sich künftig unter seinesgleichen, unter denen, die ihn als ihresgleichen ansehen, zu behaupten. Vorbei sind die Zeiten der mit seinen Gefährten und Rittmeistern in brüderlicher Gemeinsamkeit verlebten Kriegsabenteuer. Er ist König, Gebieter und muß es zeigen.

Als Kind des Südens liebt er Heiterkeit, Witz und Spott, den erdverbundenen Humor, den man die »Gasconnaden« nennt. Die Menschen im Norden nehmen die Dinge des Lebens zu ernst, meint er: »Ich kann melancholische Menschen nicht um mich haben. Wie soll einer, der nicht freundlich zu sich selbst ist, gut zu anderen sein?«

Seine Ausdauer ist sprichwörtlich. Er kann auf dem Rücken seines Pferdes zwanzig Meilen oder mehr am Tag zurücklegen,[1] ohne abzusteigen. Sein heldenhafter Mut, sein Draufgängertum haben mehr als einen in Erstaunen versetzt. Schon zu Lebzeiten ist er auf dem Schlachtfeld zu einer legendären Figur geworden,... trotzdem er selbst zugibt, daß vor dem Kampf die Angst seine »Gedärme verkrampft«!

Während der mageren Kriegsjahre hat es ihm so oft am Nötigsten gefehlt, daß er später über seine Angewohnheit, Schätze zu horten, wenn er welche zu fassen kriegt, lachen muß. Eines Tages steckt er hundert Ecus, die er beim Ballspielen gewonnen hat, mit den Worten in den Hut: »Die halt' ich fest, damit meine Schatzmeister sie mir nicht nehmen!«

Auf dem Papier herrscht er über eines der schönsten und mächtigsten Reiche der Christenheit, aber in Wirklichkeit gehorcht ihm nur ein kleines Fragment desselben. Seine Aufgabe heißt: sein Land erobern, die Spanier vertreiben, die Autorität der Monarchie wieder herstellen und, vor allem, die beiden zerstrittenen Parteien versöhnen, deren Zwist das Königreich zerstört. Auf daß Toleranz herrsche! Er wieder-

Heinrich, König von Frankreich und Navarra.
Anonymes Gemälde, um 1595

holt es immer wieder: »Es soll keinen Unterschied mehr geben zwischen Katholiken und Hugenotten, es darf nur noch Franzosen geben. Ich bin ein Hirtenkönig, der es nicht zulassen kann, daß das Blut seiner Schafe vergossen wird.«

Aber um das alles zu erreichen, besitzt er nichts als seinen Königstitel, sein Herz, seinen Mut und seinen Federbusch am Hut.

»Es ist mein sehnlichster Wunsch«, erklärt er im Freundeskreis, »meinem Königtum zwei glorreiche Titel hinzuzufügen. Sie heißen: Befreier und Erneuerer dieses Staates.«

Armer Staat, armes Land. Vorläufig hat Philipp II. von Spanien dem beleibten Herzog von Mayenne seine Hilfe zugesagt, »um die Ketzer aus dem Lande des sehr christlichen Königs Karl X. zu vertreiben.« Karl X.? Ganz richtig. Während Heinrich IV. mit seiner kleinen Armee der normannischen Küste zustrebt, haben die Anhänger der Liga den Kardinal von Bourbon unter dem Namen Karl X. offiziell als König von Frankreich bestätigt! Zu seiner Krönung ist es allerdings nie gekommen. Aus triftigem Grund. Er wird nämlich seit der Mordnacht in Blois noch immer auf Schloß Fontenay-le-Comte gefangengehalten.

Heinrichs Gedanken wandern nach England, das seit dem Sieg über die Armada zu einer der bedeutendsten Mächte Europas heranwuchs. Stehen sich die beiden Königreiche nicht nahe, lediglich getrennt durch einen lächerlichen Wasserarm, aber vereint im Kampf gegen den Erzfeind Spanien? Vereint auch im Widerstand gegen das Papsttum, das die Liga mit Geld und Waffen speist? Königin Elisabeth hat Heinrich Truppenhilfe versprochen, und er hält Ausschau nach einem günstigen Hafen, in dem sie landen, Waffen und Munition gelöscht werden können. Dieppe wäre dafür der geeignete Platz.

Die Armee des Königs schlägt in Darnétal, eine Viertelmeile vom Stadtrand von Rouen entfernt, ihre Quartiere auf, was die Bewohner der normannischen Hauptstadt in wilde Aufregung versetzt. Steht ihnen etwa eine Belagerung, ein Sturmangriff bevor? Auf alle Fälle senden sie Boten an den Herzog von Mayenne. Derweil reitet Heinrich IV., von vier- oder fünfhundert Reisigen und Edelleuten begleitet, nordwärts der Küste zu. Bald wird im Abendlicht die Silhouette der von mächtigen Mauern geschützten Ortschaft Dieppe sichtbar. Das Stadtbild ist ganz vom Hafen - einem der bedeutendsten an der normannischen Küste - geprägt, von dem aus sich die belebten Gassen bis hinauf zum Schloß und der Zitadelle winden. Die mit Türmen bewehrten Befestigungswerke geben fünfundzwanzigtausend Einwohnern Schutz, der Vorort Polet nicht eingerechnet. Wie werden sie ihren neuen König empfangen? Kaum sind die Reiter, denen ein Banner schwingender Kornett voraustrabt, in Sichtweite, da öffnen sich auch schon die Tore, und eine bunte Menschenmenge drängt hinter Aymar de Chastes, dem Gouverneur der Stadt, ins Freie. Ehrfurchtsvoll wirft er sich vor Heinrich IV. auf die Knie und küßt seine Hände. Doch bevor er den Mund zu einer Begrüßungsansprache öffnet, ruft ihm der König heiter zu: »Keine Zeremonien, Kinder. Alles, was ich brauche, sind Eure Herzen, gutes Brot, guten Wein und Eure Gastfreundschaft!«

Vom Jubel der braven Bewohner von Dieppe begleitet, zieht er in die Stadt ein, deren Straßen von den sechstausend Soldaten der Garnison dicht gesäumt sind. »Es war seltsam anzuschauen«, berichtet ein Chronist, »aber auch ergötzlich, wie der König, der nur ein kleines Gefolge bei sich hatte, von allen Seiten von den waffenstrotzenden Kriegern umringt wurde.«

Die Verhandlungen verlaufen rasch und reibungslos. Heinrich kann getrost nach Darnétal zurückreiten, während sich Dieppe auf die Landung der Truppenverstärkungen aus England vorbereitet. Er braucht sie dringend, diese Verstärkungen, denn Mayenne hat gegen die kleine Streitmacht von achttausend Königstreuen eine Armee von sechsundzwanzig- bis dreißigtausend gut bewaffnete Söldner aufgeboten.

An leichte Siege gewöhnt, fühlt er sich schon jetzt Herr der Lage und rechnet fest damit, ruhmbeladen in Paris einzuziehen. Triumphierend schreibt er an Villeroy: »Es gibt weder Heinrich noch Valois mehr in Frankreich. Die Bourbonen sind alle exkommuniziert, und der Herr von Béarn ist schlecht beraten, wenn er glaubt, sich wie ein Erzschelm aufführen zu dürfen!« Und ein andermal wirft er sich in die Brust: »Der Béarner kann mir nicht entwischen. Entweder ergibt er sich, oder er flieht nach England!...«

Womit er beweist, daß er den Béarner noch nicht aus der Nähe kennengelernt hat.

In Paris werden bereits die Plätze an den Fenstern, in den Läden, Werkstätten und Gaststuben entlang der Rue Saint-Antoine für den Einzug der siegreichen Truppen mit dem gefesselten Béarner in der Mitte zu hohen Preisen angeboten. Der Betroffene aber hat sich einen eigenen Plan für die bevorstehende Schlacht zurechtgelegt und ein ihm günstiges Schlachtfeld ausgewählt. Er denkt nicht daran, Rouen zu belagern. Das Zusammenziehen seiner Truppen vor den Toren der Stadt war nur eine Finte, um die Armee der Liga in die Normandie zu locken, was ihm ausgezeichnet geglückt ist. Bis zu ihrem Eintreffen, zieht er die seinen bei Arques zusammen, postiert seine Artillerie in der Festung, die mit ihren vierzehn Türmen den Marktflecken schützt und gleichzeitig die Straße nach Dieppe beherrscht. In der umliegenden Ebene, von Polet bis in das Tal der Aulne läßt er Gräben ausheben, Erdwälle und Bastionen aufschütten und wird nicht müde, seine Leute bei der Arbeit anzufeuern und selbst mit Hand anzulegen. »Täglich konnten wir ihn beobachten«, erzählt ein Zeitgenosse, »wie er die Soldaten in die vorgerückten Stellungen führte und, ein Stück Schwarzbrot in einer Hand, einen Stock in der anderen, den Verlauf der Barrikaden und Schanzen aufzeichnete. Am Abend breitete er seinen Mantel auf der kalten Erde aus und schlief, seinen Kopf auf einen Pagen gebettet, einen an jeder Seite und zwei auf sich liegend, daß sie ihn warm halten...«

Heinrich IV. während der Belagerung von Amiens. Gemälde

»Mein Herz«, schreibt er aus den Verschanzungen von Arques an Corisande, »es geht mir gut, und meine Sache steht besser, als viele Leute es für möglich halten. Ich habe Eu genommen. Die Feinde, die in der Übermacht sind, glauben, mich dort erwischen zu können, aber ich bin nach Dieppe ausgewichen und erwarte sie hier in meinem Lager, das ich befestige... Ich küsse Dich vieltausendmal«.

Die Schlacht von Arques beginnt am 16. September 1589 und zieht sich mit Kanonaden, Reiterkämpfen, Hinterhalten, Angriffen und Gegenangriffen über zwölf Tage hin. Eines Morgens wäre es im Nebel einem Regiment Landsknechten unter dem Ruf »Es lebe der König« fast gelungen, die hugenottischen Stellungen zu überrumpeln und von innen her aufzurollen. Aber auch diese Kriegslist bringt der Liga nicht den Sieg.

Die endgültige Entscheidung fällt, als die Verstärkungen aus England mit frischem Vorrat an Pulver, Kugeln und... Gold eintreffen. Zwölfhundert Streiter aus Schottland sind gelandet und versprechen weitere Truppen unter Führung von Lord Willoughby. Am selben Tag stoßen die Grafen von Soissons und Longueville und der Marschall Aumont mit zweitausendfünfhundert Reitern zum König. Das Blatt wendet sich.

Mayenne kann sich noch einige Tage im Tal von Arques halten, dann muß er seine Niederlage erkennen und abziehen.

Die kleine Kirche von Arques ist zum Bersten gefüllt, denn sie versammelt alle, Katholiken wie Reformierte, in ihren Mauern zu einem Dankgottesdienst, den Heinrich IV. mit einer Ansprache eröffnet: »Wir glauben alle an den selben Gott. Wir hoffen alle auf das ewige Leben im Namen unseres Herrn Jesus Christ. Wir gehen verschiedene Wege, um das gleiche Ziel zu erreichen. Gehen wir hin und danken Ihm gemeinsam für den Sieg, den er uns geschenkt hat. Ihr auf Eure und ich auf meine Weise. Ich bitte Euch, nehmt nicht an meiner Art Anstoß, wie ich nicht an der Euren.«

»Ich kämpfe für meinen Ruhm und meine Krone!« erklärt Heinrich IV., der seine Armee, die wieder auf fast zwanzigtausend Mann angewachsen ist, auf Paris marschieren läßt. Gleichzeitig weist er die Stadtkommandeure von Compiègne, Senlis und Pontoise an, Mayenne die Straße zur Hauptstadt zu verlegen, falls er sich blicken ließe. Wenige Tage später erreicht er Mantes und Meudon... die Türme von Notre Dame sind wieder in Sichtweite!

Für die Bewohner der Stadt wird die Lage bedrohlich. Mayenne hat sich mit seinem geschlagenen Heer nach Amiens abgesetzt und die Pariser ihrem Schicksal überlassen. Die Wallgräben, welche die Vororte umfassen, sind für die Verteidigung frisch hergerichtet und werden von fünfundzwanzig Kompanien der Bürgerwehr Tag und Nacht bewacht. Auch Geistliche befinden sich in ihren Reihen.

Am Nachmittag des 31. Oktober 1589 erscheint die Vorhut des Königs, bestehend aus viertausend Engländern, zweitausend französischen Arkebusieren und achthundert berittenen Edelleuten, in der Ebene von Vaugirard, besetzen die Marktflecken Bagneux, Issy, Montrouge und Gentilly und erstürmen mit dem Ruf »Rache für Sankt Bartholomäus« die Abtei von Saint-Germain-des-Prés, in der sich Bürgerwehr und Liga-Anhänger verschanzt haben. Keiner von ihnen wird den Angriff überleben... Auch beim Friedhof von Saint-Sulpice kommt es zu Massakern unter den Bürgern. Mitleidloser Krieg! Am Morgen des 1. November besteigt Heinrich mit einem Mönch den Glockenturm der Kirchenfestung von Saint-Germain. Mit einem Blick umfängt er seine Hauptstadt, die sich tief unten zu seinen Füßen ausbreitet, zum Greifen nah und doch durch das weite Rund ihrer turm- und zinnenbewehrten Mauern, so unfaßbar fern! Nichts scheint darauf hinzuweisen, daß vom rechten Seineufer her, das er nicht besetzt hält, Verstärkung anrückt. Was hat Mayenne vor? Ist die Zeit reif?

Heinrich wendet sich ab und merkt plötzlich, daß er mit dem fremden Mönch allein ist...

»Ich gedenke, meinen Vorteil auszunützen«, läßt er seinen Kanzler Duplessis-Mornay wissen. »Wenn Mayenne nicht innerhalb von drei Tagen eintrifft, greife ich an und hoffe, bald Herr meiner Stadt zu sein.«

Kaum hat er die Feder aus der Hand gelegt, erfährt er, daß die Vorhut der feindlichen Armee unter dem Herzog von Nemour[2] die Oise überschritten hat, und daß sich Mayenne mit dem Gros des Heeres Paris von Norden her nähert. Noch rechnet er damit, den Gegner im Kampf zu stellen und formiert seine Truppen in Schlachtordnung. Aber ein Tag vergeht und ein zweiter. Der beleibte Lothringer läßt sich nicht blicken. Für eine Belagerung reichen Heinrichs Verbände nicht aus. So bleibt ihm nichts anderes übrig, als sich nach dem Süden abzusetzen. Er bricht nach Tours auf.

Guisarden und Anhänger der Liga haben in Paris wieder die Oberhand und nehmen an den »Politischen« bittere Rache, die allzu freudig dem Einmarsch des Königs entgegengefiebert hatten. Auch die in der Bastille eingesperrten Parlamentarier werden gehängt, ihre Leiber in die Seine geworfen. Niemand soll übrigbleiben, der dem »Untier der Apokalypse«, sprich Heinrich IV., bei einer Belagerung von Nutzen sein könnte! Und nach getaner Arbeit beschließen die »Sechzehn«, zu Ehren König Karls X. eine Münze zu schlagen.

Heinrich IV. ist ein Mann der Tat. Wie könnte er ruhen, bevor nicht sein Königreich in seiner Hand ist? Zunächst geht es ihm darum, »die Umgebung von Tours zu säubern«. Am 20. November taucht er vor Vendôme auf und hofft, wie er an Corisande schreibt, »die Stadt morgen zu nehmen«. Wenig später zwingt er in Alençon den Grafen von Brissac in kürzester Zeit zur Kapitulation und wundert sich selbst darüber: »Es geht gut voran«, schreibt er. »Ich lasse mich von Gott führen. Alle meine bisherigen Erfolge sind wahre Wunder. Wohl dreißigmal bin ich dem Tod nur um Haaresbreite entronnen!«

Saint-Germain-des-Prés, die älteste Kirche von Paris

Seine Erfolge locken aber auch diejenigen zurück in sein Lager, die ihn sechs Monate zuvor in Saint-Cloud verlassen hatten. »Meine Truppen haben sich um gut sechshundert Edelleute vermehrt, die zweitausend Mann Fußvolk mitführen«, notiert er zufrieden.

Und wieder geht es nordwärts in die Normandie. Lisieux ergibt sich fast ohne einen Büchsenschuß, und bald ist die ganze Provinz, außer Rouen, frei von Liga-Anhängern und Guisarden. Ständig ist der König von einer Geschützstellung zur anderen unterwegs, hilft mit eigener Hand Gräben auszuheben, macht Abrechnungen, kalkuliert, wie sich Geld erwirtschaften läßt... Die Befehlszettel an seine Rittmeister und Capitaine sind kurz gefaßt: »Auf, Fervacques, zu Pferd, ich will sehen, wie die Federn der normannischen Gänse beschaffen sind!« Alles will er selbst prüfen, beobachten. Vom Kirchturm von Meulan, den er als Ausguck benützte, läßt er sich unter Kugelhagel an einem Seil herunter, denn die Treppe war unter dem Feindbeschuß zusammengebrochen...

Am 23. Februar 1590, gerade als er mit der Belagerung von Dreux beginnt, wird ihm hinterbracht, daß Mayenne herbeieilt und mit seiner Armee das Tal der Eure heraufzieht. Das Wetter ist schauderhaft. So entschließt sich der König am 10. März die Belagerung abzubrechen und sich nach Nonancourt abzusetzen. Die Armee ist gut versorgt, Lebensmittel sind reichlich vorhanden. Aber schlimme Tage stehen vor ihnen, das wissen alle. Soll ohne Zögern zum Angriff geblasen werden?

»Ich bin König, und ich bin Gascogner, und daher ist Geduld nicht meine Sache!« sagt er zu seinen versammelten Heerführern, und alle stimmen für eine rasche Offensive. In der Nacht vom 12. auf den 13. März arbeitet er an seinen Schlachtplänen, für die er sich eine neue Truppenaufstellung zurechtlegt. Er wird die Kavallerie nicht mehr in einem Block operieren lassen, sondern in sieben fünfreihige Schwadronen gruppieren. Teilweise soll sie unter die Infanterie gestreut werden. Am Morgen des 13. März bewegt sich die Armee nordwärts nach Saint-André-de-l'Eure und Foucrainville, wo sie in der Ferne der Vorhut der Liga ansichtig werden. Etwas später, von Neuville aus, beobachten sie, wie diese bei Ivry die Eure überquert und sich zur Schlacht ordnet. Aber der Tag ist zu weit vorgerückt, und die Feindfühlung geht über einige Scharmützel nicht hinaus.

Bis zum einbrechenden Abend läßt Heinrich keine Bewegung des Feindes aus den Augen. Das Heer ist aus Franzosen, Spaniern, Italienern, Deutschen und Wallonen zusammengewürfelt, letztere von Graf Egmont[3] aus den Niederlanden hergeführt. Es sind fünftausend Reiter und zehntausend Mann Fußvolk, die dort drüben auf dem Plateau zwischen Lorey

Das Schlachtfeld von Ivry

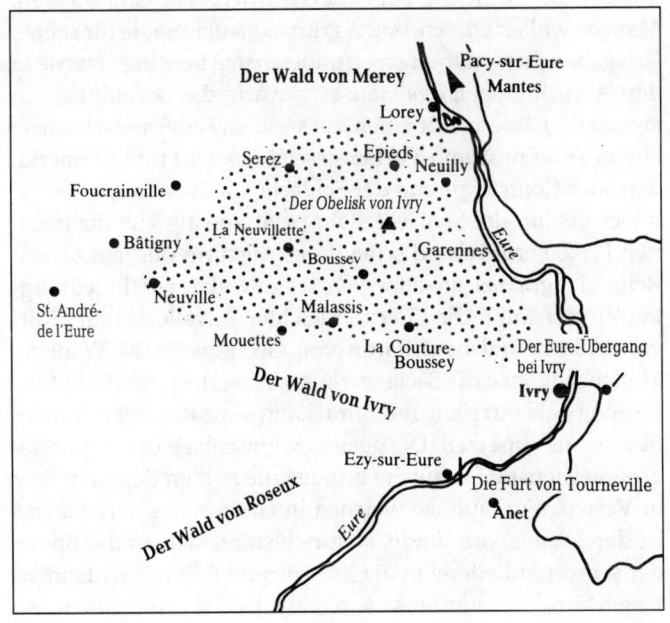

und Garenne Aufstellung nehmen und deren Rüstungen und Lanzen in der Abendsonne blinken. Ihre Fahnenjunker haben zum Zeichen der Trauer über den Mord an Heinrich von Guise schwarze Lilien auf ihre weißen Banner genäht.

Die Armee des Königs ist kleiner, aber er ist überzeugt, daß ihre Kampfmoral und der persönliche Einsatz den Unterschied wettmachen. Seine Artillerie – vier Kanonen und zwei Feldschlangen – sind unter dem Schutz der Schweizer Reisläufer und der deutschen Landsknechte in vorteilhafter Stellung.

Am frühen Morgen des 14. März findet er vor der Schlacht die zündenden Worte: »Freunde, wir stehen unter Gottes Schutz. Ihr seid Franzosen, und ich bin euer König. Dort drüben steht unser Feind. Haltet die Reihen geschlossen, und wenn ihr die Fahnen nicht mehr seht, folgt meinem weißen Helmbusch. Er wird euch den Weg zu Ehre und Sieg weisen!«

Die Rede ist in die Legende Heinrichs IV. eingegangen. Manche wollen wissen, daß Agrippa d'Aubigné sie für seinen Kriegsbericht nachträglich erfunden hat. Allerdings wurde in den Abrechnungen des Hauses Navarra die Bezahlung von einhundert Talern »für einen mit weißem Federnbusch sowie einem Amethyst und Perlen geschmückten Hut« vermerkt, den »der König während der Schlacht von Ivry trug«.

Der Beginn der Schlacht sieht nicht günstig aus für Heinrich IV. Zu erdrückend scheint der Ansturm der feindlichen Reiterei, dem das lanzenbewehrte Fußvolk im dichtgedrängten Viereck folgt. Die Linie der leichten Kavallerie unter Karl von Valois[4] und dem Baron von Givry gerät ins Wanken. Manche glauben die Sache verloren. Aber die gestaffelte Aufstellung bewährt sich, und Biron kann seine Reserven von der Flanke aus einsetzen. Die gezielten Einschläge des Artilleriegroßmeisters de La Guiche bringen die Reihen der Angreifer in Verwirrung, und sie weichen in Unordnung zurück. Das ist der Anfang vom Ende. Heinrich stürzt sich an der Spitze der schweren Reiterei in die Bresche und teilt mit wütendem Ungestüm, in mörderischem Zweikampf von Mann zu

Mann, das Heer der Liga in zwei Hälften! Sein weißer Helmbusch als Fanal über dem Kopf im Winde wirbelnd, stürmt er den Fliehenden nach, aber es gelingt Mayenne, bei Ivry über die Eure zu entkommen und die Brücke hinter sich zu zerstören.

Die zurückgebliebenen Landsknechte, soweit sie nicht beim Fluchtversuch über das Flüßchen ertrinken, versuchen, sich in der Ortschaft zu verbarrikadieren. Es ist zwei Uhr mittags, die Schlacht ist gewonnen.

»Tötet die Ausländer, verschont die Franzosen!« ruft Heinrich seinen Männern zu, bevor diese mit ihrer erbarmungslosen Beutejagd beginnen!

Der König durchquert die Furte der Eure zwischen Tourneville und Ezy. Seine Armee folgt ihm über Lorey und Garenne. Dann galoppiert er Mayenne nach bis vor die Tore von Mantes und macht erst spät am Abend auf Schloß Rosny halt. An diesem denkwürdigen Tag hat er elf Stunden im Sattel zugebracht und dreimal das Pferd gewechselt. Gemäß Marschall Biron hat er sich »fast zu tapfer und draufgängerisch geschlagen«.

Am gleichen Abend noch schickt er einen kurzen Bericht an den Herzog von Longueville: »Mein Cousin, Gott sei gelobt, er hat uns einen großen und gerechten Sieg geschenkt: die ganze feindliche Armee ist in Auflösung, die fremde und französische Infanterie hat sich ergeben, die Reiterei ist zersprengt, die Burgunder sind fortgejagt, Fahnen und Kanonen erbeutet, der Feind bis an die Tore von Mantes verfolgt. Vor allem aber konnte ich dem Gegner beweisen, daß Gott, wenn er will, auch den Schwachen zum Sieg verhelfen kann... Glaubt mir, mein Cousin, wir müssen alle guten Franzosen zum Kampf gegen die Liga und für den Frieden des Königreichs vereinen...«

Am nächsten Morgen, dem 15. März 1590, sieht man den Unermüdlichen... auf der Jagd in den Wäldern von Rosny und gleich danach am Lager seines treuen Waffengefährten

Baron von Rosny, dem späteren Sully, der während der Schlacht von Ivry verwundet worden war und den er zum »franken und freien Ritter«[5] erhebt.

Am 16. März ergibt sich Vernon dem König, und zwei Tage später öffnen sich ihm die Tore der Stadt Mantes, deren Schlüssel ihm vom Bürgermeister und den Schöffen feierlich überreicht werden.

Heinrich IV. in der Schlacht von Ivry.

Die Belagerung von Paris durch den König von Frankreich ist eines der düstersten Blätter in der französischen Geschichte. Heinrich IV. selbst zeigte sich vom Ausmaß des Leidens der Bevölkerung erschüttert. Viele machten ihm zum Vorwurf, daß er sich nicht schon zu diesem Zeitpunkt zu einem Glaubenswechsel entschloß, der doch unvermeidlich war und den er immer öfter in seine Überlegungen einbezog. Der Grund

Gemälde von Peter Paul Rubens

liegt wohl darin, daß seine Konvertierung in diesem Moment an der Gesamtlage nichts geändert hätte, denn die Liga hatte die Hauptstadt – und andere Städte des Reiches – noch immer fest in der Hand und dachte nicht daran, sich einem exkommunizierten, wenn auch konvertierten Ketzer zu unterwerfen. Trotz der beiden Niederlagen, die sie erlitten hatte, wurden denn auch keine Friedensverhandlungen aufgenommen. Eine Erstürmung der Hauptstadt war ebenfalls undenkbar. Nicht nur, weil dem König die nötigen Mittel dazu fehlten, denn Paris war von trutzigen Mauern umgeben und strotzte von Waffen und Militär, sondern auch angesichts des Blutbades, das ein Straßenkampf unweigerlich unter der Bevölkerung angerichtet hätte.[6] So blieb die Belagerung der einzige Weg.

Heinrich IV. beginnt damit, die Zugänge zur Stadt nacheinander zu besetzen, im April 1590 Lagny und Beaumont. Eine Schiffbrücke sperrt die Seine flußabwärts bei Carrières ab, und im Süden blockieren seine Truppen die Ausfallstraßen in die Bourgogne, ins Bourbonnais und zu den Getreidespeichern der Beauce. Damit sind die uralten Versorgungswege der Metropole abgeschnitten.

Am 9. Mai schreibt er an Corisande: »Ich schwöre Euch, daß ich als König von Navarra nie solche Aufgaben zu bewältigen hatte, wie seit einem Jahr. Ich stehe wieder vor Paris, und Gott wird mir helfen. Erst wenn ich Paris genommen habe, werde ich richtig König von Frankreich sein. Wir haben uns der Brücken von Charenton und Saint-Maur bemächtigt und alle aufgehängt, die sie verteidigten. Der Feind hat große Verluste, wir viel weniger. Ich habe auch alle Mühlen in Brand stecken lassen und der Bedarf an Lebensmitteln ist groß. In nicht mehr als zwölf Tagen werden sie sich ergeben, es sei denn, sie erhalten Hilfe von außen... Es geht mir gut, Gottlob, und ich liebe Euch mehr als Ihr mich. Wenn Gott mir nur den Frieden schenkte, damit ich wenigstens einige Jahre der Ruhe genießen könnte, denn ich bin recht alt geworden.[7] Es ist kaum glaubhaft, wie viele Leute man auf mich hetzt, um mich umzubringen! Aber Gott wird mich schützen. Ich habe treue Diener und gestehe, daß meine Feinde mir eher Mitleid als Furcht einflößen. Mein Herz, ich küsse Dir millionenfach die Hände, den Mund und die Augen.«

Einige Tage darauf erfährt er, daß sein Onkel und Rivale, der siebzigjährige Kardinal von Bourbon, Karl X. genannt, auf Schloß Fontenay-le-Comte gestorben ist. Von allen seinen Gegnern war der alte Prälat sicher der Harmloseste...

Der Ring um die Hauptstadt verengt sich. Die Mühlen von Montrouge, Issoire, Montceaux, Montmatre und Gentilly hören auf, sich zu drehen. Paris hat kein Mehl mehr, um Brot zu backen, und doch will die Stadt sich nicht ergeben. Die Tage verstreichen. Mayenne hat ihre Verteidigung seinem Halbbruder Nemour anvertraut, dem der Herzog von Aumale, der päpstliche Legat und der spanische Gesandte zur Seite stehen sollen, die sich aber hauptsächlich um ihre Kompetenzen streiten. Der fettleibige Lothringer hat sich wieder von zehn kräftigen Männern in den Sattel hieven lassen und reitet nach Flandern, neue Verstärkungen zu holen.

Am 9. Juli 1590 erreicht Heinrich IV. Saint-Denis, betritt die Kathedrale, in der die Könige von Frankreich begraben sind. Vor der noch unfertigen Grabstätte, die für Katharina von Medici bestimmt ist, entfährt ihm ein respektloses: »Oh, dort wird sie gut aufgehoben sein!«

Und vor der Gruft, die man für Heinrich III. aushebt: »Ventre-Saint-Gris! Ich möchte, daß man mich einmal neben meinem Bruder hier begräbt!«

Am 27. Juli sind alle Vororte im Süden von Paris in der Hand des Königs. Auch die ehrwürdige Abtei von Saint-Germain-des-Prés, die mit ihren Mauern und Zinnen eher einer Festung gleicht und ein abgeschlossenes Gemeinwesen darstellt, mußte dem Druck weichen. Im Norden läßt Heinrich auf dem Hügel von Montmartre seine Bombarden und Feldschlangen aufstellen. Er, der Krieg und Liebe aufs Genialste zu verquicken weiß, begibt sich mit um so größerem Eifer zur Besichtigung seiner Artilleriestellungen, als die bezaubernde, junge Äbtissin des nahegelegenen Klosters von Montmartre, Katharina von Beauvilliers, sein Herz erobert hat. Ihre Schönheit und ihr Charme kommen nicht von ungefähr, denn sie ist das Patenkind der berühmten Marie Babou, die nicht nur Franz I., sondern auch Papst Klemens VII. so sehr berückte, daß er ihr den kostbaren Diamant Gaudin aus dem Schatz des Vatikans zum Geschenk machte... Katharina von Beauvilliers ist aber auch eine Cousine der Diane de Poitier und... der schönen, aber fernen Corisande von Gramont! Kein Wunder also, wenn das Herz des Königs in ihrer Gesellschaft um ein paar Takte schneller schlägt, wofür er ihr später dankte, als er sie zur Priorin der Abtei von Pont-aux-Dames ernannte. Doch es sollte nicht bei diesem einen klösterlichen Liebesabenteuer bleiben. Auch die zweiundzwanzigjährige Äbtissin Katharina von Verdun, Superiorin von Longchamps, weiß ihn zu entflammen, was den Marschall von Biron zur Bemerkung veranlaßt: »Sire, man sagt in Paris, Ihr hättet die Religion gewechselt!«

»Ich? Wieso?«

»Die von Montmartre gegen die von Longchamps!«

In Paris werden aber auch ganz andere Töne angeschlagen. Wie eh und je, und wohl noch schlimmer als vorher, ziehen die Kanzelredner über den König her, »den Ketzer, den Drachen der Apokalypse, der Gott enthert, indem er mit der Kirche, unserer allerheiligen Mutter, schläft«! Der Pfarrer von Saint-André nennt ihn einen »Bastard und Hurensohn« und veranstaltet Bittprozessionen, um »unseren guten Herrn Sankt Jakob zu veranlassen, den teuflischen Béarner mit seiner Kirchenglocke zu erschlagen«.

»Das einzige, was in Paris noch billig feilgeboten wird«, sagt der Volksmund, »sind die Haßtiraden der Geistlichen, mit denen sie ihren Pfarrkindern die Mäuler stopfen.«

Über zwei Monate dauert die Belagerung nun schon, und das Leben innerhalb der Stadtmauern wird immer unerträglicher. Der spanische Gesandte läßt an den Straßenecken riesige Kochkessel aufstellen, in denen man Pferde- und Eselsuppenfleisch bereitet und an die Hungernden verteilt. Aber auch Hunde, Katzen und Ratten werden mit Schlingen gefangen und oft roh verschlungen. In den Friedhöfen gräbt man die Gebeine aus, um daraus Mehl zu mahlen... ein Rezept der Herzogin von Montpensier, die gewiß nie von dieser Delikatesse gekostet hat. Fälle von Kannibalismus werden gemeldet, und wenn man der Satire »Ménippée« Glauben schenken darf, haben die Frauen während der Belagerung nicht nur ihren Schmuck und Tand, sondern meist auch ihre Ehrbarkeit gegen ein Stück Brot eingetauscht.

Hier und dort wird der Ruf »Brot oder Friede« laut, dessen Urheber sofort durch die Spitzel der »Sechzehn« verraten, gefangen und gehängt werden. Oft sind am frühen Morgen die Straßen mit »Leichen gepflastert«, berichtet Pierre de l'Estoile über die Schreckensszenen der Belagerung. Man sagt, daß dreißigtausend Pariser in diesen Wochen an Entbehrungen, Seuchen und Nahrungsmittelvergiftungen gestorben sind.

Von Mayenne und den versprochenen Verstärkungen, die die eiserne Umklammerung sprengen könnten, ist noch immer nichts zu sehen. In Anbetracht der verzweifelten Lage entschließt sich Nemours endlich, Verhandlungen mit dem König aufzunehmen. Aber, fragt er sich, kann man mit einem Ketzer verhandeln, ohne selbst exkommuniziert zu werden? Er konsultiert zwei Theologen, die ihn an einen Jesuiten und einen Franziskaner verweisen, denn niemand will sich mit dem heiklen Thema die Finger verbrennen. Mag sein, daß der Hunger ihren Bescheid diktierte, jedenfalls erteilen sie ihm die Erlaubnis zur Aufnahme von Gesprächen. Im August 1590 empfängt Heinrich IV. den Erzbischof von Lyon, Monsignore d'Epinac, und Pierre de Gondi, Bischof von Paris, in der Abtei von Saint-Antoine-des-Champs.

Ihrer Beschreibung nach wirkt der König »abgemagert und knochig, von bleicher Gesichtsfarbe, die Augen tief in den Höhlen, von einer großen Müdigkeit überschattet, den Blick in die Ferne gerichtet. Seine Wangen sind von einem langen, grauen Bart umrahmt. Über dem Küraß mit der weißen Hugenottenschärpe trägt er einen langen, wehenden Umhang. Sein Hut ist mit Federn geschmückt. Sein Verhalten wirkt fieberhaft und unruhig«.

Gleich zu Beginn sprechen die beiden Prälaten von einer »allgemeinen Befriedigung«, aber Heinrich unterbricht sie mit einer raschen Geste: »Wenn ich für eine gewonnene Schlacht einen Finger meiner Hand gäbe, so würde ich deren zwei für einen Gesamtfrieden opfern. Ich liebe meine gute Stadt Paris, sie ist mein liebstes Kind, und ich will mich ihr noch viel barmherziger zeigen, als sie erwartet. Aber ich will, daß sie diese Gnade von mir empfängt und nicht vom Herzog von Mayenne oder vom spanischen König. Ihr wollt die Kapitulation hinauszögern, bis ein Friedensvertrag geschlossen ist, mit dessen Vorbereitung viel Zeit in Diskussionen vertan wird. So lange kann Paris nicht mehr warten. Zu viele Menschen sind schon Hungers gestorben. Eine Verzögerung von zehn oder zwölf Tagen kann Tausende von neuen Todesopfern fordern. Ich bin der Vater meines Volkes, und ich denke wie die Mutter im Buch Salomo: Lieber habe ich gar kein Paris, als den Besitz der Stadt durch den Tod so vieler Menschen zu erfeilschen!«

Aber die Unterhändler wollen von einer sofortigen Übergabe nichts wissen. Hoffen sie immer noch auf eine baldige Rückkehr des Herzogs von Mayenne? Man einigt sich darauf, daß Paris sich ergeben werde, falls dieser innerhalb der nächsten zehn Tage noch immer nicht erschienen sei. Inzwischen öffnet Heinrich IV. die Umzingelung, um Frauen, Kinder und Greise aus der Stadt zu lassen, armselige, zum Skelett abgemagerte Gestalten, die sich auf die Gräser in den Gärten stürzen. Auch einige Kämpfer der Liga finden, gegen klingende Münze, den Weg in die Freiheit.

Der weitere Verlauf der Dinge ist nur zu bekannt: Mayenne ist es in letzter Minute gelungen, Verbindung mit Alexander Farnese, dem Herzog von Parma, aufzunehmen, der die Nachfolge Albas in Flandern angetreten hat, und ihn im

Namen der Christenheit zu beschwören, die »Befriedigung der flandrischen Südprovinzen« auf ein späteres Datum zu verschieben und gemeinsam mit ihm der Liga zu Hilfe zu eilen... Es ging nicht ohne das persönliche Einschreiten Philipps II. von Spanien! Am Donnerstag, dem 30. August 1590, nähert sich Farnese endlich der Kapitale und vollzieht in Meaux den Zusammenschluß mit Mayennes Streitkräften.

Sofort verläßt Heinrich IV. mit seiner Armee Chaillot, um sich dem Feind zu stellen. »Ich schreibe Euch diese Zeilen am Vorabend einer Schlacht«, läßt er Madame de Guercheville wissen. »Ihr Ausgang liegt in Gottes Hand... wenn ich sie verliere, werdet ihr mich nie wiedersehen, denn Flucht ist nicht meine Sache. Wenn ich sterbe, so gehört mein vorletzter Gedanke Euch, der letzte Gott, dem ich Euch empfehle...«

Aber der vorsichtige Statthalter Philipps II. hat die Sachlage sehr rasch überblickt. Er denkt nicht daran, sich in eine Schlacht einzulassen, deren Ausgang für ihn höchst ungewiß ist. Er zieht es vor, die Marne aufwärts auszuweichen und sich darauf zu beschränken, die Umklammerung zu lösen, die die Stadt erdrosselt. Am 7. September besetzen die Spanier Lagny, Farnese nimmt Charenton und Corbeil. Damit sind die drei befestigten Brücken, welche die Schiffahrt auf der Seine und Marne beherrschen, in seinen Händen, die Blockade ist gebrochen, die Versorgungswege von Paris sind wieder offen. Heinrichs »großes Unternehmen« ist gescheitert. Ivry hat dem König einen Sieg, Frankreich jedoch nicht den Frieden gebracht. Die Belagerung wird aufgehoben. Das Heer Heinrichs IV. zieht ab.

Muß nun alles von Neuem beginnen?

Die Enttäuschung nach den übermenschlichen Anstrengungen löst im König eine Zeit der Mutlosigkeit aus, was für sein Naturell recht ungewöhnlich ist. Ein Brief an seinen treuen Kampfgefährten Rosny legt darüber Zeugnis ab: »Ich will Euch über den Zustand berichten, in dem ich mich befinde«, schreibt er. »Ich besitze sozusagen kein Pferd mehr, auf dem ich in den Kampf reiten könnte, noch einen vollständigen

Harnisch. Meine Hemden sind verschlissen, meine Koller an den Ellenbogen durchlöchert, und der Kochtopf gibt auch nichts mehr her. Seit Tagen lade ich mich beim einen oder anderen ein, denn meine Küchenmeister behaupten, mir für meine Tafel nichts mehr beschaffen zu können... schon deswegen nicht, weil sie seit sechs Monaten keinen blanken Thaler mehr gesehen haben!«

Alessandro Farnese kehrt zu seinen Aufgaben in Flandern zurück; der König von Frankreich richtet sich im November 1590 in Compiègne ein.

9

Die schöne Gabrielle

> »...wenn ich zu wählen hätte,
> würde ich den Tod aus Liebe wählen...«
>
> Heinrich IV.

Wieder folgen drei Jahre eines mühseligen Kleinkriegs, die mit Belagerungen, Scharmützeln und Schlachten angefüllt sind, ohne eine grundlegende Änderung der Lage herbeizuführen.

Dagegen ergibt sich eine einschneidende Veränderung im Privatleben des Monarchen. Mit Corisande ist es, wenn nicht zum Bruch, so doch zu einer fühlbaren Entfremdung gekommen. Sein Herz ist frei für eine neue Eroberung.

Eines Abends, in Compiègne, sieht man den König mit seinem Oberstallmeister Bellegarde plaudern. Offensichtlich tauschen sie einige pikante Vertraulichkeiten über die »Schönheit der vieledlen Damen des Hofes, ihre Liebenswürdigkeit und ihre geistreiche Konversation« aus... Heinrich singt ein Loblied auf die verführerische Äbtissin von Montmartre, Katharina von Beauvilliers: »Ich habe nie eine charmantere Weibsperson gesehen als sie!«

Bellegarde seinerseits zeichnet in den leuchtendsten Farben das Bild seiner neuen Geliebten, die sicher demnächst seine Frau werden wird: das blonde Fräulein d'Estrée:

»Sire, wenn Ihr Mademoiselle d'Estrée gesehen hättet, würdet Ihr Eure Meinung ändern...«

Kein Wunder übrigens, denn sie schaut auf eine beachtliche Reihe interessanter Vorfahrinnen zurück. Sie ist die Enkelin von Maria Gautier, Edle von La Bourdaisière-Babou, die sieben Töchtern das Leben schenkte, die man »die sieben Todsünden« genannt hat, und die diesen Beinamen durchaus zu Recht trugen. »Alle haben sich den Freuden der Liebe mit größter Wonne hingegeben!« berichtet Tallemant des Réaux schmunzelnd. Eine von ihnen, Françoise Babou de la Bourdaisière heiratete Antoine d'Estrée, Marquis von Coeuvres, Gouverneur von La Fère. Auch sie gebar ihrem Gatten sieben Töchter, die sich ebenfalls zu sieben Todsünden entwickelten. Nebenher war Françoise unter anderem auch noch die Mätresse des Herrn Du Guast und erzog ihre Töchter auf eine so unmoralische Weise, daß Estrée seine Gattin eines Tages einem Besucher mit den Worten vorstellte: »Sehen Sie sich diese Frau an. Eines Tages wird sie mein Haus in einen Hurenstall verwandelt haben!«

Bevor es soweit kommen konnte, verließ die heißblütige Françoise den heimatlichen Herd und floh mit ihrem neuen Geliebten, dem Marquis d'Alligre, in die Auvergne. Ihre Töchter wurden verheiratet oder der Kirche anvertraut.

Als Gabrielle in das Leben Heinrichs IV. tritt, ist sie gerade achtzehn Jahre alt und lebt mit ihrer ältesten Schwester Diana im Haus ihres Vaters, was nicht besagen will, daß sie zu dieser Zeit noch ein unbeschriebenes Blatt gewesen wäre. Der Chronist und Freund Heinrichs IV., François de Bassompierre, glaubt zu wissen, daß der Herzog von Epernon sie kurz vor den Pariser Barrikaden Heinrich III. »wohlfeil« anbot, daß dieser das Angebot jedoch mit der wenig schmeichelhaften Bemerkung abgelehnt habe: »Nein danke, mageres, weißes Fleisch finde ich reichlich bei der Königin, ohne auch noch dafür bezahlen zu müssen!«

Nachdem sich ihre Formen aufs Angenehmste gerundet hatten, galt sie nacheinander als die Mätresse des Bankiers

Zamet, des Kardinals von Guise und des Herzogs von Longueville...

Auch ihr Vater hatte eine sonderliche Art, sein Gouvernat von La Fère zu verwalten, denn er widmete sich ausgiebiger dem Tanz mit den jungen Damen der Gesellschaft als der Beaufsichtigung und der Instandhaltung der Befestigungsanlagen. Was geschehen mußte, geschah: die Liga sah ihre Chance gekommen und nahm den wichtigsten Platz fast kampflos. Heinrich IV. – man kann ihn begreifen – war über

*Gabrielle d'Estrée, Herzogin von Beaufort,
die große Liebe des Königs*

den Verlauf der Dinge nicht gerade entzückt und schickt seinen Oberstallmeister aus, um dem pflichtvergessenen Gouverneur auf die Finger zu klopfen. Kaum aber trifft der schöne Bellegarde im Schloß Coeuvres, der Residenz des Marquis ein, als er auch schon den Gegenstand seines Besuches vergißt: Sein Blick hatte den der blonden Gabrielle gekreuzt, der etwas Verwirrendes an sich gehabt haben muß. Eine ihrer späteren Rivalinnen, das Fräulein von Guise, hat eine recht anschauliche Beschreibung von ihr hinterlassen: »Ihre Augen leuchteten in himmlischer Bläue unter zwei pechschwarzen, elegant geschwungenen Brauen, ihre Nase war leicht gebogen, die Lippen rubinfarben und der Hals vom feinsten und schönsten Elfenbein. Die Farbe ihrer Hände glich der von Rosen und Lilien vereint, und ihre Formen waren so vollendet, daß man sie als ein Meisterwerk der Natur bezeichnen konnte.«

Sie hat etwas ausgesprochen Unschuldiges, ja Unberührtes an sich, obschon sie bei Bellegardes Eintreffen gerade die Geliebte eines picardischen Edelmanns, des Herrn von Stavay ist. Nach dem denkwürdigen Blickwechsel mit dem unwiderstehlichen Oberstallmeister schlägt auch ihr Herz schneller, und der fade picardische Edelmann verschwindet prompt aus ihren Gedanken.

Erfüllt von seiner neuen Eroberung preist Bellegarde in Compiègne die berauschende Schönheit der jungen Dame. Wie unklug! Die Neugier des Königs ist geweckt, und der beschließt, das Wunder persönlich in Augenschein zu nehmen. Eines Abends sieht man die beiden Frauenhelden gemeinsam nach Coeuvres reiten, und.. kaum betritt Heinrich die vornehme, getäfelte Galerie, da ist es auch schon um ihn geschehen! Liebe, Leidenschaft, Passion auf den ersten Blick!

Heinrich hat Mühe, seiner Verwirrung Herr zu werden und gerät schon in den folgenden Tagen in jenen Zustand fiebriger Erregung, an der seine Umgebung erkennt, daß er sich unsterblich verliebt hat. Allerdings ist die Wirkung, die er auf

Gabrielle ausübt, nicht dieselbe. Er ist doppelt so alt wie sie und zudem über seine Jahre hinaus gealtert, seine Haare sind graumeliert und dann... der schlechte Geruch, den er verbreitet, besonders, wenn er verstaubt von der Jagd heimkommt... das alles hat nicht viel Anziehendes für die vielumschwärmte Schönheit. Sie ist zu jung, um das faunische Temperament in ihm zu erfassen, seine Intelligenz und seinen Witz zu schätzen. Um es kurz zu fassen: seit sie Bellegarde gesehen hat, sind alle Männer, ob König oder nicht, Luft für sie!

Schon auf dem Heimritt von Coeuvres nach Compiègne wird Heinrich von Eifersucht zernagt, seine sprichwörtliche gute Laune ist verflogen, und Bellegarde sieht sich einem griesgrämigen, rauhbauzigen Gascogner gegenüber, der ihm die bissige Bemerkung an den Kopf wirft: »Mein Königtum ist ebensowenig teilbar wie meine Liebe zu Gabrielle d'Estrée!«

Das klingt wie ein Befehl, fast wie eine Drohung. Der herrische Ton scheint keinen Widerspruch zu dulden. Bellegarde begreift. Sein Ehrgeiz ist größer als sein Gefühl für Gabrielle, und so gibt es kein Zögern für ihn: »Sire«, antwortete er, »nichts ist mir wichtiger als der Dienst an Eurer Majestät. Ich verspreche alles, was Ihr wünscht.«

»Ventre-Saint-Gris, daran erkenn' ich Dich!« ruft der König, »wenn ich Herrscher meines Reiches bin, werde ich Dir jeden Wunsch erfüllen. Aber wenn Du auch nur noch einen Gedanken für meine Geliebte hast, drehe ich Dir den Hals um!«

Seine Geliebte? Hier ist der Wunsch der Vater des Gedankens! Das Ziel seiner Wünsche, das er sonst immer fast kampflos erreicht, bleibt in weiter Ferne. Unfaßlich, aber die Göttin zeigt sich von dem Hof, den er ihr macht, wenig geschmeichelt. Als Heinrich sie in Compiègne mit einem gewissen Besitzerstolz empfängt, läßt sie ihn mit den Worten »Ich werde Euch nie lieben!« kalt stehen.

Das ist neu. Dem König bleibt das Wort im Halse stecken, ihm, der sonst schlagfertig auf jede Provokation zu antworten weiß! Und in einem Moment, in dem seine ganze Energie auf die Eroberung seines Reiches gerichtet sein sollte, hat er plötzlich nichts anderes mehr im Kopf als ein junges Mädchen, das sich ihm entzieht! Weggeblasen aus seinen Gedanken ist der Kampf gegen die Liga, ausgelöscht das Problem seiner Konvertierung, wegen dem ihm seine katholischen Freunde in den Ohren liegen und die Hugenotten ihm mit sauertöpfischen Mienen begegnen! Der unvergleichliche Feldherr, der Freund und Feind durch seine Kühnheit in Erstaunen setzt, der schlaue Politiker, der kluge Monarch, der geistvolle Redner... er zittert vor einer Frau, die ihm die kalte Schulter zeigt, er schmachtet in den Höllenqualen unerwiderter Liebe und gefällt sich auch noch in seinen Leiden: »Der Liebesschmerz scheint mir ein süßes Leiden«, schreibt er, »und wenn ich zu wählen hätte, so würde ich den Tod aus Liebe wählen!«

Dieser Wunsch könnte ihm ohne weiteres erfüllt werden, denn die Ile de France wimmelt von Liga-Anhängern, die den verfluchten Béarner mit Freuden durch einen Schuß aus der Hakenbüchse ins Jenseits befördern würden! Aber für einen Blick, ein Lächeln »seines Engels« nimmt Heinrich jede Gefahr auf sich, und man sieht ihn des öfteren durch die Wälder von Compiègne nach Coeuvres jagen. Um seine Feinde irrezuführen, leiht er sich eines Tages von einem verdutzten Bauern am Wege die zerlumpten Kleider, die Holzpantinen und sogar einen prall gefüllten Strohsack aus und begibt sich in dieser Verkleidung zum Schloß seiner Angebeteten. Aber Gabrielle hat auch für diesen Beweis seiner Liebe kein Verständnis. Statt über die drollige Situation zu lachen, zuckt sie verächtlich mit den Schultern und zischt: »Ihr seid so häßlich, daß ich Euch gar nicht anschauen mag!«

Sagt's, dreht sich auf dem Absatz um und verschwindet. Zugegeben, Heinrich wirkt in seinem seltsamen Aufzug nicht gerade appetitlich, aber immerhin... Diana, die ältere Schwester, rettet die Situation, indem sie das Verhalten der Widerborstigen mit jugendlicher Verwirrung erklärt. Der verliebte Faun ist nur zu gern bereit, ihren Worten Glauben zu schenken und jede Erklärung als bare Münze zu nehmen. Vom Gedanken an seine picardische Venus erfüllt, kehrt er nach Compiègne zurück...

Auch Isabelle de Sourdis, Gabrielles Tante und eine der sieben Totsünden aus der vorhergehenden Generation, die von Ehrgeiz und Eitelkeit zerfressene Geliebte des Grafen von Cheverny, findet, daß man sich eine so einmalige Gelegenheit nicht entgehen lassen darf. Schließlich wird der Béarner nicht ewig eine Art Räuberhauptmann bleiben, der mit dem Degen in der Hand Krone und Reich nachjagt, sondern eines Tages wirklich König von Frankreich sein. Welche Möglichkeiten taten sich da für Gabrielle als erste Favoritin auf, welche Reichtümer und Vorteile waren für die Familie zu erhoffen! Ohne auch nur eine Minute zu verlieren, macht sich Isabelle de Sourdis daran, ihre Nichte umzustimmen. Als erstes setzt sie sie über den »schändlichen Verrat« ihres Geliebten in Kenntnis, der sie ohne Zögern um der Gunst des Königs willen fallenließ... Gabrielle bricht in Tränen aus... Der nächste Schritt besteht darin, ihr die Rache an dem Treulosen in den Armen des königlichen Rivalen schmackhaft zu machen. Allerdings wäre es unklug, dem schmachtenden Liebhaber einen leichten Sieg zu gönnen. Nein, nein, sie soll sich bitten lassen, sich verweigern, zögern, Hoffnung erwecken, dann widerstehen und erst im letzten Moment ihre Gunst teuer verkaufen... Madame de Sourdis kann zufrieden sein, sie hat eine gelehrige Schülerin vor sich.

Der Erfolg der perfiden Strategie wird sehr rasch spürbar. Unter dem Einfluß des Clans Estrée-Sourdis-Cheverny ändert Heinrich seine Kriegspläne. Statt gleich nach Rouen zu ziehen, entschließt er sich zur Belagerung von Chartres, Zentrum der fruchtbaren Beauce, Kornkammer der französischen Hauptstadt. Bevor die Liga diesen wichtigen Platz eingenommen hatte, war Sourdis nämlich Gouverneur der Stadt und Cheverny königlicher Generalleutnant des Gebietes gewesen, und beide brannten darauf, ihre einträglichen Ämter möglichst bald zurückzuerhalten...

Aber Chartres wie Gabrielle lassen sich nicht von einem Tag auf den anderen erobern. Überhaupt hatten die Liga-Anhänger in Paris geschworen, daß die berühmte Muttergottes der Kathedrale niemals einen exkommunizierten Ketzer in ihren Mauern dulden werde. Sie sollten sich irren, aber die zweimonatige Belagerung hält den König von anderen Aufgaben fern. Zwei Monate, in denen fröhliche Feste in Anwesenheit seines strengbehüteten Engels und harte Kämpfe mit den ausfallenden Belagerten abwechseln. Mehr als einmal setzt er sich tollkühn den größten Gefahren aus, in der geheimen Hoffnung, mit seinen Heldentaten Gabrielles Bewunderung und vielleicht ihre Liebe zu wecken, denn sie widersteht ihm noch immer!

In Rom versucht Papst Gregor XIV. das Unabwendbare zu verhindern, indem er die Exkommunikationsbulle gegen Heinrich IV. bestätigt. Doch auch die Bittgottesdienste in Paris und die Opfergaben an das wohltätige Standbild der Gottesmutter von Chartres nützen nichts. Am Freitag nach Ostern des Jahres 1591 öffnen sich die Tore des verehrten Heiligtums dem Ketzerkönig, und man hat Gelegenheit, über seine versöhnliche Haltung zu staunen.

Es ist möglich, daß sich mit den Stadttoren von Chartres auch die Türe zum Kämmerlein der schönen Gabrielle für König Heinrich öffnete, aber dieses Ereignis ist historisch nicht belegt. Manche glauben, daß er die blonde Feste noch achtzehn Monate, bis nach der Einnahme von Rouen, belagern mußte, ehe sie sich ihrem Herrn und Meister ergab...

Nach der Einnahme von Chartres wendet sich Heinrich IV. der Hauptstadt der Normandie zu, und wieder sieht man ihn mit seinem weißen Federnbusch am Helm von den Vorposten zu den Geschützstellungen und Verschanzungen galoppieren, daß ihm die Kugeln »nur so um den Kopf sausen«. Aber allen königlichen Bravourleistungen zum Trotz widersteht Rouen heroisch den Angriffen, und die Belagerung zieht sich in die Länge. Vor Aumale, wo er den Prinzen Farnese zum Kampf zu stellen hofft, wird er von einer Arkebusenkugel getroffen, die glücklicherweise vom Sattelknopf abprallt. Die Verletzung ist nicht ernst, aber er muß, sehr zu seinem Leidwesen, in Arques einige Tage Ruhe bewahren, was im Lager seiner Gegner kühnste Hoffnungen weckt. Keine der beiden Seiten ist zum Nachgeben bereit. Die Monate vergehen, und Rouen ist noch immer unbesiegt. Der Winter naht, und die Verpflegung wird für die Belagerten wie für die Angreifer so knapp, daß, wie Charles von Zerotin, ein tschechischer Söldner, notiert, »die Soldaten auf beiden Seiten Hungers sterben und auch dem König die Zuwendungen für seine Tafel fehlen...«

Zu allem Unglück ist es Mayenne und Farnese gemeinsam gelungen, ein frisches Heer von zwölftausend Mann Fußvolk und fünftausend Reitern aufzustellen, mit dem sie in Eilmärschen zur Entsetzung von Rouen aufgebrochen sind. Es bleibt Heinrich nichts anderes übrig, als nach Dieppe abzuziehen. Die monatelangen Kämpfe und Entbehrungen waren umsonst! »Das Schlimmste von allem ist, daß das Land durch unsere Gegenwart völlig ausgeplündert wurde, und daß kein Halm mehr in den Speichern liegt.«

Die Kriegshandlungen halten Heinrich jedoch nicht davon ab, sich mit der Angelegenheit zu befassen, die ihm am meisten am Herzen liegt: Gabrielle. Sie wohnt noch immer bei ihrem Vater in Coeuvres und ist von ihm finanziell abhängig. Welche Lösung bietet sich einem König in dieser Situation? Er gibt den Gegenstand seiner Träume einem gefügigen Ehemann zur Frau. In diesem Fall handelt es sich um Nicolas d'Armeval, Lehnsherr von Liancourt und Baron von Benais, der sich mittels der Herrschaft von Falvy-sur-Somme und einer Summe von achttausend Ecus bereit erklärt, die Rolle des Titular-Ehemanns, Namensgebers und Sittenhüters zu übernehmen.

Der Ehebund wird im April 1592 in der Kathedrale von Noyon in »aller Schlichtheit« gesegnet, und Liancourt führt seine junge Gattin heim auf sein Schloß. Gewiß, man hat ihn als einen kleinen, unscheinbaren und nicht sehr attraktiven Mann beschrieben, aber er war sechsunddreißig Jahre alt und seine Ehefrau von ausnehmender Schönheit... Ob sie es war, die ihn aus Neugierde oder aus Provokation zum Wortbruch anregte? Die Geschichte schweigt sich darüber aus, und Gabrielle hat später ausgesagt, daß ihr Mann impotent gewesen sei, und daß er während drei Monate vergeblich versucht habe, seine Fähigkeiten als Ehegatte unter Beweis zu stellen. Nicht sehr freundlich! Es soll sogar zu einem Prozeß gekommen sein, in welchem er nachwies, daß er aus einer vorherigen Ehe vier Kinder hatte!

Heinrich sieht über solche Lappalien hinweg. Er ist von seiner neuen Liebe geblendet, besessen, gefesselt... Sein Leben in den Jahren 1592 und 1593 gleicht einem ungleichen Wettstreit zwischen dem Kriegsgott Mars und der Liebesgöttin Venus, in dem ersterer die Oberhand behält. Ein ruheloses Nomadendasein ist sein Los, denn weder als König, noch als Feldherr und noch weniger als Liebhaber hat er einen festen Wohnsitz und muß sich mit der Trennung von der Geliebten abfinden.

Unermüdlich ist er unterwegs, stets auf dem Sprung von der Belagerung zur Schlacht, beim Morgengrauen zu Pferd, ob es stürmt, schneit oder Stein und Bein friert. Am 4. Januar 1593 läßt sich Mayenne wieder einmal von einem Dutzend Helfern in den Sattel seiner bedauernswerten Mähre heben, in der Hoffnung, den Béarner in La Roche-Guyon zu überraschen, aber dieser hat das Schloß vor Sonnenaufgang verlassen:

»Mein Cousin Mayenne ist ein großer Feldherr«, läßt er ihm sagen, »aber ich bin früher auf den Beinen als er!«

Langsam, unmerklich wendet sich das Blatt zugunsten des Königs. Man spricht von seiner Toleranz, weiß, daß er Gewaltakte erbarmungslos ahnden läßt, daß er Steuern erhebt, um damit seine anwachsende Truppenmacht zu besolden, wodurch er Plünderungen vorbeugt. Er ist geschickt im Umgang mit den Menschen und liebt es, von »seinem Adel« zu sprechen, wenn ihm täglich die Edelleute und Vasallen seiner Vorgänger zuströmen. Immer mehr Katholiken finden sich bei ihm ein, soweit es sich nicht um fanatische Anhänger der Liga handelt. Während seine Armee anschwillt, schmilzt die des Herzogs von Mayenne. Alexander Farnese wird schwer verwundet, gibt Rouen auf und zieht sich schließlich mit seinen Truppen ganz in die Niederlande zurück.

Bald muß die Entscheidung fallen, für die Chicot, der Hofnarr Heinrichs III., die Worte findet: »Edler Herr und Freund, ich sehe genau, daß alle Deine Taten vergebens sein werden, wenn Du nicht zum katholischen Glauben konvertierst... Und dann machst Du Dir ein Klistier mit Weihwasser, das Dich in einem Schwung von allen anderen Sünden reinigt!«

Zögernd, fast heimlich, beginnen die ersten Verhandlungen zwischen den Parteigängern des Königs und denen des Herzogs von Mayenne, die meinen, daß sich die Spanier allzusehr breitmachen im Lande. Plötzlich besinnen sie sich darauf, daß sie Franzosen sind und keine Befehle von Philipp II. empfangen wollen. Aber der Herzog stellt eine ganze Liste von Bedingungen: Der Übertritt Heinrichs zum katholischen Glauben... das klingt fast wie eine Banalität,... daß er sich davor wie ein Schüler im Katechismus unterweisen lasse... auch daran soll es nicht liegen... Der Rest jedoch ist ein schwerer Brocken, er stellt den Lohn für des Herzogs Unterwerfung dar: Mayenne verlangt das Gouvernat über nicht weniger als dreizehn Provinzen, den Titel des Generalleutnants des Königreiches - in anderen Worten den Degen des Konnetabels... und dazu eine Jahresrente von dreihunderttausend Livres! Er verkauft sich teuer, der imposante Lothringer, und man wird lange über seine Forderungen diskutieren müssen!

Es leuchtet ein, daß Heinrich während dieser Ereignisse der schönen Gabrielle oft fernbleiben muß. Seine Besuche bei ihr sind unregelmäßig und kurz, viel zu kurz für den leidenschaftlich Liebenden, die Trennungen bitter, schon deshalb, weil er den Herzog von Bellegarde seiner Geliebten während seiner Abwesenheit gar zu nahe weiß. Was er nicht ahnt, ist, daß sie sich diesem gegenüber weniger abweisend verhält, als ihm... Unaufhörlich sind Boten mit Liebesbriefen an seine »Göttin«, seinen »schönen Engel«, seine »Wonne« unterwegs, die er fast täglich an sie richtet und die von seinen Gefühlen, seinen Ängsten und seinen Zweifeln eine beredte Sprache sprechen. »Ihr tätet mir Unrecht«, schreibt er ihr zu Beginn des Jahres 1593, »wenn Ihr glaubt, daß es jemand geben könnte, der Euch mit größerer Liebe dient, als ich. Keiner gleicht mir in der Treue zu Euch...«, was, nebenbei bemerkt, nicht stimmt, wie immer!

Am 4. Februar 1593: »Mein schöner Engel, wenn es mir erlaubt wäre, euch stündlich zu berichten, so glaube ich, daß das Ende eines jeden Briefes den Anfang des nächsten darstellen würde...«

Weder Schnee noch Eis vermögen die Liebesglut des Königs zu kühlen, denn am 10. Februar 1593 schreibt er seiner Angebeteten:

»Ich weiß nicht, welches Zaubermittel Ihr angewendet habt, denn Eure Abwesenheit ist mir unerträglicher als jede andere, und es kommt mir vor, als sei ich schon hundert Jahre von Euch getrennt. Es gibt nicht eine Ader, nicht einen Muskel in mir, der mir die Entfernung von Euch nicht schmerzlich spürbar machte. Glaubt mir, meine Herrin, meine Königin, daß ich nie zuvor so heftig liebte wie jetzt...«

Am 17. Februar 1593: »Eure Liebe und Eure Huld sind meine einzigen und teuersten Schätze, und ihr Besitz bedeutet mir so viel wie zehn gewonnene Schlachten! Seid stolz auf Euch, daß Ihr mich besiegt habt, was vorher niemand von sich behaupten konnte. Ich küsse millionenfach Eure Füße.«

Am 15. April lesen wir: »Ach wären die schönen Worte, die Ihr am Dienstag am Fuße Eures Bettes mit süßer Stimme zu mir spracht, die Wahrheit, liebste Freundin,... auf daß sie mir mein tief eingewurzeltes Mißtrauen nähmen! Ich kann Euch

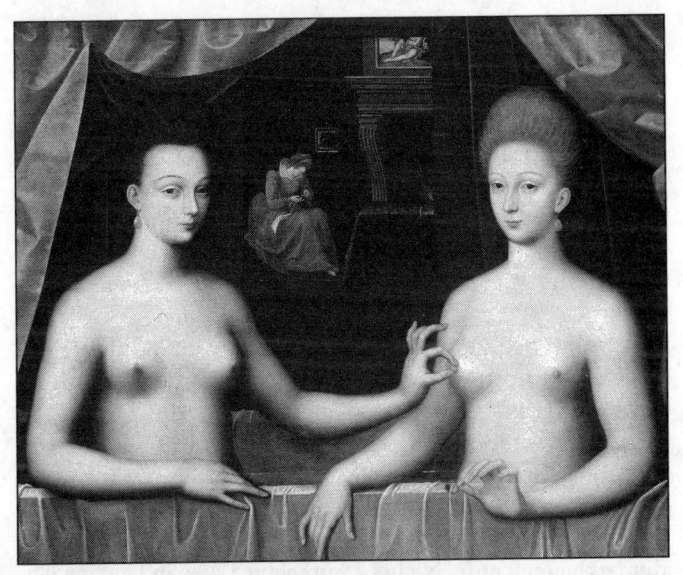

*Gabrielle und ihre Schwester im Bad.
Gemälde aus der Schule von Fontainebleau, um 1592*

nicht sagen, wie mein Herz schmerzt im Gedanken, Euch acht Tage lang nicht sehen zu dürfen. Wenn Ihr wüßtet, wie es in mir aussieht, so würdet Ihr schon am Samstag aufbrechen und zu mir eilen, geliebtes Wesen...«

Leider aber hat es die schöne Gabrielle gar nicht eilig. Schon am 19. April schreibt er traurig: »Euer Zögern bringt mich um!« und fügt schüchtern hinzu: »Verzeiht meine Passion, mein schöner Engel...«

Endlich kündigt sie ihr baldiges Kommen an, und Heinrich jubelt: »Welche Freude, morgen werde ich Euch sehen und Eure Hände millionenfach küssen! Ich spüre schon eine Linderung meiner Leiden beim Gedanken an das Herannahen meines Glücks, das mir teurer ist als mein Leben. Wenn Ihr Euch auch nur einen einzigen Tag verspätet, werde ich sterben! Ein ganzer Monat (April) ohne Euch ist schlimmer als der Tod. Heute erhaltet Ihr zwei Briefe von mir und ich morgen zwei Küsse von Euch... auf morgen, meine schöne Geliebte!«

Am 21. April klingt er enttäuscht: »Ich habe gestern nichts von Euch gehört und weiß nicht, was ich davon halten soll. Es ist Mittag und noch immer keine Nachricht. Was ist aus Eurem Versprechen geworden, daß ich Euch heute wiedersehen werde? Wann werdet Ihr lernen, Wort zu halten... wie ich?«

Gabrielle befindet sich auf Schloß Bû, während der König Dreux belagert, und beide, sowohl Bellegarde als auch er, eilen zu der grausamen Schönen, sobald es der Verlauf der Schlacht erlaubt. Wenn Heinrich auch den wahren Sachverhalt ahnt, so mag er ihn sich doch nicht ganz eingestehen, und seine Eifersucht spielt ihm manchmal böse Streiche. »Ich schwöre Euch, Geliebte«, fleht er, »daß ich mich niemals wieder beklagen werde. Nichts kann meine Liebe in Unruhe versetzen, es sei denn... ein Nebenbuhler!« Also doch!

Eines Nachts bleibt dem unwiderstehlichen Oberstallmeister kein anderer Ausweg aus dem Schlafgemach seiner Geliebten, als ein Sprung aus dem Fenster (den er glücklicherweise unverletzt übersteht), während der Béarner bereits in wahnwitziger Eifersucht an die verschlossene Türe trommelt! Wie immer in solchen Situationen flüchtet die zerbrechliche Gabrielle in die Tränen, die sie literweise vergießt, um ihre Unschuldsbeteuerungen zu unterstreichen. »Ich sehe, daß Ihr mich wie jene behandeln wollt, die Ihr vor mir kanntet«, schluchzt sie, »und daß Ihr nur einen Vorwand sucht, um mit mir zu brechen! Schon der Schatten eines Verdachts entehrt mich und die Leidenschaft, die ich für Euch empfinde!...« Die Falsche! Immerhin... Heinrichs Zorn verraucht im anschließenden Bettgeflüster, und der Schaden ist behoben bis zum nächsten Mal!

Ein anderes Mal aber scheint der König durchaus in der Lage, sich mit einem geteilten Liebesglück abzufinden. So wird gerne die Geschichte erzählt, daß er eines Abends im Schlafgemach der schönen Gabrielle kandierte Pflaumen aß und hin und wieder eine davon unter das Bett warf, auf dem sie wie hingegossen ruhte und unter dem die Stiefel des Oberstallmeisters hervorragten...

»Was macht ihr denn?« ruft sie erstaunt aus.

»Ich teile redlich, wie ihr seht. Schließlich müssen alle leben!«

10

Der gefährliche Sprung

»Sire, jetzt nützt kein Fackeln mehr! ...«

»Es gab zu jener Zeit in Frankreich nichts, was weniger einem König glich, als der König...« Diese Worte lesen wir in den Aufzeichnungen des Marquis von Rosny, des späteren Sully, über die Zustände im Winter des Jahres 1592.

Ende Dezember 1592 muß Heinrich IV. zu seinem großen Ärger erfahren, daß Mayenne die Generalstände nach Paris einberufen hat. Um das Maß vollzumachen, ist der Aufruf mit dem französischen Staatssiegel versehen, das einen leeren Thron zeigt, anstatt, wie üblich, den König in majestätischer Pose! Eine abgefeimte, wohlgezielte Kränkung für den Béarner, aber es sollte sich herausstellen, daß der Lothringer die Rechnung doch ohne den Wirt gemacht hat. Die Sitzungen beginnen am 26. Januar 1593, und die Abgeordneten steuern stracks auf das wichtigste Problem des Tages zu: Die Bestimmung eines Königs und Nachfolgers für Heinrich III. Allerdings weichen sie nicht von der Bedingung ab, daß der Hugenotte Heinrich von Navarra keinesfalls über ein katholisches Frankreich herrschen kann.

Darauf hat Mayenne gewartet und beeilt sich, seine eigene Kandidatur zu unterbreiten oder, falls man damit nicht einverstanden ist, die seines Sohnes, des Marquis von Mayenne.

Dummerweise verhaspelt sich der junge Mann jämmerlich in seiner Ansprache an die Versammlung, und die Vertreter der Stände tun, als verstünden sie nicht, was er von ihnen will... Alsbald fällt eine ganze Reihe anderer Namen: Philipp II. von Spanien (»Aber der ist doch schon so alt!«) oder Karl von Valois, Bastard Karls IX., (»Ein Bastard auf dem Thron?...«). Jemand denkt an den jungen Kardinal von Bourbon-Vendôme, Vetter Heinrichs IV., der die Weihen noch nicht erhalten hatte. Aber auch er versagt angesichts der kritischen Konferenzteilnehmer und beginnt zu stottern. Ihm folgen die Prinzen von Condé und Conti in der Versenkung. Ersterer, weil er zu jung, letzterer, weil er zu dumm ist! Nun machen die Spanier vereint mit den Italienern einen erneuten Vorstoß und schlagen, in Mißachtung des salischen Gesetzes, die Infantin Isabella, Tochter Philipps II. und Enkelin Heinrichs II., als Thronfolgerin vor. Die Idee ist nicht neu. Seit Monaten versucht der König von Spanien, sie den Führern der Liga schmackhaft zu machen. Wenn Isabella Erzherzog Ernst von Habsburg heiratet, einen Enkel Karls V., dann verfügen beide über eine so königliche Herkunft, daß man die salische Vorschrift vergessen kann! Zum Glück lassen sich die Vertreter der Stände von derartigen Spitzfindigkeiten nicht einwickeln, sondern lehnen die Kandidatur einer ausländischen Persönlichkeit, welche es auch immer sei, ab.[1]

In der ausweglosen Situation gibt es nur noch eines: Verhandlungen mit dem Verfemten anknüpfen, der in seiner bescheidenen Hofhaltung von Compiègne und Mantes fast täglich neue Zuläufe aus allen Gebieten Frankreichs zu verzeichnen hat. Zahlreiche gemäßigte katholische Geistliche und Bischöfe lassen sich bei ihm melden, unter ihnen Monsignore Gondi, der Bischof von Paris, der sich vom päpstlichen Legaten nicht länger herumkommandieren lassen und von der Infantin Isabella nichts mehr hören mag, und der Erzbischof von Bourges. Alle rechnen mit einem baldigen Übertritt Heinrichs. Und seit es gute Katholiken auf beiden Seiten gibt, sind direkte Verbindungen so viel leichter anzuknüpfen...

Nach Jahren ununterbrochener Feindseligkeit einigt man sich auf eine Zusammenkunft in Suresnes, einem südwestlich von Paris gelegenen Vorort, wohin jede Partei zehn Delegierte schickt. Unter ihnen befindet sich ein einziger Hugenotte, der Geschichtsschreiber Jacques de Thou. Als sich die Abgesandten der Liga am 29. April 1593 zum Versammlungsort begeben, sind die Straßen von Menschen dicht gesäumt. »Frieden! Gebt uns den Frieden!« rufen sie. »Segen über die, die ihn bringen, zur Hölle mit den andern!« Pierre de l'Estoile

Einzug Heinrichs IV. in Paris. Nach einer Zeichnung von Gérard

erwähnt, daß er die Bewohner von Chaillot, Passy und Auteuil auf den Knien habe liegen sehen, und daß sie die durchziehenden Gesandten mit erhobenen Händen um Frieden angefleht hätten. Mag sein, daß die erschütternden Bilder des jammernden Volkes, der Armut und der durch den Krieg verödeten Stadt ihren Eindruck auf sie nicht verfehlten, denn schon am selben Tag schließen sie einen zehntägigen Waffenstillstand, der in einem Umkreis von vier Meilen um Paris alle Kampfhandlungen untersagt.

Kaum wird der Beschluß bekannt, da ziehen die Pariser auch schon ihre Stulpstiefel an, holen Körbe und Karren aus den Remisen und strömen in Scharen vor die Stadt, wo in den Wiesen und Wäldern nach einem langen, eisigen Winter gerade der Frühling erwacht ist. Andere singen und tanzen auf den Straßen und wollen an nichts anderes mehr denken, als an ein Leben in Frieden und Wohlstand.

Der harte Kern um die »Sechzehn« und die eifernden Priester, die den Spaniern hörig sind, bleiben allerdings dem Treiben fern und wollen auch jetzt von Versöhnung nichts wissen.

»Man will euch weismachen, daß er Katholik wird und künftig die Messe hört«, hetzt der Pfarrer von Saint-André-des-Arts bissig. »Aber, meine Freunde, kommen nicht auch die Hunde zur Messe in die Kirche? Ich sage euch: wenn er sie einmal hört, dann ist die katholische Religion verloren, und es wird weder Messe noch Prozession, noch Predigt mehr geben. Dessen seid sicher, so wahr Gott in dem heiligen Sakrament gegenwärtig ist, das ich empfange...

Wehe euch, denn schrecklich ist allein schon der Gedanke an einen Frieden mit ihm, dem Teufel, dem reißenden Wolf, dem rückfälligen Häretiker, dem exkommunizierten Bastard, dem Bösen schlechthin...«

Pierre de l'Estoile fügt hinzu, daß »Pater Besnard, so wie die Seelsorger von Saint-Sulpice, von Saint-Germain-l'Auxerrois, von Saint-Jacques und Saint-Côme, die Pfarrherrn von der Madeleine, von Saint-Bénoit und die ganze übrige Meute einstimmten in den Chor der Haßtirade, des Wutgeheuls und der Verleumdungen gegen den Béarner, auf daß niemand in ihrer Gemeinde seine Konvertierung akzeptiere, auch wenn er sich noch so katholisch gebärde...«

Während in Suresnes die Vertreter der Liga, die Bischöfe, Geistlichen und Gelehrten beider Glaubensbekenntnisse nach einer Verständigung suchen, das Volk von Paris um den Frieden betet und die Fanatiker von den Kanzeln herunter ihre Flüche gegen den künftigen König schleudern, sind im

Louvre weiterhin die Generalstände zu sterilen Diskussionen versammelt, aber eine Einigung rückt in immer größere Ferne. Nach wie vor wollen weder der päpstliche Legat noch der spanische Gesandte von der Kandidatur der Infantin abrücken, wogegen die Stände einen französischen Prinzen von Geblüt verlangen, sofern er »Katholik und ein folgsamer Sohn der Kirche ist«.

Jetzt ist für den Betroffenen die Stunde der Entscheidung gekommen. Wenn er noch länger zögert, ist der Thron für ihn vielleicht endgültig verloren. Doch welche Entscheidung ist die richtige? Von allen Seiten wird er zu raschem Handeln gedrängt, von allen Seiten hört er Vorwürfe über seine abwartende Haltung. Die Katholiken wollen einen sofortigen Übertritt, die Hugenotten die Bestätigung der einzig wahren Religion... Als Heinrich am 9. Mai 1593 in Mantes dem protestantischen Gottesdienst beiwohnt, droht ihm der Prediger Damours mit einem gnadenlosen Strafgericht Gottes, falls er dem »rechten Glauben« entsage. Seine Worte sind von solcher Vehemenz, daß der Marquis d'O und der Kardinal von Bourbon, aufs äußerste empört, Heinrich auffordern, dem Dreisten den Mund zu stopfen.

Aber es hieße den Béarner schlecht kennen, wenn man glaubt, er habe der Aufforderung Folge geleistet. Es ist nicht seine Art, dem Druck zu weichen, komme er, woher er wolle. Er wird den Entschluß, mit dem er sich seit Monaten trägt, nach eigenem Ermessen fassen.

Aber was Damours in einer öffentlichen, heftigen Predigt wagte, bringen andere in privater Audienz vor. Heinrich hat alle Mühe, sie daran zu erinnern, daß sein Ziel nicht Streit, sondern Versöhnung sei, und daß er mit dem Schritt, falls er ihn tue, das Wohl des ganzen Landes im Auge habe. »Ich ziehe nicht für mich in dieses Haus, sondern um es endlich für alle bewohnbar zu machen. Es wird euch nichts schlimmeres darin widerfahren, als das was ihr bisher von mir gewöhnt seid. Betet für mich, aber zagt nicht, Freunde, meine Liebe ist euch gewiß!«

»Sire«, drängt ihn wenig später der Marquis d'O, »jetzt nützt kein Fackeln mehr! Entweder Ihr geht eilends die Messe hören, oder Ihr habt in einer Woche einen König von Frankreich, die katholischen Prinzen, den Papst, den König von Spanien, den Herzog von Savoyen und alle, die Ihr Euch nur vorstellen könnt, als Feinde auf dem Buckel! Dann bleibt Euch nichts mehr als die Rückkehr zu Euren Propheten aus der Gascogne und zu nächtlichen Liebesabenteuern... In einer einzigen Stunde beim Meßopfer gewinnt Ihr mehr als in zwanzig siegreichen Schlachten und in zwanzig Jahren Mühsal und Arbeit!« Verständlicherweise findet er eine eifrige Parteigängerin in der schönen Gabrielle, die sich bereits an der Stelle der gefangenen Margarethe in der Rolle der Königin von Frankreich sieht.

In etwas gemäßigteren Worten führt Rosny ähnliche Argumente ins Feld, die seine anderen hugenottischen Anhänger, die über weniger politischen Weitblick verfügen, zu entkräften suchen.

»Wenn ich auf euch hören wollte«, entgegnet ihnen Heinrich gereizt, »dann gäbe es in kürzester Zeit in Frankreich weder König noch Land, weder Friede noch Ordnung. Ist das euer Ziel? Alles, was ich will, ist Frieden für meine Untertanen und Ruhe für meine Seele!«

Endlich ist er soweit. Am 10. Mai 1593 teilt Heinrich IV. seinem Vetter Conti mit, daß sein Entschluß gefaßt sei. Am 16. Mai bekundet er offiziell seinen Willen, in den Schoß der katholischen Kirche zurückzukehren und bittet um Unterweisung in allen geistlichen Dingen und Fragen des Dogmas durch Bischöfe und Theologen der Universität,... was zweifellos den Ernst seiner Entscheidung unterstreichen soll. Vier Wochen später gilt der Katechismus des Königs als abgeschlossen, und Pierre de l'Estoile kann berichten: »Eines Tages prasselten taubeneiergroße Hagelkörner vom Himmel, welche die Fensterscheiben einschlugen, die Ziegel der Häuser zertrümmerten und Männer, Frauen, Kinder und Viehzeug töteten... Dies geschah an dem Tag, da der König sein

Volk wissen ließ, daß er von nun an wieder die Messe besuchen werde...«

Man kann sich vorstellen, daß diese Nachricht den zänkischen Abt Boucher von Saint-André-des-Arts in hysterische Weißglut versetzt und zu einer jener Predigten veranlaßt, in der er den König in einem einzigen Atemzug als einen Mörder, Dieb, Galgenvogel, stinkenden Nonnenschänder und Gotteslästerer bekeift. Schlimmer konnten sich die Marktweiber vom Petit-Pont auch nicht ausdrücken!

Sobald der Pfarrer von Saint-Gervais gütlich einlenkt, man habe für die Bekehrung des Ketzers gebetet, folglich müsse man den Konvertiten im Namen des Allmächtigen nun auch in Gnaden aufnehmen, kommt von Saint-André-des-Arts die grollende Antwort, daß alle Befürworter des Friedens und des Verzeihens ins Wasser geschmissen gehörten. Auch der Legat versucht in letzter Minute, die Abschwörung zu verhindern, indem er den Prälaten, die sich zur Bekehrungszeremonie nach Saint-Denis begeben, mit der Exkommunikation droht. Im Louvre setzen die »Sechzehn« die Vertreter der Stände oder wenigstens die, die noch tagen, unter Druck, daß sie schleunigst den jungen Herzog von Guise zum König wählen, ein Vorschlag, der nur durch ihre völlige Verblendung erklärt werden kann und nicht einmal vor der Herzogin von Montpensier Gnade findet... Keines dieser armseligen Manöver vermag das Rad der Geschichte anzuhalten. Am 18. Juli 1593 begibt sich Heinrich IV. zum letzten Mal in Mantes zum protestantischen Gottesdienst. Es ist ein Abschied für immer.

Am 23. Juli finden sich der Erzbischof von Bourges, Großalmosenier von Frankreich, sowie die Bischöfe von Nantes, Angers, Nîmes, Evreux und Chartres, die Pfarrer von Saint-Sulpice, Saint-Gervais und Saint-Eustache und auch der gelehrte Theologe du Perron in Saint-Denis zur freien Diskussion mit dem König über die Doktrinen der Kirche ein. Aber Heinrich wäre nicht der echte Sohn der Jeanne d'Albret, nicht der gelehrige Schüler eines Theodore de Bèze, wenn er nicht auf alle Fragen eine kluge Antwort oder eine geschickte Gegenfrage gewußt und mit seinen Kenntnissen der Heiligen Schrift die gewichtigen Herren in Erstaunen gesetzt hätte. Am lebhaftesten ist das Wortgefecht über das Fegefeuer, über das er in den Büchern nichts habe entdecken können. So wolle er es als Bestandteil der Kirche, jedoch nicht als Glaubensartikel anerkennen. In bezug auf die Messen, Ablässe und geweihten Kerzen bemerkt er lächelnd: »Ich nehme sie hin, um Euch eine Freude zu machen, denn ich weiß, daß sie das Brot der Priester bilden!«

Schließlich müssen die weisen Kirchenfürsten zugeben, daß sie noch keinen gelehrteren Ketzer gekannt hätten als diesen... Ob der König, dessen Spottlust sprichwörtlich war, tatsächlich die berühmten Worte »Paris ist eine Messe wert« ausgesprochen hat, ist nicht eindeutig erwiesen, aber in dem Brief, den er am 24. Juli 1593 an Gabrielle d'Estrée schreibt, ist zu lesen:

»Ich bin gestern am frühen Abend hier eingetroffen und habe bis zum Souper keine ruhige Minute gefunden... zur Stunde, da ich Euch schreibe, sind mir hundert Lästige auf den Fersen und lassen mich nicht los, so daß es mir schon jetzt vor Saint-Denis graut! Morgen, am Sonntag, mache ich den gefährlichen Sprung!... Leb wohl, mein Herz, seid rechtzeitig zur Stelle morgen, denn es will mir scheinen, als hätte ich Euch seit einem Jahr nicht mehr gesehen. Ich küsse millionenfach die Hände meines Engels und die Lippen meiner teuren Geliebten...«

Am Sonntag, den 25. Juli 1593, einem drückendheißen Hochsommertag, ist ganz Paris auf den Beinen und strömt nach Saint-Denis. Alle Welt möchte bei der Abschwörung des Königs dabei sein. Nach den Prälaten, die die Drohung einer Exkommunikation nicht schreckte, und den Parlamentsmitgliedern erscheinen die Damen und Herren in ihren Karossen, ein seit Jahren nicht mehr gesehenes Bild höfischer Pracht. Das einfache Volk, Männer, Frauen, Greise und Kinder, haben sich schon früh zu Fuß oder in Karren gepfercht

Die Abschwörung von Saint-Denis

aufgemacht. Bunte Teppiche und Stoffe hängen aus den Fenstern, die Straßen sind mit frischem Laubwerk bedeckt, Kinder mit Körbchen um den Hals streuen Rosenblätter. Alle tragen die königliche, weiße Schärpe, und vor Freude fallen sich Unbekannte auf offener Straße in die Arme. Musik und Gesang ertönt... Bald ist der Platz vor der Kathedrale so voll, daß die Menge in die umliegenden Gassen zurückgedrängt werden muß.

Auf der obersten der drei Stufen, vor dem Narthex, sitzt der Erzbischof von Bourges auf einem mit weißem Damast ausgeschlagenen Thronsessel, den die Wappen Frankreichs und Navarras zieren. Neben ihm der junge Kardinal von Bourbon, Vetter des Königs, und die Bischöfe mit Mitra und Bischofsstab, auf den unteren Treppenstufen die Mönche der Abtei von Saint-Denis, Hüter der Königsgräber. Ein Trompetenstoß... jetzt erscheint der König auf dem Kirchplatz und nähert sich, umgeben von den Prinzen seines Hauses, der ehernen Pforte. Ein prächtiger Anblick. Unter einem weiten, schwarzen Samtmantel trägt er ein Prunkgewand aus weißer, goldbestickter Atlasseide und hält demütig seinen Hut in der Hand, der für die Zeremonie mit schwarzen Federn geschmückt ist. Dicht hinter ihm folgen die Mitglieder der Schweizer Garde, der französischen und schottischen Leibwache in ihren farbigen Uniformen. An einem der Fenster der Residenz des Abtes wird Gabrielle sichtbar,... deren Anwesenheit Anlaß zu manchem spöttischen Kommentar gibt!

An der Pforte zum Narthex angelangt, bittet Heinrich um Einlaß in die heilige, katholische Kirche, worauf sich zwischen ihm und dem Erzbischof das rituelle Zwiegespräch entwickelt:

»Wer seid Ihr?«
»Ich bin der König.«
»Was verlangt Ihr?«
»Ich wünsche, in den Schoß der römischen, apostolischen und katholischen Kirche aufgenommen zu werden.«
»Verlangt Ihr es von ganzem Herzen?«
»Ja, ich wünsche und verlange es.«

Daraufhin kniet der König, sichtlich bewegt, auf einem mit den Königslilien bestickten Kissen zu Füßen des Kirchenfürsten und schwört mit ernster Stimme:

»Ich versichere und schwöre vor dem Angesicht Gottes, des Allmächtigen, daß ich in der römischen, apostolischen und katholischen Kirche zu leben und zu sterben bereit bin, daß ich sie mit meinem Blut und meinem Leben verteidigen und gegen jede Gefahr schützen und keine Häresie gegen sie dulden werde.«

Tiefe Stille herrscht auf dem Platz. Der Erzbischof reicht dem König seinen Ring zum Kuß und erteilt ihm Absolution und Segen. Langsam öffnet sich die schwere Bronzetüre der Kathedrale. Beide erheben sich und treten unter den Klängen des Te Deums in das Dunkel der alten Basilika, wo alles für das Hochamt bereit ist. Heinrich legt die Beichte ab, hört die Messe und nimmt das Abendmahl.

»Schon am nächsten Tag«, notiert der künftige Sully in seinen Erinnerungen, »strömte das Volk in großen Mengen aus Paris hierher, um den König zu sehen, der sich mehrere Male zeigte und öffentlich der Messe beiwohnte. Überall, wo er ging und stand, war er von so vielen Menschen umgeben, daß er oft weder vorwärts noch zurück konnte. Von allen Seiten tönte tausendfach der Ruf: Es lebe der König! Lang lebe der König! Gott schütze den König! Allerorts zeigte man sich verwundert über seine Leutseligkeit, seine natürliche Art, mit dem einfachen Volk zu reden, über sein fröhliches Lachen und seine Güte. Ich habe nicht versäumt, dem König zu sagen, wie wohlgesinnt das Volk ihm schon war, was er mit eigenen Augen sehen konnte und ihn in eine große Rührung versetzte.«

Am Abend flackern Freudenfeuer auf den Hügeln rings um Paris und erhellen den Nachthimmel, was die Anhänger der Guise, die Spanier und Paptisten in der Stadt nicht gerade entzückt haben mag. Aber auch unter den Hugenotten gibt es Unzufriedene, und als der König ein kühlendes Bad in der Seine nimmt, murren einige von ihnen, daß er sich von der Abschwörung reinwaschen muß!

Der Tag endet mit einem fürstlichen Bankett, und noch zu später Stunde drängt sich eine so unüberschaubare Menschenmenge um ihn, daß um ein Haar alle Tische und Bänke umgestürzt wären. Pierre de l'Estoile behauptet gehört zu haben, daß ein katholischer Berater die düstere Prophezeiung aussprach: »Ah, mein guter Freund, der König ist verloren: Von dieser Stunde an kann man ihn töten, vorher nicht!« Die Warnung wird schon am nächsten Morgen vom Pfarrer von Saint-André-des-Arts bestätigt: »Der Béarner hat die Messe gehört, jetzt ist er reif für den Scheiterhaufen. Selbst der Papst kann ihm erst an der Schwelle des Todes die Absolution erteilen!« »Und wenn er alles Weihwasser von Notre Dame austränke, würde ich ihm doch nicht glauben!« bekräftigt der Prior der Karmeliter.

Wie zu erwarten war, stellen die hartnäckigsten Gegner des Königs die Aufrichtigkeit seines Übertritts in Zweifel. Es ist möglich, daß er sich nicht von einer Stunde zur anderen vom gläubigen Hugenotten in einen eifrigen Katholiken verwandelt hat. Sein Charakter und seine Kindheitserlebnisse haben ihn immer davor bewahrt, ein Fanatiker weder für das eine noch für das andere Glaubensbekenntnis zu werden. Zeit seines Lebens ist er ein Verfechter des Ausgleichs, der Toleranz, Inbegriff einer großen Menschlichkeit geblieben. Die Verleumder, die er zu Lebzeiten hatte, erkannten diese Tugenden um so weniger an, als sie im sechzehnten Jahrhundert nicht dem Zeitgeist entsprachen.

»Der neue König von Frankreich hat mehr Religion als alle seine Vorgänger, denn er ist Hugenotte und Katholik zugleich!« höhnt ein Anhänger der Liga, ohne zu bemerken, daß er ihm mit diesen Worten ein Kompliment macht. Und schon ist ein Mörder gedungen, ein Pierre Barrière aus Lyon, Fährmann seines Zeichens. Es ist einer jener Erleuchteten, die - wie Jacques Clément - glauben, durch den Mord an dem Gotteslästerer ein gutes Werk zu vollbringen und sich selbst das Himmelreich zu erringen, das ihm die Vikare der Stadtpfarreien großmütig versprechen, ohne sich die Finger zu verbrennen. Aber es kommt nicht zur Ausführung der Tat. Barrière zögert, verrät sich durch seine Vertrauensseligkeit und wird am 27. August 1593 in Melun verhaftet. Von denen verlassen, die ihn zu seiner Tat ermutigten, stirbt er drei Tage später unter dem Rad...

Nach Ablauf des zehntägigen Waffenstillstandes von Suresnes wird am 2. August 1593 in La Villette eine Waffenruhe von drei Monaten beschlossen. Die Bekehrung Heinrichs ist zwar vollzogen, aber seine Exkommunizierung noch nicht offiziell widerrufen. Vom kirchlichen Standpunkt aus gesehen, hatte er nicht das Recht, in Saint-Denis an den Tisch des Herrn zu treten, was die Dogmatiker in Paris in ihrer unnachgiebigen Haltung bestärkt. Während sich die Städte Frankreichs, eine nach der anderen, dem neuen König öffnen

– Bourges, Orléans und Lyon ergeben sich kampflos –, während das königliche Hauptquartier in Saint-Denis zum Stelldichein der Pariser Damenwelt wird (wobei sich das zauberhafte Fräulein von Guise unsterblich in den schönen Bellegarde verliebt und damit dem König einen ungeahnten Dienst leistet!), während sogar in Rom der Heilige Vater zu prüfen beginnt, ob nicht doch gelegentlich ein Widerruf der Exkommunikation zu erwägen wäre,... während all dieser Ereignisse klammern sich in Paris die »Sechzehn« und die Führer der Liga noch immer an die Hoffnung einer Schützenhilfe aus Spanien oder Flandern. Der päpstliche Legat gebietet der Geistlichkeit, dem Béarner den Gottesdienst, und den Stadtgouverneuren, ihm die Steuerabgaben zu verweigern... Zum Glück hören weder die einen noch die anderen auf die Befehle des Italieners.

Indessen ist die Macht Heinrichs unaufhaltsam im Wachsen. Im Dezember 1593 empfängt er in Dammartin die Schöffen von Meaux, die ihm kniend die Unterwerfung ihrer Stadt anbieten, womit sich der Kranz der ihm ergebenen Städte um Paris geschlossen hat. Alles, was in der Metropole Rang und Namen hat, ist in sein Lager übergegangen. Um die Sache der Liga dagegen ist es schlecht bestellt. Die letzten Abgeordneten der Generalstände haben den Louvre eiligst verlassen, der Vorsitzende präsidiert in einem leeren Saal und ist zum Gespött der Bevölkerung geworden...

Der König residiert jetzt in Fontainebleau, inmitten der wildreichsten Jagdgefilde der Ile de France, und beginnt, das Schloß der Valois herrichten zu lassen, »das in argem Zustand ist«. Hier vertraut ihm Gabrielle an, daß sie ein Kind von ihm erwartet. Ein ungeahntes Glücksgefühl erfaßt ihn: Wenn er die geliebte Frau heiratet, wäre der zu erwartende Sohn dann nicht das erste Glied einer neuen Dynastie?

Zwei Dinge fehlen Heinrich IV., bevor er sich wirklich König von Frankreich nennen kann: seine Hauptstadt Paris und die Krönung. Natürlich könnte er sofort einen Einzug erzwingen, aber er scheut ein mögliches Blutvergießen, solange die »Sechzehn« und ihre spanischen Söldner noch über die Macht verfügen. Geduld, die Frucht wird bald reif sein.

Am 30. Dezember empfängt er in aller Heimlichkeit eine verschleierte Botin aus der Hauptstadt.

»Ich wünsche nichts so sehr wie den Frieden«, versichert er der Unbekannten, »und bin bereit, jeden Preis dafür zu zahlen.«

So verspricht er, allen Städten, die ihn anerkennen, zehn Jahre lang die Zahlung der Kopfsteuer[2] zu erlassen und die Mitglieder des Stadtrates in den Adelsstand zu erheben. Außerdem wird er ihre überlieferten Privilegien bestätigen, ihnen Religionsfreiheit und das Recht gewähren, den Stadtgouverneur selbst zu wählen. Nach einer kleinen Pause fügt er hinzu: »So jedenfalls halte ich es überall sonst und habe nicht vor, Paris anders zu behandeln, wie man manchmal behauptet. Denkt darüber nach. Es war Gottes Wille, mir dieses Reich anzuvertrauen. Die mir helfen, es zu gewinnen, will ich als meine Diener betrachten. Die mich verraten, werden von Gott gerichtet...«

Und die geheimnisvolle Dame macht sich auf den Heimweg.

Bleibt die Salbung. Da Reims noch in den Händen der Guise und der Liga ist, könnte sie in Chartres stattfinden, aber... bedarf es nicht eines Konsens des Papstes? Vorläufig hat Klemens VIII. weder die Wahl Heinrichs zum König, noch seinen Übertritt zum katholischen Glauben anerkannt. Dem französischen Sondergesandten geht er aus dem Weg, antwortet auf seine Fragen nicht mit Ja und nicht mit einem klaren Nein. Wie könnte er auch? Ist er nicht auf Gedeih und Verderb der Gunst Philipps II. von Spanien ausgeliefert, der den winzigen Kirchenstaat mit seinen italienischen Besitzungen umklammert hält und ihm morgen die Versorgungswege abschneiden kann, wenn es ihm gefällt? Außerdem hatte sich der Heilige Vater, wie seine Vorgänger, seit Jahren mit all seiner Macht in den Dienst der Liga gestellt. Ein plötzliches Umschwenken wäre Selbstverleugnung und würde beim Kardinalskollegium auf Widerstand stoßen. So sind die Monate dahingegangen, und die Frage, ob die geistlichen Würdenträger Frankreichs berechtigt waren, dem Exkommunizierten die Absolution zu erteilen, oder ob die Entscheidung darüber allein in Rom gefällt werden durfte, ob es sich da vielleicht gar um einen Eingriff in die Rechte des Heiligen Stuhls handelte... diese Frage blieb unbeantwortet.

In Frankreich liegt die Sache anders: Die Mehrzahl der französischen Prälaten hatte sich klar zugunsten des Königs ausgesprochen[3], und Heinrich sieht keinen Grund mehr, die Krönung länger aufzuschieben. Am 27. Februar 1594 wird er in der Kathedrale von Chartres die Investitur empfangen.

Allerdings war die zur Weihe bestimmte Krone der Valois während der Kriegswirren eingeschmolzen worden, um die Truppen der Liga zu besolden. Zum Glück ist die Kirche mit Schätzen reich gesegnet, und eine neue wird dem Domschatz in Chartres entnommen. Aber das Salböl von Reims? Heinrich III. hat es vor dem Zugriff der Liga in Sicherheit gebracht und Klosterbrüdern von Marmoutiers bei Tours zur Aufbewahrung anvertraut. Jetzt brachte ein Mönch, auf einem weißen Zelter - unter einem Baldachin aus weißer, mit goldenen Blumen bestickten Atlasseide - reitend, das geweihte Gefäß aus der Touraine herauf in die Ile-de-France. Bis der Zug auf dem Platz vor der Kathedrale eintraf, war er zu einer riesigen Prozession angeschwollen.

Werfen wir einen Blick ins Innere der Kathedrale an jenem Sonntag, den 27. Februar des Jahres 1594. Es schimmert im Licht von hunderten von brennenden Kerzen. Auf beiden Seiten des Chors sind Tribünen errichtet und mit Brokatstoffen verkleidet, auf denen die Damen Platz genommen haben. Neben Katharina, der Schwester des Königs, sitzt Gabrielle in wahrhaft fürstlicher Pose. Was mag in ihr vorgehen angesichts des Schauspiels, das sich in vielfarbiger Pracht zu ihren Füßen abwickelt, und das in seinem weihevollen Ernst die großen Stunden der französischen Vergangenheit wachruft? Zuerst halten die geistlichen Würdenträger in ihren reichgestickten Pluvialen Einzug, nach ihnen die Fürsten und Pairs von Frankreich in pelzverbrämten Mänteln, die Ritter vom Heiligen Geist, auf deren weiten Umhängen eine Taube ihre Schwingen ausbreitet. Dann folgen die Richter im roten, die Gelehrten im schwarzen Talar, die Heerführer in glänzender Rüstung, die Mitglieder des großen Rats und des Schatzamtes. Als alle Platz gefunden haben, verkündet ein Trompetenstoß die Ankunft des Königs. Im Kreise des Domkapitels durchschreitet er das Mittelschiff bis zum Altar, wo er niederkniet. Er trägt über einem silberdurchwirkten Rock ein tiefrotes, hemdartiges Gewand, das an Schultern, Brust und Armgelenken zum Empfang der sieben Salbungen geschlitzt ist. Die Trompeten draußen sind verstummt, die Pforten haben sich geschlossen. Nur die verhaltenen Gesänge der Mönche und das Murmeln der Gebete sind zu hören. Wie eine goldene Mauer schirmen die bischöflichen Rauchmäntel den knienden König vor den Blicken der Anwesenden, während ihn Nicolas de Thou, Bischof von Chartres, salbt und ihm dann feierlich die auf dem Altar geweihten Staatsgewänder anlegt: die Tunika, die Dalmatika – Zeichen des Diakonats – und den mit goldenen Lilien bestickten Mantel der Könige. Er schwört mit bewegter Stimme, Unglauben und Häresie aus seinem Reich zu verbannen. Jetzt öffnet sich der goldene Kreis, und Heinrich ist bereit, vor den Augen seiner Untertanen die Insignien der Macht zu empfangen. Jede einzelne von ihnen bedeutet eine Stufe seiner Wandlung vom fehlbaren Erdenbürger zum Herrscher aus Gottes Gnaden. Die Zeremonienhandschuhe werden ihm gereicht, der Ring des Königtums über den Finger gestreift, das Schwert umgürtet. Er hält das Zepter, Zeichen der Königigsmacht, in der Rechten, die Hand der Justiz, das elfenbeinerne Symbol der

Gerechtigkeit, in der Linken. Zuletzt hebt der Bischof die Krone hoch über sein Haupt, die die hochgereckten Arme der Pairs zu stützen scheinen und die sich langsam auf seine Stirne senkt.

Heinrich IV. steht in königlicher Majestät der Menge zugewandt, die in den Ruf »Vivat rex in aeternam!« ausbricht. Jubelgesang ertönt, die Orgel dröhnt, und alle Glocken der Stadt beginnen zu läuten. Als die mächtigen Tore der Kathedrale aufschwingen, donnern die ersten Böllerschüsse von den Stadtmauern herüber. Frankreich hat endlich wieder einen König.

In Saint-Denis halten die Wachen einen Lakeien an und fragen ihn, wohin er will:

»Nach Paris.«

»Dann bist du auf dem falschen Weg, Freund. Hier geht's nach Spanien, und da, wo Du grade stehst, verläuft die Grenze...«

Tatsächlich ist die Hauptstadt noch immer von einem Völkergemisch fremder Truppen besetzt, die unter dem Befehl des spanischen Gesandten stehen, obwohl er keine militärische Funktion bekleidet. Deutsche, Wallonen, Italiener und Spanier haben seit Jahren Domizil in den besten Quartieren bezogen. Pierre de l'Estoile erzählt, daß sie von den »Schönen von Paris mit üppiger Speise und Trank verwöhnt werden« und auf das Fürstlichste tafeln, während sich das Volk den Gürtel enger schnallen muß.«

Auch am Hof Heinrichs IV. ist oft Schmalhans Küchenmeister. Die Pracht der Krönungsfeierlichkeiten haben den Staatssäckel geleert. Manchmal ist nicht einmal genug Geld da, um Hafer für die Pferde beizuschaffen, was den König in Erstaunen versetzt.

»Sire«, erklärt man ihm, »wir besitzen keinen roten Heller mehr!«

»Ventre-Saint-Cris, eine böse Geschichte. Bald werde ich zu Fuß laufen müssen... Wie viele Hemden habe ich denn noch?«

»Sire, es sind, meiner Treu nur noch zehn da, und die Hälfte davon ist zerrissen.«

»Und Taschentücher? Bleiben mir nicht noch acht?«

»Nein, leider nur fünf, Sire«, fällt der Intendant Marquis d'O geschäftig ein, »aber ich habe für sechstausend Ecus flandrisches Leinen bestellt, um neue für Eure Majestät fertigen zu lassen.

»Gott sei Dank«, atmet Heinrich erleichtert auf, »jetzt kann ich wenigstens wieder einen Schnupfen kriegen!«

Die Situation am Hof wird von einer Besucherin bestätigt, die erzählt, sie habe den König gesehen, aber einer Majestät sei sie nicht begegnet.

Zum Glück verdirbt ihm die mißliche Lage seiner Finanzen nicht den Appetit, und er findet mehr und mehr Geschmack an den Freuden der Tafel. Die Ausstattung ist zwar noch etwas ärmlich und erinnert an die Kriegszeiten. Gabeln gibt es am gedeckten Tisch des Herrn Heinrich keine, dafür drei oder vier Messer für die ganze Gesellschaft und einen Löffel für jeden... Aber am 17. März 1594 bemerkt einer der Tischgäste staunend, daß der König mit Leichtigkeit sechs Eier und ein viertel Zicklein »als Appetithäppchen verzehrt und danach einen ganzen Kapaun bis auf die Knochen von der Platte geputzt habe...«

Was dem Franziskaner Pater Guarinus den laut hörbaren Seufzer entlockt: »Dem verdammten Béarner scheint die Exkommunikation ausgezeichnet zu bekommen!«

Sogar Mayenne merkt langsam, daß der Wind sich zu drehen beginnt. Unter dem Vorwand, daß er zu einer spanischen Armee reiten müsse, die in der Gegend von Soissons aufmarschiere, verläßt er die Hauptstadt, die er der Obhut des neuen Gouverneurs Karl von Cossé-Brissac und des Vorstehers der Kaufmannschaft, Jean Lhuillier, übergibt. Es sind beides Männer, zu denen er vollstes Vertrauen hat. Wie leichtsinnig!

Kaum hat er den Rücken gedreht, wird Brissac auch schon zu seinem Schwager François d'Epinay von Saint-Luc gerufen, der schon lange die andere Partei ergriffen hatte und das Ohr Heinrichs IV. besitzt. Boten eilen zwischen Paris und Saint-Denis hin und her, und das geheimnisvolle Treffen der Schwager wird mit Familienangelegenheiten bemäntelt, die dringend zu erledigen sind. In Wirklichkeit handelt es sich um die Ausarbeitung eines wahren Schlachtplans, bei dessen Gelingen dem Gouverneur der Marschallstab winkt. Der war ihm zwar bereits von Mayenne versprochen worden, aber hatte das Wort des dicken Lothringers ohne die Bestätigung durch das königliche Siegel überhaupt Geltung? Einige Beutel mit klingender Münze beschleunigen Brissacs Entscheidung: Er ist bereit, im gegebenen Augenblick die Wachen an den Toren der Stadt abzuziehen und die Zugbrücken herunterzulassen. Alles übrige ergebe sich von selbst...

Wird Heinrich IV. endlich seine Hauptstadt betreten? Der Plan sieht vor, einen Rückzug seiner Streitkräfte von Saint-Denis nach Beauvais vorzutäuschen, in Wahrheit jedoch starke Truppeneinheiten in den Wäldern von Montmorency zu verstecken, eben jene Truppen, die für die friedliche Besetzung von Paris vorgesehen sind. Der nächste Schritt besteht darin – und hier tritt Brissac in Aktion – Féria, den spanischen Gesandten, von einem ominösen Geldtransport zu unterrichten, der sich von Palaiseau auf Saint-Denis zubewege, um die königlichen Staatskassen aufzufüllen. Er drängt den Spanier, den kostbaren Konvoi durch seine Truppen abzufangen und die Beute zu kassieren. So etwas läßt man sich nicht zweimal sagen. Staunenden Auges sehen die Pariser das Gros der spanischen Truppen mit verhängten Zügeln zur Stadt hinausgaloppieren, einem märchenhaften Schatz auf der Spur, den es gar nicht gibt. Damit sind die Tore von Saint-Denis und Saint-Honoré, vor allem aber ist die Porte Neuve, die den westlichen Seineübergang beherrscht, unbesetzt. Die Posten der Spanier werden sofort durch königstreue Offiziere besetzt, die in den Plan eingeweiht sind. Gleichzeitig läßt Lhuillier das Gerücht über einen Friedensschluß zwischen Heinrich IV. und dem Herzog von Mayenne ausstreuen... und einen Aufruf an alle braven Bürger der Stadt, das Joch der Spanier und der »Sechzehn« abzuschütteln. Obwohl äußerlich alles ruhig bleibt, wird unterschwellig eine fiebrige Atmosphäre fühlbar, die auch Féria nicht verborgen bleibt. Gegen Abend fordert er Brissac auf, die nächtlichen Runden der Wachen zu verschärfen, was dieser nur zu gerne tut.

Wir schreiben den 22. März 1594, es ist etwa fünf Uhr morgens. Der dünne Glockenschlag der Kapuzinerkirche in der Rue Saint-Honoré ruft die Mönche zum Angelus. Noch liegt pechschwarze Nacht über der Stadt, und ein eisigkalter Nebel hüllt, was geht und steht, in einen dichten, weißen Schleier. Alles scheint öd und still. Nur unten an der Seine, bei der mächtigen Porte Neuve, flackern ein paar Fackeln, und gedämpfte Gesprächsfetzen sind hörbar für den, der die Ohren spitzt. Das wuchtige Tor blockiert den erst kürzlich vollendeten Quai du Louvre wie eine unüberwindliche Mauer. Es besitzt auf beiden Seiten einen kleinen Torweg für Fußgänger. Durch eines dieser beiden Nadelöhre war Heinrich III. am 13. Mai 1588 dem Zugriff des Herzogs von Guise entwichen... fast sechs Jahre war das her. Sechs Jahre blieb Frankreich ohne König!

Im Schein der Fackeln gehen zwei Männer nervös vor der Porte Neuve auf und ab, verharren, lauschen in die Stille des dunklen Morgens, machen wieder einige Schritte... Es ist der Gouverneur Brissac, der mit Jean Lhuillier auf die angekündigten Truppen des Königs wartet. Die Stunde ist da, aber die Minuten verstreichen, und noch immer rührt sich nichts. Jetzt, endlich! Von weitem klingt Hufschlag durch den Nebel, das Pferdegetrappel nähert sich... sie sind da, viertausend an der Zahl, die Brissac eilig auf die verschiedenen Tore der Stadt verteilt. Im gleichen Moment dringen einige Fähnlein, die von Corbeil und Melun her dem Tal der Seine abwärts gefolgt waren, von Süden vor und besetzen das Arsenal und die östlichen Stadtteile. Vom Norden her treffen einige Regimenter unter Vitry am Tor von Saint-Denis ein, dessen Zugbrücke bereits heruntergelassen ist. Nach einem kurzen

Wortwechsel und dem Losungswort »Für König und Frieden« beziehen sie die Bollwerke und strömen die Rue Saint-Denis hinunter, die tausendjährige Nord-Südachse, die wie eine Schneise die Stadt über die Ile de la Cité bis an die Höhen der südlichen Stadtgrenze durchschneidet.[4]

Das Grand-Châtelet[5] wird ohne einen Schwertstreich genommen. Die fassungslosen wallonischen Söldner im Temple, im Norden der Stadt, ergeben sich widerstandslos. Auch die von Lhuillier aufgerufene Bürgerwehr greift ein, und an allen Ecken der Stadt werden die völlig überraschten Spanier entwaffnet. Wie sehr haben sich die Zeiten seit 1588 geändert!

Von jetzt an ist der Ausländer der einzige Gegner, ein Feind, der, wie sich bald herausstellt, recht wenig Kampfgeist zeigt. Nur in der Nähe des Louvre versucht eine Handvoll deutscher Landsknechte, den Soldaten des Königs zu trotzen, aber auch sie werden rasch überwunden und kurzerhand in die Seine geworfen. Innerhalb von zwei Stunden ist Paris in den Händen der siegreichen Armee, und bei Tagesanbruch kann Brissac an der Porte Neuve den König empfangen. Neben ihm der Prévost Lhuillier mit den Stadtschlüsseln auf einem Samtkissen. Just in dem Augenblick, als die ersten Sonnenstrahlen den Nebel durchbrechen, erscheint Heinrich in seiner alten Rüstung über dem abgeschabten Wams, als habe sich nichts geändert. Seinen Hut ziert der legendäre weiße Federbusch. Sichtlich beeindruckt von der Bedeutung dieser langersehnten Stunde des Schicksals, empfängt er den Willkommensgruß aus den Händen des Gouverneurs: eine reichbestickte, weiße Schärpe. Kurz entschlossen nimmt er seine ab und streift sie Brissac über die linke Schulter: »Habt Dank, Herr Marschall!«

Noch bevor er den Fuß auf Pariser Stadtboden setzt, ergeht der erste Befehl des Königs: Der Herzog von Féria verlasse mit der ausländischen Garnison noch vor Sonnenuntergang die Stadt. Auch den Legaten soll er mitnehmen, und bis zur flandrischen Grenze habe er freien Durchzug!

Endlich ist der Weg frei. Freudestrahlend überschreitet Heinrich die herabgelassene Zugbrücke. Hinter ihm drängen sich sechshundert Edelleute und Knappen, die es so eilig haben, daß sie sich in voller Rüstung unter dem noch niedergelassenen Schlagbaum durchzwängen. Jeder will der erste sein. Zum Zeichen des Sieges und des Friedens tragen sie die Spitzen ihrer Spieße zum Boden gekehrt. Niemand soll in dieser Stunde an Krieg erinnert werden. Das erste Ziel des Königs ist die Ile de la Cité und Notre Dame, das Herz seiner Hauptstadt. Langsam windet sich der Trupp durch die Rue Saint-Honoré. Ihm folgt ein Haufen zerzauster Buben, die eifrig die in Saint-Denis gedruckten Flugblätter verteilen, auf denen zu lesen ist:

»Der König beschließt und wünscht,
daß alles Vergangene,
das während der Wirren geschah,
begraben und vergessen sei...!«

Das ist nicht mehr und nicht weniger als eine Generalamnestie, die den Greueln des jahrzehntelangen Bürgerkriegs ein Ende setzt, und die mit dem Versprechen schließt, daß der König im katholischen, apostolischen und römischen Glauben zu leben und zu sterben bereit ist. Die Flugschrift trägt seine Unterschrift und das Datum seines fünften Regierungsjahres.

Zwei Frauen, sagt man, sterben aus Entsetzen darüber, daß der Hugenottenkönig in Paris Einzug hält, und eine andere soll darüber den Verstand verloren haben, »welcher Verlust nicht sehr groß war.« Auf dem linken Seineufer, in der Gegend des Quartier Latin, verschanzen sich einige kampflustige Spanier und Neapolitaner unter der Führung der letzten »Sechzehner«, in den Bollwerken der Stadttore von Buci und Saint-Jacques. Sie werden durch Vitrys Soldaten und durch eine Horde Kinder, die »Frieden, Frieden!« rufen, rasch überzeugt, daß ihr Widerstand keinen Sinn mehr hat. Die Zeiten der Liga sind vorbei. Gegen Mittag ist das Rathaus in der Hand der Königlichen. Im ganzen fanden an diesem ereignisreichen Tag nur zwei Stadtbürger den Tod.

»Wenn es in meiner Macht stünde«, ruft Heinrich IV. aus, als er davon erfährt, »so würde ich das Leben dieser braven Bürger kaufen, damit die Nachwelt erfährt, ich habe meine Hauptstadt erobert, ohne einen Tropfen französischen Bluts zu vergießen!«

Paris war an diesem 22. März 1594 wie an irgendeinem gewöhnlichen Morgen erwacht. Aber dann, plötzlich flog die Kunde von Tür zu Tür, von Gasse zu Gasse: Der König ist da! Als der Zug den Louvre erreicht, beginnen sämtliche Kirchenglocken der Stadt herüber zu läuten, sogar die Großglocke von Notre Dame dröhnt herüber. Von allen Seiten strömen die Menschen herbei, jubeln und winken. Jeder will ihn sehen, ihn vielleicht mit den Händen berühren. In ihre fröhlichen Rufe »Es lebe der König« mischt sich der Klang von Hörnern und Trompeten. Auf der Brücke von Notre Dame und dem Domplatz ist die Menge so dicht, daß der Zug ins Stocken kommt und nur schrittweise vorwärts kommt. Das Domkapitel wurde in aller Eile vom Eintreffen des Königs verständigt, und bis er die Pforte durchschreitet, um der Messe beizuwohnen, haben die Domherren gerade Zeit gehabt, die Bilder zu entfernen, auf denen er als Teufel dargestellt ist!

Während Heinrich im Chor der Kathedrale im Gebet verharrt, reiten auf seinen Befehl Herolde durch die Stadt und verkünden mit lauter Stimme unter Trommelwirbel, daß »dem Volk Friede, Gnade und Straferlaß gewährt sei«.

Ob Heinrich IV. die Worte gesagt hat oder nicht, aber es hat sich bewahrheitet, daß Paris eine Messe wert war! Nach dem Hochamt in Notre Dame begibt er sich, jetzt zu Fuß, hinüber in den Louvre, in dem er so viele Jahre mit seinen Vettern, den Prinzen von Valois, verbrachte, von denen keiner mehr am Leben ist. Vor achtzehn Jahren war er geflohen, vor über zweiundzwanzig Jahren entkam er mit knapper Not den

Greueln der Bartholomäusnacht... Aber es ist nicht seine Sache, den Schatten der Vergangenheit nachzuhängen. Seine Gedanken gehören der greifbaren Gegenwart, und diese zeigt ihm den prächtigen Palast in jammervollem Zustand. Es wird viel Arbeit geben, bis die Räume wieder wohnlich sind!

»Herr Kanzler«, wendet er sich plötzlich an Cheverny, der ihn auf seinem Rundgang begleitet, »wache ich oder träume ich? Sagt mir ganz ehrlich: bin ich wirklich hier, wo ich zu sein scheine?«

»Sire, ich glaube, Ihr wißt ganz gut, daß alles seine Richtigkeit hat!«

»Ich weiß es, und doch bin ich nicht ganz sicher... Je mehr ich darüber nachdenke, desto wundersamer kommt mir alles vor. Nicht Menschenhand, eine göttliche Macht hat mich hierher geleitet!«

In den Prunkgemächern des Obergeschosses ist ein Mittagsmahl aufgetragen worden, als hätte man den königlichen Bewohner des Hauses seit Tagen erwartet. Heinrich läßt Türen und Fenster öffnen, daß ihm die Menge beim Essen zuschauen kann: »Es ist so viele Jahre her, seit sie der Tafel ihres Königs beiwohnen konnten.«[6]

Am Nachmittag begibt sich der König zum Tor von Saint-Denis,[7] um von einem Fenster aus den Abzug der fremden Truppen zu überwachen. Da marschieren sie mit gesenkten Köpfen zur Stadt hinaus und machen ihm im Vorüberziehen die ergebensten Kratzfüße.[8] Inmitten der neapolitanischen, wallonischen und spanischen Regimenter reiten die Vertreter Philipps II. in Person, ernst und zugeknöpft, und grüßen den König mit »knapper Höflichkeit«, wie dieser ironisch feststellt. Ihre steife Zurückhaltung imitierend, rückt er knapp an seinem Federhut und ruft ihnen mit Donnerstimme nach: »Gehabt Euch wohl, meine Herren, und empfehlt mich Eurem Herrn. Denkt nur ja nicht daran, wiederzukommen!«

Ein verwirrter Herzog von Féria, der kaum glauben kann, daß er so ungeschoren davonkommt, stottert immer wieder fassungslos: »Ein großer König... bei Gott, ein großer König!« Kaum sind die Spanier abgerückt, als sich im Louvre auch schon die ersten Heuchler einstellen, um beim König gut Wetter zu machen. Aber Heinrich weiß recht gut die Spreu vom Weizen zu trennen. Einige der Anhänger der Liga will er gerne in Gnaden bei sich aufnehmen, aber die fanatischen Anhänger schickt er unverblümt heim:

»Wer dem König von Spanien diente, kann mein Untertan nicht sein!«

Damit ist alles gesagt. Heinrich steht auf der Höhe seines Ruhms. Acht Tage später schreibt er stolz an einen seiner früheren Kampfgenossen: »Herr von Pluviers, ich bitte Euch, kommt schleunigst hierher. Ihr werdet mich auf meinem Triumphwagen finden!«

Zweiter Teil

Der König von Frankreich

Frankreichs großer König.
Kupferstich von Thomas de Leu

11

Der Triumph

> »*Wer sich mir unterwirft,*
> *hält Einzug in das Haus des Vergessens.*«
>
> Heinrich IV.

Am Tag nach seinem triumphalen Einzug in Paris gönnt sich Heinrich ein besonderes Vergnügen: er läßt sich in der Höhle des Löwen, bei der Herzogin von Montpensier melden. Sie ist die Schwester der Herzöge von Guise, die sich rühmte, den Arm des Jacques Clément[1] bewaffnet zu haben, die seit Jahren ganze Bäche von Beschimpfungen und Bosheiten über den Béarner ausgegossen hatte, und die noch am Morgen des 22. März 1594 nach einem Dolch verlangte, um ihrem Leben in der »Stunde der Schmach« ein Ende zu setzen... Offensichtlich hatte sie es sich dann doch anders überlegt, denn sie lebte noch immer!

Gelassen und leutselig tritt der König an die Abendtafel seiner schlimmsten Feindin. Wenn der Gedanke an einen Giftmord ihn gestreift hat, so läßt er sich nichts davon anmerken. Mit seinem bekannten spöttischen Lächeln bittet er die Gastgeberin, von ihren Konfitüren kosten zu dürfen. Die Herzogin läßt einen Topf kommen, doch als sie sich, dem Brauch entsprechend, als erste davon vorlegen lassen will, weist er ihre Geste mit den Worten zurück: »Aber liebe Cousine! Wo denkt ihr hin?«

»Gut denn«, antwortet sie mit einem säuerlichen Lächeln und schluckt ihre Wut hinunter, »betrachtet mich als Eure ergebene Dienerin.« Um nach einer Weile zuckersüß hinzuzufügen: »Wirklich, Ihr seid ein sehr großer König, außerordentlich gütig, großherzig und über alle Maßen nachsichtig... Nur eines bedaure ich von ganzem Herzen, nämlich, daß es nicht mein Bruder, der Herzog von Mayenne war, der Euch die Zugbrücke von Paris herabließ!«

»Ventre-Saint-Gris!« ruft der König lachend aus, da er den dicken Langschläfer kennt, »dann hätte ich lange warten müssen!«

Heinrich ist viel zu klug, um sich durch die Liebenswürdigkeiten der Herzogin täuschen zu lassen und ihre plötzliche Sinneswandlung als bare Münze zu nehmen. Aber sein sicherer Instinkt heißt ihn, in dieser Stunde über die Pirouetten der gefährlichen Dame hinwegzusehen, das Vergangene zu begraben und, wer weiß, damit ihren künftigen Machenschaften den Boden zu entziehen.

Er ist auch bereit, andere Anhänger der Liga und katholische Geistliche zu amnestieren, soweit sie nicht allzuviel Gift über ihn verspritzt hatten. Dagegen geht er mitleidlos gegen die einhundertachtzehn hauptsächlichen Anstifter der Unruhen vor, unter denen sich die berühmten »Sechzehn«, die Anführer der sechzehn Pariser Stadtteile befinden, sowie die fanatischsten der Kanzelredner, die ihren Schäfchen jahrelang eine Theorie des Hasses und der Unversöhnlichkeit eingetrichtert und sie zu Gewaltakten aller Art aufgehetzt hatten. Sie nehmen den Weg in die Verbannung und erhalten einen Geleitbrief, sofern sie sich dem Herzog von Mayenne anschließen wollen, der sich in die Picardie zurückzieht.

»Sie haben mich verfolgt und in unwürdiger Weise behandelt«, erklärt der König, »aber ich will ihnen gegenüber Gnade walten lassen!«

Diese ungewöhnliche königliche Milde nach den jahrelangen Kämpfen und Intrigen ist seinen hugenottischen Freunden unbegreiflich. Wütend stellen sie ihn zur Rede.

»Freunde«, setzt er ihnen ernst aber bestimmt auseinander, »wenn Ihr, die Ihr so sprecht, täglich das Vaterunser beten würdet, kämen Euch solche Rachegedanken nicht. Ich bin überzeugt, daß mein Sieg ein Geschenk Gottes ist, der seine Hand schützend über mich Unwürdigen breitet. Wie er mir verziehen hat, will ich den anderen verzeihen und dem Volk die Fehler, die es begangen hat, vergeben. In seinem Namen will ich mich barmherziger zeigen denn je zuvor und für die, die ihren Irrtum einsehen, das Vergangene vergessen. Sprecht mir nicht mehr davon!«

Am 28. März legen die Vertreter des Parlaments und des Rats, die Mitglieder der Münzkammer und des Steuerhofs im Louvre vor dem König den Treueid ab, tags darauf der Rektor der Universität mit den Theologen und Rechtsgelehrten. Am 30. bewegt sich eine Prozession durch die Straßen von Paris, die in einer seltsamen Zeremonie gipfelt: der neu gekrönte König legt, nach uralter Sitte, den Siechen und Skrofulösen die Hand auf, weil er von nun an göttliche Heilkräfte besitzt.

Das ist nur der Beginn. Städte, die jahrelang zur Liga gehörten, ergeben sich, eine nach der anderen. Allerdings lassen sie sich ihre Unterwerfung honorieren, sei es in klingender Münze, sei es mit Privilegien aller Art. Die sonderbarsten Ansprüche werden vorgebracht. So weigert sich Amiens, eine andere Garnison als ihre eigene Bürgerwehr in ihren Mauern zu dulden, ein Anspruch, der sich eines Tages bitter rächen sollte. Aber das ist noch gar nichts. Allein Paris kostet die Staatskasse 482 000 Ecus, Orléans und Bourges verlangen 250 000. Die Übergabe von Rouen ist ein besonderes Kapitel. Der Gouverneur der Stadt, der Marquis de Villars, hatte bislang allen Belagerungen der Königlichen erfolgreich die Stirn geboten und noch am Vorabend des Einzugs in Paris alle Annäherungsversuche zurückgewiesen. Erst das Verhandlungsgeschick des Marquis von Rosny, der mit diesem Sonderauftrag zum ersten Mal die politische Bühne betrat, bringt den eigensinnigen Kämpen ins Wanken und, nach wochenlangen Diskussionen, schließlich zur Unterwerfung. Damit ist eine der wichtigsten Städte des Landes für den König gewonnen, aber die Forderungen an Geldsummen, Machtbefugnissen, Pensionen und Titeln (Villars beansprucht für sich die Admiralswürde, die Biron innehat, und der als Kompensation in den Herzogstand und zum Marschall von Frankreich erhoben wird) sind horrend.

Auch die Prinzen wollen nicht zurückstehen und feilschen um ihren Teil, wenn sie Untertanen des Königs werden sollen. Einem Höfling, der Heinrich zur Übernahme seines Königreiches beglückwünschen wollte, entgegnete er: »Man hat es mir nicht übergeben, man hat es mir verkauft!«

In seiner Freigebigkeit vergißt er natürlich auch Gabrielle nicht. Sie erhält 23 000 Ecus und das Recht auf einen Teil der Salzsteuer... Anfang April zieht er mit ihr nach Saint-Germain-en-Laye zurück. Er fühlt sich müde und krank, was niemand wundern kann. Sagt er nicht von sich selbst:

»Manche werfen mir vor, daß ich zu oft auf die Jagd gehe, andere, daß ich mich zu oft den Freuden der Liebe hingebe. Sie vergessen nur, daß ich bereits auf den Beinen bin, wenn sie sich schlafen legen!«

Seit einiger Zeit weilt auch Katharina, Heinrichs »Schwesterlein«, am Hof, für ihn eine Freude, für sie eine nie endende Prüfung. Ihrem Bruder zuliebe hatte sie schweren Herzens das vertraute hugenottische Béarn verlassen und der Krönung in Chartres beigewohnt. Seine Abschwörung von der in ihren Augen einzig wahren Religion bedeutete einen schweren Schlag für sie, hinderte sie jedoch nicht daran, dem protestantischen Glauben – selbst nach ihrer katholischen Eheschließung – unbeirrt treu zu bleiben und, zuerst in ihren Gemächern im Louvre, später im Saal der Karyatiden, ihren Gottesdienst abzuhalten. Die Geschichte zeichnet von ihr das Bild einer zarten, immer kränkelnden, fast schüchternen jungen Frau, die im Schatten ihres berühmten, lebenslustigen Bruders, abseits des höfischen Lebens, ein abgekehrtes, äußerst sittenstrenges Dasein führte.

Kaum hat der König in Saint-Germain-en-Laye neue Kräfte gesammelt, muß er in der Picardie den Kampf gegen den unverwüstlichen Mayenne erneut aufnehmen. Wieder einmal konnte sich der Herzog die Unterstützung Spaniens sichern und igelte sich, von deutschen Landsknechten und den aus Paris verbannten Anhängern der Liga umgeben, in Laon ein. Vorläufig denkt er nicht an Kapitulation, und die Belagerung kann beginnen. Heinrich, der den alten Gegner zur Genüge kennt, brummt mißmutig:

»Ein in so viel Fett, in so reichlichen Schlaf und in eine so goldene Existenz verpackter Geist kann unmöglich von edlen und selbstlosen Gefühlen geleitet sein... Ich gebe zu, daß er ein großer Feldherr ist, aber ich habe immer sechs Stunden Vorsprung vor ihm: Ich stehe um vier Uhr auf, er um zehn!«

Gabrielle, die jetzt hoch in der Hoffnung ist, begleitet die Armee ihres königlichen Liebhabers in einer Sänfte, um nur ja den Flatterhaften nicht aus den Augen zu lassen. Am 23. Mai 1594 jedoch muß sie in Coucy umkehren. Ihre Niederkunft steht bevor, und während Heinrich Laon belagert, schenkt sie am 7. Juni einem Bübchen das Leben, das auf den Namen César de Vendôme getauft wird. Von wem nun ist das Kind... vom König oder von Bellegarde? Heinrich geht der peinlichen Frage geflissentlich aus dem Wege, und der Name des Kindes allein beweist, daß er keinen Zweifel aufkommen läßt. Aber am Hof und in Paris zerreißt man sich mit Wonne die Mäuler über die herrliche Klatschgeschichte, in der, ohne viel zu überlegen, Monsieur le Grand die Vaterschaft des kleinen César zugeschoben wird. Ganz so einfach ist die Sache allerdings nicht. Neun Monate vor der Geburt weilte Bellegarde in der Ferne, während das königliche Liebespaar in Fontainebleau unzertrennlich turtelte... Heinrich IV. hat also Grund genug, sich über seinen Sohn zu freuen. Schon beginnt er, Zukunftspläne zu schmieden. Warum sollte eigentlich seine Mätresse nicht Königin von Frankreich werden, sobald seine Ehe mit Margarethe geschieden ist? Zu Anfang seiner Liaison mit Gabrielle d'Estrée hatte ihn Agrippa d'Aubigné gewarnt:

Mißglücktes Attentat auf Heinrich IV. durch Jean Chatel 1594.

Zeitgenössischer Kupferstich

»Wenn ihr erst einmal der Ehemann Eurer Geliebten seid, wird Euch die Schande dieser Verbindung den Weg zum Thron auf immer verbauen!«

Gut und recht. Aber jetzt war er gekrönt und gesalbt und nichts stünde der Verwirklichung seines Traums im Wege, außer... er zieht neben diesem Plan noch einen anderen in Erwägung, nämlich den einer Verbindung mit einer Tochter aus fürstlichem Hause. Politisch gesehen, ist dieser Plan der einzig mögliche, denn wenn Margarethe vielleicht bereit wäre, vor einer Dame von Rang zurückzustehen, so würde sie in eine Annullierung ihrer Ehe niemals einwilligen, wenn es sich bei der Wiederverheiratung um Gabrielle handelte. Immerhin ist sie Tochter, Enkelin und Schwester von drei Königen und will ihre Zustimmung teuer verkaufen. Ihr liegt aber nicht nur an ihrer Ehrenrettung. Sie braucht auch Gold, viel Gold, um ihre immensen Schulden zu tilgen, und eine angemessene Pension! Die Korrespondenz über diese Angelegenheit sollte sich über Jahre zwischen den beiden Ehegatten hinziehen. Im Sommer 1593 schreibt Margarethe ihrem fernen Gemahl: »Ich werde es mir stets angelegen sein lassen, meinen eigenen Ruhm und meine Wünsche der Größe Eurer Majestät unterzuordnen. Was mich während all meiner Leidensjahre am meisten bekümmerte, war das Bewußtsein, trotz der Armseligkeit meines Daseins ein Hindernis auf Eurem Weg zur Macht zu sein. So habe ich schon seit längerem darüber nachgedacht, welches wohl das beste Mittel zur Beseitigung dieses Hindernisses wäre...«

Worauf Heinrich am 14. September 1593 vorsichtig antwortete: »Meine Freundin, niemals hätte ich etwas anderes von Euch erwartet als das, was Ihr mir schreibt... und ich habe den Entschluß, den Ihr zugunsten meiner Angelegenheit gefaßt habt, mit größter Freude zur Kenntnis genommen. Niemand ist auf Euer Wohl und auf die Erfüllung Eurer Wünsche mehr bedacht als ich...«

Die Gesandten des Königs brechen wieder nach Schloß Usson auf, aber die Verhandlungen zwischen den Vertretern beider Seiten versickern in Argumenten, Gegenargumenten, Einwänden und finanziellen Spitzfindigkeiten. Zwei volle Jahre lang streiten, nörgeln und feilschen die Parteien nur um die Einigung auf einen gemeinsamen Annullierungsantrag vor dem Kirchengericht...

Die Geburt des Söhnchens hat Gabrielles Stellung bei Hof noch gestärkt. Geschickt und für alle deutlich sichtbar ist sie in eine Stellung geschlüpft, die ihr nicht gebührt. Am 15. September 1594, dem Tag des großen Te Deums, folgt sie dem König in einer fürstlichen Sänfte, so kostbar gewandet, so über und über mit Gold und Edelsteinen behangen, daß es Aufsehen erregt. Heinrich in seinem silbergrauen Wams und gleichfarbigen Pluderhosen, auf einem Apfelschimmel reitend, wirkt fast bescheiden neben ihr, auch wenn sein Mantel goldbestickt ist und die vielen Rufe »Es lebe der König« nur ihm gelten. »Die Hure des Königs« nennt man sie, die sich fast wie eine Königin gebärdet, empfängt, Hof hält und Geld mit beiden Händen zum Fenster hinauswirft.

Das alles hält sie aber nicht davon ab, ihre Liaison mit Monsieur le Grand mit einer Hingabe fortzusetzen, die ihren königlichen Liebhaber in Höllenqualen der Eifersucht stürzt. In einem seiner Briefe, im Dezember 1594 geschrieben, wird sein bejammernswerter Zustand deutlich: »Es gibt nichts, was meinen Verdacht mehr anfachen könnte, als Euer Verhalten. Ihr wißt es genau, aber ihr tut, als merktet Ihr es nicht und hörtet nicht, was ich sage. Drum schrieb ich Euch gestern: Niemand ist von schlimmerer Taubheit geschlagen als der, der nicht hören will! Ihr wißt auch, wie sehr es mich verletzt, meinen ›Rivalen‹ neben Euch zu sehen, wofür mich Euer Blick nur halb getröstet hat, denn was Ihr sagtet, kam nicht von Herzen. Wie sollte ich Euch Glauben schenken, da Ihr mich doch schon zweimal hintergangen habt? Ich bitte Euch, meine teure Geliebte, entscheidet Euch für einen Eurer ergebenen Diener, und seid gewiß, daß niemand auf der Welt Euch mit größerer Liebe und Treue (...!) dienen wird als ich.

Ah, die Eifersucht, die ich vor Euch nicht gekannt habe, bringt mich noch zum Wahnsinn...«, um nach diesen Vorwürfen, unverbesserlich wie immer, zu schließen: »Ich habe so große Sehnsucht, Euch zu sehen, daß ich gerne vier Jahre meines Lebens hingäbe, um mit diesem Brief bei Euch zu sein und millionenfach Eure Hände zu küssen.«

Die Gegenwart des schönen Bellegarde im Schatten der Mätresse des Königs ist stadtbekannt, aber sie kann nicht ewig dauern. Jeder fühlt, daß etwas geschehen muß. Eines Nachts, in Fontainebleau, wird Heinrich aus dem Schlaf gerissen. Der Capitaine der Garde Praslin steht vor ihm und flüstert ihm zu, daß er Madame de Liancourt in den Armen ihres Liebhabers überraschen könne. Mit einem Satz springt er aus dem Bett und stürmt, im Hemd, wütend durch die Gänge zu Gabrielles Gemächern. Doch plötzlich hält er inne, zögert und seufzt: »Nein,... das würde sie verärgern!«

Grollend, aber mutlos wie ein geprügelter Hund, kehrt er in sein Bett zurück, nicht ohne Praslin beauftragt zu haben, den Großstallmeister zu Brei zu schlagen... Der Capitaine ruft seine Wachen zusammen, vollführt dabei aber einen solchen Lärm, daß das Liebespaar aufmerksam wird und Bellegarde Zeit hat, das Weite zu suchen. Jetzt ist der Bogen überspannt. Heinrich entschließt sich endlich, seinen Großstallmeister, wenn auch nur vorübergehend, vom Hof zu verbannen und ihm eine baldige Heirat nahezulegen. Wenig später ehelicht der umschwärmte Galan Anne de Bueil, zum Kummer des Fräulein von Guise, deren Liebschaft mit ihm damit ebenfalls ein jähes Ende findet.

Der Störenfried ist fort. Heinrich kann aufatmen. Der Chronik des Pierre de l'Estoile ist zu entnehmen, daß er ihn selten so aufgekratzt gesehen habe, wie bei der Taufe des Sohnes der Madame de Sourdis in Saint-Germain-l'Auxerrois. »Der König«, lesen wir, »war mit Madame de Liancourt Taufpate. Sie trug ein Gewand aus schwarzem Satin, das so überreich mit Edelsteinen und Perlen bestickt war, daß sie kaum stehen konnte. Seine Majestät, der König, hörte nicht auf, mit ihr zu lachen und allerlei Zärtlichkeiten mit ihr auszutauschen...«

Am 24. Dezember 1594 wird die Annullierung der Ehe Gabrielles ausgesprochen. Um sie zu erwirken, hatte man den armen Ehemann gezwungen, vor dem Offizial des Bistums von Amiens zu beschwören, daß er unfähig war, seinen ehelichen Pflichten nachzukommen, was er in seinem Testament übrigens widerlegen sollte. Unbeschwert verbringt der König mit seiner Geliebten das Weihnachtsfest in Senlis. Am 26. begibt er sich zur Jagd in die Wälder von Montmorency, während Gabrielle nach Paris aufbricht.

Am Abend des 27. Dezember, einer eisigen Winternacht, ist in ihrer Residenz in der Rue du Coq (an der Stelle der heutigen No. 145-147 der Rue Saint-Honoré) alles für seinen Empfang bereit. Zahlreiche Geladene drängen sich in ihren Gemächern im ersten Stock. Von der Straße herauf ertönt Lärm, Hufschlag und Stimmengewirr: der König. Er ist vom Pferd gesprungen und kommt, gestiefelt und gespornt, gefolgt von einem Schwarm von Höflingen, die Treppen herauf. Keiner von ihnen hat den schwarzgekleideten jungen Mann bemerkt, der die Lakeien fragte: »Welcher ist der König?« »Der mit den pelzgefütterten Handschuhen!«, und der mit dem Gefolge des Königs im Haus verschwindet. Gabrielles Zimmer ist überfüllt, dreißig oder vierzig Menschen befinden sich im Raum. Die närrische Mathurine – ein »Erbe« der letzten Valois – treibt ihre Späße, die Heinrich eher verärgern als belustigen, die Papageien kreischen... Monsieur Montigny, ein ehemaliger Anhänger der Liga, der den Béarner bei Coutras bekämpfte, grüßt den König tief und will gerade einen Kniefall tun, als sich Heinrich auch schon vorbeugt, um ihn aufzuheben. Da schreckt er wie vom Schlag getroffen zurück! »Zum Teufel mit der Närrin!« ruft er wütend.

Blut läuft ihm aus dem Mund. Ein Schlag hatte ihn tatsächlich getroffen. Er kam jedoch nicht von Mathurine, der Närrin, sondern von dem Messer des schwarzgekleideten jungen

Mannes. Es hatte ihm die Oberlippe durchbohrt und einen Zahn ausgeschlagen. Der Junge steht da, wie vom Donner gerührt, das Messer zu seinen Füßen. Er hatte es auf die Brust abgezielt, aber der unerwartete Schritt, den der König auf Montigny zu machte, seine Wendung zu dem Knienden, hatte ihm das Leben gerettet. Der Attentäter läßt sich ohne Widerstand gefangennehmen und abführen. In einer seiner Taschen findet sich ein Zettel mit der Aufschrift: »Herr, gib mir Mut, Heinrich von Bourbon zu töten.«

Ein seltsamer Mensch, dieser junge Mann. Er ist neunzehn Jahre alt, Sohn eines Tuchhändlers der Cité und nennt sich Jean Châtel. Durch eine Tat wie diese hoffte er, sich von der schweren Sünde der Homosexualität freizukaufen und für die unzüchtigen Gefühle zu bezahlen, die er für seine Schwester hegte. Ja, er war ganz sicher, daß sie ihm im Fegefeuer angerechnet werde... Eine ungewöhnliche Theorie.

»Woher habt Ihr diese neue Lehre?«

»Aus der Philosophie.«

»Und wo wird diese Philosophie gelehrt?«

»Im Jesuitenkolleg von Clermont, bei Pater Guéret, der mich zweieinhalb Jahre unterrichtete. Ich habe an mehreren Orten, auch bei den Jesuiten, sagen hören, daß es genehm sei, den König zu töten, weil dieser außerhalb der Kirche lebe.«

Deshalb habe er seinen Entschluß gefaßt.

Dann habe er in der Kirche von Saint-André-des-Arts gebeichtet, und auch der dortige Seelsorger, Vater Christoph Aubry, habe seinen Plan gutgeheißen. Daraufhin sei er gegangen, das Messer zu kaufen, einen Fuß lang, spitz und auf beiden Seiten scharf geschliffen und habe es zwischen Strumpf und Stiefel versteckt.

»Laßt den Jungen laufen!« befahl der König, als man ihm die ungefährliche Wunde nähte und verband. Aber der Gerichtshof befand anders darüber, denn alles hatte den vorgeschriebenen Lauf zu nehmen.

Châtel wurde verhört, gefoltert, obwohl er schon alles gesagt hatte, was zu sagen war, und dann zu der grausamsten Strafe verurteilt, die das Gesetz für Königsmörder und ihre Familien vorsieht: Seine Rechte abgehackt, sein Körper mit glühenden Eisen gebrannt und geviertelt, seine Reste verbrannt und die Asche in die Winde zerstreut. Die Eltern und Geschwister des Unglücklichen werden des Landes verwiesen, ihr Haus dem Erdboden gleichgemacht. »Es blieb nichts als der Platz, auf dem es stand, und der wurde gepflastert.«

Jean Châtel und seine Familie waren nicht die einzigen, die den Arm des Gesetzes zu spüren bekamen. Die Verhöre des jungen Mannes hatten erwiesen, daß es immer noch Priester in Frankreich gab, die sich dem Lauf der Geschichte nicht beugen wollten und die allen möglichen Erleuchteten, die im Königsmord eine gottgewollte Tat sahen, die ewige Seligkeit versprachen. Der Fall Châtel brachte aber auch den steigenden Einfluß der Jesuiten zutage, die sich durch ihre neuartigen Erziehungsmethoden unter den katholischen Geistlichen und unter den verknöcherten Gelehrten der Sorbonne zahlreiche Feinde gemacht hatten. Obwohl das Attentat für den König glimpflich verlaufen war, obwohl er selbst empfahl, Nachsicht walten zu lassen, blieben die Richter unbeugsam. Pater Guéret vom Jesuitenkolleg in Clermont wird auf dem Place de Grève hingerichtet, weil man in der Bibliothek eine aus seiner Hand stammende Schrift fand, in der er die »heroische und in göttlicher Eingebung erfolgte Tat des Jacques Clément« verherrlicht. Die meisten seiner Ordensbrüder werden als Staatsfeinde, Verführer der Jugend und Unruhestifter aus Stadt und Land verbannt. Dem Kolleg der Gesellschaft Jesu in Paris geht es nicht besser. Auch hier führt eine Haussuchung Schriften aus der Hand des Vorstehers Pater Guignard zutage, die »die Person des Königs beleidigen«. Er wird auf dem Place de Grève erdrosselt und dann noch gehängt, weil er sich weigerte, »Dank sei dem König« zu rufen, wie es das Urteil vorschrieb.

Obwohl Pater Guignard als Allein-Schuldiger die Brüder seines Kollegs deckt, ist die Gelegenheit zu günstig, sich der lästigen Rivalen von Klosterschulen und Universitäten zu entledigen. Die als Verführer und Staatsfeinde gebrandmarkten nehmen den Weg ins Exil, zu Fuß oder auf Karren gepfercht, die wenigen Habseligkeiten und Bücher in kleine Bündel geschnürt. Einige suchen Zuflucht in Spanien, die meisten in Flandern.

Das Exil der Jesuiten dauert fast zehn Jahre. Unter dem Vorwand, daß das Königreich ihrer Gelehrsamkeit und ihres Unterrichts dringend bedürfe, ruft Heinrich IV. sie Ende 1603 zurück. Aber der Widerstand gegen die Gesellschaft ist nicht gebrochen. Es dauert einige Zeit, bis sich die Parlamentarier bequemen, den königlichen Gnadenakt in die Wirklichkeit umzusetzen. Heinrich wird deutlicher: »Die Ausweisung der Jesuiten war ein Fehler. Die Gelehrten der Sorbonne haben sie verkannt, als sie auf ihrer Aburteilung bestanden. Unterdessen mußten sie sich eines Besseren belehren lassen, denn seit die Jesuiten nicht mehr da sind, ist die Universität wie ausgestorben!«

Und als immer noch einige Rechtsverdreher Einwände machen, fährt er ihnen über den Mund: »Laßt das jetzt meine Sache sein. Ich habe schon andere, wesentlich schwierigere Probleme zu lösen gehabt.«

Damit ist die Angelegenheit erledigt, und Heinrich übereignet den Jesuiten das bourbonische Besitztum von La Flèche für die Gründung eines neuen Noviziats und eines Kollegs (Descartes war dort Schüler), womit die Grundlage für die fruchtbare Lehrtätigkeit geschaffen ist, die die Gesellschaft Jesu seither in Frankreich ausübt. Die dankbaren Patres bitten den König, ihnen bei seinem Tod sein Herz zu vermachen.[2] Der Wunsch wird ihnen bewilligt, und so kommt es, daß im Jahre 1610, nach Ravaillacs Verbrechen, das königliche Herz, das der Autopsiebefund als »groß, stark und wunderbar gesund« beschreibt, von vierhundert Reitern begleitet, in großem Staat nach La Flèche überführt wird.[3]

Bei Bekanntwerden des Attentats vom 27. Dezember 1594 fällt die Herzogin von Montpensier in Ohnmacht... Bösen

Zungen gemäß, eher aus Enttäuschung über den mißglückten Mord an ihrem alten Todfeind, als aus Freude über seine wunderbare Rettung.

Agrippa d'Aubigné, der ewige Nörgler, in dessen Herz die Konvertierung des Königs einen tiefen Groll hinterlassen hatte, kann sich eine bissige Bemerkung nicht verkneifen, auf die er so stolz ist, daß er sie zweimal in seinen Memoiren festhält: »Sire«, sagt er zu Heinrich, »bisher habt ihr Gott nur mit den Lippen verleugnet, und er hat Eure Lippe durchbohrt. Wenn Ihr ihn aber mit dem Herzen verleugnet, wird er Euch das Herz durchbohren!«

Gabrielle, die der Szene beiwohnt, empört sich über die schwülstige Rede und zischt böse zurück: »Schöne, aber höchst unpassende Worte!«

Wie fern ist der innere Frieden, von dem Heinrich für sein Land träumt!

Am Dreikönigstag 1595, gegen Mittag, findet die Gnadenprozession der Ritter vom Heiligen Geist statt, an der auch die Mitglieder des Parlaments und die Korporationen teilnehmen. Der unermüdliche Pierre de l'Estoile bezeugt, daß der König »von Gardetruppen und Bogenschützen umgeben und von zahlreichen Edelleuten gefolgt war«, und daß er, ganz in Schwarz gekleidet, mit dem Verband auf der Oberlippe, entgegen seinem sonstigen, leutseligen Gehabe, »einen recht traurigen und melancholischen Eindruck erweckte«. Man kann es ihm nicht verargen.

»Ventre-Saint-Gris!« antwortet er einem, der sich über seinen ungewöhnlichen Trübsinn wundert. »Wie sollte ich guter Laune sein, wenn ich von Undankbarkeit umgeben bin? Dabei habe ich dem Volk längst bewiesen und beweise täglich neu, daß ich zu seinem Wohl mein Leben tausendmal zu opfern bereit bin!«

»Aber seht doch, wie Euch das Volk liebt!« beharrt der Höfling, als von allen Seiten Hochrufe ertönen und aus vielen Kehlen immer wieder klingt: »Es lebe der König!«, als sich von allen Seiten Hände recken, daß die Begeisterten zurückgedrängt werden müssen.

»Das Volk, das Volk!«, seufzt Heinrich, »wenn morgen mein Todfeind an dieser Stelle stünde, würden sie noch viel lauter schreien!«

Von allen Feinden des Königs hat der junge Herzog Karl von Guise, Sohn des in Blois ermordeten Balafré, Neffe von Mayenne und der Herzogin von Montpensier, zweifellos die überzeugendsten Gründe, Anhänger der Liga geblieben zu sein. Vor der Konvertierung Heinrichs IV. war er von den Katholischen sogar als Thronanwärter betrachtet worden, eine Rolle, die seinem Temperament wohl kaum entsprochen hätte. Als Paris dem Konvertierten dann die Tore öffnete, entfloh er nach Reims, der Hauptstadt seines Herzogtums, und wollte von einer Unterwerfung nichts wissen, während in Paris seine Tante und seine Mutter, die sanfte, liebenswürdige Witwe des Balafré, mit dem neuen Herrscher Frieden schlossen. Aber die Stimmung in Reims schlägt um. Bürger, Kaufleute und Schöffen sind des ewigen Kriegszustandes müde und wollen es den anderen Städten des Reiches gleichtun, die mit ihrer Unterwerfung noch ein gutes Geschäft machten. Schließlich gibt Karl, der von seinem Vater die Intelligenz, aber nicht die zündende Redegewandtheit erbte, dem Drängen nach. Am 15. Januar 1595 wird er von Heinrich IV. im Louvre empfangen und beginnt nervös eine Erklärung für seine Unterwerfung zu stammeln, als dieser ihm auch schon in seiner gutmütigen Art ins Wort fällt: »Lieber Freund, lassen wir das. Ihr seid wie ich kein Mann der großen Worte. Es genügt, daß ich weiß, was Ihr sagen wollt, und darauf gibt es nur eine Antwort: Wir alle machen unsere Jugendtorheiten. Vergessen wir sie. Gebt mir, was mir gebührt und Ihr werdet in mir einen zweiten Vater finden. Und seid gewiß, daß ich niemanden am Hof lieber sehe als Euch!«

Am Abend wird zu Ehren des jungen Herzogs ein Ball gegeben, aber das traurige Gesicht des Guise, der tief in die

Stirn gedrückte Hut, der weite, schwarze Mantel, in dem er sich verkriecht, bezeugen, wie schwer es ihm wird, diese Stunde des Kniefalls im Louvre zu feiern, wo ihn alles an seinen Vater erinnert. Sogar einen Tanz mit Gabrielle verweigert er mit einer stummen Verbeugung.

Heinrich bleibt seinem Grundsatz treu: »Wer sich mir unterwirft, hält Einzug in das Haus des Vergessens!« Bald nach der Unterwerfung des jungen Guise ernennt er ihn zum Gouverneur der Provence, in der sich der Herzog von Epernon höchst unbeliebt gemacht hat. Damit beweist er ihm sein Vertrauen und bringt gleichzeitig einen wohltuenden Abstand zwischen ihn und seine gefährliche lothringische Verwandtschaft. Sein Vertrauen wurde nie enttäuscht.

Bleibt noch ein einziger Guise, der Herzog von Mayenne, rachsüchtig und unbeugsam. Er hatte sich im Sommer 1594 in Laon eingeschlossen und monatelang der Belagerung durch die Armee des Königs getrotzt. Selbst als sich gegen seinen Willen die Tore der Stadt öffnen, weigert er sich, den Kampf aufzugeben. Er entwischt nach Flandern und sorgt von dort aus mit seinen spanischen Verbündeten – man müßte fast sagen: mit seinen spanischen Auftraggebern – dafür, daß die Waffenruhe im Norden Frankreichs nur von kurzer Dauer bleibt. Schon in den ersten Tagen des Jahres 1595 ist die Picardie wieder von den Armeen Philipps II. bedroht, der mit seiner bekannten Doppelzüngigkeit erklärt, sein Angriff gelte keinesfalls den Katholiken des Landes, sondern dem Usurpator der Krone, den er weiter eigensinnig als »Prinz von Béarn, Führer der Hugenotten« betitelt.

Die Antwort des Béarners läßt nicht lange auf sich warten. Am 17. Januar 1595 erfolgt seine offizielle Kriegserklärung, die er in allen Ortschaften der Grenzprovinzen durch Herolde verkünden läßt.

Wenig später verläßt der Konnetabel von Kastilien, Don Fernando de Velasco, mit einem Heer von über zwölftausend Mann das Herzogtum Mailand, überquert die Alpen und bereitet sich in der Freigrafschaft[4] auf einen Vorstoß in das

Reich des »Hugenottenkönigs« vor. Mayenne stößt von Burgund aus zu ihm, wo er als Statthalter amtiert.

Aber Heinrich IV. ist fest entschlossen, den Spaniern den Einbruch nach Burgund zu verriegeln. Er schickt ihnen Biron mit etwa dreitausend Mann und dem Auftrag entgegen, »den Konnetabel von Kastilien anzugreifen, wo immer er ihn antreffe«! Im Mai 1595 ist er selbst in Burgund und bezieht Quartier in Dijon. Am 5. Juni wird ihm gemeldet, daß sich Don Fernando der Saône nähert. Sofort bricht er an der Spitze eines kleinen Vortrupps – etwa zweihundert Lanzenreiter und einhundert berittene Arkebusiere – auf und trabt dem Heer voraus auf Fontaine-Française zu. Dieser Marktflecken, von den Mauern einer mittelalterlichen Burg überschattet, die heute einem eleganten Schlößchen Platz gemacht hat, befand sich damals in einer Enklave am »alleräußersten Ende« Frankreichs, gewissermaßen auf einem Vorposten, den es zu verteidigen galt. Heinrich gedenkt, den drei Regimentern, die seinen Meldungen nach dort die Grenze überschreiten wollen, die Suppe zu versalzen. Als er mit seinem kleinen Trupp Fontaine-Française erreicht, steht er plötzlich nicht drei Regimentern, sondern den fast vollzähligen, vereinten Armeen von Don Fernando und Mayenne gegenüber, die sich bereits über Biron mit seinen Truppeneinheiten hergemacht haben und ihm arg zusetzten. Er ist an Kopf und Bauch verletzt und beginnt, vor der Übermacht zu weichen. Heinrich überschaut die Lage mit einem Blick. Keine Minute darf verloren werden und, alle Warnungen des Herzogs von Trémoille in den Wind schlagend, befielt er einen sofortigen Gegenangriff.

»Mir nach, Freunde!« donnert er, seine Klinge ziehend. »Folgt meinem Beispiel!« Sie sind einer gegen fünf, aber was macht das schon! Der König und die Seinen stürzen sich mit solchem Ungestüm in das Gemenge, daß die überraschten spanischen Eskadrone in wildem Schrecken auseinanderstieben und hinter dem pikenbewehrten Fußvolk Schutz suchen, deren Reihen ebenfalls ins Wanken geraten. Biron ist freigehauen, aber blutüberströmt und kampfunfähig, Heinrich staubbedeckt. Lange werden sie den ungleichen Kampf nicht mehr fortführen können. Eine Pause entsteht in dem Getümmel. Auch der Gegner ist ermattet von der Raserei des Gefechts. Mayenne verlangt den Einsatz aller Reserven für einen neuen Angriff, mit dem er den zahlenmäßig weit unterlegenen Gegner zu überrennen hofft. Der Konnetabel aber ist skeptisch. Man hat ihm gemeldet, daß achthundert französische Soldaten in Anmarsch sind, zu denen sich die mit Sensen, Äxten und Spießen bewaffneten Bauern der umliegenden Dörfer gesellt haben. Er nimmt an, daß es sich dabei lediglich um die Vorhut der eigentlichen Armee handelt. Velasco zieht es vor, einer großen Schlacht auszuweichen. Mag der dicke Mayenne protestieren, betteln, toben... Die spanische Armee zieht sich mit ihren zwölftausend Mann zurück, überquert die Saône, und überläßt Burgund und Mayenne ihrem Schicksal.

Gleich am nächsten Morgen verfaßt Heinrich voller Stolz seinen Bericht an Duplessis-Mornay: »Ich will aus einer Mücke keinen Elefanten machen, aber dreihundert Mann zu Pferde, die einer Armee von zehntausend Streitern den Weg ins Königreich verlegen und zweitausend Reiter in die Flucht schlagen, dabei nur sieben Mann verlieren, während der Feind hundertzwanzig Tote und ebenso viele Gefangene zu beklagen hat... Es kam alles völlig überraschend, und wir waren nur leicht bewaffnet...«

Worauf ihm Duplessis-Mornay antwortet: »Sire, Eure ergebenen Diener zittern noch jetzt über das in Fontaine-Française Geschehene. Es übersteigt alles, was wir aus der Kriegsgeschichte kennen. Der Ortsname muß für die Niederlage der Spanier prädestiniert gewesen sein!«

Was den guten Mayenne anbetrifft, so ist sein Glaube in den Mut der stolzen Spanier schwer angeschlagen.[5]

Noch immer befinden sich Heinrichs Sondergesandte[6], Abt Arnauld d'Ossat und Bischof Davy Du Perron, in Rom, aber die Verhandlungen mit Klemens VIII. über den Widerruf der Exkommunizerung sind auf dem Nullpunkt. Es muß etwas geschehen. Solange der Heilige Vater ihm die Absolution verweigere, läßt der Monarch ihn wissen, werde er weder zur Beichte gehen, noch kommunizieren. Klemens zögert noch immer? Die beiden Prälaten lassen nicht locker. Kann der Papst die Verantwortung länger auf sich nehmen, daß der gesalbte König von Frankreich, auf den an jeder Straßenecke ein Dolchstoß lauert, eines Tages durch seine Schuld in Todsünde stirbt? Das Argument überzeugt. Am 30. August tritt das Konsistorium zusammen und empfiehlt Klemens VIII., seinen Pardon zu gewähren.

Der Heilige Vater ist hin und her gerissen. Welche Entscheidung ist die richtige? Die Gestalt des »Navarro«, wie er Heinrich IV. nennt, dieses »enfant terrible«, das mit zwei Religionen gleichzeitig und jenseits jeder christlichen Moral zu leben scheint, flößt ihm einen heidnischen Schrecken ein! Um die Erleuchtung des Himmels in dieser heiklen Frage zu erflehen, nimmt er barfüßig an einer Prozession teil. Sie scheint ihm gewährt worden zu sein, denn noch am selben Tag erteilt er dem gefürchteten Béarner die heißumstrittene Absolution.

Am Sonntag, dem 17. September 1595, ist das diplomatische Korps zur feierlichen Zeremonie geladen, die sich in Gegenwart der Kurie auf dem Petersplatz in Rom abspielt. Der König von Frankreich wird durch seine beiden Gesandten vertreten. Sie schwören in seinem Namen der Häresie ab, demütigen sich für ihn, werfen sich vor dem Stellvertreter Petri in den Staub. Ihre Schultern sind es, die für den König bei jeder Strophe des Miserere einen Schlag mit der Geißel erhalten. Die ihm auferlegte Buße ist erträglich: viermal im Jahr die Beichte abzulegen, zu kommunizieren und täglich die Messe zu hören, das scheint nicht schwer. Dagegen ist das Versprechen, im hugenottischen Béarn den katholischen Glauben wieder einzuführen, wohl kaum einzulösen. Man schwört es trotzdem. Aber wie der »Vert Galant« das göttliche Gesetz ausgelegt hat, das die Fleischeslust außerhalb der

Ehe zu ewiger Verdammnis verurteilt, das weiß niemand so recht zu sagen...

Sichtlich erleichtert darüber, daß er sich das lästige Problem endlich vom Halse schaffte, ließ Klemens VIII. am Abend des 17. September ein Te Deum im Dom von Sankt Peter singen und im Vatikan ein Feuerwerk abbrennen.

Einige Jahre später, nachdem er sich von der aufrichtigen Gläubigkeit seines Sorgenkindes überzeugt hatte, ließ Papst Klemens dem König einen kostbaren, damaszierten Degen in Erinnerung an den denkwürdigen Tag als Geschenk überreichen. Seine feine, biegsame Klinge war fast einen Meter lang, sein Knauf mit den Wappen von Frankreich und Navarra geschmückt. Zweifellos handelte es sich um diese, vom Heiligen Vater gesegnete Waffe, die Don Pedro von Toledo eines Tages im Jahre 1608 in den Händen eines Pagen sah, dem er im Louvre begegnete. Ehrfurchtsvoll führte er sie an die Lippen, drehte und wendete sie nach allen Seiten und rief entzückt aus: »Wie glücklich schätze ich mich, heute das Schwert des größten, besten, kühnsten und großherzigsten Königs in Händen gehalten zu haben!«

Wachsbüste Heinrichs IV.

12

Die Toleranz

»Die Genugtuung, die wir aus der Rache ziehen, währt nur einen Augenblick. Die aber, die uns aus der Milde erwächst, dauert ewig.«

Heinrich IV.

Die Armeen Philipps II. waren aus Burgund vertrieben, aber in Nordfrankreich machen sie noch immer das Land unsicher, unterstützt von den Resten der Liga. Städte und Dörfer wechseln wiederholt und meist gewaltsam den Besitzer, fremde Söldner ziehen umher und ernähren sich auf Kosten der Bevölkerung.

Die Streitmacht des Königs liegt vor dem von der Liga verteidigten La Fère, als die Nachricht eintrifft, daß die Spanier Cambrai angegriffen haben. Noch leistet die Stadt Widerstand, aber sie braucht dringend Hilfe... Woher soll sie kommen, wenn die Kassen leer sind, um frische Truppen auszuheben? Heinrich sprengt kurzerhand nach Paris, um vom Parlament Subsidien zu erhandeln und muß verbittert feststellen, daß die Abgeordneten wenig Eifer zeigen, den Säckel zu öffnen.[1]

»Ich brauche das Geld nicht für Maskenbälle und Bankette«, versucht er sie aufzurütteln, »ich brauche es, um den Feind aus dem Land zu jagen!«

Als sich die Börsen schließlich öffnen, ist es zu spät, Cambrai mußte sich der Übermacht ergeben. Entmutigt und erschöpft von seinen Kavalkaden von La Fère nach Paris und von dort wieder zurück in den Norden macht der König in Amiens halt. Die Stadtväter empfangen ihn mit einer pompösen Rede: »Edler König, großer und gütiger Herr...«

Als er ihnen auch schon ins Wort fällt: »Sagt lieber ›müder König‹! Den Rest höre ich mir ein anderes Mal an!«

Für nichtssagende Komplimente hatte er nie etwas übrig. Einige Tage zuvor hatte man sein Abendessen mit der schwülstigen Anrede unterbrochen: »Sire, Algesilaos, Herrscher von Sparta...«, die Heinrich, einen langen Vortrag ahnend, mit den Worten abschneidet: »Ventre-Saint-Gris! Ich habe von diesem Algesilaos schon gehört. Aber er hatte zu Abend gegessen, ich noch nicht!«

Pierre de l'Estoile berichtet über einen anderen Zwischenfall: Einer der zahlreichen Bittsteller, der vor dem König seinen Kniefall tat und dabei sein Knie an einem spitzen Stein verletzte, brachte statt seiner feierlichen Ansprache nur ein von Herzen kommendes »Scheiße!« hervor. »Ausgezeichnet!« entgegnete ihm Heinrich, indem er ihn aufhebt. »Das ist das Treffendste, das zu sagen war. Fügt nichts hinzu, es würde alles verderben!«

Man erzählt auch, daß eines Tages, als er in einem Marktflecken im Herzen Frankreichs geduldig die ausführlich vorgetragenen Beschwerden der Dorfältesten entgegennahm, ein Esel lauthals zu schreien begann. »Ich bitte Euch, meine Herren«, unterbricht er ihren Redeschwall. »Nicht alle auf einmal! Ich verstehe kein Wort!«

Seit seiner beschämenden Niederlage von Fontaine-Française war es Mayenne klargeworden, daß er von seinen alten Verbündeten nichts mehr zu erwarten hat. Vorsichtig beginnt er, seine Fäden ins königliche Lager zu spinnen, wobei ihm Gabrielle offenbar behilflich war. In seinem Brief vom 28. Oktober 1595 läßt er Heinrich IV. wissen, daß er an nichts anderes mehr denke, als seinem König »ein treuer Diener und ergebener Untertan« zu sein. Vermittler von beiden Seiten bereiten die große Aussöhnung vor, die Frankreich den inneren Frieden und dem Guise erkleckliche Reichtümer bringen soll. Mit der Gefolgschaftserklärung, die Ende Januar in Folembray, dem Jagdschlößchen Franz' I. im Wald von Coucy besiegelt wird, bringt er seinen Verzicht auf den Gouverneurstitel von Burgund. Dafür erhält er für seinen Sohn die Statthalterschaft der Ile-de-France, etliche Sicherheitsplätze und dazu noch die Riesensumme von 3 580 000 Livres für sich selbst!

Die Versöhnungsszene der beiden Kämpen findet am 31. Januar 1596 im Schloßpark von Montceaux, dem Wohnsitz von Gabrielle, statt. Sie war aufs Genaueste vorbereitet worden, sollte aber wie rein zufällig wirken. Der König ergeht sich also in bester Laune in den Alleen, als ihm – nein dieser Zufall! – der dicke Lothringer in Begleitung von einigen Edelleuten entgegentritt und ächzend, von drei Stallmeistern gestützt, in die drei von der Etikette vorgeschriebenen Reverenzen versinkt. Während er Heinrichs Knie umfaßt, bemerkt dieser spöttisch lächelnd: »Mein Vetter! Ist's möglich, seid Ihr selbst oder ein Geist?«

Mit vereinten Kräften stellt man den schnaufenden Fettkloß wieder auf die Beine, und der König setzt seinen Spaziergang raschen Schrittes fort. Jeder kennt seine Angewohnheit, Staatsgeschäfte mit seinen Räten und Ministern zügig auf und ab marschierend zu erörtern. Der Herzog versucht schwitzend, mit ihm Schritt zu halten und keucht, daß es einen Stein erweichen könnte.

Endlich bleibt Heinrich stehen und dreht sich nach seinem erschöpften Opfer um: »Sagt's mir ehrlich, lieber Vetter: Vielleicht gehe ich gar ein wenig zu schnell und habe Euch ermüdet?«

»Fast hättet Ihr mich umgebracht, ohne es zu merken!« wimmert der Dicke, den zu allem Überfluß noch ein Hexenschuß zwackt.

»Laßt's gut sein, und macht Euch nichts draus! Ich schwöre Euch, lieber Vetter, daß es die einzige Strafe ist, die Ihr von mir zu erwarten habt!«

Man kann sich vorstellen, mit welcher Erleichterung der Herzog den Trunk erfrischenden Weins aus Arbois entgegennimmt, den Gabrielle ihm liebenswürdig kredenzt.

Woran denkt Heinrich in diesem Augenblick? Daran, daß die Unterwerfung des Lothringers die Liga führerlos macht? Oder erinnert er sich an die vielen Kränkungen und Gewalttaten des Herzogs, der noch vor wenigen Monaten die Friedenswünsche der Burgunder Stände mit Verhaftungen und Hinrichtungen beantwortete? Der aus demselben Grund Beaune plündern und zweitausend Häuser rund um die Stadt niederbrennen ließ, damit jede Verbindung zwischen den Bewohnern und den Royalisten draußen unmöglich wurde...?

»Wißt Ihr, mein Vetter«, meint der König abschließend, »die Genugtuung, die wir aus der Rache ziehen, währt nur einen Augenblick. Die aber, die uns aus der Milde erwächst, dauert ewig.«

Elisabeth von England hatte die Heimkehr Heinrichs IV. in den Schoß der katholischen Kirche wie einen Verrat, eine persönliche Beleidigung empfunden. War sie ihm nicht noch vor fünf Jahren mit Truppen und Waffenlieferungen zu Hilfe geeilt? Jetzt gießen seine Siege über Philipp II. und die Liga Balsam in ihr Herz: Sein Übertritt hat ihn nicht in eine Kreatur des Papstes verwandelt. Aber sie läßt sich von seinen Erfolgen doch nicht so weit bestricken, daß sie ihre Machtgelüste vergäße. Als der König sie um Unterstützung bei der Befreiung von Calais aus den Händen der Spanier angeht, läßt sie ihn wissen, daß er auf ihren Beistand zählen dürfe, sofern er sich verpflichte, Hafen und Festung nach der Eroberung an England auszuliefern...!

Heinrich reibt sich die Augen. Hat er recht gelesen?

»Ventre-Saint-Gris! Wenn ich mich schon ausplündern lasse, dann lieber mit dem Degen in der Hand von einem

Feind als von einem Freund. Und wenn ich unbedingt gebissen werden muß, dann bitte eher von einem Löwen als von einer Löwin!«[2]

Er muß sich also selber helfen. Unglücklicherweise ist es um die Staatsfinanzen wie immer schlecht bestellt. Kein Wunder, wenn man an die Summen denkt, mit denen sich die Führer der Liga ihren Treueid bezahlen ließen! Und wenn sich obendrein noch herausstellt, daß der Verwalter der Staatsfinanzen, der bereits genannte Marquis d'O, mit seinem Beamtenstab in Erledigung seiner Aufgaben tief in die Kasse gegriffen, monatelang König und Land gründlich gerupft hatte. 1 500 000 Ecus waren auf diese Weise stillschweigend in ihren Taschen verschwunden, eine Summe, die genügt hätte, die Kriegskosten zu decken! In der Not kommt Heinrich die rettende Idee: Rosny, der sparsame Baron, der seine eigenen Güter und Pfründe so geschickt zu verwalten weiß! Er wird ihn in den Finanzrat berufen.

Zu seiner Überraschung weist Rosny die Ehre zurück, oder besser gesagt, er nimmt sie nur unter der Bedingung an, daß ihm das gesamte Finanzwesen unterstellt werde. Die volle Verantwortung oder keine!

»Sonst noch was, guter Freund?« empört sich der König. »Soll ich etwa alle anderen hinauswerfen, um Euch Platz zu machen?«

Er zögert noch, als sich Gabrielle einmischt, die Rosny, den späteren Sully, schätzt und in seiner Gunst steigen möchte.

»Mein Rat ist, Rosny zu geben, was er verlangt!«

Heinrich lenkt ein. Im Oktober 1596 übernimmt Rosny die Leitung des Finanzrates und spielt in kürzester Zeit eine ausschlaggebende Rolle in der Neugestaltung der französischen Staatsverwaltung.

Das erste Wunder, das er vollbringt, läßt nicht lange auf sich warten. Durch eine Zahlungsaufforderung an die General-Pächter holt er aus den Schatzkisten der Beamten 500 000 Ecus und führt sie, auf siebzehn Karren geladen, in die Staatskasse zurück.

Eine weitere Maßnahme ist, auf Rosnys Anraten, die Einberufung einer Notablen-Versammlung in Rouen, der ersten seit dem Regierungsantritt Heinrichs IV. Ihm schwebt eine engere Verbindung zwischen Königtum und drittem Stand vor, die auf gegenseitigem Vertrauen aufgebaut ist. Am 16. Oktober 1596 betritt Heinrich den Festsaal der Abtei von Saint-Ouen in Rouen, wo ihn die Notabeln in ehrfürchtiger Stille erwarten. Er wirkt sehr majestätisch in seinem langen weißen Mantel, der mit silbergrauen Litzen besetzt ist, und mit dem breitkrämpigen, federngeschmückten Hut auf dem Kopf.

»Meine Herren«, beginnt er, von der Bedeutung des Augenblicks sichtlich berührt, »ich habe für mein Leben ein Ziel vor Augen, und das ist, den Titel ›Befreier und Erneuerer dieses Staates‹ zu erringen. Deshalb habe ich Euch hierher gebeten. Wir alle wissen, daß Frankreich, als Gott mir seine Krone anvertraute, dem Zusammenbruch nahe und in weiten Teilen von fremden Mächten besetzt war. Dank der unendlichen Gnade Gottes, dank dem selbstlosen Opfergeist unseres Adels, des Beistands und der Treue der Staatsdiener, nicht zuletzt aber auch im Schweiße meines eigenen Angesichts, habe ich es vor dem Untergang retten können. Retten wir es heute und jetzt, in dieser Stunde, auch vor dem finanziellen Ruin. Ich bin nicht hier, Euch meine Wünsche zu diktieren, wie es meine Vorgänger zu tun pflegten. Ich stehe vor Euch, um Eure Ratschläge zu hören, zu prüfen und zu befolgen... kurz, um mich Eurer Vormundschaft zu unterstellen. Ihr werdet zugeben, daß Könige, Graubärte und siegreiche Feldherren selten solche Wünsche vortragen!«

Das war eine neue Sprache. Wie immer trifft er das richtige Wort, das ihn als einen großen Monarchen kennzeichnet und das den Weg ins Herz seiner Untertanen findet. Er bringt es fertig, zu gleicher Zeit menschlich, freundlich und Achtung gebietend zu erscheinen. Gabrielle, die der Sitzung hinter einem Vorhang versteckt beiwohnt und die Weisheit seiner Worte wohl kaum erfaßt, wundert sich. Wie? Ihr mächtiger

*Maximilien de Béthune, Herzog von Sully.
Kupferstich nach einem zeitgenössischen Gemälde*

Geliebter ist bereit, sich in Vormundschaft zu begeben? Seine Machtbefugnisse aufzugeben?

»Stimmt«, antwortet ihr Heinrich lachend. »Aber keine Angst, ich behalte das Schwert auf meiner Seite!«

Kein Zweifel, er hat mit seinen Worten ins Schwarze getroffen. Die Notabeln sind so beeindruckt, daß sie bereits in derselben Sitzung ein Gesetz verabschieden, durch welches jedes im Königreich verkaufte Pfund Ware mit einer Steuer von einem Sol belastet wird... womit der Vorfahre unserer heutigen Umsatzsteuer geboren ist. Die ehrenwerte Versammlung geht sogar noch weiter: Die Beamten des Gerichts- und des Finanzhofes verzichten ein Jahr lang auf ihre Entlohnung! Ein selbstloses Opfer, das man als stillschweigende Buße für ihre eigenen Veruntreuungen auslegen kann... Rosny durfte mit dem Ergebnis seiner Ideen zufrieden sein.

Auch Gabrielle strahlt. Sie muß unter einem Glücksstern geboren sein, denn alles scheint ihr zu gelingen. Rouen bereitete ihr einen Empfang wie einer Königin, und die Stadtältesten liegen ihr zu Füßen. Am 11. November 1596 schenkt sie einem Töchterchen das Leben, das am 26. unter großem Pomp aus der Taufe gehoben wird. Dem Prinzen von Conti kommt die Ehre zu, die kleine Henriette – der Name läßt keinen Zweifel an der Vaterschaft aufkommen – in ihrem silberdurchwirkten, hermelinbesetzten Kleidchen in die Kathedrale zu tragen. Ihm sollte eigentlich die Patin, Heinrichs Schwester Katharina, mit der sechs Ellen langen Schleppe folgen, aber sie hat sich geweigert, einer Mätresse des Königs diesen Dienst zu erweisen. Man denke hin: Die Prinzessin von Navarra Taufpatin eines Bastards... nie und nimmer! Das Fräulein von Guise übernimmt das ehrenvolle Amt.

Trotz dieses ärgerlichen Zwischenfalls verlebt Heinrich glückliche Tage. Der Anblick des kleinen Wesens erfüllt ihn mit Rührung. Kann man es ihm verargen? Gabrielle, César und Henriette, stellen sie für ihn nicht die einzige Familie dar, die er je gekannt hat? Er überrascht sich selbst dabei, wie er schon jetzt Zukunftspläne für das Neugeborene schmiedet und alle möglichen Ehegatten für Henriette vor seinem geistigen Auge Revue passieren läßt: Wie wäre es mit dem Sohn des Konnetabels von Montmorency, dem Herrn von Chantilly? »Ich habe mir geschworen, daß sie Freifrau von Montmorency und Chantilly sein wird...«, schreibt er seinem alten Waffengefährten.

Seine Gedanken gehen aber noch einen Schritt weiter. Die Periode des Glücks, die er durchlebt, läßt ihm die Heirat mit seiner geliebten Gabrielle immer wünschenswerter erscheinen. Warum sollte diese Lösung nicht doch möglich sein? Wie aus einem Brief eines seiner Freunde, Nicolas Harlay de Sancy, hervorgeht, war seine Umgebung von der Idee nicht gerade begeistert: »Ich versuchte, ihn mit allen mir zu Gebote stehenden Argumenten und Beispielen von diesem Plan abzubringen, was ihn scheinbar in keiner Weise kränkte. Er erzählte jedoch alles seiner Mätresse weiter, die schwor, sich an mir zu rächen.«

Heinrich ließ sich in seinen Gefühlen jedenfalls nicht beirren, denn er überhäufte seine Geliebte mit Geschenken und kaufte für sie kurz darauf das Palais Schomberg, das bisher dem Grafen Gaspard von Nanteuil-Schomberg gehört hatte. Die elegante Behausung befand sich in der Rue Fromenteau, war vom alten Louvre nur durch den Küchenhof getrennt und verfügte über einen Privatzugang zum Königspalast.

Nach fünfmonatiger Anwesenheit in Rouen kehrt der Hof nach Paris zurück, dem gefährlichen Sündenpfuhl, von dem uns Pierre de l'Estoile düstere Berichte hinterließ: »Es ist sonderbar, daß in der Stadt von Paris ebenso viele Verbrechen, Überfälle und Diebstähle ungestraft begangen werden, wie in den dunkelsten Wäldern und auf den einsamsten Landstraßen...« Weder das Abschneiden der Ohren, noch das Brandmarken schrecken die Missetäter. Nur die unter Franz I. eingeführte Radfolter scheint den Galgenvögeln einigen Respekt einzuflößen.

Aber die verrufenen Gassen halten Heinrich und Gabrielle nicht davon ab, in der Hauptstadt zu flanieren, der Sitte gemäß maskiert. Es entsprach damals durchaus den Gepflogenheiten der Fürstlichkeiten, sich zu Pferde, zu Fuß oder in Sänften getragen unter das Volk zu mischen. Wir sind heute oft über das Verkehrschaos entsetzt, das im Herzen von Paris herrscht. Man darf sich jedoch das Gedränge in den Straßen und Gassen der volkreichen Stadtviertel von Saint-Germain-l'Auxerrois, Saint-Antoine oder vom Marais im 16. Jahrhundert noch viel aufregender vorstellen. Wasserverkäufer, Lastenträger, Eseltreiber bahnen sich fluchend und schreiend ihren Weg zwischen den Schankwirtschaften, den offenen Verkaufsbuden (sie sind nicht selten in den Höfen der Paläste selbst anzutreffen) und den Werkstätten der Handwerker hindurch, die streng nach Gewerbezweigen getrennt, bestimmte Straßen und Stadtviertel beherrschen. Fliegende Händler bieten ihre Ware feil, Matronen gehen zum Markt, gefolgt von ihren Mägden; Bänkelsänger, Bettler und Taschendiebe versuchen, ein paar Brocken zu erwischen.

Den König und seine Geliebte wird man am meisten bei den Goldschmieden, Elfenbeinschnitzern oder Tuchhändlern angetroffen haben. Es wird berichtet, daß der König knauserig zu handeln wußte. »Für eine Ware, die zwanzig Ecus kostete, bot er fünf«, hieß es, und man erzählte sich, daß er auf der Messe von Saint-Germain hartnäckig um einen Ring für achthundert Ecus feilschte und schließlich einen Deckelpokal mit den Sternzeichen darauf für den kleinen César erstand. Überall, wo sie sich zu Erkennen geben, werden sie mit Musik und Pantomimen begrüßt. Die Bevölkerung von Paris ist durch die langen Kriege verarmt, aber sie hat sich die Lebensfreude und die Lust am Schabernack nicht nehmen lassen. Vor allem die elegante Gabrielle ist gleichzeitig Ziel ihrer Späße und Blickpunkt der Umwelt. Das Liebespaar bleibt nirgends unbemerkt, und die Zeiten, da sich Gabrielle über ihren unfeinen Liebhaber lustig machte, sind längst vorbei.

Heinrich liebt den Kontakt mit dem einfachen Volk und findet immer das richtige Wort im rechten Moment. Er schätzt aber auch die Tafelfreuden und meint dazu: »Ein gepflegter Tisch und eine gute Küche sind zur Erheiterung meines Gemüts unerläßlich!«

Seine Leibspeisen sind die Hausgerichte aus den heimatlichen Küchen, wie die »Garbure«, eine Kohlsuppe mit Gänseklein, die zu Schwarzbrot serviert wird, eine Pyrenäen-Spezialität. Und an den Melonen aus dem Béarn kann er sich krank essen. Aber er behauptet: »Wenn sie reif und süß sind, bekommen sie mir ausgezeichnet. Vor allem muß ich sie vor dem Fleisch verzehren, mit nüchternem Magen, wie die Ärzte es vorschreiben.«

Aber auch raffiniertere Gerichte haben es ihm angetan, wie zum Beispiel »als Kalbfleisch getarnter Stör«, poschierte Austern, warm serviert, Reiherpasteten, in den Salinen von Saliès gesalzener Schinken von Bayonne, Entenleberpasteten,

Rebhühner und vor allem die berühmten, in ihrem Fett eingemachten Gänse des Béarn. Seinen Gouverneur im Périgord beauftragt er, ihm »von den größten zu senden, die Ihr auftreiben könnt, auf daß sie unserem Land zur Ehre gereichen.«

Sein Lieblingswein ist natürlich der heimatliche Jurançon, der ihm von seinem Mundschenk vorgekostet kredenzt wird. Als dieser eines Tages versehentlich den Inhalt des königlichen Bechers ganz hinunterschüttet, läßt Heinrich lachend vernehmen: »He, Bruder, Du hättest wenigstens auf mein Wohl trinken können!«

Im Laufe der Jahre läßt sein gesunder Appetit nach, und es kommt vor, daß er von den zahlreichen Gängen, die in langer Prozession von den Küchen durch die Wachstube über den großen Aufgang bis zur königlichen Tafel getragen werden, nur einige berührt. Als er seinen alten Hugenottenfreund Roquelaure fragt, warum er wohl seinen Appetit verloren habe, seit er König von Frankreich sei, erhält er zur Antwort: »Eben, damals wart Ihr exkommuniziert, und ein Exkommunizierter schlingt wie ein Teufel!«

Am Abend des 12. März 1597, zur Mittfastenzeit, ist Hofball bei Katharina, der Schwester des Königs, als die Hiobsbotschaft eintrifft, daß Amiens von den Spaniern im Überraschungsstreich genommen worden war. Dazu hatte Tello Portocarrero, der spanische Kommandeur von Doullens, eine Kriegslist angewandt, die den ahnungslosen Bürgern zum Verhängnis wurde: Er schickte einige seiner Soldaten als Bauern verkleidet vor die Mauern der Stadt. Sie trugen Körbe mit Nüssen an den Armen, als wollten sie ihre Ernte zum Verkauf anbieten. Kaum hatte sich das Tor einen Spalt geöffnet, als auch schon an die dreitausend im Hinterhalt lauernde Landsknechte sich in die Bresche stürzten und die fassungslosen Bewohner überrumpelten. In kurzer Zeit war es um die Stadt geschehen. Wie wir uns erinnern, hatte die Bürger von Amiens bei der Übergabe an Heinrich IV. die Stationierung einer Garnison abgelehnt und darauf bestanden, selbst für ihre Verteidigung zu sorgen.

Der König ist außer sich.

»Ein Schlag aus heiterem Himmel!« stöhnt er. »Aber sie haben sich ihr Grab selbst gegraben... Was jetzt tun?«

Der in aller Eile herbeigerufene Rosny findet den König »in seinem kleinen Kabinett, hinter dem Vogelzimmer. Er hat ein Hauskleid übergeworfen, trägt eine Kappe auf dem Kopf und weiche Schuhe für die Nacht an den Füßen. Gedankenversunken, die Hände auf dem Rücken gefaltet, geht er in großen Schritten auf und ab.«

»Ah, mein Freund... ein großes Unglück: Amiens ist verloren!«

Betretenes Schweigen ringsum. Keiner der Anwesenden wagt, aufzuschauen. In Erwartung eines rettenden Einfalls drücken sie sich verlegen an den Wänden herum.

Plötzlich bleibt der König stehen, dreht sich zu Rosny um, haut mit der Faust auf den Tisch und ruft: »Schluß damit, den König von Frankreich zu spielen. Jetzt kommt der König von Navarra wieder an die Reihe!« und zu Gabrielle gewandt: »Meine Freundin, es heißt wieder Krieg führen!«

Wie üblich fehlt es ihm an Geld für das Unternehmen. Gabrielle macht eine großherzige Geste und schießt viertausend Ecus aus ihrer Privatschatulle vor, die natürlich längst nicht genügen, um eine Armee marschbereit zu machen und mit dem Nötigsten auszurüsten. Wieder wendet er sich an das Parlament und wie im Vorjahr verhallt sein Appell ungehört. Die Wochen vergehen. Am 15. April wird er persönlich bei den Notablen vorstellig: »Meine Herren«, versucht er die Geizkrägen aus ihrer Lethargie zu wecken, »ich komme von den Grenzlanden zurück, wo ich alles getan habe, um die Verteidigungslinien zu stärken und denen, die Tag und Nacht über das Wohl des Staates wachen, Mut zuzusprechen. Ich kann Euch versichern, werte Herren, daß es mir einen Stich ins Herz versetzt hat, als sie mich erwartungsvoll mit ihrem »es lebe der König« begrüßten und ich mit leeren Händen vor sie hintrat. Hier bin ich wieder. Gebt mir eine Armee, und ich werde Euch das Land retten!«

Seine Argumente finden nur langsam Zugang in das Gewissen seiner Zuhörer, und es bedarf eines weiteren dringlichen Aufrufs, bis ihm das Parlament eine freiwillige Anleihe gewährt, die durch eine Sonderabgabe von 15 Sols auf die Salzsteuer gedeckt wird. Es ist das einzige Mittel, Amiens zu befreien.

Der Appell an den französischen Adel dagegen verhallt nicht ungehört. »Bedenkt, daß das Schiff ohne Eure Hilfe zu sinken droht«, läßt er sie wissen. »Auf, legt den Harnisch an, umgürtet das Schwert, zu Pferd, Euer König ruft!« Und schon strömen sie aus allen Provinzen in den Norden. Bald ist eine starke Armee aufgestellt, für die Heinrich eine eiserne Disziplin fordert, um »Unordnung, Zügellosigkeit und andere Räubereien zu vermeiden, die der Krieg sonst mit sich bringt«. Während der König die Belagerung von Amiens einleitet, drängen Mayenne und Biron mit dem Gros der Streitmacht die spanische Armee unter Albert von Österreich über die flandrische Grenze zurück. Bis zur Befreiung der Stadt, über deren Befestigungen Rosnys bewegliche Artillerie einen wahren Regen von Kugeln und Pulver speien, vergehen jedoch fast sechs Monate. Am 19. September 1597 ist der Widerstand der spanischen Besatzung endlich gebrochen und der Kommandant zu Verhandlungen bereit. Am 25. erwartet der König auf seinem festlich aufgezäumten Streitroß, in vollem Ornat mit dem Zepter in der Rechten, vor den Mauern von Amiens die Unterwerfung des Marquis von Portocarrero und seinen Offizieren. Seine Truppen bilden ein vielfaches Spalier zu beiden Seiten der Straße, auf der die geschlagenen Spanier die Stadt verlassen. Vor dem König angekommen, springen sie vom Pferd und beugen mit gezogenem Hut das Knie. Dann küssen sie zum Zeichen der Ergebenheit den Stiefel ihres siegreichen Gegners, einer nach dem andern, es sind ihrer fast tausend.

Der Fußfall vor Amiens leitet das endgültige Kriegsende zwischen Frankreich und Spanien ein. Die Stunde ist gekommen, Friedensverhandlungen mit Phillip II. anzuknüpfen.

Der alte Widersacher im Escorial liegt auf dem Totenbett und wünscht sich in seiner letzten Stunde nur noch den Frieden. Heinrich IV. denkt nicht anders. Seit dem Tag seines Sieges über die Spanier schmilzt seine aus freiwillig Dienenden zusammengesetzte Armee wie Butter an der Sonne. Am 28. September schreibt er an seine Schwester Katharina:

»Daß doch den Freuden des Lebens immer die Ernüchterung auf dem Fuß folgen muß! Ihr könnt Euch sicher vorstellen, wie glücklich ich über den Erfolg vor Amiens war. Dann werdet Ihr auch meine Enttäuschung darüber verstehen, daß mein Kriegsglück mit der Auflösung meiner Armee endete, die nicht aufzuhalten war. So leichtherzig sind die Franzosen, daß sie, kaum besoldet, auch schon das Weite suchen... Am Donnerstag hatte ich noch fünftausend Edelleute, am Samstag, um Mittag, waren es nur noch fünfhundert.«

Am 22. Oktober 1597, nach der Eröffnung der Unterhandlungen mit den spanischen Vertretern, lesen wir in einem Brief an Gabrielle: »Meine Sehnsucht, Euch wiederzusehen, ist riesengroß. So Gott will, nimmt alles seinen Lauf und ich kann Euch in zehn Tagen in die Arme schließen...«

Der Befreiung von Amiens folgen drei Monate Jagd im winterlichen Wald von Compiègne, dann, im Januar 1598, die Rückkehr in den Louvre. Eines Nachts, im Februar, verlangt zu später Stunde ein Reiter auf einem völlig erschöpften Roß bei der Schildwache Einlaß.

»Halt, wer seid Ihr?«

»Pierre Pépin de la Planche.«

»Woher kommt Ihr, was wollt Ihr?«

Mit den Worten »Aus Malò, laßt mich zum König!« stößt er sie beiseite und stürmt die Treppen hinauf. Oben angekommen, reißt er die Türe zu Heinrichs Arbeitskabinett auf und keucht außer Atem: »Sire, wir haben Dinan genommen!«

Wenn im Norden des Landes die Waffen endlich schweigen, wenn im Süden der Herzog von Savoyen aus der Provence vertrieben ist, so heißt das noch nicht, daß sich die Herrschaft Heinrichs IV. jetzt unwidersprochen über ganz

Frankreich ausdehnt. Es bleibt noch der äußerste Westzipfel des Reiches, das Herzogtum der Bretagne, erst seit 1532 Kronbesitz, papsttreu, rebellisch und beharrlich auf seine Eigenständigkeit pochend. Dieses letzte Bollwerk der Liga steht unter der Fuchtel eines Lothringer Prinzen. Philipp Emmanuel, Herzog von Mercoeur, ist ein Bruder der »weißen Königin«,[3] Louise von Frankreich, die seit der Ermordung ihres Gemahls Heinrich III. zurückgezogen in Schloß Chenonceau lebt. Wahrscheinlich hatte ihm vorgeschwebt, sich im Schutz der kriegerischen Ereignisse, die Frankreich zerrissen, in der Bretagne wieder ein eigenständiges Fürstentum zu schneidern. Aber die Zeiten ändern sich, ein starker König ist den Valois auf den Thron gefolgt... Für Geld und gute Worte ist er bereit, seinen Traum aufzugeben. Der Handel gipfelt in der Verlobung seiner sechsjährigen Tochter Françoise mit dem vierjährigen César von Vendôme, dessen Mutter, Gabrielle – von den Ligueuren einst als »eingebildete Pute« verschrieen –, soeben vom König mit dem Titel der Herzogin von Beaufort beschenkt worden war.

Das Kriegsbeil scheint damit begraben, aber Heinrich IV. zieht es doch vor, das Herzogtum der Bretagne an der Spitze einer Armee von vierzehntausend Mann zu betreten. Sicher eine kluge Maßnahme, denn angesichts dieser Machtentfaltung unterwerfen sich die Städte, eine nach der anderen, ohne daß die Schwerter aus der Scheide gezogen werden müssen.

Der ehrgeizige Lothringer eilt herbei, um »zu Füßen des Königs öffentlich und feierlich Abbitte zu leisten«. Sein Auftreten ist so prunkvoll, sein Gefolge so zahlreich und aufwendig, daß man ihn zu etwas mehr Zurückhaltung ermahnen muß, um seine Unterwerfung glaubhaft zu machen. Der dreifache Fußfall, den er am 20. März vor Heinrich IV. tut, und sein Verzicht auf das Herzogtum bringen ihm außer der Verlobung seiner Tochter mit dem königlichen Bastard über vier Millionen Livres ein. Zum Glück fließt ein Teil der Summe als Mitgift in die Staatskasse zurück...

Der kleine César stellt übrigens eine ausgezeichnete Partie für die »echte« Fürstentochter dar, denn abgesehen von dem ihm bei seiner Geburt verliehenen Titel des Herzogs von Vendôme vermacht ihm seine Mutter das Herzogtum von Beaufort und Margarethe – kein Mensch weiß, warum – das von Etampes. Seit Jahren hatte die Gefangene von Usson der Mätresse ihres Gatten Feindschaft geschworen. Jetzt plötzlich ändert sie ihre Taktik. Niemand kann sich ihre Sinnesänderung erklären, der der vierjährige Bastard sein drittes Herzogtum verdankt. Sie wünsche sich, schreibt sie an die Herzogin von Beaufort, in ihr eine Schwester zu finden, die ihrem Herzen nach dem König am nächsten stehe.

Etwa zehn Meilen nordöstlich von Laon, an der Schwelle zum Hennegau, liegt Vervins, die ehemalige Hauptstadt der Landschaft Thiérache. Das Städtchen wäre wohl schon längst in Vergessenheit geraten, wenn es nicht seinen Namen dem Friedensvertrag zwischen Frankreich und Spanien gegeben hätte, der am 2. Mai 1598 in seinen Mauern von den Vertretern der beiden Länder unterzeichnet wurde. Dieser Vertrag setzte dem jahrzehntelangen Kriegszustand ein Ende, den seit der Regierung Franz' I. weder eheliche Bindungen, noch andere Versprechungen und Abkommen zu überwinden vermocht hatten. Im Vertrag von Vervins erhält Frankreich, gegen die Preisgabe von Cambrai, die wichtige Hafenstadt Calais, sowie Ardres und Doullens.

Die Liga ist tot, die Waffen ruhen, die Friedensverhandlungen mit Philipp II. stehen vor dem Abschluß. Es fehlt noch eines: der Religionsfrieden im Lande. Es muß eine Lösung gefunden werden, die es Katholiken und Protestanten erlaubt, in Eintracht zusammen zu leben. Nach der Unterwerfung des Herzogs von Mercoeur ist Heinrich mit Gabrielle in Nantes eingetroffen. Mit Nantes hat die letzte Bastion der Liga die Waffen gestreckt, sie empfängt ihn jetzt mit Triumphbögen und Jubelgesängen. Die Herzogin von Beaufort ist hochschwanger und kommt am 19. April 1598 mit

Heinrich IV. in Hoftracht. Gemälde von Frans Pourbus d. J.

dem kleinen Alexander nieder, den man später Chevalier von Vendôme nennen wird.

Sechs Tage vor diesem Ereignis fand ein anderes statt, das der geistigen Entwicklung des Reiches einen anderen Lauf, dem religiösen Leben eine neue Grundlage geben sollte: Heinrich IV. unterzeichnet das Dokument, das unter dem Namen Edikt von Nantes in die Geschichte eingegangen ist. Mit ihm wird die vorher gewährte Generalamnestie durch die Proklamation der »Gewissensfreiheit für alle Zeit und Ewigkeit im ganzen Königreich« besiegelt. Es stellt den Schlußstein seines Friedenswerks dar. Der König weiß, daß er mit der Veröffentlichung des Edikts gefährlichen Boden betritt, denn für die Katholiken kann es nur einen Glauben und eine Kirche im Reich geben. Die Formulierung des Schriftstücks ist daher vorsichtig. Es spricht den Reformierten keine Rechte, sondern Privilegien zu, die an etliche Einschränkungen gebunden sind. So unterliegt in den Städten die protestantische Kultausübung der Genehmigung der Stadtkämmerei. In Paris darf sie nur in den Privathäusern der Reformierten, mit geschlossenen Fenstern und Türen abgehalten werden, »ohne lautes Singen oder sonstige Geräusche, die Unruhe erregen könnten«. Ein einziges protestantisches Gotteshaus wird in Charenton, einem zwei Meilen von Paris entfernten Vorort, errichtet. Dagegen erhalten sie politische Gleichberechtigung und verfügen künftig über das Recht, Ämter des öffentlichen Dienstes zu bekleiden. Sie haben von jetzt an Zutritt zu Spitälern, Schulen und Universitäten... gegen die Entrichtung eines Zehnten an die katholische Geistlichkeit, die mit ihren Ordensbrüdern und Schwestern Krankenpflege und Unterricht versehen. Ein weiteres Privileg betrifft die Schaffung eines Gerichtshofes, der sich ausschließlich mit Fragen der »sogenannten reformierten Religion« zu befassen hat.

Schließlich gewährt das Edikt den Hugenotten etwa einhundert Sicherheitsplätze, deren Gouverneure und Garnisonen, von ihnen gewählt, aus der Staatskasse besoldet werden.

Ein großes Risiko, gewissermaßen eine bewaffnete Minderheit im Staat zu dulden. Werden sie immer den richtigen Gebrauch davon machen?

Kaum gelangt das Dokument an die Öffentlichkeit, werden auch schon die ersten Proteste laut. Papst Klemens fühlt sich »zu Tode betrübt«. Für ihn ist die Gewissensfreiheit der Menschen ein unvorstellbares Schreckgespenst.

»Das Edikt, das der König zu Gunsten der Ketzer und zum Schaden der allein selig machenden Kirche erlassen hat, macht mich zum unglücklichsten Menschen der Welt«, stöhnt er.

Um die Reaktionen der Katholiken zu begreifen, muß man sich allerdings in Erinnerung rufen, daß die Reformierten damals eine Minderheit von etwa 1 250 000 Seelen in einer Bevölkerung von fünfzehn bis achtzehn Millionen Franzosen darstellten. Man muß ebenfalls vor Augen behalten, daß zur damaligen Zeit Kirche und Staat eine untrennbare Einheit bildeten, an deren Spitze der allerchristlichste König stand. Der Protestantismus stellte einen Fremdkörper in dieser Einheit dar, verletzte das Prinzip der Monarchie und gab Anlaß zu Unstimmigkeiten.

Unter dem Druck einiger besonders erregter Prälaten lehnt es das Pariser Parlament zunächst ab, das Edikt in die Staatsakten aufzunehmen. Heinrich läßt sich nicht einschüchtern. Schon am nächsten Morgen steht er vor den Abgeordneten im Justizpalast: »Ich habe nicht vor, irgendeine Klüngelwirtschaft zu dulden, und wenn einer Lust haben sollte, den Aufrührer zu spielen, so wird er den Kopf dabei verlieren. Ich bin über die Mauern der Städte gekommen, und wenn es nötig ist, steige ich mit Leichtigkeit über Eure Barrikaden. Werft mir nicht dauernd die katholische Religion an den Kopf. Sie liegt mir mehr am Herzen als Euch. Ich bin der erstgeborene Sohn der Kirche, nicht Ihr, und Ihr werdet es auch nie sein!«

Den Vertretern der Geistlichkeit, die vorstellig werden, um ihre Einwände vorzutragen, entgegnet er nachsichtig: »Meine Vorgänger haben in Prunk und Glanz zu Euch gesprochen, aber ihren Worten sind selten Taten gefolgt. Mich seht Ihr im grauen Wams, aber meine Worte werden in die Tat umgesetzt. Außen bin ich grau, aber innen ist alles Gold! Es hat gebrannt im Land, und ich habe das Feuer gelöscht. Ich habe den Frieden nach außen geschlossen, und ich will ihn auch im Innern des Königreiches herstellen... Wenn jeder auf seinem Weg das Rechte tut, werden wird das Ziel erreichen...«

Eine Gruppe Abgeordneter aus Bordeaux, die er wenig später in Saint-Germain-en-Laye empfängt und die aus dem Staunen nicht herauskommen, weil sie ihren König mit den Prinzen spielend antreffen, wickelt er mit seiner Schlagfertigkeit um den Finger: »Wollt Euch nicht wundern, meine Herren, wenn Ihr mich mit meinen Kindern toben seht! Mit ihnen habe ich Unsinn gemacht, mit Euch werde ich weise sein.«

Trotzdem dauert es nicht weniger als zwei Jahre, bis der Wortlaut des Edikts bis in die entferntesten Provinzen sickert und die Provinzparlamente sich bereit erklären, das Schriftstück zu registrieren. Nach Toulouse muß er schreiben: »Ich stelle fest, daß Euch noch der Spanier in den Knochen zu sitzen scheint. Es ist mein Wille, daß die Anhänger dieses Glaubens in meinem Königreich in Frieden leben und öffentliche Ämter bekleiden können, nicht weil sie diesem Glauben angehören, sondern weil sie, wie alle anderen, treue Diener des Staates und der Krone sind. Ich erwarte, daß mein Edikt veröffentlicht wird und im ganzen Land Anwendung findet. Es wird Zeit, daß wir das Kriegführen vergessen und klug werden.«

Langsam setzt sich das Edikt, das »unwiderruflich auf Zeit und Ewigkeit« Bestand haben soll, durch. Die ehemaligen Gegner tauschen unrechtmäßig angeeignete Güter aus. Die von den Protestanten besetzten Kirchen werden der katholischen Geistlichkeit zurückerstattet, was in einigen der neuen Sicherheitsplätze zu grotesken Situationen führt: die Hugenotten geben, wie der Text vorschreibt, die Kirchen zurück, aber sie behalten die befestigten Glockentürme zweckentfremdet als Wachtürme...

Es ist bekannt, daß in Frankreich die Ewigkeit nur von kurzer Dauer ist, und so nahm es schon im Jahre 1685 unter Ludwig XIV., dem Enkel Heinrichs IV., mit dem »unwiderruflichen Edikt« ein Ende.

Bei der Lektüre eines Briefes, den Vauban[4] an den Kriegsminister Louvois richtet, werden die verheerenden Folgen des Widerrufs deutlich: »Der Auszug der hunderttausend Personen aller Schichten und Berufe hat dem Land einen Verlust von dreißig Millionen Livres gebracht, die sie in bar mit sich führten (in Wirklichkeit verließen zweihunderttausend Hugenotten, die nicht abschwören wollten, das Land). Er bedeutet aber auch einen vernichtenden Schlag für die Handwerksbetriebe und Manufakturen, die es im Ausland bisher nicht gab und beträchtliche Summen aus ganz Europa nach Frankreich zogen. Ein Großteil des Handels ist zusammengebrochen. Neuntausend der besten Seeleute des Königreiches, fünfhundert oder sechshundert Offiziere und an die zwölftausend unserer kriegstüchtigsten Soldaten sind ausgewandert und dienen nun in fremden Armeen...«

So hat Ludwig XIV. mit einem Federstrich den Geist der Toleranz ausgelöscht, den Heinrich IV. seinem Volk mit viel Geduld und Nachdruck einpflanzte...

Auf seinem Rückweg von Nantes nach Paris, hält sich der König kurze Zeit in Rennes auf. Anläßlich dieses Besuches zeichnet ein Notar folgendes Bild von ihm: »Er ist ein überaus liebenswürdiger Fürst, angenehm im Umgang und freundlich zu jedermann. Ohne große Worte zu machen, kümmert er sich um alles, widmet er sich allem und jedem. Er ist von mittlerer Größe, sein Bart ist schneeweiß, seine rotblonden Haare beginnen sich grau zu färben. Sein Auge blickt fröhlich und voller Güte. Er hat für jeden ein freundliches Wort, denn er kennt und weiß alles.«

13

Die Fügung Gottes

»Das Seil ist gerissen...«

Sully

Am 21. Mai 1598, einen Monat nach der Geburt ihres dritten Kindes, schickt Heinrich an die blonde Gabrielle ein Gedicht, das, wie er meint, seine »Empfindungen besser zum Ausdruck bringt, als es Briefe vermögen. Ich habe diese Verse diktiert, wie sie mir in den Sinn gekommen sind:

Je n'ai pu dans la guerre
Qu'un royaume gagner
Mais sur toute la terre
Vos yeux doivent règner.

Cruelle départie
Malheureux jour!
Que ne suis-je sans vie
ou sans amour!

Partagez ma couronne,
le prix de ma valeur,
Je le tiens de Bellone
Tenez-la de mon coeur.

Cruelle départie
Malheureux jour!
Que ne suis-je sans vie
ou sans amour!«

»In Kriegsgewühl und Kampfeswogen
gewann ich mein Königreich ganz,
doch über der Erde weiten Bogen
regiere Eurer Augen Glanz.

Unsel'ge Herzensnot,
grausame Seelenpein!
Oh, könnt' ich eher tot
als ohne Liebe sein!

Habt Teil an meiner Krone,
die, meiner Ehre Pfand,
vertraute mir Bellone.
Nehmt sie aus meiner Hand.

Unsel'ge Herzensnot,
Grausame Seelenpein!
Oh, könnt'ich eher tot
als ohne Liebe sein!«[1]

Der Brief endet mit den Worten: »Liebt Euren Sklaven, der Euch bis an das Ende seines Daseins anbeten wird, das schwöre ich... Auf bald, mein Alles. Bleibt Eurem Versprechen treu, und ich werde Euch zur glücklichsten Frau der Welt machen. Ich küsse millionenfach Eure schönen Augen.«

»Habt Teil an meiner Krone«... ein vielbedeutender Satz in einem fast rührend zu nennenden Sonett. Er klingt wie ein Heiratsantrag, ohne einer zu sein! Heinrich verhüllt die Verwirrung seiner Gefühle in dem Mäntelchen eines poetischen Kunstgriffs, denn er fühlt sich hin und her gerissen zwischen dem, was er tun möchte, was er mit allen Fasern seines Herzens herbeisehnt, und dem, was er seinem Rang und der Staatsraison schuldig ist. Gabrielle schenkte ihm drei Kinder, die er anerkannt hat. Aber wäre nicht vielleicht eine Heirat mit ihr vor den Augen der Öffentlichkeit die einzig richtige Legitimierung? Er schiebt die Entscheidung vor sich her, in der Hoffnung, sie nie fällen zu müssen... Einstweilen begnügt er sich damit, die verschlungenen Initialen HG in die Steinfassaden von Fontainebleau und des »Neuen Louvre«[2] meißeln zu lassen.[3] Das Monogramm findet sich auch in den Schnörkeln wieder, die die niedrigen Buchsbaumhecken in den Schloßgarten des Louvre zeichnen.

Notgedrungen scheint sich der Hof mit der Pseudo-Königin abzufinden. Die Herzogin von Beaufort, vom Volksmund »Duchesse d'Ordure«[4] genannt, wird sogar von den hochgestochenen Lothringer Damen wie eine Fürstin behandelt. Sie ist von einem regelrechten Hof umgeben und mit kostbarem Geschmeide – Geschenken des Königs – geschmückt. Von ihrer neuen Residenz im Palais Schomburg hat sie direkten Zugang zum Louvre, wenn sie sich auch immer, mit Ausnahme einer einzigen Nacht, standhaft weigerte, die Gemächer der Königinnen zu beziehen. In den riesigen Räumen mit den hochgewölbten Decken konnte kein Gefühl aufkommen, und in den Galerien und Sälen schienen die Schatten der Valois zu geistern.

Eines Tages – man könnte sich vorstellen, daß es einige Zeit vor oder nach der Niederschrift des Gedichtes war – steht der König auf der Freitreppe des Schlößchens, das ihm nach der Unterwerfung der Bretagne in Rennes als Wohnsitz dient, als der spätere Sully den Schloßhof betritt. »Er winkte mich zu sich«, liest man in den Erinnerungen des Oberschatzmeisters, »und ließ das Tor zu dem prächtigen Schloßpark öffnen. Eintretend ergriff er meine Hand, schob seine Finger zwischen die meinen, wie es seine Art war, achtete sorgfältig darauf, daß uns niemand folgte und ließ das Parktor schließen. Eine Weile wandelten wir so Hand in Hand...«

»Es bekümmert mich doch sehr«, beginnt der König nach kurzem Schweigen, »daß ich von meiner Gemahlin, der Königin Margarethe, keine Kinder habe. Ich habe das Land befriedet, aber alle Mühen waren umsonst, wenn es nach meinem Tod wieder in seine alte Händeleien zurückfällt, weil sich die Prinzen von Condé mit den anderen Prinzen von Geblüt um die Krone streiten. Aus diesem Grunde muß ich männliche Nachkommen haben.« Sein Zuhörer stimmte ihm bei.

Nach Auflösung seiner Ehe mit Margarethe von Valois heißt es jedoch, eine Prinzessin wählen, die gleichzeitig für den König eine passende Gemahlin und für Frankreich eine würdige Königin ist.

»Von derjenigen, die ich heirate, verlange ich sieben Dinge«, fährt der König in seinen Überlegungen fort. »Sie muß schön von Angesicht, klug, geistreich und sanften Gemüts sein. Reichtum und königliche Abstammung sind auch sehr wichtig, doch nicht unerläßlich. Vor allem aber muß sie gesunde Kinder gebären können... Und seht, so weit ich mich in ganz Europa auch umschaue, ich finde keine, die mich ganz zufriedenstellt. Ich würde mich ja mit der Infantin von Spanien abfinden, so alt sie auch sein mag, vorausgesetzt, daß sie mir die Niederlande als Mitgift brächte... Man hat mir auch von einigen deutschen Prinzessinen gesprochen, deren Namen ich immer wieder vergesse, aber die Frauen dieser Gegenden haben nichts Anziehendes für mich. Ich hätte das Gefühl, neben einer Weingutter im Bett zu liegen! Vielleicht die Nichte des Großherzogs der Toskana? Sie soll recht hübsch sein, aber sie entstammt einem der bescheidensten Adelshäuser des christlichen Abendlandes, die diesen Titel tragen. Ihre Vorfahren waren noch vor sechzig oder achtzig Jahren nichts anderes als die reichsten und mächtigsten Bürger von Florenz... Nein, sie ist wohl kaum die Richtige. Gehört sie nicht derselben Rasse an wie die selige Königinmutter Katharina, die so viel Unheil über Frankreich brachte, von mir ganz zu schweigen.«

Die Wahl wäre jedoch so übel nicht, denn mit dieser Ehe würde die Schuld, mit der Frankreich bei Großherzog Ferdinand, ihrem Onkel, dem Bankier Europas, in der Kreide steht, mit einem Schlag getilgt.

»Wie wäre es mit einer der Töchter des Herzogs von Mayenne?« wirft Rosny ein.

Sich den jahrelangen Gegner, den letzten Führer der Liga als Schwiegervater an den Hals laden? Das ist auch nicht das richtige. Außerdem sind seine Töchter ein gar zu »junges Gemüse«. Der schlaue Minister hat natürlich längst bemerkt, wo bei diesem Gespräch der Hase im Pfeffer liegt, aber er läßt den König geduldig sämtliche nur möglichen Kandidatinnen Revue passieren. Der fährt in seiner Aufzählung fort:

»Es gäbe da auch noch das Fräulein von Guise, die Tochter des Balafré, die könnte mir schon gefallen.«

»Aber«, bemängelt der strenge Rat, »die Prinzessin Louise-Margarethe hat bereits einige galante Abenteuer hinter sich!« Was den König überhaupt nicht stört: »Mir sind Frauen, die schon Bekanntschaft mit der Liebe gemacht haben lieber, als solche mit einem schlechten Charakter.«

Und warum heiratet er dann das Fräulein von Guise nicht?

Ja, warum? Weil er fürchtet, daß sich die Prinzessin mehr den Interessen der Lothringer als denen Frankreichs widmen würde, weil er den Ehrgeiz und die Prätentionen dieser Familie nur zu gut kennt. Außerdem hält er es für ungeschickt, die Tochter des Königs der Liga auf den Thron zu setzen... Nur keine Intrigantin... Und so geht es weiter durch die ganze Liste. Die eine ist »zu schwarz«, die andere »zu hugenottisch«. Rosny lauscht den Ausführungen unerschüttert.

»Überlegt selbst einmal, weiser Rat. Da Ihr mit mir einig seid, daß ich eine Frau brauche, die angenehm, wohlgestaltet und gut gebaut ist zum Kinderkriegen... Kennt Ihr nicht eine, die diese Tugenden in sich vereint?«

»Sire, es ist mir unmöglich, auf diese Frage so schnell zu antworten. So etwas will reiflich überlegt sein...«

»Und was würdet Ihr sagen, wenn ich eine nennen könnte, die ich gut genug kenne, um zu wissen, daß sie die Bedingungen erfüllt?«

»Heraus mit der Sprache, denn mir fällt wirklich gar nichts ein in dieser Sache!«

»Ihr seid ein Schlaumeier, Rosny. Ihr spielt den Ahnungslosen, damit ich mit dem Namen herausrücke. Findet Ihr nicht, daß meine Mätresse den Anforderungen entspricht?«

Als er sieht, daß Rosny eine Grimasse schneidet, fährt Heinrich hastig fort: »Ich will damit ja nicht sagen, daß ich daran gedacht habe, sie zu heiraten. Ich wollte nur wissen, was Ihr davon haltet, falls ich, in Ermangelung einer anderen Partie, eines Tages... mit diesem Gedanken spielen sollte...«

Plötzlich verschwindet die Gestalt der schemenhaften Märchenprinzessin hinter einer greifbaren Gefahr.

»Trotz aller Ausflüchte war unschwer zu erkennen«, fährt Sully in seinen Memoiren fort, »daß seine Majestät schon allzuviel an diese unwürdige Heirat gedacht hatte und im Stillen hoffte, vor meinen Augen Gnade damit zu finden. Ich war betroffen, ließ mir jedoch nichts anmerken. Vielmehr tat ich so, als hörte ich in den letzten Worten einen scherzhaften Unterton, den sie gar nicht enthielten. Diese List erlaubte es mir, deutlicher zu werden...«

»Ich befehle Euch, in aller Offenheit mit mir zu sprechen. In den vielen Jahren, die wir uns kennen, habt Ihr das Recht erworben, mir die Wahrheit zu sagen, vorausgesetzt, daß es unter vier Augen geschieht: vor anderen würde es mich sehr erzürnen.«

Nun bleibt Rosny nichts anderes mehr übrig, als Farbe zu bekennen. Er nimmt seinen ganzen Mut zusammen, um dem König taktvoll auseinanderzusetzen, daß die »Herzogin von Unrat« für den Platz der ersten Dame des Königreiches nicht in Frage kommen kann. Mit Ausnahme der Isabeau von Bayern[5] hätten die Königinnen von Frankreich immer einen einwandfreien Ruf genossen. »Ich gab ihm auch zu verstehen, daß ihm diese Mesalliance in den Augen der ganzen Welt nur Verachtung einbrächte, und daß sie wahrscheinlich, sobald die Flammen seiner Liebe einmal erloschen seien, nicht einmal vor seinem eigenen Urteil Bestand habe.«

Sein Zuhörer scheint diese Argumentation mit Schweigen gestraft zu haben, denn der gelehrte Schulmeister führt stichhaltigere Beweggründe ins Feld. Diese Ehe werfe außerdem ein ernstes Problem für die Thronfolge auf, meint er, für das César, der älteste Sohn des Königs, die Hauptursache darstelle. Warum? Weil der Graf von Vendôme durch die Heirat seiner Eltern offiziell Dauphin von Frankreich würde, was jedoch nichts an seiner außerehelichen Geburt ändere, Frucht eines doppelten Ehebruchs! Und wenn dem König dann von der Herzogin von Beaufort noch weitere Söhne geboren werden, könnte dann nicht der älteste von ihnen rechtmäßigere Thronansprüche geltend machen?

Trotz der überzeugenden Beweisführung seines Oberschatzmeisters beharrt Heinrich auf seinem Wunschtraum. Rosny sieht ein, daß im Augenblick jedes weitere Wort nutzlos ist, aber er rät dringend, den Plan geheimzuhalten und nur ja mit niemandem darüber zu reden, bis alle Formalitäten der Scheidung geregelt seien. Sollte etwas davon an die Öffentlichkeit gelangen, müßte mit großen Schwierigkeiten von seiten Margarethes und des Papstes gerechnet werden.

Natürlich kann Heinrich den Mund nicht halten, und bald wird am Hof, in der Stadt und in sämtlichen Kanzleien Europas über nichts anderes mehr gesprochen. Diplomaten und Agenten stehen vor einem Rätsel. Abt Bonciani, Sonderbeauftragter des Großherzogs der Toskana, berichtet seinem Auftraggeber: »Man sagt, daß der König auf Freiersfüßen gehe und niemand anderes als ›die Gabrielle‹ heiraten wolle, vor allem wegen der Anerkennung der Kinder, die er von ihr hat. Aber damit wird er wohl auf unüberwindliche Schwierigkeiten stoßen... Wie ist es möglich, daß ein so ruhmreicher König einer so sittenlosen Neigung nachgibt?« Contarini, der Gesandte der Serenissima in Paris, macht sich an den päpstlichen Legaten Alexander von Medici und fragt ihn, was er von diesem Plan halte: »Sollte der König tatsächlich vorhaben, durch diese Heirat seine Kinder zu legitimieren«, antwortet der Prälat nachdenklich, »dann muß er auf eine juristisch unanfechtbare Weise vorgehen, wenn er sie nach seinem Tode nicht den Intrigen aussetzen will, die andere Thronanwärter mit Sicherheit gegen sie anzetteln. Aber seine Majestät sind klug und gewandt. Sie wird einsehen, daß sie anders verfahren muß, nämlich ihre Kinder in dem bescheidenen Rang zu halten, den sie innehaben. Andernfalls machen sie sich bei allen verhaßt, wozu sie übrigens schon auf dem besten Wege sind!«

Ob Heinrich von diesen Äußerungen Wind bekommen hat? Jedenfalls bittet er im August 1598 Alexander von Medici zu einer Audienz zu sich, bevor dieser nach der Unterzeichnung des Friedensvertrages von Vervins nach Rom zurückkehrt. Vorsichtig schneidet er das heikle Thema seiner kinderlosen Ehe mit Margarethe von Valois an. Hängt die Zukunft des Reiches nicht von einem Thronerben ab? Dann läßt er, sondierend, den Namen Gabrielle d'Estrée fallen, rühmt ihre unschätzbaren Qualitäten und verbürgt sich allen Ernstes... für die Reinheit ihrer Sitten!

Die tastende Frage erhält eine ausweichende Antwort.

»Sire«, antwortet der Kardinal ohne mit der Wimper zu zucken, »es war meine Aufgabe, im Auftrag Ihrer Heiligkeit und Eurer Majestät zwischen Spanien und Frankreich zu vermitteln. Da es Gottes Wille war, der Christenheit den Frieden zu schenken, ist meine Mission erfüllt. Es bleibt mir nur noch eines, nach Rom zurückzukehren und dem Heiligen Vater Bericht zu erstatten.«

Er verabschiedet sich förmlich. Der französischen Geistlichkeit hinterläßt er den wohlmeinenden Rat: »Es muß alles getan werden, um den König von diesem verhängnisvollen Vorhaben abzubringen. Wenn Ihr es nicht tut, wird Euch die Nachwelt mit Recht zum Vorwurf machen, daß Ihr den Untergang des Staates nicht zu verhindern wußtet. Was mich betrifft, so habe ich Frankreich zum Frieden verholfen. Der Rest liegt in Eurer Hand.«

Selbstlose Liebe zum französischen Staat? Doch nicht ganz. Der Kardinal-Legat ist ein echter Medici, und als solcher hat er nur einen Gedanken im Kopf: Als künftige Königin von Frankreich und Mutter eines Dauphin darf niemand anders als Maria von Medici, die Nichte des Großherzogs der Toskana, in Frage kommen. Zu Abt Bonciani gewandt, läßt er die Bemerkung fallen: »Wir werden dafür sorgen, daß die neue Ehe die Annullierung der ersten besiegelt...«

Klemens VIII. schließt sich dieser Ansicht an: »Wir sind bereit, alle Motive anzuhören, die man uns vorträgt, und dann entsprechend dem Kirchenrecht zu entscheiden. In dem Fall, daß die Motive als zulässig anerkannt werden, gedenken wir jedoch nicht, einer Ehe des Königs mit der Herzogin von Beaufort zuzustimmen... und sollte es uns das Leben kosten!«

Und Margarethe?

Sie scheint es mit ihrer Antwort nicht eilig zu haben, und es bedarf mehrerer Mahnschreiben Rosnys, bis sie sich bequemt, ihr viermonatiges Schweigen zu brechen. Die ihr gemachten Vorschläge sind einer Prüfung würdig, meint sie, und sie sei bereit, für des »großen Königs Wohl den höchsten Preis zu bezahlen...« es sei denn, er habe vor, »diese Frau niederer Herkunft, die noch dazu ein so schändliches Leben geführt hat, an meine Stelle zu setzen.« Sie sei überzeugt, die Angelegenheit liege bei Rosny in den besten Händen.

Gabrielle fühlt instinktiv, was um sie her vorgeht, und daß der einflußreiche Minister nicht auf ihrer Seite steht. Glaubt sie ernstlich, ihn aus seinem Amt verdrängen zu können? Eines Tages kommt es zu einem heftigen Auftritt in seiner Anwesenheit.

»Es ist entwürdigend für mich, daß ein Bediensteter gegen mich, die Mätresse des Königs, Stellung bezieht. Lieber sterbe ich!«

»Bei Gott Madame«, entgegnet ihr der König mit Nachdruck, »wenn ich gezwungen wäre, zwischen beiden zu wählen, so würde ich eher auf zehn Mätressen als auf einen einzigen Diener wie ihn verzichten!«

Mit diesen Worten nimmt er Rosny und Gabrielle bei der Hand und fährt, zu seiner Geliebten gewandt, fort: »Was mich immer an Euch gefesselt hat, war Eure Güte und Eure Sanftmut. Heute sieht es so aus, als sei alles nur Verstellung gewesen. Ihr hört auf schlechte Ratgeber. Das kann mich zu Entscheidungen zwingen, deren Folgen nicht wieder gutzumachen sind!«

Im Nu hat Gabrielle allen Hochmut vergessen, wirft sich vor Heinrich auf die Knie und bittet ihn unter Tränen um Verzeihung. Rosny, dessen Feder wir die Schilderung dieser Szene verdanken, berichtet, daß das Ganze mit einer Versöhnung endete, und daß der König ihm im Hinausgehen zuflüsterte: »Na also? Habe ich mich nicht gut gehalten?«

Die Episode, eine Warnung für Gabrielle, ist schneller vergeben als vergessen. Ganz so ungefährdet ist ihre Stellung am Hof also nicht. Auch kommt ihr der König in letzter Zeit manchmal seltsam geistesabwesend und sorgenvoll vor. Muß sie ihre Hoffnungen auf den Königstitel begraben? Ist sie nicht mehr Alleinherrscherin über das Herz des Monarchen?

In seinem Kabinett stehen die Portraits der Spanierin und der Florentinerin. Sie haben etwas Bedrohliches.

»Von der ›Schwarzen‹ da habe ich kaum etwas zu befürchten«, murmelt sie tonlos. »Aber die ›Blonde‹ dort... macht mir Angst.«

Heinrich ist in ein schier unlösbares Problem verstrickt. Entweder enttäuscht er seine Favoritin... Und das ist ihm zuwider. Oder aber er setzt sich der allgemeinen Mißbilligung aus, und das will er erst recht nicht. Gewiß, seine Bindung an Gabrielle ist weiterhin von Leidenschaft geprägt, und der Gedanke an eine Trennung ist ihm unerträglich. Doch auch die Vernunft gewinnt langsam Boden. Man erzählt sich, daß der König eines Abends, vom Quartier Latin kommend, mit kleinem Gefolge in den Louvre zurückkehrt. Er benützt dafür den Fährdienst, der das linke Seineufer mit dem rechten auf der Höhe der Tuilerien verbindet.[6] Wie immer steckt er in einem alten, abgeschabten Wams und verblichenen, wenn nicht gar verfleckten Pluderhosen, den Schlapphut schief auf dem Kopf. Der Fährmann hat keine Ahnung, wer da seinen Dienst in Anspruch nimmt.

»Was sagt man über den Frieden, der kürzlich mit dem Spanier geschlossen wurde?« forscht Heinrich neugierig.

»Meiner Treu, was soll ich zu dem Frieden sagen, von dem uns so viel vorgeredet wird? Was ich weiß ist, daß uns die Steuern schier erdrücken. Sogar für den alten Kahn da muß ich zahlen, und es bleibt kaum was zum Leben!«

»Und der König? Kann der nichts dagegen tun?«

»Ah, der König! Der ist wohl ein ganz guter Kerl! Aber da hat der doch ein Weibsbild, eine Mätresse, die kann von Kleidern und anderem Firlefanz gar nicht genug kriegen. Sie ist es, die uns ruiniert, denn wer bezahlt für den Kram? Das Volk natürlich. Und wenn sie ihm noch treu wäre... aber man sagt, daß sie auch für andere da ist!«

Drüben angekommen, springt Heinrich lachend ans Ufer und lädt den Fährmann ein, sich am nächsten Morgen seinen Lohn im Louvre zu holen. Man kann sich das Entsetzen des armen Mannes vorstellen, als er seinen Kunden vom Vorabend erkennt, der ihn auch noch ermuntert, vor der Herzogin von Beaufort, die neben ihm steht, seine gestrige Rede Wort für Wort zu wiederholen. Am ganzen Körper zitternd, kommt er dem Befehl nach.

»Der Elende!« empört sich Gabrielle, »an den Galgen mit ihm!«

»Seid Ihr des Wahnsinns?« fällt ihr der König ins Wort. »Seht Ihr nicht, daß er ein armer Teufel ist, den die Not verbittert hat? Von heute an wird er keine Steuern mehr auf sein Fährschiff zu entrichten haben, und ich wette, daß er täglich ›Vivat Heinrich‹ und ›Vivat Gabrielle‹ rufen wird!«

Anfang Oktober 1598 erkrankt der König an einem schweren Fieber. Pierre de l'Estoile behauptet, daß es sich um eine verschleppte Gonorrhöe handelt, »die eine Harnverhaltung verursacht und ihn fast ins Jenseits befördert«. Er verliert das Bewußtsein, und es dauert fast zwei Stunden, bis er langsam wieder zu sich kommt. Schon flüstert man in den Vorzimmern und Alkoven, daß Heinrich IV. im Sterben liege. Die Herzöge von Montpensier, Epernon und Joyeuse stecken die

Köpfe zusammen und nähren die Gerüchte über die Bildung eines Regentschaftsrates, dessen erster Schritt die Abschaffung des Edikts von Nantes zum Ziel haben wird... Die Tage vergehen, unabänderlich rinnt die Sanduhr. Dann, plötzlich, am 21. Oktober, fällt das Fieber, und Heinrich kritzelt eine Botschaft an seinen Oberschatzmeister: »Gottlob geht es mir etwas besser, aber diese Krankheit hat mich viel Kraft gekostet. Ich folge den Ärzten aufs Wort, so sehr ist mir daran gelegen, bald wieder gesund zu werden!«

Und er wird gesund.

Aber in seiner Ungeduld überschätzt er seine Kräfte und wird am 29. Oktober für einen allzu üppigen Abendschmaus mitten in der Nacht mit einer Herzschwäche gestraft. Erbrechen und Fieber folgen. Den bösen Geistern zum Trotz bleibt die kräftige Natur des Béarners letzten Endes Sieger über die Krankheit. An Weihnachten ist er wieder auf den Beinen, und am 31. Januar 1599 kann er der Hochzeit seiner Schwester mit dem Marquis de Pont-à-Mousson beiwohnen. Katharina, die man die »halsstarrigste Hugenottin des Königreiches« nannte, und die es auch bis zu ihrem Tod bleiben wird, heiratet den späteren Herzog von Bar, Sohn des sehr katholischen, sehr beleibten Herzogs von Lothringen... Als der Erzbischof von Rouen, Karl von Bourbon, dem die zweifelhafte Ehre zukommt, das Paar zu vermählen, sich bei dem König erkundigt, wo denn die Trauung zelebriert werden solle, meint dieser lächelnd: »In meinem Kabinett: Ist das nicht ein geweihter Ort?«

Gabrielle hat ihren Geliebten während seiner schweren Krankheit mit selbstloser Hingabe gepflegt, was ihn erneut in Gewissensnöte stürzt. Sein Botschafter ist nach Florenz unterwegs, wo er im Auftrag des Königs Vorverhandlungen mit dem Großherzog Ferdinand über eine eventuelle Heirat mit dessen Nichte Maria... anknüpfen soll. Andererseits aber macht ihn allein der Gedanke zittern, der Herzogin von Beaufort mitteilen zu müssen, daß das Wohl des Staates ihm diesen Schritt diktiere! Er haßt Szenen und fürchtet mit Recht Gabrielles Reaktion. Zudem sind die Unterhandlungen mit Papst Klemens über die Scheidung seiner Ehe mit Margarethe von Valois noch längst nicht abgeschlossen, aber als man ihn darauf aufmerksam macht, zuckt er nur mit den Schultern: Wer könnte ihn schon daran hindern, eine Königin zu verstoßen, die nicht in der Lage ist, ihm Kinder zu gebären? Der Papst wird eben vor die vollendete Tatsache gestellt.

Dann, am 23. Februar 1599, macht er unvermittelt und uneingedenk der eben eröffneten Gespräche in Florenz seinen inneren Kämpfen ein Ende. Seine Wahl ist getroffen, sein Herz hat gesprochen: er wird Gabrielle heiraten!

Es ist Karneval. Zur Feier der Fastnacht haben sich am Abend vor Aschermittwoch viele Geladene im Festsaal des Louvre eingefunden und nehmen an der großen Tafel Platz, auf der kandierte Früchte, Backwerk, Baumkuchen und Zuckerwerk kunstvoll aufgetürmt sind. Plötzlich gebietet der Oberhofmeister Ruhe. Vor den ungläubigen Blicken der Anwesenden erhebt sich der König, ergreift die Hand seiner Mätresse und verkündet mit lauter Stimme: »Madame, hier ist der Ring meiner Weihe, Pfand meiner Vermählung mit dem Königreich von Frankreich. Er sei hiermit Euer Eigentum!«

Mit diesen Worten streift er ihr den Königsring von Chartres über den Finger. Lähmende Bestürzung senkt sich über den Saal. Die Gespräche verstummen. Gewiß, man lebte seit Monaten mit der Möglichkeit dieser skandalumwitterten Heirat, aber der Entschluß kommt unerwartet. In die betretene Stille fallen Heinrichs Worte: »Am Weißen Sonntag wird unsere Hochzeit sein.«

Gabrielle strahlt, triumphiert, jubiliert. Alle ihre Befürchtungen verfliegen wie ein böser Traum: »Nur noch Gott oder der Tod des Königs können mich daran hindern, Königin von Frankreich zu werden...« und die geschicktesten Schneider werden für die Anfertigung ihres Brautkleides aufgeboten.

Klemens VIII., von dem Ereignis in Kenntnis gesetzt, verordnet allgemeines Fasten in der heiligen Stadt und zieht sich zu Exerzitien in seine Hauskapelle zurück, auf daß der Himmel den König von Frankreich vor dieser Wahnsinnstat bewahre. Als er in die Öffentlichkeit zurückkehrt, verkündet er verzückt, daß ihm eine Vision zuteil geworden sei: »Gott hat uns erhört!«

Etwa einen Monat später verläßt der Hof Paris und siedelt mit Sack und Pack nach Fontainebleau über. Ein nicht enden

Gabrielle d'Estrée nimmt ihr Bad.
Gemälde aus der Schule von Fontainebleau

wollender Zug wälzt sich die Seine aufwärts zur Stadt hinaus. An seiner Spitze reitet Heinrich neben einer Sänfte her, in der sich Gabrielle weich gebettet wiegen läßt. Sie ist hochschwanger, und man rechnet in zwei Monaten mit ihrer Niederkunft. Reich beschenkt, mit Gütern und Ehren überschüttet, befindet sie sich auf der Höhe ihres Glücks.

Der Frühling hält seinen Einzug, und damit naht das letzte Osterfest des Jahrhunderts. Heinrich hat sicher nicht im Sinn, die Passionstage in geistiger Abgeschiedenheit zu verbringen. Aber es gibt einen alten Brauch, gemäß dem das zukünftige Königspaar die letzten Wochen vor der Hochzeit getrennt, der Besinnung und inneren Sammlung widmen, vor allem aber nicht in Sünde leben sollte, was unvermeidlich wäre, wenn er die Karwoche mit seiner Konkubine unter einem Dach zubrächte. Auch politisch gesehen bietet die Idee einer gewissermaßen läuternden Trennung vor dem Osterfest Vorteile, denn sie bietet die Möglichkeit, den Papst und seine fanatischsten Vertreter im Königreich milder zu stimmen. Nur Gabrielle widersetzt sich verzweifelt. Und vergeblich

Von düsteren Vorahnungen umschattet, verläßt sie am Morgen des 6. April 1599 ihr Gemach in Fontainebleau. Heinrich gibt ihr das Geleit bis an das Ufer der Seine, nach Savigny-le-Temple, wo sie unter der Obhut von Bassompierre und dem Herzog von Montbazon eine bequem ausgestattete Schaluppe mit Zeltdach besteigt. Es ist in allem für ihr Wohlbefinden gesorgt, der Morgen ist schön und mild, die Trennung wird nur ein paar Tage dauern... Warum nur läßt sich diese unerklärliche Traurigkeit nicht verscheuchen, die ihr die Kehle zuschnürt und die langsam auch auf den König übergreift? Warum legt sie ihm beim Abschied César, Alexander und Henriette so dringend ans Herz? Eine letzte Umarmung... Während Heinrich fühlt, daß ihm die Tränen in die Augen steigen, stößt das Schiff vom Ufer ab und entfernt sich behutsam seineabwärts. Er blickt ihm nach, bis es in den Morgennebeln verschwindet.

Als die Schaluppe gegen drei Uhr nachmittags beim Arsenal in Paris anlegt, scheinen die Vorahnungen verflogen, und Gabrielle beschließt, bei Sebastian Zamer, einem in kurzer Zeit zu großem Reichtum gelangten italienischen Bankier, zu Abend zu speisen, der an der Kreuzung der Rue de la Ceriseraie und der Rue de Lesdiguières ein großes Haus führt. Er hat den König in Liebesangelegenheiten schon manch guten Dienst geleistet und weiß, was er dem hohen Gast schuldig ist. Nach dem Essen begibt sie sich zu ihrer Tante Madame de Sourdis, in deren Haus in der Nähe von Saint-Germain-l'Auxerrois sie die Nacht verbringt.

Am Mittwoch vor Ostern empfängt sie Rosny »mit überfließender Zuvorkommenheit«, jedenfalls behauptet er das in seinen Schriften, »wohl um sich ins beste Licht bei mir zu setzen und in der Hoffnung, daß ich den König künftig nicht mehr gegen sie beeinflusse...« Aber der nachmalige Sully geht über derartige »plumpe Schmeicheleien« hinweg.

Am Gründonnerstag begibt sich die Herzogin von Beaufort in großem Staat und von Montbazon eskotiert zu den Tenebren in die Kirche vom Petit-Saint-Antoine, die sich gerade großer Beliebtheit erfreuen. Danach ist sie wieder Gast bei Zamet, der für sie ein fürstliches Souper bereiten ließ, bei dem sie von einer Zitrone[7] kostet, deren Geschmack ihr seltsam bitter vorkommt. Nach Tisch schöpft sie in Begleitung einiger Damen Luft in den herrlichen, nach italienischem Geschmack angelegten Gärten des Bankiers, als ihr plötzlich übel wird. Sie schwankt, beklagt sich über schneidende Schmerzen im Leib und daß ihr Hals brenne wie Feuer. Da man eine Frühgeburt befürchtet, wird sie in das Haus von Madame de Sourdis geschafft, wo sie eine verhältnismäßig ruhige Nacht verbringt. Am nächsten Morgen jedoch, wir haben Karfreitag, verschlimmert sich ihr Zustand. Krampfhafte Spasmen schütteln ihren ganzen Körper, die Schmerzen steigern sich zur Unverträglichkeit. Ärzte eilen herbei und holen – eine Szene unvorstellbaren Grauens – ihr Kind »zerstückelt und zerkleinert« aus ihrem geschundenen Leib...

Drei Boten hetzen nacheinander nach Fontainebleau, der letzte berichtet von einer unstillbaren Hemorragie, und daß man die Totkranke – einziges Allheilmittel der Zeit – mehrere Male zur Ader gelassen hat. In wilder Hast schwingt sich Heinrich in den Sattel und galoppiert mit verhängten Zügeln auf der Straße nach Paris davon. Im Relais von Villejuif, ein paar Meilen von der Hauptstadt entfernt, kreuzt er den Kanzler Pomponne de Bellièvre, der auf ein frisches Pferd für den Weiterritt wartet und ihm hastig die Hand auf den Arm legt.

»Sire«, sagt er beschwörend, »die Herzogin liegt in den letzten Zügen. Die Krämpfe haben sie völlig entstellt. Euer Gnaden dürfen die Frau, die Ihr so geliebt habt, in diesem Zustand nicht sehen...«

Im selben Augenblick trifft der Kammerdiener der Herzogin, Pierre de Beringhem aus Paris ein, springt vom Pferd und stößt hervor:

»Die Herzogin ist blind und taub geworden. Wahnsinnig vor Schmerzen, zerkratzt sie ihr Gesicht und den ganzen Körper. Ärzte, Chirurgen und Apotheker sind machtlos. Sie können sich das Übel nicht erklären...«

Heinrich steht da, unbeweglich, von Entsetzen gelähmt, unfähig eine Bewegung zu machen. Tränen rollen über seine zerfurchten Wangen und sickern in seinen weißen Bart. Die um ihn stehen, hören ihn tonlos murmeln:

»Gott... liebt dieses Land und will es nicht verlieren. Ich werde seine Gnade nicht mißbrauchen.«

Er ist so vernichtet, daß er sich willenlos in die nahe Abtei von La Saussaye führen läßt, wo er weinend auf ein Bett fällt. Gegen Mitternacht kann ihn Bellièvre zum Weiterritt nach Fontainebleau überreden. Dort steigt er mechanisch vom Pferd, schreitet die Treppe hinauf und betritt den großen Saal, den man den Saal »de la Belle Cheminée« nach dem monumentalen Kamin benannt hat, über dem er selbst in triumphierender Reiterpose dargestellt ist... was bedeutet ihm das alles, wenn er das schöne Antlitz der geliebten Frau nie mehr wiedersehen wird?

Aber in Paris sind die Leiden der Herzogin noch nicht zu Ende. Ihr Todeskampf dauert noch zwölf unerträgliche Stunden. Sie schlägt so wild um sich, daß es dem Priester unmöglich ist, ihr die letzte Ölung zu reichen. Erst am Ostersamstag, dem 10. April 1599, gibt sie um sechs Uhr morgens ihren Geist auf.

Die Nachricht über ihren Tod verbreitet sich in Sekundenschnelle, und böse Zungen höhnen, daß sie natürlich der Teufel holte, mit dem sie einen Pakt geschlossen hatte, um Königin von Frankreich zu werden!

Der Schatzkanzler des Königs befindet sich mit seiner Frau in Schloß Rosny bei Mantes, als sich in den Morgenstunden des 10. April ein Kurier bei ihm melden läßt. Die Botschaft, die er vorträgt, kommt ihm so unfaßlich, so unglaublich vor, daß er sie sich zweimal anhören muß. »Tot, sagst du? Die Herzogin von Beaufort ist wirklich tot? Welche Krankheit hat sie denn so plötzlich hingerafft? Sprich, was weißt Du mehr?«

Trotz seines würdevollen Gehabes hat er Mühe, seine Genugtuung, seine Erleichterung zu verbergen. »Rasch, komm herauf in mein Zimmer«, befiehlt er dem Boten. »Beim Frühstück wirst Du mir alles berichten...« Offenbar hatte ihm die Nachricht nicht den Appetit verschlagen...

Später weckt er seine Frau: »Gute Nachrichten, mein Mädchen. Ihr werdet weder dem Lever noch dem Coucher der Herzogin von Beaufort beiwohnen, denn... seht Ihr, das Seil ist gerissen!«

Madame de Sourdis hat der Toten das Brautkleid angelegt, das für ihre Hochzeit angefertigt wurde. Nun liegt sie wie eine Königin hergerichtet in dem großen Himmelbett unter einem Baldachin aus golddurchwirktem Tuch. Zu ihren Häupten stehen zwei Herolde in liliengeschmücktem Wams. Der Aufmarsch der Trauergäste hat noch nicht begonnen, als die Familie d'Estrée vom Vater angeführt mit Wagen und Karren am Palais Schomberg vorfährt und alles bis zum letzten Stück ausräumt, was zum Besitz der Favoritin gehörte. Möbel, Kleider, Kleinodien, Schmuck... alles verschwindet, sogar die Ringe, die die Tote an den Händen trug.

Papst Klemens VIII. läßt in Rom zum Dank, »für die Vision, die sich so wundersam erfüllte«, ein Hochamt abhalten. Aus Venedig berichtet Contarini, daß man die Nachricht mit großer Freude und Erleichterung aufgenommen habe... »Alle wollen darin erkennen, daß Gott in seiner unendlichen Güte ein Wunder geschehen ließ, und daß er Frankreich, als es seiner Hilfe dringend bedurfte, mit schützender Hand beschirmte!«

In Paris bedeutet der Tod der Herzogin für manche das Ende eines Alptraums. Die vom König selbst heraufbeschworene, unlösbare Situation entwirrt sich. Der Weg ist frei für das Eheprojekt in Florenz, das dem Papst ganz besonders am Herzen liegt.

Ein Tod zur rechten Zeit also? Ist Gabrielle vergiftet worden? Hatte Klemens VIII. nicht verkündet, daß »Gott sein Gebet erhört habe«? War ihr beim Gastmahl des italienischen Bankiers Zamet eine »präparierte« Zitrone gereicht worden? Außer Agrippa d'Aubigné scheint keiner der Zeitgenossen diesem Verdacht Glauben zu schenken. Jedenfalls wagt niemand, ihn offen auszusprechen. Heinrich selbst hat sich nicht dazu geäußert. Verloren in seinem Kummer und seiner Einsamkeit schreibt er Katharina: »Vielliebe Schwester, Trauer und Schmerz werden mich bis ans Grab begleiten... Aber da Gott mich nicht um meinetwillen in diese Welt gestellt hat, sondern zum Wohl des Königreiches, so soll künftig mein ganzes Sinnen und Trachten nur seiner Erhaltung gelten. Die Wurzeln meiner Liebe sind gestorben und werden nie mehr Blüten treiben! Gegeben zu Fontainebleau, am 15. April 1599.«

14

»Ein arrogantes, durchtriebenes Weibsbild«

*»...und wann wird Eure
dicke Bankierstochter eintreffen?«*

Henriette d'Entragues

»Jetzt, nachdem die Gunst des Himmels die Dinge zum Guten gewendet hat«, schreibt die Gefangene von Usson im Frühling 1599 an den Oberschatzmeister Rosny, »zweifle ich nicht daran, daß der König dank seiner Weisheit und der Umsicht seiner Ratgeber die richtige Wahl treffen wird...«

Auch der Marschall von Fervacques beruft sich auf die »Gunst des Himmels, die alles zum Guten wendete«, als er acht Tage nach den tragischen Ereignissen dem König seinen Kondolenzbesuch abstattet.

»Ich bin überglücklich über diesen Ausgang...«, fährt er freimütig fort. »Wenn ich daran denke, was Ihr ohne diesen Todesfall angestellt hättet, kann ich Gott nur für seine unendliche Güte danken!«

Heinrich nimmt dem alten Kampfgenossen diese offenherzige Bemerkung nicht übel. Er hat sich wieder gefaßt und aus seinem Schmerz die Kraft geschöpft, zu den Aufgaben zurückzukehren, die in Frankreich auf ihn warten. Rosny notiert erleichtert, daß »der König wieder ganz er selbst ist und den Staatsgeschäften wie früher nachgeht. Sein Auge glänzt und sein Teint ist blühend...«

Es hieße ihn auch schlecht kennen, wenn man annimmt, daß er den Rest seines Lebens als Kostverächter und verbitterter Menschenfeind zuzubringen gedenkt. Enthaltsamkeit und Treue waren nie seine Stärke, waren es nicht einmal zur Zeit seiner großen Leidenschaft für Gabrielle und werden es nie sein. Bald vertauscht er die schwermütigen Trauergewänder in Schwarz, die so wenig zu ihm passen, mit den farbenfroheren in Violett, und bereits während des Frühjahrs 1599 sagt man ihm drei Liebesabenteuer nach.

Wenige Tage vor Sankt Johannis 1599 überredet Bassompierre den König zu einem Besuch bei seinem Freund Franz von Balzac d'Entragues im Schloß von Bois-Malesherbes an der Essonne, einem Seitenflüßchen der Seine. Heinrich kennt diesen d'Entragues seit langem. Als namhafter Anhänger der Liga zählte er vor Jahren zu den zahlreichen Liebhabern der Königin Margarethe. Er war aber auch einer von denen, die sich vor zehn Jahren in Saint-Cloud, nach der Ermordung Heinrichs III., weigerten, einem Hugenottenkönig den Treueid zu leisten und mit den Worten »lieber hundert Tode sterben...« das Weite suchten.

In zweiter Ehe hatte er die berückend schöne Maria Touchet heimgeführt, die erst seine Mätresse, dann die Karls IX. gewesen war, und dem sie einen Sohn schenkte: den unsteten Karl von Valois, der den Titel Graf von Auvergne trug. Aus der Ehe zwischen d'Entragues und Maria stammen zwei Töchter: Marie-Charlotte, die jüngste, und die brünette Henriette, eine Schönheit, die einen Heiligen in ewige Verdammnis zu stürzen vermochte! Rosny, der für weibliche Reize nicht viel übrig hatte, nannte sie in seinen Memoiren »ein arrogantes, durchtriebenes Weibsbild« und setzte boshaft hinzu, »und unschuldig war sie auch nicht mehr«.

Sie muß damals etwa 18 Jahre alt gewesen sein, das teuflische, kleine Wesen, schlank, biegsam und voller Grazie wie eine von Meister Jean Goujons[1] Hand gemeißelte Quellnymphe. Ein paar Augen besaß sie, die konnten weich wie Samt sein und dann wieder voller Spottlust dreinblicken. Witzig, geistreich und voller Possen, vermochte sie mit gewagten Späßen nur so um sich zu werfen. Welch ein Unterschied zu der sanften, blonden Gabrielle, deren weibliche Formen in den letzten Jahren an Üppigkeit zugenommen hatten und deren »berückendes Doppelkinn« manchen Kennerblick auf sich zog – der Zeitgeschmack bevorzugte damals eine eher füllige Fraulichkeit.

Was kommen mußte, kam: Die provozierende kleine Hexe sehen und sich Hals über Kopf in sie verlieben, war eines. Wieder ist Heinrich dem Dämon der Leidenschaft und, schlimmer noch, wohl einer Art Torschlußpanik verfallen, die von der Arglistigen schamlos ausgenützt wird. Mit züchtig niedergeschlagenen Augen spielt sie die Karte der unberührten Unschuld, die an nichts anderem interessiert ist als an den Schriften des Heiligen Augustinus.

Da jedermann im Königreich weiß, daß der König auf Brautschau ist, nimmt Maria Touchet die vielversprechende Angelegenheit sofort in die Hand. Geschickter und erfahrener als Madame de Sourdis bei Gabrielle d'Estrée, beginnt sie die Spielregeln aufzustellen, die Henriette wenig später virtuos beherrscht. Niemand weiß besser als sie, wie man zur Favoritin eines Königs avanciert. Locken und Verweigern, das ist die Maxime. Kaum taucht der König auf, so verschwindet die Schöne... scheu wie ein Reh... auf Nimmerwiedersehen.

Den ganzen Sommer 1599 ist die Familie d'Entragues, für die das feurige Temperament des Königs kein Geheimnis geblieben war, damit beschäftigt, von einem Schloß zum andern, von einer Residenz zum Jagdhaus umzuziehen, sobald sich der alternde Verehrer in der Nähe zeigt. Als der Graf von Lude im Auftrag des Königs in Malesherbes vorstellig wird, um sich nach dem Wohlergehen der Holden zu erkundigen, wird er abgewiesen. Als Heinrich dem jungen

Mädchen eine kostbare Halskette überreichen läßt, weist sie die Gabe hochmütig zurück, als handle es sich um eine Beleidigung. Der Korb mit »goldenen Aprikosen«, der dann folgt, ist auch nicht nach ihrem Geschmack – Aprikosen galten als die unverdaulichsten unter den Früchten – und sie verzieht sich schmollend auf das Landhaus in Marcoussis.

Schließlich scheint man handelseinig zu werden. Der Preis für die Unschuld ihrer Tochter, um die die Familie so viel Aufhebens macht, beträgt nicht weniger als hunderttausend Ecus! Als man dem sparsamen Rosny die Riesensumme nennt, verliert er seine gewohnte Fassung.

Ausgeschlossen! Einen solchen Betrag für ein Rabenaas ausgeben... Niemals. Übrigens sind die Kassen leer. Drei oder vier Millionen Ecus werden benötigt, um das Bündnis mit der Eidgenossenschaft zu erneuern, und er weiß nicht, woher er sie nehmen soll... Man muß handeln, diskutieren, einen Ausgleich suchen! Aber Heinrich will nicht um seine Liebe feilschen, Rosny gibt brummend nach und macht sich ein Vergnügen daraus, vor den Augen des Königs das Liebespfand von einhunderttausend Ecus in klingender Münze auf einen Tisch häufeln zu lasen.

»Ventre-Saint-Gris!« ruft dieser aus, als er die Münzen säuberlich gestapelt liegen sieht. »Das nenne ich mir eine teure Nacht!«

Wenn er glaubt, damit ans Ziel seiner Wünsche zu gelangen, irrt sich. Die Zahlung ist erfolgt, die Lieferung der Ware läßt auf sich warten. Auf Anraten ihrer Eltern setzt Henriette ihr Versteckspiel fort, verweigert sich dem König und behauptet, daß ihr Vater sie streng überwache.

»Es ist mir unmöglich«, jammerte sie unschuldig, »einen geeigneten Ort zu finden, wo ich mein Versprechen einlösen kann!«

Ein geeigneter Ort? Daran soll's nicht liegen! Und prompt schenkt der verliebte Heinrich dem kleinen Biest das Landgut Verneuil en Beauvaisis, das er wenig später zum Marquisat erhebt und dessen Titel Henriette künftig trägt. Auch das dazugehörige Schloß schenkt er ihr, unter dessen Mauern ein wunderschöner Terrassengarten angelegt ist.

Wie Sully sich ausdrückt, ist die »Elster jetzt im Nest«, und der König sollte endlich erhalten, was er sich so sehnlich wünscht. Aber nein. Bis zur Erfüllung des Wunsches hat er noch eine weitere Bedingung zu erfüllen: Die machthungrigen Eltern verlangen außer dem »Lösegeld« noch eine Zusicherung besonderer Art.

»Mir persönlich würde natürlich ein mündliches Versprechen genügen«, behauptet Henriette mit dem Ausdruck falscher Bescheidenheit, »aber ich brauche das Schriftstück für meine Eltern.«

Was für ein Schriftstück? Der Text des unsinnigen Versprechens, den der König wahrscheinlich in Gegenwart seines raffinierten Engels mit eigener Hand aufsetzt, lautet folgendermaßen:

Heiratsversprechen

»Wir, Heinrich der Vierte, von Gottes Gnaden, König von Frankreich und Navarra, versprechen und schwören vor Gott und geben dem Edlen Franz von Balzac, Sieur d'Entragues, Ritter unserer Orden, unser königliches Wort, seine Tochter Henriette-Katharina von Balzac, für den Fall, daß sie, vom heutigen Tag an gerechnet, innerhalb von sechs Monaten schwanger wird und einem Sohn das Leben schenkt, zur Frau und legitimen, von der Kirche feierlich angetrauten Gattin zu nehmen...

Wir schwören außerdem, obengesagtes Versprechen zu bestätigen und zu erneuern, sobald wir vom Heiligen Vater die Auflösung unserer Ehe mit Madame Margarethe von Frankreich erlangt und die Erlaubnis erhalten haben, zum Weib zu nehmen, wen wir wollen. Unter Zeugen aufgesetzt und unterschrieben.

Gegeben zu Bois-Malesherbes, heute, am 1. Oktober 1599«

Man glaubt zu träumen. Ist es vorstellbar, daß der König sich in einer Weise die Hände binden läßt, die auf den Thron, die Thronfolge und seine Verfügungsgewalt unvorhersehbare Einwirkungen haben kann? Hat er Rosny unterrichtet? In den Memoiren Sullys, die auch eine Niederschrift des Eheversprechens enthalten, findet sich die Schilderung einer peinlichen Szene: Bei der Beendigung eines Gespräches mit seinem Minister murmelt der König sehr verlegen und wie beiläufig etwas von »einer gewissen Sache« und zieht das besagte Schriftstück aus einer Lade. »Er drehte sich weg, als er es mir übergab«, lesen wir, »als ob er sich schämte, dabei zu sein, während ich es las.«

Rosny kennt seinen Herrn lange und gut genug, um zu wissen, daß ihm die unvorstellbarsten Narreteien zuzutrauen sind, wenn ihn die Leidenschaft packte, aber diese Verpflichtung... nein, das ging zu weit!

»Sire, da Ihr zu wissen wünscht, was ich von diesem Versprechen halte. Hier habt Ihr meine Antwort!«

Damit nimmt er das Schriftstück mit spitzen Fingern und reißt es vor den Augen des verdutzten Monarchen seelenruhig entzwei.

»Seid Ihr verrückt? Wie könnt Ihr...?« ruft Heinrich wütend.

»Ihr habt recht, Sire«, gibt Rosny eisig zurück, »nehmt es wie Ihr's wollt. Sagt, daß ich verrückt, daß ich ein Trottel bin. Ich wollte, ich wäre der einzige in Frankreich!«

Sprachlos und wie aus weiter Ferne hört der König die Stimme seines Ministers ihm auseinandersetzen, daß er die Annullierung seiner Ehe nie erhalten werde, wenn Rom erfährt, welche Sorte Frau er zur Nachfolge von Margarethe von Valois ausersehen habe. Dieses wahnwitzige, einer giftigen Schlange gemachte Eheversprechen (Heinrich wird Henriette später selbst »die Wespe« nennen) könne größtes politisches Unheil anrichten...

Aber der vernarrte Béarner verschließt sich der Vernunft. Er läßt den Kanzler stehen, schreibt in seinem Kabinett die unselige Verpflichtung neu und händigt sie noch am selben Abend in Malesherbes an Monsieur d'Entragues aus.

Nehmen wir zu seinen Gunsten an, daß er allen Ernstes glaubte, das fatale Schriftstück jederzeit zurückfordern zu können. Wie sonst wäre der unvorstellbare Leichtsinn seines Verhaltens zu erklären? Für ihn zählt im Augenblick nichts anderes, als endlich zu dem Ziel zu kommen, das ihm im Feuer seiner Leidenschaft zur fixen Idee wird. Der Arme! Er hat nicht mit Henriette gerechnet, die sich ein Vergnügen daraus macht, immer neue Einwände ins Feld zu führen und alle möglichen Schwierigkeiten aufzutürmen. Am 7. Oktober reißt ihm zum ersten Mal der Geduldsfaden:

»Wenn Ihr von mir geliebt werden wollt, solltet Ihr diese Schroffheiten lassen. Ich bin König, und ich bin Gascogner. Beide können das Warten nicht leiden. Ihr habt Unrecht, an meiner Liebe zu zweifeln, und Eure Zweifel sind beleidigend für mich.«

Doch auch Vater d'Entragues zeigt sich mißmutig. Er behauptet, die versprochene Summe sei ihm noch nicht ausgezahlt worden, was Heinrich veranlaßt, Henriette am 13. Oktober zu schreiben: »Was ich in Eurer Angelegenheit zugesagt habe, werde ich halten, darüber hinaus ist nichts zu erwarten. Wie ich höre, ist Euer Vater überrascht? Meinetwegen, denn sein Vorgehen hat mir jede Lust genommen, weiter mit ihm zu verhandeln. Ihr nehmt an, daß er mich nun zufriedenstellen wird? Um so besser. Ich flehe Euch an, alles zu tun, daß er mich jetzt in Ruhe läßt. Das Geld für Euer Landgut liegt bereit, es wird Euch an nichts fehlen, nur bitte ich Euch kniefällig, unser Glück von nun an in unsere eigenen Hände zu nehmen. Liebt mich wie den, der nie eine andere lieben wird! Das schwöre ich und küsse millionenfach ›die Bübchen‹«, womit er eindeutig darauf hinweist, daß die grausame Schöne ihm bereits einige Freiheiten gestattet hatte... um das Feuer seiner Leidenschaft anzuheizen!

Am 14. Oktober: »Meine Allerliebste, Euer Vater hat meinem Wunsch zugestimmt... Auf morgen abend...«. Doch am

15. Oktober hat sich d'Entragues die Sache noch einmal anders überlegt. Als Heinrich von Fontainebleau nach Malesherbes aufbrechen will, versucht er ihn unter dem Vorwand zurückzuhalten, daß sich seine Tochter nicht mehr dort aufhalte. Aber dieses Mal kommt er an den Falschen. Heinrich schwingt sich aufs Pferd und sprengt davon, die Festung zu erobern, die er so lange vergeblich belagert hatte.

Wenn Margarethe geahnt hätte, welche schamlosen Geschäfte hinter ihrem Rücken ausgehandelt wurden, so hätte sie wohl kaum so rasch Rosnys Drängen nachgegeben und ihre Einwilligung zur Scheidung gegeben. Jetzt waren die Würfel gefallen. Seit Juli 1599, zur gleichen Zeit, da Heinrich begann, sich in den Netzen der Familie d'Entragues zu verstricken, hält sich sein Gesandter, Brûlart de Sillery in Rom auf, um Klemens VIII. das umfangreiche Aktenstück, in dem an erster Stelle Margarethes Scheidungsantrag liegt, zu unterbreiten und den Heiligen Vater zu überzeugen, daß diese Ehe einst auf Befehl des Königs und der Königinmutter gegen den Willen Margarethes und vor Eintreffen des päpstlichen Dispens, geschlossen wurde. Das Brautpaar hatte unter Zwang gehandelt... Wie immer, läßt sich das Konsistorium Zeit, und die Wochen gehen dahin. Anfang November 1599 endlich tritt das Kirchengericht in der Abtei von Saint-Germain-des-Prés unter dem Vorsitz des päpstlichen Nuntius Alexander von Medici, dem Kardinal von Florenz, zusammen. Am 12. November wird Heinrich die ominöse Frage vorgelegt, ob die Ehe überhaupt vollzogen worden sei...

Darauf der Béarner ungerührt: »Jung und temperamentvoll, wie wir waren... Ehrwürdige Herren, könnt Ihr Euch etwas anderes vorstellen?«

Die offenherzige Aussage wird am 28. November in Usson von Margarethe Wort für Wort bestätigt. Sie ruft auch die Szene in Erinnerung, die sich an jenem Sommertag 1572 in der Kathedrale von Notre Dame abspielte, als ihr Bruder Karl IX. ihr mit einem festen Handgriff das Haupt niederbeugte und dieses gewaltsame »Nicken« als ihr Jawort auslegte.

Am 17. Dezember 1599 spricht das Gericht die Annullierung der Ehe aus, so sind der »Sehr Christliche König und Ihre Allerdurchlauchtigste Hoheit, die Königin, frei, eine neue Ehe zu schließen«.

Heinrich zeigt sich großzügig. Außer der Versicherung seiner »brüderlichen Liebe« erhält Margarethe als Entschädigung für den Verlust der Krone den Titel der Herzogin von Valois sowie, während vier Jahren, einen jährlichen Zuschuß von zwanzigtausend Ecus zur Tilgung ihrer Schulden. Der Betrag wird sich allerdings schon sehr bald als unzureichend erweisen.

Margarethes Antwort fällt eher ironisch aus. Sie klingt fast, als ob sie ihre Bereitwilligkeit bereut: »Ich schätze Eure Gabe, aber mein Verlust ist größer als mein Gewinn, und wenn ich nicht wüßte, daß es, wie Ihr zu sagen beliebt, zum Wohl dieses Landes geschieht, wäre ich untröstlich. So füge ich mich denn diesem höheren Gesetz... nicht Euch zuliebe, sondern aus Gehorsam.«

»Sie macht mir Vorwürfe, als sei ich an ihrem Unglück schuld«, stellt Heinrich, der sich sehr gut an ihre Rebellion, im Namen der Liga und mit der Waffe in der Hand, erinnerte, empört fest.

Sie wird von ihrer neuen Freiheit kaum Gebrauch machen, aber für ihn liegen die Dinge anders. Für ihn als König ist die Wiederverheiratung mehr als ein Recht: eine Pflicht, die er seinem Land schuldig ist. Zwei Kandidatinnen lauern. Für welche soll er sich entscheiden? Für die eine schlummert sein Eheversprechen in einer wohlversorgten Privatschatulle der Familie d'Entragues. Für die andere sind seine Gesandten am Hof des Großherzogs der Toskana in zähflüssige Vorverhandlungen verstrickt... Zum Glück ist Henriette nicht schwanger. Ein guter Grund, das gefährliche Schriftstück aus seinen Gedanken zu verbannen und um die Hand der Maria von Medici anzuhalten.

Wenige Tage nach dem Tod der Herzogin von Beaufort hatte Großherzog Ferdinand eine dreifach versiegelte Botschaft aus Paris erhalten: »Der Augenblick ist gekommen, Eure Nichte Maria von Medici unterzubringen und dadurch mit Frankreich eine dauerhafte Freundschaft zu schließen.«

Es ist immer leicht, über die merkantile Herkunft der Familie Medici zu spötteln, die Frankreich zwei Königinnen bescherte. In Wirklichkeit sollen ihre Wurzeln bis zu einem Kampfgenossen Karls des Großen, dem französischen Ritter Everard, zurückreichen. Man sagt auch, daß ihr Wappen – sechs Balken in Rot auf güldenem Feld – auf einen Zweikampf zurückgeht, den dieser Vorfahr einem bösartigen Riesen Namens Mugello geliefert habe, und dessen sechsriemige, eisenbewehrte Geißel die wundersamen Striemen auf seinem Schild hinterließ. Meist wird auch übersehen, daß bereits der Großvater der zukünftigen Königin von Frankreich, Herzog von Florenz, in den Stand eines Großherzogs der Toskana erhoben worden war. Sein Sohn und Nachfolger Franz, ein feuriger Herr, hatte eine Nichte Karls V., die fromme, etwas fade Johanna von Österreich, Königin von Böhmen und Ungarn, geheiratet. Von ihren Kindern blieb eines am Leben: Maria.

Obwohl Franz mit seiner Mätresse – der schönen Bianca Capello – zusammenlebte, befand sich seine österreichische Gemahlin alljährlich in der Hoffnung, bis sie mit zweiunddreißig Jahren an Erschöpfung starb. Unverzüglich ehelichte der Witwer seine geliebte Bianca, aber ihr Glück war nicht von langer Dauer. Am 19. Oktober 1587 starben beide am selben Tag, man sagt an Gift, denn wir sind in Florenz. Alle Verdachtsmomente wiesen auf den jüngeren Bruder des Prinzen, Ferdinand von Medici, seit seinem vierzehnten Lebensjahr Kardinal und einziger Erbe des Großherzogtums. »Er war von Rom herbeigeeilt und aufs Herzlichste zu einem Bankett zu Dritt geladen worden, bei dem, wie üblich, ein ›gepfeffertes‹ Menü gereicht wurde.« Insbesondere die Torte muß es in sich gehabt und das Drama verursacht haben. Die einen behaupteten, daß die Großherzogin ihren Schwager vergiften wollte und die Teller verwechselte. Als sie ihren Irrtum bemerkte, habe sie sich aus Verzweiflung über den Tod ihres Gemahls auch noch umgebracht, indem sie das letzte Tortenstück verzehrte.[2] Für die meisten indessen konnte der Mörder nur Kardinal Ferdinand sein, da er durch den Tod seines Bruders in den Besitz des Großherzogtums gelangte.

Damit wurde Maria – sie mag zur Zeit dieser Ereignisse etwa vierzehn Jahre alt gewesen sein – zur reichsten Erbin Europas. Der Kardinal ließ sich seines Purpurs entkleiden, übernahm den Großherzogstitel und vermählte sich mit Christine von Lothringen, einer Enkelin von Katharina von Medici.[3] Seither hatte er wiederholt dem ewig geldknappen Béarner gegen das jedesmal erneuerte Versprechen, zum katholischen Glauben überzutreten, mit seinem Gold aus der Klemme geholfen, das sich im Lauf der Jahre zu einem Schuldenberg von einer Million Ecus d'Or häufte. Aber seit seinem »gefährlichen Sprung« hatte der König die Geschäftsverbindungen eingestellt. Gleichzeitig änderte sich die Stimmung südlich der Alpen: der bekehrte Béarner war kein Schreckgespenst mehr. Sowohl dem Papst wie dem Großherzog schien es wünschenswert, die Bande zu Frankreich wieder enger zu knüpfen und damit ein Gegengewicht gegen den gemeinsamen Feind Spanien zu schaffen, der über das Herzogtum Mailand herrschte. Die Vermählung von Maria von Medici mit dem König von Frankreich wurde damit das Hauptziel ihrer Politik.

Auch von französischer Sicht schien sie vielen wünschenswert, wenn auch in erster Linie aus finanziellen Gründen: Mit der Mitgift würde auf einen Schlag ein großer Teil der Staatsschulden getilgt. Ferdinand, der im Gold schwamm, war grundsätzlich einverstanden und setzte sich mit seinem ganzen Einfluß für eine Annullierung der 1572 geschlossenen Ehe des Königs ein.

Man kann sich seine Verärgerung vorstellen, als er von Heinrichs Heiratsplänen mit Gabrielle d'Estrée erfuhr! Der schlaue Béarner hatte sein Wohlwollen also lediglich dazu benützt, um durch seine Fürsprache eine rasche Trennung von Margarethe zu erwirken! Und dann seine Geliebte zu heiraten! Maria, die Nichte des Großherzogs, war bereits siebenundzwanzig, und falls aus der französischen Ehe nichts würde, war vorauszusehen, daß sie trotz ihres sagenhaften Reichtums unvermählt blieb.

Die Enttäuschung des Großherzogs war nur von kurzer Dauer. Der Tod der Favoritin brachte eine neue Wendung. Margarethe willigte in die Scheidung ein, der Weg war frei für Maria von Medici, oder vielmehr für die Diplomaten, die die finanziellen Aspekte auszutüfteln hatten.

Die Verhandlungen laufen im Sommer 1599 in Florenz an. Villeroy, Heinrichs Staatssekretär für auswertige Angelegenheiten, fordert, daß der Großherzog für die Reisekosten der künftigen Königin bis Marseille aufkommt, was der Florentiner mit einer großartigen Geste beantwortet: Mit einer Flotte von siebzehn Galeeren und umgeben von einem Gefolge von zweitausend Personen wird sich Maria den Küsten ihres Reiches nähern!

»Was die Mitgift anbetrifft«, fährt Villeroy fort, »so ist der König geneigt, eine Summe von einer Million Ecus d'Or zu akzeptieren. Aus Ehrerbietung für den Großherzog, der ein Freund Frankreichs ist, kann ein Teil davon auf die französischen Staatsschulden angerechnet werden!«

»Eine Million Mitgift?« zetert der Domherr Baccio Giovannini, der für Ferdinand die Verhandlungen führt und dem es fast die Sprache verschlagen hat. »Ausgeschlossen! Der persönliche Wert der Prinzessin, zählt der vielleicht nichts? Eine Tochter aus fürstlichem Hause, schön, tugendhaft, gebildet, katholisch, fruchtbar...«

»Fruchtbar? Woher wollt Ihr das wissen?«

Forderungen, Gegenangebote und Einwände lösen einander ab:

»Es gibt noch andere Prinzessinen!« wirft Villeroy ungeduldig ein.

»Welche denn? Vielleicht irgendeine Ketzerin?« empört sich der Domherr.

»Überhaupt nicht. Da ist noch die Tochter des Königs von Bayern und andere mehr!«

»Keine von ihnen brächte auch nur fünfhunderttausend Ecus!« bemerkt Baccio Giovannini bissig.

»Das spielt keine Rolle. Hauptsache, sie ist in der Lage, Söhne zu gebären«.

Jetzt kommt der Kanzler Pomponne de Bellièvre seinem Kollegen zu Hilfe und weist auf das feurige Temperament des Königs hin, dem es durchaus zuzutrauen sei, seine jüngste Mätresse, Henriette d'Entragues, zu heiraten, falls die Ehe mit Maria von Medici nicht zustande käme.[4] Henriette d'Entragues! Ausgerechnet. Man hatte von ihr gehört. Der Florentiner Bankier Jérôme Condi nannte sie unverblümt, »die gerissenste Hure, die je die Hurerei ausgeübt hat«. Mit anderen Worten, wenn nicht bald eine Einigung gefunden wird, rückt die Rückzahlung der Anleihen in weite Fernen, vielleicht für immer. Und der Traum von einer zweiten Medici auf dem französischen Thron wäre auch dahin!

Mag Baccio Giovannini noch so energisch protestieren, Villeroy bleibt bei seiner Forderung:

»Eine Million, man hat uns eine Million versprochen!«

»Aber Ihr habt sie ja schon, Eure Million! Hat man je schon derartig um eine Mitgift gefeilscht?«

Schließlich einigt man sich auf sechshunderttausend Ecus, von denen dreihundertfünfzigtausend ausbezahlt, die restlichen als Abzahlung der Anleihe in Anrechnung kommen. Damit ist alles für die Unterzeichnung des Ehevertrages bereit, der Henriette den Weg zum Thron verbaut.

»Sire, wir haben Euch soeben verheiratet!« Rosny reibt sich vergnügt die Hände, als er frühmorgens in das Arbeitszimmer des Königs tritt. Bei den Worten seines Ministers springt Heinrich auf und beginnt, in fieberhafter Unruhe hin und her zu laufen, knabbert an den Nägeln und kratzt sich am Kopf...

deutliche Zeichen dafür, daß er äußerst besorgt ist. Sollte das Eheversprechen dahinterstecken, das er dem Vater seiner Geliebten aushändigte? Die ihm gerade verkündet hatte, daß sie ein Kind erwartet? Wenn es ein Sohn ist, kann er in des Teufels Küche geraten... Nach einer Weile beugt er sich seufzend der Staatsraison: »In Gottes Namen. Da ihr sagt, daß es für das Wohl des Reiches ist... heiraten wir eben!«

Aber der Gedanke an seine kratzbürstige Mätresse scheint ihm nicht aus dem Kopf zu gehen. Rosny hört ihn murmeln: »Ich sehe schon kommen, daß sich über meinem Kopf ein Gewitter zusammenbraut, vor dem mir mehr graut, als vor allen kriegerischen und diplomatischen Auseinandersetzungen der Welt!«

Dann verscheucht er den unbequemen Gedanken und setzt – komme, was mag! – seine Unterschrift unter den Vertrag. Der Staatsminister de Sillery und der junge Marquis d'Alincourt erhalten den ehrenvollen Auftrag, das wichtige Schriftstück zur Gegenzeichnung nach Florenz zu bringen, wo ihnen der stolze Brautvater mit einer Eskorte von dreihundert Reitern und Bannerträgern aufwartet.

»Seine Majestät ist in Eure Schönheit verliebt, ohne sie gesehen zu haben«, erklärt d'Alincourt Maria galant.

Die zukünftige Königin versteht noch kein Französisch, aber sie errät, daß es sich um ein Kompliment handelt und schweigt errötend. Gewiß, Maria von Medici besitzt nicht die Wespentaille einer Henriette d'Entragues, aber ihre blonde Fülle wirkt appetitlich und entspricht durchaus dem Zeitgeschmack, der Frauen mit üppigen Rundungen und einladendem Dekolleté bevorzugt. Am 24. April 1600 ist der Ehevertrag unterzeichnet und rechtskräftig. Während in Florenz die Hochzeitsvorbereitungen beginnen, geht d'Alincourt an Bord der Galeere, die ihn nach Marseille bringt. Er ist Überbringer eines kostbaren Geschenks an den König: Marias Bildnis. Heinrich soll die Züge seiner Braut anziehender gefunden haben, als er befürchtete... mehr ist nicht überliefert. Am 24. Mai diktiert er einen ritterlichen und recht förmlich klingenden Brief an sie: »Madame, Eure von der ganzen Welt bewunderte Schönheit und Tugend haben in mir den heißen Wunsch geweckt, Euch zu huldigen... Meine Liebe zu Euch ist nicht nur wie die eines Ehemanns für seine Gattin, sondern wie die eines Sklavens für seine angebetete Herrin!«

Und was wird aus der Herrin, die derzeit wirklich über sein Herz regiert? Sie liegt tränenüberströmt in seinen Armen: »Eure Hochzeit wird mein Begräbnis sein!« schluchzt sie haltlos. Nicht lange. Henriette wäre nicht Henriette, wenn die Verzweiflung nicht sehr rasch in Wut umschlüge. Verwünschungen prasseln auf den schuldbewußten Liebhaber nieder, der vergeblich versucht, die kleine Furie zu bändigen.

»Und wann wird Eure dicke Bankierstochter eintreffen?« fragt sie giftig.

»Sobald ich alle Huren von meinem Hof verjagt habe!« erwidert er im gleichen Ton, was ihre Wut noch steigert. Sie besitzt eine Waffe: ihre Schwangerschaft, und sie wird sich nicht scheuen, von ihr Gebrauch zu machen... Wenn sie einen Sohn zur Welt bringt, ist Heinrich in einer bösen Lage. Seine Bitte um Rückgabe des kompromittierenden Schriftstücks beantwortet sie mit Hohn. Eine stürmische Auseinandersetzung folgt der anderen, Zank und Streit werden zum täglichen Brot. Dieser unerträgliche Zustand hält an bis zum 21. April 1600. An diesem Tag läßt er ihr folgendes Schreiben überbringen: »Wertes Fräulein, was Euch von mir an Liebe, Ehren und Gütern zugeteilt wurde, hätte auch das leichtfertigste Herz der Welt besänftigt. Eures aber wird von einem schlechten Charakter beherrscht. Ich bitte Euch, mir das bewußte Schriftstück zurückzugeben... sowie den Ring, den ich Euch neulich gab.«

Ob sich die Marquise wohl von dem Ring trennte? Nirgends ist etwas darüber vermerkt. Das Versprechen aber befindet sich nach wie vor in den Händen des Monsieur d'Entragues, der nicht im Traum daran denkt, es herauszurücken, obwohl auch er ein Schreiben des Königs erhält: »Mein Herr, wir ersuchen Euch, dem Überbringer dieser Zeilen das Dokument auszuhändigen, das ich Euch vor einiger Zeit in Malesherbes überreichte. Ich verlange es mit allem Nachdruck. Solltet Ihr vorziehen, es mir persönlich zu geben, so werde ich Euch meine Gründe erklären. Sie sind privater, nicht politischer Art.«

Monsieur d'Entragues schweigt.

Am 2. Juni 1600 geht unter Blitz und Donner ein sintflutartiges Gewitter über Paris nieder. Ein Kugelblitz schlägt in die Kirche von Saint-Germain-l'Auxerrois ein und... rollt von dort hinüber zu dem Haus, in dem Henriette ihrer Niederkunft entgegensieht. Vor Schreck erleidet sie eine Frühgeburt und bringt ein totes Kind zur Welt. Es ist ein Knabe. Zufall oder Laune des Schicksals? Die Lage ist gerettet.

Im Juli 1600 finden wir Heinrich IV. in Lyon, wo er einen Feldzug gegen Herzog Karl-Emmanuel von Savoyen, den Schwiegersohn Philipps II., vorbereitet. Zwischen Frankreich und Savoyen schwelt seit langem ein Streit um das Marquisat von Saluce, das Heinrich II. erobert hatte. Seither stipulierte ein Vertrag, daß es nur im Tausch gegen die savoyischen Gebiete auf dem linken Rhôneufer, nämlich Bugey, Bresse und Valmorey, an den Herzog zurückgehen konnte. Dessen ungeachtet hatte Karl-Emmanuel sich vor einigen Jahren des umstrittenen Gebietes bemächtigt. Im Dezember 1599 erschien er plötzlich in Fontainebleau, von Kopf bis Fuß ein Grand Seigneur und ließ sich von Heinrich mit allem Aufwand bewirten, den sein Titel heischt. »Es wurden Höflichkeiten, Schmeicheleien und Freundschaftsbeteuerungen ohne Ende zwischen seiner Majestät und seiner Hoheit ausgetauscht, und ein Fest jagte das andere.« Anläßlich der Gespräche, die er mit seinem Gast führte, prägte der König den berühmten Satz, der seither Eingang in sämtliche Geschichtsbücher der Welt gefunden hat:

»So Gott will, werde ich in meinem Leben noch erreichen, daß in meinem Land jeder Bauer sonntags sein Huhn im Topf hat!«[5]

Auch in Paris erwarten den Savoyer, der trotz seines Buckels ein erfolgreicher Schürzenjäger ist, Festlichkeiten, Bankette und Lustbarkeiten aller Art, die er bald dazu benutzt, hinter dem Rücken seines Gastgebers zu intrigieren und die Persönlichkeiten am Hofe auszuhorchen, besser ausgedrückt: zu spionieren. Nebenher läßt er in Savoyen Kriegsvorbereitungen treffen. Es dauert nicht lange, bis Heinrich das Spiel durchschaut: »Der gute Mann hält sich für so überlegen, redegewandt und schlau, daß er meint, mich einwickeln und alle Welt in die Tasche stecken zu können. Ich habe längst bemerkt, was hinter seinen schönen Worten steckt und werde ihm zeigen, daß ich nicht zu den Vögeln gehöre, die ihm auf den Leim gehen!«

Maria von Medici, die spätere Gemahlin Heinrichs IV.

Andere schon. Um seinen Bemühungen Nachdruck zu verleihen, führte Karl-Emmanuel in seinem Gepäck fünfhunderttausend Ecus mit, die er mit vollen Händen an die Hofschranzen verteilt, die die Vorzimmer des Louvre bevölkern. Henriette wird mit Perlen und Edelsteinen beschenkt in der Hoffnung, daß sie vielleicht einmal ihren Geliebten verrät... Der prunksüchtige Herzog d'Epernon zeigt sich ebenfalls empfänglich, und der unberechenbare Graf d'Auvergne, Henriettes Halbbruder, greift mit allen zehn Fingern zu. Rosny, wer hätte etwas anderes von ihm erwartet, weist die Geschenke des ihm widerwärtigen Menschen mit Empörung zurück.

Anders der Marschall Biron.[6] Karl von Biron ist ein hochfahrender, eitler Mann, der von seinem eigenen Wert und seinen Leistungen die höchste Meinung hat.

Die beiden kostbaren Reitpferde, die der Herzog ihm anbietet, nimmt er nicht an. Dafür leiht er seinen Schmeicheleien ein offenes Ohr und läßt sich zu Vertraulichkeiten hinreißen, die den Savoyer von einer weitverzweigten Verschwörung in Kenntnis setzen, »die den König vernichten wird«. In ihm hat Karl-Emmanuel den Mann gefunden, den er braucht:

»Seid Ihr es nicht gewesen«, bohrt er, »der den Sieg von Fontaine-Française errungen hat, dem die Einnahme von Laon und die erfolgreiche Belagerung Amiens zu verdanken ist? Und? Was habt Ihr zum Dank? Hat man Euch auch nur eine einzige der Zitadellen anvertraut, die Ihr eingenommen habt? Steht Euch nicht das Gouvernat einer Provinz zu? Haben die Könige von Frankreich etwa so ihre du Guesclin und ihre Dunois[6] behandelt? Sogar die Herzöge von Bouillon und d'Epernon wundern sich über die Geduld, mit der Ihr diese Kränkungen hinnehmt. Ich habe gehört, daß sie Pläne verfolgen, die ihnen die Ehre des französischen Adelsstandes diktiert. Der König von Spanien und ich selber werden sie mit unseren Waffen unterstützen. Aber sie brauchen mehr. Sie brauchen die Hilfe des größten Feldherrn Europas!«

Solche Worte können ihre Wirkung auf einen Mann wie Biron nicht verfehlen und die Zukunft wird zeigen, daß sie auf fruchtbaren Boden fielen.

Es ist an der Zeit, den Machenschaften des Savoyers ein Ende zu setzen und den Streit um das Marquisat von Saluce zum Vorteil Frankreichs zu beenden. Einige Ratgeber legen dem König nahe, Karl-Emmanuel unter einem Vorwand in Paris zurückzuhalten und seine Abwesenheit für einen überraschenden Handstreich auszunützen. Heinrich lehnt ab: »Seit meiner Geburt wurde mich gelehrt, daß man mit Ehrlichkeit weiterkommt als mit Betrügerei, und das Beispiel, das ich an Franz I. habe, ist eher dazu angetan, meine Überzeugung zu erhärten...«

Keine Hinterlist also, sondern offener Krieg. An Rosny, den er kurz zuvor zum Oberwegmeister und zum Oberfeldzugmeister ernannt hat, ergeht die Aufforderung: »Ihr habt es erraten, der Herzog von Savoyen glaubt, mit uns spielen zu können. Kommt eilends und vergeßt nichts, was wir brauchen, um ihm das Spiel zu verderben!«

Am 17. Juli 1600 berichtet er Maria von Medici: »Bis jetzt dachte der Herzog, uns an der Nase herumführen zu können, aber ich bin ihm auf den Fersen, und bald ist er am Ende seiner Weisheit. Wenn er in acht Tagen nicht nachgegeben hat, werdet Ihr meinen nächsten Brief aus Chambéry erhalten... Seine ganze Hoffnung ist, mir den Garaus zu machen, aber Gott wird mich schützen, erstens für Euch und zweitens für meine Untertanen. Ich habe in Pougues mit bestem Erfolg gekurt, gestern nahm ich den letzten Trunk aus der Quelle, und es geht mir ausgezeichnet. Ihr habt mir eine gute Gesundheit gewünscht... ich wünsche Euch dasselbe, damit wir bei Eurer Ankunft ein schönes Kind zeugen können, über das sich unsere Freunde freuen und unsere Feinde ärgern!«

Das nennt man geradeheraus! Heinrich schließt seinen Brief: »Da Ihr mich darum gebeten habt, schicke ich Euch einige nach der französischen Hofmode gekleidete Puppen, und Monsieur le Grand wird einen der besten Schneider aus Paris mitbringen.« Bellegarde, der alte Freund und ehemalige Rivale, erhält tatsächlich den ehrenvollen Auftrag, Maria von Medici im Namen des Königs in Florenz zu holen.

Der Feldzug, für den Heinrich ein Heer von zwanzigtausend Mann gesammelt hat, die von vierzig Stück schwerer Artillerie unterstützt sind, verläuft günstig. Wie angekündigt, ist sein nächster Brief an Maria in Chambéry datiert. Sie hat ihm eine dieser Schärpen geschickt, die die Ritter zu Ehren ihrer Angebeteten in der Schlacht oder im Turnier umbinden: »Ich werde sie (die Schärpe) über meiner Eisenrüstung tragen, und wenn es in den Kampf geht, weihe ich jeden Schwertstreich meiner Liebe zu Euch. Gegeben in Chambéry, am 23. August 1600.«

Heinrich IV. ist, das dürfen wir nicht vergessen, im Krieg aufgewachsen und hat an der Spitze seiner Truppen, denen es oft am Nötigsten fehlte, jahrelang das rauhe Leben seiner Soldaten geteilt. Eine seiner hervorstechendsten Eigenschaften war ein ihm angeborener und durch Erfahrung gereifter sechster Sinn, der es ihm erlaubte, die Absichten des Feindes vorauszuahnen.

Ein venetianischer Diplomat urteilt über ihn: »Im Feld war er in der Lage, auf Grund reiner Beobachtung nicht nur die Stärke der gegnerischen Truppen, sondern auch ihre Kriegstüchtigkeit abzuschätzen. Aus der Art ihres Aufmarsches konnte er schließen, ob sie unsicher waren oder zielstrebig vorrückten.«

Sein Erfolg in Savoyen ist um so bemerkenswerter, als Marschall Biron, wie sich später herausstellte, ein gefährliches Doppelspiel spielte. Jahre danach vertraute der König seinem Minister Sully an: »Der Sohn des alten Marschall Biron steckte mit dem Herzog unter einer Decke. Sie hatten abgemacht, daß er ihn während des Savoyer Feldzuges über alle meine Truppenbewegungen, Stellungen und Pläne unterrichtet... Ich hätte diesen Krieg zehnmal verlieren können, wenn Gott nicht seine Hand über mich und das Königreich gehalten hätte!«

Bald befindet sich das ganze Herzogtum in seiner Macht, und er tauft Karl-Emmanuel auf den Titel »Herzog ohne Savoyen«.

In Grenoble erwartet den König eine Überraschung: Henriette hat die weite Reise nicht gescheut und läßt ihn wissen, daß sie ihn in La Côte-Saint-André bei Vienne erwartet! Ohne lang zu überlegen, schwingt er sich aufs Pferd, jagt in Begleitung von Bassompierre davon und bringt, wie schon so oft, die gut zehn Meilen hinter sich ohne abzusitzen...

Aber der Empfang ist eisig. Henriette ist nicht in der Laune, ihm seine fiebernde Hast zu lohnen. Sie hat erfahren, daß in Florenz alles zum Aufbruch der jungen Königin bereit ist und macht Heinrich eine der fürchterlichsten Szenen, die er je erlebt hat... Wahrscheinlich, weil die bevorstehende Ankunft ihre Hoffnung durchkreuzt, doch noch vor Eintreffen der »dicken Bankierstochter« einen Sohn zur Welt zu bringen. Angesichts der tobenden Geliebten gibt Heinrich Befehl, die Pferde zum sofortigen Heimritt zu satteln... Aber jetzt ist es an Bassompierre, zu protestieren. Allein schon vom Herritt ist er kreuzlahm, und der Gedanke an den Aufbruch jagt ihm panischen Schrecken ein. »Ich habe«, berichtet er später, »so oft den Postillon d'Amour zwischen den beiden Kampfhähnen gemacht, bis ich sie ausgesöhnt und in ein Bett verfrachtet hatte, was sie im Grunde ihres Herzens beide wünschten. Gott sei gelobt, wir schliefen alle in Saint-André!«

Henriette hatte erreicht, was sie wollte, und Heinrich, den sie ihren »Capitaine-stets-bereit« nannte, ließ sich auch nicht zweimal bitten. Wenig später konnte sie verkünden, daß sie wieder schwanger ist.

15

Eine Ehe zu dritt

*»... da es für das Wohl des Staates ist
... heiraten wir eben!«*

Heinrich IV.

Des Königs Oberstallmeister Bellegarde trifft am 20. September 1600 mit vierzig Edelleuten in Florenz ein, um Maria von Medici in ihre neue Heimat zu holen. Am 5. Oktober bewegt sich ein Festzug von achtzig Karossen mit dreihundert weißgekleideten jungen Mädchen hinter der Brautkutsche durch die Straßen zur Kathedrale, wo die Eheschließung per procurationem vollzogen wird. Großherzog Ferdinand vertritt Heinrich IV., führt seine Nichte zum Altar, tauscht die Ringe und nimmt den bischöflichen Segen entgegen, der, wie sich ein Augenzeuge ausdrückt, »alsbald die Kirche von den Freudenrufen der Anwesenden wiederhallen läßt«. Am Abend, beim Bankett im Palazzo Vecchio, ist es ein Reiterstandbild aus Zucker, das die Gegenwart des erlauchten Bräutigams personifiziert...

Eine Woche später rollen dieselben Karossen und Kutschen aus der Stadt hinaus zur Küste, nach Livorno, wo die siebzehn bannergeschmückten Galeeren auf ihre kostbare Last warten. Am 13. werden die Anker gelichtet, hunderte von Rudern tauchen in kühnem Schwung in die Flut und drehen die hochgetürmten, schwimmenden Festungen, die von Gold und bunter Seide flimmern, dem Meer zu. Aus Furcht vor Freibeutern geht die Reise in Sichtweite des Ufers über Portofino, Genua, Cap d'Antibes und Toulon, bis Maria von Medici am 3. November 1600 unter den Salutschüssen der Zitadelle in Marseille an Bellegardes Arm den Boden ihres Reiches betritt.

Und wo ist der König? Noch immer in Savoyen, wo zwei Festungen seinem Willen trotzen. Die eine, Montmélian, widersteht der Belagerung durch seine Truppen, und die Friedensverhandlungen ziehen sich in die Länge. Die andere, Henriette d'Entragues, Marquise von Verneuil, weigert sich eigensinnig, seinem Wunsch nachzukommen und sich aus Diskretion, wenigstens vorübergehend, vom Hof zu entfernen. Diskretion ist eine Vokabel, die nicht in ihren Wortschatz paßt, und das Ansinnen ihres Geliebten gibt Anlaß zu »den stürmischsten Auseinandersetzungen«. Außer sich vor Wut läßt die streitbare Marquise alle Welt wissen, daß sie dank des geheimen Versprechens die Macht besitzt, die in Florenz geschlossene Ehe zu annullieren und den König zu zwingen, sie selbst zu heiraten...

Heinrich zieht den Kopf ein und läßt das Gewitter über sich hinwegrollen. Beschwichtigend redet er der Geliebten zu, schmeichelt und hätschelt, bis er sie schließlich auf den Weg nach Paris gebracht hat. Dann teilt er Maria mit, daß es ihm »zu seinem größten Bedauern wegen der noch nicht abgeschlossenen Belagerung von Montmélian nicht möglich sei, ihr nach Marseille entgegenzukommen«.

Statt seiner verneigen sich der Konnetabel von Montmorency, der Kanzler de Bellièvre und der Herzog von Guise, Gouverneur der Provence, vor ihrer jungen Herrscherin. Ihre stattliche Erscheinung, der Reichtum, der sie umgibt, das fürstliche Gefolge, machen Eindruck, wenn auch die Gegenwart des Oberstallmeisters an ihrer Seite manch einem die Erinnerung an die unglückliche Gabrielle wachruft. »Sie gleicht in nichts der verstorbenen Gabrielle d'Estrée...«, schreibt die Herzogin von Bouillon. »Die Königin ist nicht blond, sondern hellbraun und besitzt einen eher derben Mund. Ihr Auge ist schwarz, die Stirne hoch, ihr Gesichtsausdruck wirkt sanft. Außerdem ist sie sehr beleibt...«, was zur damaligen Zeit als Kompliment gewertet werden durfte.

Kaum an Land, stellt sich das Problem, wem in Abwesenheit des Königs die Mitgift von dreihundertfünfzigtausend Ecus d'Or übergeben werden soll. Niemand fühlt sich befugt, die kostbare Sendung in Empfang zu nehmen. Es bleibt dem toskanischen Staatssekretär für auswärtige Angelegenheiten, Belisario Vinta, nichts anderes übrig, als die Mühsal einer Reise, »durch Sturm und Kälte in das Herz des Winters« auf sich zu nehmen und die Königin nach Lyon zu begleiten.

Der Aufstieg des Zuges mit seinen fünfzehnhundert Toskanern, den achtzig Ehrenjungfrauen in Weiß, dem Hofstaat, den Schatzkisten, Kleidertruhen, Stoffballen, Schachteln und Körben das Rhônetal aufwärts, erweist sich als äußerst beschwerlich: »Alle waren niedergeschlagen, vom Unwetter durchnäßt und erschöpft«, erzählt ein Teilnehmer, »der eine krumm, der andere lahm, nur Maria schien unerschüttert guter Dinge und sprach ihren Leidensgenossen Mut zu.« Denn nichts war für das Unternehmen vorbereitet worden, keine Wagen zum Wechseln, kein Proviant, keine Unterkunft, und meistens mußten sie nachts mit dem Stroh der Herbergen am Wegrand vorliebnehmen... Man kann sich die Empörung der an Luxus gewöhnten Florentiner vorstellen! Erst bei dem Empfang, den die Bewohner von Avignon am 19. November der Königin bereiten, hellen sich die Mienen etwas auf. Ihre »ungeschminkte, natürliche Schönheit ohne Puder und Zinnober, ihr huldvolles Lächeln« entzücken die Menschen, die in den Straßen der Stadt zusammenströmen, um den Brautzug zu bewundern. Und da am 16. November die Festung von Montmélian endlich gefallen war und ein Friedensschluß mit dem Herzog von Savoyen in Aussicht steht, nimmt man sich Zeit für Festlichkeiten und ein Te Deum in der Kathedrale.

»Ihr habt bisher alles getan, was Mut und Ehre einem Edelmann gebieten, um diesen Platz zu verteidigen«, lautet die Botschaft Heinrichs IV. an Georges de Lucinge, den Verteidiger von Montmélian, der mit der Unterwerfung zögerte, »...die Stunde ist gekommen, Euch in das Unvermeidliche zu schicken. Dieser Rat kommt Euch von einem Fürsten, der sich rühmen kann, Männer von Eurem Schlage stets ehrenvoll zu behandeln.«

Am 3. Dezember 1600, drei Wochen nachdem die Galeeren aus Livorno in Marseille Anker geworfen hatten, kommt der Brautzug im Lyoner Vorort La Guillotière zum Stillstand. Man ist am Ziel, doch die Tore der Stadt wollen sich nicht öffnen. Was geht vor? Eine Kleinigkeit. Ein Streit um die Etikette entzweit die Stadtältesten: Beim Einzug von Heinrich II. und Heinrich IV. war es ihnen gestattet gewesen, ihren neuen Souverän stehend die Ehre zu erweisen, protestieren die einen. »Heute aber handelt es sich um die Königin«, lassen sich andere Stimmen vernehmen, »ihr gebührt, daß man ihr auf den Knien huldigt!« Und es scheint, daß nach langem Palaver die Ritterlichkeit die Oberhand behielt. Die Tore öffnen sich knarrend.

Sechs Tage später wiederholt sich die Komödie. Heinrich, der seine Gemahlin unerkannt überraschen will, wartet mit Rosny eine volle Stunde in stockfinsterer Nacht, in Regen und Kälte vor dem befestigten Brückenturm von Lyon, bis sich die Zugbrücke vor den »Unbekannten« senkt. Die Braut hat eben mit ihren Damen und einigen Vertrauten an der Tafel im kleinen Saal des erzbischöflichen Palais Platz genommen, als der König inkognito im Türrahmen erscheint. Man erkennt ihn, die Anwesenden treten beiseite, um ihn durchzulassen, aber schon ist er wieder verschwunden. Auch Maria hat begriffen, was vor sich geht. Sie wird abwechselnd blaß und rot, berührt kaum mehr die Speisen, die man ihr reicht, und flüchtet in ihre Gemächer. Das war das Zeichen, auf das Heinrich wartete. Wenig später steht er mit Bassompierre und Monsieur le Grand vor der Tür des Kämmerleins, die sich auf sein energisches Pochen öffnet. Maria sinkt in die Knie, der König hebt sie auf, küßt sie »auf die französische Art«, das heißt auf den Mund, »worauf allerlei Artigkeiten, Liebenswürdigkeiten und Zeichen der gegenseitigen Ehrerbietung ausgetauscht werden«, wie Bassompierre bestätigt. Heinrich nimmt seine Gemahlin bei der Hand und führt sie an den Kamin, wo er sich eine gute halbe Stunde angeregt mit ihr unterhält... Allerdings sagt uns der Chronist nichts über die Sprache, in der sie diese Höflichkeiten austauchten, denn die Braut war des Französischen, der Bräutigam des Italienischen nicht mächtig...

Über diese erste Begegnung des Königspaares ist uns nur eine Bemerkung Heinrichs überliefert, die er gemurmelt haben soll: »Man hat mich zum Besten gehalten, sie ist gar nicht schön!«

Trotz seiner Enttäuschung erteilt er ihrer Hofdame, der Herzogin von Nemours, den Auftrag, die Königin zu bitten, ihr Bett gütigst mit ihm teilen zu wollen, »da er seines nicht mitgeführt habe...«

Gemäß dem Bericht ihres Hofmeisters Monsignore Agucchi, »wurde ihre Majestät bei diesen Worten starr vor eisigem Schrecken, und man mußte sie mit heißen Tüchern erwärmen. Kurz darauf betritt der König das Gemach, Prinzessinnen und Hofdamen ziehen sich zurück, womit das Zeichen zum Vollzug der Ehe gegeben ist.«

Am nächsten Morgen gesteht Heinrich dem florentinischen Gesandten zufrieden, daß er seine Gemahlin dreimal geehrt habe, und daß der erste Eindruck vielleicht nicht sehr gut, der zweite jedoch wesentlich besser gewesen sei:

»Meine Frau und ich hatten beide Gelegenheit, unsere gegenseitige Meinung zu verbessern. Ich, weil ich erkannte, daß sie schöner und liebreizender ist, als ich zunächst annahm, und sie, weil ich mich als wesentlich jünger erweisen konnte, als mein weißer Bart verheißt...«

»Schön und liebreizend« sind nicht gerade die Worte, die auf die massige Erscheinung der Maria von Medici passen.

Sie ist alles andere als anmutig, eher schwerfällig, manchmal vulgär. Wenn sie in Zorn gerät, was leider allzu oft der Fall ist, verzerren sich ihre Züge bis zur Häßlichkeit, ihre Bewegungen sind eckig. Sie ist weder geistreich noch intelligent, manche nennen sie strohdumm... was Heinrich allerdings erst später entdecken sollte. Vorläufig spricht sie noch zu wenig Französisch, plappert unaufhörlich mit ihrer Milchschwester Leonora Galigaï-Dori, mit der sie aufgewachsen ist, die ihr wie ein Schatten folgt, und die bei ihr in der höchsten Gunst steht.

Um ihrer Herrin nach Frankreich folgen zu können, ließ sich Leonora mittels einiger gesparter Goldstücke von einem verarmten, bettlägerigen Landedelmann namens Galigaï adoptieren. Sie hat das wichtige Amt inne, mit ihren geschickten Händen Marias üppige Haarpracht in die komplizierte, hohe Frisur »à l'italienne« zu türmen, und um nichts in der Welt ließe sich die Königin ihre Haare von jemand anderem kämmen. Heinrich dagegen empfindet Unbehagen in Gegenwart des unheimlichen, schwarzen Wesens, von dem boshafte Zeitgenossen behaupten, sie habe »eine Nase wie ein Elefant, Zähne wie Hauer, Füße wie Hummerzangen und einen Mund wie ein Ofenloch!« Ganz so mißgestaltet kann sie kaum gewesen sein, aber viel verführerischer auch nicht, selbst wenn Tallemant des Réaux ein recht ansprechendes Porträt von ihr zeichnet, mit dem er ihr schmeicheln möchte. Er will an ihr einen »angenehmen Wuchs und anziehende Gesichtszüge« erkennen, die allerdings »durch ihre unsagbare Magerkeit verdorben werden«. Außerdem wird das von der Natur derart benachteiligte Geschöpf periodisch von hysterischen, wahrscheinlich sogar epileptischen Anfällen heimgesucht, die, wie sie behauptet, auf eine Kugel zurückzuführen sind, die ihr den Hals zudrückt. Dann bleibt sie tagelang unsichtbar. Zum Ausgleich für ihr unvorteilhaftes Äußeres ist sie mit geistigen Gaben reich ausgestattet: Leonora verfügt über eine überdurchschnittliche Intelligenz und einen untrüglichen Geschmack. Uneingeschränkt herrscht sie über die Kleiderkammer und die unzählbaren, kostbaren Schmuckstücke ihrer Herrin.

Außer dem zahlreichen Ehrengeleit, das in den Diensten der Königin nach Frankreich gekommen war, kreiste auch eine ganze Schar abenteuerlustiger, italienischer Edelleute um Maria, die genau wußten, daß hier früher oder später fette Gewinne einzuheimsen waren. Eine Figur beherrschte diesen Krähenschwarm: Signor Concino Concini, arrogant, eingebildet und geldgierig. Kardinal Richelieu erwähnt später in seinen Schriften, daß der Vater Concini Verbindung zu den besten Häusern von Florenz gepflegt und das Amt eines Hofmeisters bei Franz von Medici bekleidet habe. Jacques Auguste de Thou geht sogar so weit, ihn in seiner Weltgeschichte als einen der größten Staatsmänner Italiens zu bezeichnen, was reichlich übertrieben scheint. Andere sagen ihm eine weniger glorreiche Herkunft nach: Er sei der Sohn eines Notars aus Arrezzo. Wir wissen, daß Concini im Bankwesen zu Hause war (später hat er Einblick in die Buchführung der Königin gehabt) und nebenher allerlei dunkle Geschäfte tätigte, bevor er sich dem Gefolge der »reichsten Partie Europas« anschloß, um in Frankreich sein Glück zu versuchen. Ein Abenteurer vom Scheitel bis zur Sohle, der ohne falsche Scham zugab, daß er auszog, um reich zu werden oder zu sterben. Reichtum oder Tod? Er sollte beides finden.

Zurück nach Lyon. Hier sind am 16. Dezember 1600, als die Glocken die Mittagsstunde einläuten, Hofleute, Vertreter des Adels, Honoratioren der Stadt und Glücksritter aus Italien mit dem päpstlichen Legaten Aldobrandini und einer ganzen Schar Monsignori aus Rom in der Kathedrale versammelt, um ein Hochamt zur Feier der Vermählung zu begehen. Es fehlt nur noch das Brautpaar, das die Hochzeitsgäste zwei Stunden in der Kälte schlottern läßt. Endlich erscheint der König, als sei nichts geschehen, unsagbar leutselig, von oben

Die Vermählung Heinrichs IV. mit Maria von Medici. Gemälde von J. Climentidit, um 1575

bis unten in knisternde, weißgoldene Seide gehüllt. Auf dem Haupt trägt er statt der Krone[1] ein diamantbesetztes Samtbarett, auf dem sich keß eine Reiherfeder wiegt. Neben ihm Maria, die unter ihrem schweren violetten, mit goldenen Lilien bestickten Mantel fast zusammenbricht. Trompetenstöße erklingen, das Brausen der Orgel erfüllt die Kirche, in der vor fünfundzwanzig Jahren die letzte Königshochzeit der Valois gefeiert wurde... Der Verspätung des Brautpaares und der Länge der Zeremonie haben es die Geladenen zu verdanken, daß ihnen an der Festtafel die ersten Gerichte des Soupers zusammen mit den letzten des Diners gereicht werden...

Der Hof bleibt in Lyon, bis vier Wochen später, am 17. Januar 1601 die Unterzeichnung des Friedensvertrags mit Herzog Karl-Emmanuel von Savoyen erfolgt, der Frankreich den Besitz von Bugey, Bresse, Valmorey und Gex zusichert. Heinrich hat seinem Land den Frieden und eine Königin gegeben. Der Staat ist zu seinem Recht gekommen, jetzt wird die Stimme des Herzens wieder laut. Kaum ist die Tinte der Verträge getrocknet, da zieht es den König auch schon von der Seite seiner behäbigen, oft verdrießlichen Juno in die Arme der quicklebendigen Schmeichelkatze Henriette. Dringende Staatsgeschäfte, die keinen Aufschub dulden, erwarten ihn in Paris, tröstet er Maria, bevor er seine Pferde satteln läßt.

Für ihn ist höchste Eile geboten, während die Königin, die bereits in der Hoffnung sein soll, die Reise in kleinsten Etappen und nur auf den besten Straßen, die der besorgte Gatte peinlich genau vorschreibt, zurücklegen wird, um die Geburt des Dauphin nur ja nicht zu gefährden. Er vertraut seine Gattin der Obhut des Konnetabels von Montmorency und des Herrn von Villeroy an und bricht in Begleitung von nur einem Dutzend Gefährten auf, galoppiert ohne Pause von einer Posthalterei zur anderen[2] bis nach Roanne. Dort erwartet ihn ein Schiff, das ihn die Loire abwärts nach Briare trägt. Dann geht es wieder auf dem Pferderücken weiter über Montargis und Nemours nach Fontainebleau, wo er bereits am 23. Januar eintrifft. Im Sturmschritt durchquert er die Räume des Schlosses, die für die Königin hergerichtet werden, aber längst nicht fertiggestellt sind. »Es ist ein Jammer, daß Ihr dieses Haus im Winter kennenlernen müßt, aber es läßt sich nicht ändern. Die Arbeiter sind nicht vorangekommen, wie ich hoffte. Das Wetter ist hier besser als in Lyon. Morgen geht es weiter nach Paris.«

Tatsächlich erreicht der König schon am 24. Januar seine Hauptstadt, aber es hält ihn keine vierundzwanzig Stunden im Louvre. Am folgenden Tag schon hetzt er nach Verneuil, wo er acht oder zehn Tage »ausschließlich der Liebe frönt«, mit dem Erfolg, daß auch Henriette einem freudigen Ereignis entgegensieht...

Am 27. Januar richtet er an Maria, die mit ihrem Riesentroß im Schneckentempo nach Norden kriecht, die tröstlichen Zeilen: »Teilt mir mit, wann Ihr in Nemours sein werdet, damit ich mich zu Eurer Begrüßung dort einfinden kann. Aber nehmt Euch Zeit, denn hier schneit es ununterbrochen. In den Wäldern liegt über ein Fuß Schnee, was mich daran hindert, heute auf Hirschjagd zu gehen. Hoffen wir, daß es morgen günstiger aussieht. Mein Schnupfen ist viel besser, nur meine Augen schmerzen noch ein wenig... sobald ich Euch sehe, wird alles vorüber sein! Was Ihr mir in Französisch geschrieben habt, ist sehr gut. Jeden Tag eine Zeile mehr und in acht Tagen ist der ganze Brief französisch! Am Montag werde ich meine Kinder (die er von Gabrielle d'Estrée hat) besuchen. Zweifelt nicht an meiner Liebe, denn ich sehe, daß Ihr meine Wünsche befolgt, und das ist das sicherste Mittel, über mein Herz zu regieren. Ich wünsche mir keine andere Gebieterin als Euch, die ich hunderttausendmal küsse...«

»Seid vorsichtig, nehmt Euch Zeit!« mahnt er noch am 30. Januar, als er fürchten muß, daß ihr Erscheinen seinem Idyll mit Henriette ein vorzeitiges Ende setzt. »Tut alles, damit Ihr erst am Montag eintrefft. Am Sonntagabend werde ich Euch nach Nemours entgegenreiten.«

Während Concini im wohlverschlossenen Reisewagen reist, schlottert Maria in ihrer zwar bequemen, aber nach allen Seiten offenen Sänfte. Ihre Nase ist blau gefroren, und ihre Wangen sind vom schneidenden Wind gerötet. Zu Mariä Lichtmeß trifft sie höchst übelgelaunt in Nemours ein, wo sie statt ihres Gatten einen Brief von ihm vorfindet, in dem er sie bittet, sie an Ort und Stelle zu erwarten.

Die Witterung in Nemours sei milder als in Fontainebleau, das zwar nur vier Meilen entfernt liegt, aber unter einer dicken Schneeschicht begraben ist.

Am 8. Februar 1601 nähert sich der endlose Zug der Hauptstadt. Vom Arsenal läßt Rosny zur Begrüßung des Königspaares die gesamte Artillerie hergeben, was sie geben kann. An der Porte Saint-Victor wenden sie sich westwärts und machen im Vorort von Saint-Germain im Palais Gondi halt. Maria ist erleichtert, am Ende ihrer Reise angelangt zu sein, »in der großen Hoffnung«, schreibt sie, »daß sie meiner Schwangerschaft nicht geschadet hat«.

Noch am gleichen Abend führt Heinrich seine Gemahlin in den Louvre. Aber der Umbau des Palastes ist zu dieser Zeit noch nicht abgeschlossen, der von Katharina begonnene Trakt nicht fertiggestellt und die Ausstattung der Königsgemächer läßt noch sehr zu wünschen übrig. Maria, die von Florenz strahlenden Lichterglanz, kostbare Möbel, Seidenstoffe und Wandteppiche gewöhnt ist, kann im Halbdunkel nur einige abgenützte Möbelstücke und veralteten Krimskrams entdecken: Sie wird nicht einziehen, bevor die von ihr mitgeführten und bestellten Kostbarkeiten die Räume wohnlich gestalten.

So findet der königliche Haushalt zunächst in der Residenz des Bankiers Zamet Unterkunft, der auch Gabrielle d'Estrée noch kurz vor ihrem Tod beherbergte. Aber Heinrich ist nicht der Charakter, der sich mit solchen Überlegungen aufhält. Maria bewohnt dieselben Gemächer wie einst Gabrielle, sie trägt denselben Schmuck, den er einst Gabrielle verehrte und wie mit der blonden Geliebten, flaniert er nun mit seiner Gemahlin auf der Messe von Saint-Germain...

Wenige Tage später spielt sich eine merkwürdige Szene bei der Königin ab. Heinrich war an die Herzogin von Nemours, die wegen ihrer Kenntnisse der italienischen Sprache dem Haushalt Marias vorsteht, mit der sehr bestimmten Bitte herangetreten... Henriette d'Entragues als Ehrendame einzuführen! Entrüstung der Herzogin, aber sie muß sich dem königlichen Willen beugen:

»Madame, dies hier ist meine Geliebte!« erklärt er Maria seelenruhig, auf die strahlende junge Dame weisend, die soeben hinter der Herzogin selbstsicher das Gemach betritt. »Sie wünscht sich nichts sehnlicher, als Euch in aller Ergebenheit zu dienen!«

Ergebenheit? Dienstwilligkeit? Wo denkt er hin! Henriette deutet einen vagen Hofknicks an, fühlt jedoch unvermittelt die starke Hand des Königs auf ihrer Schulter, die sie in die Knie zwingt. Auch der von der Etikette vorgeschriebene Kuß des Rocksaums der Königin darf nicht fehlen. »Maria ließ sich nichts anmerken«, berichtet Baccio Giovannini nach Florenz, »aber innerlich kochte sie, was ihren Groll noch erhöhte.«

Henriette ihrerseits läßt sich nicht beirren. Sie gibt sich »so keck und unbeschwert«, daß die Königin, wie Heinrich hochbefriedigt feststellt, schließlich ein paar höfliche Worte findet. Was mochte ihn zu diesem sonderbaren Vorgehen veranlaßt haben? Wollte er seiner Gattin ersparen, daß sie auf dem Umweg über die Klatschweiber des Hofes von seiner Liaison unterrichtet würde? Oder war es ihm am bequemsten, sie vor die vollendete Tatsache zu stellen? Ahnte er, welche bösen Geister er heraufbeschwor? Wohl kaum. Noch am gleichen Abend machte er vor den Augen der Königin und der Favoritin einer jungen Hofdame ostentativ den Hof und verkündet – nachher – vernehmlich, daß er, »nichts Jungfräuliches an ihr gefunden habe...«

Unerklärliche Flegelei eines Mannes, dem die Ehre kostbarstes Gut ist. Man kann verstehen, daß seiner Frau das Lachen vergeht, und daß sie unter seiner skandalösen Flatterhaftigkeit leidet. Leichtfertig und achtlos beschleunigt er eine

Entwicklung, die bei Marias Charaktereigenschaften zwar unvermeidlich war, die ohne seine Gleichgültigkeit vielleicht aber langsamer vor sich gegangen wäre: die Königin nimmt die Gestalt an, die wir von ihr aus der Geschichte kennen, die eines zänkischen, herrschsüchtigen, ewig unzufriedenen Racheengels. Heinrich getreu seiner erprobten Taktik tut, als merke er nichts. Täglich gehen zärtliche Liebesbotschaften bei ihr ein, in denen er sie »mein geliebtes Herz« nennt und ihr seine ungebrochene Liebe beteuert. Am 13. März 1601 lesen wir: »Ihr habt vergessen, mir auf italienisch zu schreiben und mich Euer Herz zu nennen! Ich liebe Euch über alles in der Welt und sage Euch: gute Nacht, mein Herz, und schicke Euch hunderttausend Küsse.«

Eine Zeitlang hat es denn auch den Anschein, als würde sich Maria unter dem Einfluß Leonoras in das Unvermeidliche schicken und mit der Gegenwart der »Putana« abfinden. Die Galigaï Friedensstifterin? Sagen wir lieber zielstrebige Intrigantin. Sie ist von dem ehrgeizigen Wunsch besessen, Oberhofmeisterin der Königin zu werden und weiß genau, daß es Heinrich ist, der sich ihrer Ernennung zu diesem ehrenvollen Amt widersetzt.

»Alles, was sie tut, ist, die Königin zum Weinen zu bringen!« seufzt er und zieht Belisario Vinta, den toskanischen Gesandten ins Vertrauen: »Wir sind einverstanden, daß nur sie und niemand anderes die Haare der Königin kämmt. Wir haben vor, sie zur ersten Kammerfrau zu ernennen. Wir werden sie auf jede erdenkliche Weise begünstigen und mit Ehren und Gütern überhäufen. Wenn die Königin wünscht, ihre Haare auf die französische Art herrichten zu lassen, so würde auch das in Leonoras Aufgabenbereich fallen, wenn sie die Kunstgriffe für diese Frisur lernt... In anderen Worten: Wir wollen, was die Königin will. Was jedoch den Titel der Oberhofmeisterin anbetrifft, so können wir ihn ihr unmöglich geben, denn wir haben bereits eine andere, die Gräfin de Lisle, dafür ausersehen. Mit Außnahme des Titels wird Leonora alle Befugnisse des Amtes innehaben.«

Doch auch diese Zugeständnisse genügen nicht. Maria will Leonora neben sich in der Karosse sitzen haben, als Verantwortliche für die Blumen, Bänder, Ketten und Spangen, die ihren Kopfputz bilden, sobald sie sich in der Öffentlichkeit zeigt. Der Platz neben der Königin in der Karosse aber kommt ausschließlich der Oberhofmeisterin zu, und die Oberhofmeisterin muß protokollmäßig verheiratet sein! Verheiratet? Daran soll es nicht liegen, man wird Leonora verheiraten... mit Concino Concini, bestimmt Maria. Um die Einwilligung der beiden braucht sie nicht besorgt zu sein: sie wünschen nichts anderes als diese Ehe. Leonora aus Liebe, Concini aus Raffgier! Concini, den die Königin noch vor kurzem einen »liederlichen Schelm« nannte, bis Leonora, die über beide Ohren in ihn verliebt ist, sie eines Besseren belehrte! In aller Stille hat sie alles aufs Genaueste eingefädelt und dafür gesorgt, daß der schamlose Mitgiftjäger in wenigen Tagen zum Günstling der Königin aufsteigt und an ihrer Tafel speist. Spätere Gerüchte, die Concini wahrscheinlich aus Eitelkeit selbst in Umlauf setzte, wollen sogar von einer Liebschaft Marias mit dem künftigen Marschall d'Ancre wissen...

Auf das Drängen seiner Gemahlin gibt Heinrich die Einwilligung für die Vermählung des ungleichen Paares... unter der Bedingung, daß sie nach Florenz zurückkehren, genau das, was sie nicht wollen. Abreisen? Frankreich mit seinen unbegrenzten finanziellen Möglichkeiten den Rücken kehren? Niemals. Leonora begreift, daß es nur einen Weg gibt, den König umzustimmen, und dieser Weg führt... über Henriette d'Entragues!

Die Gunst der Königin hat sie, die der Favoritin wäre von unschätzbarem Wert. Gesagt, getan, Leonore bittet Henriette um Fürsprache bei seiner Majestät! Man stelle sich vor: Die nächste Vertraute der Königin, ihr alter ego, ihre Ratgeberin sucht die Unterstützung der Marquise von Verneuil!

»Und wenn Ihr unserer Sache zum Gelingen verhelft...« fährt sie listig fort, »könnten auch wir Euch bei der Königin... behilflich sein!«

Die Intrige gelingt über alles Erwarten gut: Niemand spricht mehr von Abreise, Leonora erhält den Titel der Oberhofmeisterin bei der Königin, und Heinrich gibt seine Einwilligung zu ihrer Vermählung mit Concini. Mehr noch. Er läßt sich von seinen beiden Frauen überzeugen, daß er den wahren Wert der Schützlinge seiner Gemahlin »weit unterschätzt habe«.

Wie durch Zauberhand entspannt sich das Klima am Hof. Der König, der von den Hintergründen nichts ahnt, schließt daraus etwas voreilig, daß die Rivalitäten endgültig begraben sind und begeht einen verhängnisvollen Fehler: er quartiert seine Geliebte im Louvre ein! Und da er die meiste Zeit bei ihr verbringt und ganze Scharen von Höflingen den Eingang zu ihren Zimmern belagern, flammen Streit und Hader von neuem auf. Wie das Fräulein von Guise anschaulich schildert, lagen die Privatgemächer der beiden Damen so nahe beieinander, daß niemandem verborgen bleiben konnte, wo sich der König aufhielt – meistens bei der Geliebten –, was die Königin sehr übelnahm. Es gab »ununterbrochen Zerwürfnisse« notiert Fräulein von Guise. Begreiflich, wenn man bedenkt, daß beide Frauen hochschwanger waren. Den Urheber des Zwistes scheint die Situation nicht aus dem Gleichgewicht zu bringen: »Bald wird mir gleichzeitig ein Herr und ein Knecht geboren!« verkündet er ironisch.

Es hieße Heinrich IV. jedoch verkennen, wenn man Aussprüche wie diesen als Zeichen von Gefühlsroheit werten wollte. Die Fürsorge, mit der er Marias Niederkunft vorbereitet, sich um jede Einzelheit persönlich kümmert, beweist das Gegenteil. »Seid ohne Furcht«, schreibt er ihr Anfang September 1601 von Calais aus. »Ich werde einer Eurer Geburtshelfer sein!« Am 19. ist er wieder im Louvre und läßt sich die Hebamme vorstellen, die für den verantwortungsvollen Dienst ausgewählt worden war.

»Liebste Freundin«, sagt er munter, als er in das Gemach seiner Gemahlin tritt, »ich glaube, sie wird Euch von großer

Hilfe sein. Sie hat ein gutes Gesicht!« Sie heißt Madame Boursier, ist mit einem Schüler von Ambroise Paré verheiratet und wird Maria bis zur Geburt des ersten Königskindes, die in Fontainebleau stattfindet, nicht mehr verlassen.

In der Nacht vom 26. auf den 27. September rüttelt er sie wach: »Kommt schnell, meiner Frau geht es schlecht. Sie hat starke Schmerzen. Seht zu, ob die Wehen eingesetzt haben!«

Maria liegt auf dem mit weinrotem Samt ausgeschlagenen Bett im großen Achtecksaal. An den Wänden sind einige Klappsitze aufgestellt, denn die Geburt des Dauphins hat sich in Anwesenheit der Prinzen von Geblüt – Conti, Soissons und Montpensier – abzuspielen, eine schwere Prüfung für die Königin. Heinrich beruhigt sie: »Ihr wißt, liebste Freundin, daß die Anwesenheit der Prinzen unumgänglich ist. Ich erklärte Euch den alten Brauch. Seht darüber hinweg und denkt nur an Euch und Euer Kind, dann wird alles gut!«

Außer den Prinzen sind die Herzogin von Nemours, die tugendhafte Marquise von Guercheville und Madame de Montglat, die spätere Gouvernante des Dauphin, anwesend, sowie die unvermeidliche Leonora.

Den ganzen Tag weicht Heinrich nicht von der Seite seiner Frau, nimmt sich kaum die Zeit, rasch einen Happen zu essen oder mit zwei Mönchen vor den Reliquien der Heiligen Margarethe zu beten, die den Gebärenden hilfreich sein soll. Endlos schleicht die Zeit dahin, ohne daß Maria, wegen der vielen Anwesenden, laut zu klagen wagt. Dann, auf einen Wink der Hebamme, nimmt sie auf dem Gebärstuhl Platz, der von einem Zelt umschlossen ist, das sich nur auf einer Seite öffnet. Heinrich spricht ihr Mut zu, bis am Abend um halb elf das Kind zur Welt kommt.

»Bring mir heiße Tücher!« hört man Madam Boursier der Kammerjungfer zurufen, nachdem sie dem Neugeborenen Wein in den Mund geblasen hatte, um seine Lebensgeister zu wecken. Das war das verabredete Zeichen, das dem König die Geburt eines gesunden Dauphin ankündigte. Der kann zunächst sein Glück gar nicht fassen:

»Ist's wirklich wahr, Hebamme? Lügt mich nicht an, ich könnt'es nicht ertragen!«

Dann stürzt er zur Königin: »Freut Euch, liebste Freundin, Gott hat unseren Wunsch erfüllt, wir haben einen prächtigen Sohn«, ruft er, während ihm dicke Freudentränen in den Bart kullern.

Bevor die Nabelschnur abgetrennt wird, treten die Prinzen von Geblüt näher, um mit eigenen Augen festzustellen, daß sich ihre Aussichten auf den Thron um einen Grad verschoben haben. Die Saaltüren öffnen sich, über zweihundert Höflinge drängen herein und bestaunen den Dauphin, der »einen kräftigen Körper, einen wohlgeformten Kopf mit schwarzen Haaren und braunen Augen besitzt und alle Teile gut entwickelt hat...«

Im Tagesbericht der Hebamme findet sich noch der Satz: »Der König legte seinen Degen in die Händchen seines Sohnes und sagte feierlich: »Auf daß du ihn nur für den Ruhm Gottes und für die Verteidigung von Krone und Land verwendest!«

Seit Franz II., dem ältesten Sohn Heinrichs II., geboren im Jahre 1544, war in Frankreich kein Dauphin mehr auf die Welt gekommen. Kaum verbreitet sich die Neuigkeit, da strömt auch schon das Volk in den Straßen von Fontainebleau zusammen, und noch in der Nacht sprengt ein Herold zum Tor hinaus, um die frohe Botschaft nach Paris zu bringen. Dort läßt Rosny sämtliche Kanonen des Arsenals auf einmal abschießen, »damit der ohrenbetäubende Donner bis Fontainebleau hörbar ist«, wie Heinrich befohlen hatte. Die Glocken der Stadt beginnen zu läuten, in Notre Dame drängt sich die Menge für ein Te Deum, und vor dem Rathaus wird am Abend ein riesiges Freudenfeuer entzündet.

Zum Dank für die Geburt des Thronfolgers überschreibt der überglückliche Vater Maria die Domäne von Montceaux, die er von Gabrielles Erben zurückgekauft hatte und berichtet schon zwei Tage nach der Niederkunft seinem Oberschatzmeister: »Es ist kaum zu fassen, wie gut es meiner Frau wieder geht, nach allem, was sie durchmachen mußte. Sie kämmt sich schon selbst und redet vom Aufstehen! Sie hat eine unerhört robuste Natur!«

Wie Madame Boursier, die Hebamme, notiert, hat der König sein Bett neben dem der Königin aufstellen lassen, damit »er immer bei ihr ist und läßt sich durch nichts davon abbringen«.

Henriette, die von zarterer Konstitution ist als Maria, empfiehlt er fürsorglich: »Gebt gut acht auf das, was Ihr unter dem Herzen tragt...« Und am 30. Oktober, fünf Wochen nach der Geburt des Dauphin, erhält sie folgendes Billet doux: »Ich glaube, daß meine Frau wieder schwanger ist. Beeilt Euch mit Eurem Sohn, daß eine Tochter nachkommen kann! Lebt wohl, meine Herzallerliebste, ich liebe Euch mehr denn je und küsse Dich millionenmal«. So bleibt denn der Favoritin nichts anderes übrig, als am 4. November 1601 den kleinen Gaston-Henri zur Welt zu bringen, der den Titel Graf von Verneuil erhält. Mit sieben Jahren wird er Bischof von Metz, was Maria nicht davon abhält, ihn verächtlich den »Bastard der Putana« zu nennen. Das kann Heinrich die Freude an seinem vierten Sohn nicht nehmen, von dem er bewundernd sagt, daß er »schöner sei als der Dauphin, der schwarz und dick ist wie alle Medici...«

Von da an messen sich die beiden Rivalinnen in einem ungewöhnlichen Wettstreit: Am 22. November 1602 kommt Maria mit einer Tochter nieder, die auf den Namen Elisabeth getauft und später den König von Spanien heiraten wird. Am 21. Januar 1603 schenkt die Marquise ihrer Tochter Gabrielle de Verneuil das Leben...

Die Freudenfeuer zur Feier der Geburt des Dauphin sind kaum verraucht, als sich das Klima im Louvre wieder verschlechtert. Die beiden Frauen, jede in ihrer Art mit einem schwierigen Charakter behaftet, hegen einen unversöhnlichen Haß gegeneinander, und ihre Zänkereien werden täglich unerträglicher. Beide pochen auf ihr verbrieftes Recht, und beide haben gemeinsam, daß sie dem König nur im eigenen Interesse verbunden sind. Heinrich seinerseits strebt einem unerreichbaren Traumbild nach: mit beiden in Frieden zu leben. Er ist zärtlich und aufmerksam zu beiden, schreibt beiden liebevolle Briefe, die von zeitgemäßen, galanten Floskeln strotzen und keineswegs als Ausdruck seiner Doppelzüngigkeit gewertet werden dürfen. Er verehrt die eine und liebt die andere, beides in ehrlichster Überzeugung. Eines Tages gesteht er Rosny seufzend, daß er nichts anderes ersehne, als »in herzlicher Freundschaft und Eintracht« mit der Partnerin zu leben, die ihm die Staatsräson aufgezwungen habe. Aber Maria läßt sich weder durch Geschenke noch durch Herzlichkeit beschwichtigen, ist unleidlich und hat immer öfter ihre »Schreikrämpfe«.

»Wenn ich von der Jagd oder von den Staatsgeschäften komme und sie in die Arme nehmen und fröhlich mit ihr sein möchte«, klagt Heinrich, »hat sie nichts als eine Leichenbittermiene für mich!«

Ihr Eigensinn und ihr Widerspruchsgeist gehen ihm auf die Nerven, ohne daß er begreift, daß es die Zustände am Hof sind, die ihr inneres Gleichgewicht ins Wanken bringen und ihre Streitsüchtigkeit anheizen. Schließlich ist sie nicht in einem Harem aufgewachsen und hat sich wahrscheinlich unter dem Leben einer Königin von Frankreich etwas anderes vorgestellt als ein Dasein neben einer Favoritin und anderen kurzen Liebschaften des Königs, umgeben von königlichen Bastarden.

Außerdem bleibt ihr nicht verborgen, daß allerlei boshafte Redereien über sie in Umlauf sind, gegen die sie sich nicht zu wehren weiß. Maria besaß schon von Natur aus keine angenehme, heitere Wesensart, und ihre Umgebung sorgte dafür, daß ihre Charakterschwächen immer mehr die Oberhand gewannen. Kurz, es gibt Momente, in denen Heinrich ernsthaft daran denkt, sein zänkisches Weib mit ihrem intrigierenden italienischen Klüngel nach Florenz zurückzuschicken.

Der Charakter der Favoritin ist nicht weniger schwierig. Mit unverbesserlicher Bosheit höhnt sie über das »dicke Bankiersweib« und macht dem König mit ihrer Anmaßung das Leben zur Hölle. Aber sie hat einen großen Vorteil. Im Gegensatz zur Königin enden die Streitereien mit ihr meist in zärtlichem Bettgeflüster, und wenn sie guter Laune ist, weiß sie ihren Geliebten mit Witz, Intelligenz und unwiderstehlicher Komik zu fesseln: »Sie findet immer das richtige Wort, das mich unfehlbar zum Lachen bringt«, sagte er oftmals bewundernd.

Heinrich läßt die entwaffnende Ausgelassenheit seiner Mätresse widerspruchslos über sich ergehen. Er bringt es einfach nicht fertig, ihr das Wort zu verbieten, wenn sie respektlos den italienischen Akzent der Florentinerin nachäfft oder sich über ihre ausladenden Formen lustig macht. Maria ist diesem Ausbund an Vitalität und Dreistigkeit hilflos ausgeliefert, und ihr schwerfälliger Geist findet keine andere Antwort auf die Bosheiten, die auf sie abgeschossen werden, als die Flucht in beleidigten Mißmut. Concini, um Rat gefragt, empfiehlt kluge Zurückhaltung: nur keinen Skandal, er könnte das Ende ihres Aufenthaltes in Frankreich bedeuten.

Selbst der strenge Rosny empfiehlt Geduld, Geduld, Geduld. Einfügung in die etwas orientalisch anmutende Situation. Warum nicht die ganze Turbulenz mit Verachtung strafen? Maria läßt sich – ungern – überzeugen, aber bei der nächsten Gelegenheit kommt ihr streitsüchtiges Naturell wieder zum Vorschein.

Auch Henriette ändert ihre Taktik. Unter dem Einfluß ihres Vaters und ihres Halbbruders kramt sie das fürchterliche Eheversprechen ans Tageslicht und bleibt dabei: »Die Medici hat unrechtmäßig ihren Platz eingenommen!« Nach der Geburt des kleinen Grafen von Verneuil schleudert sie dem König die Drohung an den Kopf: »Die Florentinerin hat ihren Sohn, aber ich habe den Dauphin!«

Es kommt zu immer heftigeren Auftritten, in denen sie Heinrich öffentlich beleidigt, um sich ihm dann, unter vier

Augen, zu verweigern... Ein gefährliches Spiel, sucht Rosny sie zu beschwichtigen. »Der König hat genügend Gelegenheit, Ersatz zu finden, und sei es in der jüngsten Schwester von Gabrielle d'Estrée!«

Aber Henriette d'Entragues ist ihrer Sache sicher. Sie hat nur einen Gedanken im Kopf, den Thron. »Sie ist wie wild darauf versessen, Königin zu werden«, berichtet Baccio Giovannini an den Großherzog der Toskana, »und kein Zweifel: wenn dem König heute ein Unglück zustieße,... würde sie es auch!«

»Wenn dem König etwas zustieße...«, dann erhielte Henriette wohl eher den Titel Königinmutter. Denn in diesem Fall würde man seiner katholischen Majestät, dem König von Spanien, das Eheversprechen Heinrichs IV. anvertrauen, das sich zur Zeit noch in einer versiegelten Flasche im Besitz der Eltern d'Entragues befindet, und dieser würde darauf die Thronfolge des kleinen Verneuil erzwingen... auf Kosten des Sohnes von Maria von Medici.

Die Palastintrigen von zwei rachsüchtigen Frauen hätten wohl kaum so viele Bücher gefüllt, wenn hinter ihnen nicht zwei einflußreiche Parteien stunden, die der Italiener und die des unzufriedenen französischen Adels, die das Staatsinteresse weit hinter ihre persönlichen, ehrgeizigen Pläne drängten.

Die Zeit der Komplotte brach an.

16

Verrat am König

*»Die Zepter der Könige sind Flammenbündel,
an denen sich Unwürdige die Hände verbrennen!«*

Elisabeth I. von England

»Ich habe an sechs Schlachten teilgenommen, sechs Verwundungen erlitten und sechs Königen gedient,... jetzt ist es an der Zeit, mich zurückzuziehen«, schrieb am 24. März 1590 der alte (er war damals sechsundsechzig!) Marschall Armand de Gontaut-Biron. Trotzdem folgte er noch einmal dem Ruf der Waffen, diesmal im Dienste seines ehemaligen Widersachers Heinrich IV., den er in der Guyenne bekämpft hatte. Zwei Jahre später wurde ihm vor Epernay von einer Kanonenkugel der Kopf abgerissen, bevor er »Jesus-Maria« sagen konnte.

Sein Sohn Karl von Biron hatte die hervorragenden Feldherrneigenschaften seines Vaters geerbt, und wir finden ihn seit dem Tod Heinrichs III. an der Seite des Béarners, meist siegreich, auf allen Schlachtfeldern von Fontaine-Française bis Amiens. Zum Dank machte ihn der König zum Admiral und verlieh ihm den Herzogstitel. 1595 ernannte er ihn zum Marschall von Frankreich und 1598 zum Gouverneur von Burgund. Er war ein Mann der Tat, von großer Intelligenz, aber auch von maßlosem Ehrgeiz besessen. Er konnte es nicht verwinden, daß sein ehemaliger Kampfgenosse, mit dem er so manches Feldlager geteilt hatte, den höchsten Rang im Reich bekleidete und berechtigt war, Güter und Ehren zu verteilen, wie es ihm angemessen erschien. Nie ist er zufrieden mit dem, was er aus den Händen des Monarchen erhält, brüstet sich vor aller Welt mit seinen Taten, mindert die des Königs und posaunt überall herum, daß ihm die undankbare Krone den Lohn für seine Verdienste vorenthalte. Tallemant des Réaux behauptet, »daß er nicht habe sterben wollen, bevor eine Münze mit seinem Namen geschlagen worden sei«, das heißt, daß er regierender Fürst werden wollte! Er lebt umgeben von Sterndeutern, Wahrsagern und Kartenlegerinnen, die er fieberhaft nach seiner Zukunft ausfragt. Manche wollen von seiner Teilnahme an Sitzungen der schwarzen Magie wissen, und seinen Erzählungen nach soll es ihm gelungen sein, den Teufel in einem Spiegel erscheinen zu lassen...

Seit einiger Zeit hat er sich einen Komplizen mit Namen Jacques de La Fin zugelegt, eine Art Helfershelfer schlimmster Sorte, mit dem er während einer Geistersitzung eine Wachsfigur, die den König darstellte, mit glühenden Nadeln durchbohrte, was dazumal als wirksames Mittel galt, seine Feinde ins Jenseits zu befördern, vor allem, wenn die Prozedur von teuflischen Beschwörungen begleitet war wie diese:[1]

Roi injuste, tu périras,
La cire fondant, tu fonderas!

Philipp III. von Spanien und Karl-Emmanuel von Savoyen war nicht verborgen geblieben, daß Ruhmsucht und Machthunger die eigentlichen Triebfedern seines Geistes waren, und sie ließen kein Mittel ungenützt, um seinen Haß gegen den König zu schüren und ihren Plänen zunutze zu machen. Schon rein äußerlich schien Biron den Typ eines Verräters in idealer Weise zu verkörpern: Sein kleiner Wuchs, ein Paar

Der Marschall Biron. Kupferstich, 1598

stechende, schwarze Augen, die tief in den Höhlen liegen, buschige Augenbrauen und ein üppiger, pechschwarzer Haarschopf geben ihm etwas Unheimliches, manche sagen: etwas Diabolisches. Zu allem Überfluß hinkt er auch noch infolge einer Kriegsverletzung!

»Er vertraut dem Teufel mehr als Gott«, murmelt man hinter dem Rücken des Angebers, der im Ruf eines Weiberfeindes steht... Kurz, um das Bild abzurunden, fehlt ihm nur noch die Binde über dem linken Auge und ein rötlicher Spitzbart, und man kann ihn sich sehr gut an der Spitze einer Konspiration vorstellen. Aber erst die Geschehnisse von Bourg-en-Bresse ließen ihn tatsächlich in das Lager der Rebellion übergehen. Nach dem Friedensschluß mit dem Herzog von Savoyen war er persönlich beim König vorstellig geworden, in der Hoffnung, zum Lohn für den siegreichen Feldzug Bourg-en-Bresse als selbständiges Herzogtum zu erhalten. Heinrich lehnte diese Forderung mit der Begründung ab, daß die eroberten Gebiete Kronbesitz bleiben müßten: Ein Gouvernat ja, selbständige Lehnsherrschaft nein, diese Zeiten waren vorbei.[2] Biron hat dem König diese Ablehnung nie verziehen und unerbittliche Rache geschworen.

So kam es zu der Konspiration, die in der Geschichte als die »Verschwörung Birons« bezeichnet wird. Ihre Mitglieder: eine Bande unzufriedenen, mißgünstigen Gelichters, deren Geltungsdrang nur noch durch ihre Mittelmäßigkeit übertroffen wurde.

Als sich Heinrich IV. im September 1600 in Calais aufhält, wird ihm eine Botschaft der Königin Elisabeth von England überbracht. Warum, fragt sie ihn, entschließt sich der König von Frankreich nicht endlich dazu, den Ärmelkanal zu überqueren? »Seit Jahren hege ich den Wunsch, Euch als liebende Schwester und treue Verbündete in die Arme zu schließen, schenkt mir das Glück dieses Augenblicks!« Aber Heinrich denkt an die bevorstehende Niederkunft seiner Gemahlin, der er versprochen hat, ihr in ihrer schweren Stunde beizustehen. Schweren Herzens verzichtet er auf die Reise und glaubt dem Herzog von Biron, der so viele Schlachten für ihn geschlagen und, wie man sagt, zweiunddreißig Wundnarben am Leibe trägt, eine besondere Ehre zu erweisen, wenn er ihn an seiner Statt nach London schickt.

Die jungfräuliche Königin, die mit jedem der drei letzten Valois verlobt gewesen war, empfängt den Marschall mit großer Huld: »He, Herr von Biron«, ruft sie ihn zu sich, als er vor ihr das Knie beugt, »so habt Ihr Euch denn die Mühe genommen, die arme Alte in London zu besuchen, die Eurem König in so großer Zuneigung verbunden ist!...«

Die Geschichtsschreiber stellen sich immer wieder die Frage, ob Elisabeth von irgendwo her Wind von Birons Komplott bekommen hatte. War ihre Kenntnis darüber der Grund zu ihrer Einladung? Wußte sie den Marschall auf dem Weg zum Verrat? Kannte sie seine ehrgeizigen Pläne und die Abmachungen mit Karl-Emmanuel von Savoyen und Fuentes, dem spanischen Gouverneur des Herzogtums Mailand?[3] War sie davon unterrichtet, daß mit spanischem Geld in Südfrankreich bereits Revolten gegen Heinrich IV. entfacht wurden und daß Biron aktiven Anteil an ihnen hatte? Wie dem auch sei, die alte Königin verwickelt ihren Besucher in ein ausführliches Gespräch, in dem von der unerbittlichen Strafe die Rede ist, die Aufrührer und Landesverräter zu erwarten haben und von dem bitteren Los der Monarchen, die dazu berufen sind, den Arm der Justiz zu führen... Sie weiß, wovon sie redet: Hatte nicht Essex sie verraten, den sie über alles liebte? Und doch bewahrte ihn ihre Liebe nicht vor der gerechten Strafe! Wie zur Bekräftigung des Gesagten führte sie Biron in den Tower, wo der Kopf des Grafen, sorgfältig konserviert und »gefällig hergerichtet«, aufbewahrt wurde.

Biron betrachtete die makabre Reliquie aufmerksam, schien jedoch den Sinn ihrer Worte nicht zu erfassen. Er schwieg.

»Wahrhaftig«, fuhr Elisabeth nach einer Weile mit Nachdruck fort, »ich an der Stelle meines Bruders, des Königs von

Frankreich, würde sowohl in Paris wie in London einige Köpfe rollen lassen... Gott möge ihm seine Nachsicht lohnen!«

Es hatte allen Anschein, daß sie ihre Warnungen in den Wind schrieb. Biron kehrte unbeschwerten Herzens nach Paris zurück und setzte seine Wühlereien fort.

Welches waren die nächsten Pläne der Verschwörer? Vor allem, den König beiseite zu schaffen. Die einfachste Art war zweifellos ein Jagdunfall. Gelegenheit dazu bot sich täglich, und ein einziger Schuß würde den alten Hugenotten ins Jenseits befördern...

Noch ahnt Heinrich nichts. Wohl wird ihm hier und da eine Drohung hinterbracht, die der Marschall ausgesprochen haben soll, aber er kennt dessen hochfahrenden Charakter, seine Angebereien, seine Maßlosigkeit.

»Man darf nicht alles auf die Waagschale legen, was er sagt«, meint er gutmütig. »Man muß ihn nun mal nehmen, wie er ist: ein böses Mundwerk, aber unersetzlich, wenn es gilt, das Schwert aus der Scheide zu ziehen!«

Doch gewisse Anzeichen sind nicht wegzuleugnen. In der Provence, im Poitou, brodelt es. Gerüchte über eine neue Salzsteuer werden ausgestreut, die das Volk aufbringen. Spanisches Geld taucht auf den Märkten auf. Der Herzog von Bouillon verschwindet in seinem Hoheitsgebiet von Sedan und läßt sich nicht mehr blicken. Biron zieht es nach Burgund, nachdem ihn Heinrich offen zur Rede stellte. Er wisse von nichts, lautete die ausweichende Antwort. Nur im Jahre 1600 habe er mit Karl-Emmanuel wegen seiner Vermählung mit einer der Töchter des Herzogs verhandelt...«

Während sich der König mit dieser Erklärung zufriedenzugeben scheint, werden auf der Gegenseite die Pläne ausgefeilt, die nach dem Königsmord eine Zerstückelung des Reiches vorsehen: Karl-Emmanuel erhält das Dauphiné und die Provence, Spanien wird sich die Languedoc, die Bretagne und Navarra einverleiben, Biron als selbständiger Herzog über Burgund und die Freigrafschaft regieren... die Verwirklichung seines Traums! Den Rest des Reiches könnte man, mit dem Segen des Heiligen Vaters, dem kleinen Verneuil überlassen. Und der Dauphin? Ja den würde man beiseite schaffen, wie seinen Vater.

Wie ist es vorstellbar, daß der französische Hochadel eine derartige Zersplitterung des Reiches zuläßt? De Thou gibt eine Erklärung in seiner Weltgeschichte. »Biron weiß sich von den Großen unterstützt«, führt er aus. »Sie sind unzufrieden, weil sie sich langweilen. Der Friede paßt ihnen nicht, sie wollen beschäftigt und ihre eigenen Herren sein...«

Im Frühjahr 1602 überstürzen sich die Ereignisse. Den Anstoß dazu gibt Jacques de La Fin, die Kreatur des Marschalls, die sich neben anderen dunklen Geschäften auch mit Falschmünzerei befaßt. Er läßt sich bei Rosny melden und bittet ihn um eine Unterredung unter vier Augen, an verschwiegenem Ort. Was ihn zu seinem Verrat veranlaßte, ist unklar. Geld oder Straffreiheit für andere begangene Verbrechen? Oder ein Streit mit Biron, dessen vollstes Vertrauen er besaß, und für den er jahrelang die gefährlichen Botengänge nach Savoyen und Spanien tätigte? Jedenfalls hatte er ihm noch vor kurzer Zeit geraten, den mit Karl-Emmanuel abgeschlossenen Vertrag vorsichtshalber zu verbrennen. Der Marschall befolgte den Rat, ohne zu ahnen, daß der Schurke eine Abschrift davon besitzt, die er nun zusammen mit anderen belastenden Dokumenten zum Kauf anbot... für dreitausendvierhundertundfünfzig Livres, eine seltsame Summe, die eigentlich ausschließt, daß er aus Geldgier handelte, und die Rosny in den Besitz eines ganzen Aktenbündels niederschmetternder Schuldbeweise brachte!

Die Unterlagen, die de La Fin in die Hände des Königs spielte, sind noch nicht voll ausgewertet, als im Limousin, wo der Graf d'Auvergne und die Herzöge von Bouillon und Biron Lehensgüter besitzen, Unruhen ausbrechen. Der Brand muß gelöscht werden, ehe er um sich greift. Unverzüglich bricht Heinrich mit Rosny an der Spitze einer kleinen Streitmacht an die Loire und in das Zentralmassiv auf. Das Volk soll seinen König mit eigenen Augen sehen. Wer ihn sieht, der erliegt seinem Zauber, wer mit ihm spricht, ist von seinem Charme, von seiner Warmherzigkeit gefangen. Wie erwartet, glätten sich bei seinem Erscheinen die Wogen, und der Friede ist rasch wiederhergestellt. Aber Heinrich ist bestürzt: Auch wenn die Drahtzieher im dunkeln bleiben, treten die Wurzeln des Aufruhrs schnell zutage... Man erkennt den Baum an seinen Früchten! »Mein Freund«, sagt er bei der Heimkehr traurig zu Rosny, »ich würde dem Marschall von Herzen gern verzeihen, einen Strich unter alles machen, was geschehen ist, ihn ehren und achten wie eh und je. Er tut mir leid, und ich bringe es einfach nicht übers Herz, gegen ihn vorzugehen, der mir so lange treu gedient hat, den ich wie einen Bruder liebte. Aber, seht Ihr, ich fürchte, wenn ich ihm verzeihe,... so bliebe er doch unversöhnlich, mir, meinen Kindern und dem Staat gegenüber!«

Es muß etwas geschehen, aber was? Noch glaubt der König, den Marschall durch eine persönliche Aussprache zur Einsicht zu bringen und damit das Schlimmste zu vermeiden. Manche Historiker behaupten, daß er Biron in Fontainebleau in eine Falle lockte, aber sein Verhalten während der kommenden Tage und Wochen widerlegt diese Theorie, die auch in keiner Weise seinem Charakter entsprochen hätte. Er beginnt damit, an Biron, der sich mit dem Grafen d'Auvergne in Dijon aufhält, am 14. Mai 1602 ein vorsichtig formuliertes Schreiben zu richten. Er spricht von Gerüchten, die an sein Ohr gelangt seien... zweifellos nichts als üble Redereien, die eine persönliche Aussprache rasch aus dem Wege schaffen könnten. Es wäre doch sicher das Beste, wenn er persönlich nach Fontainebleau käme, um sich zu rechtfertigen und die Verleumder zu entlarven? Aber Heinrichs Hoffnungen werden enttäuscht. Der Marschall läßt keineswegs die Pferde satteln. Er antwortet, daß es sich nur um die Hirngespinste von ein paar Ehrabschneidern handle, die ihn bei seinem König anschwärzen wollten... Außerdem sei es ihm unmöglich, die Provinz zu verlassen. Der Spanier bedrohe die Südgrenze, und die Versammlung der burgundischen Stände steht vor der Tür, bei der er nicht fehlen dürfe!

Heinrich sieht ein, daß er eine deutlichere Sprache sprechen muß und schickt dem Widerstrebenden zwei Vertrauensleute, den Präsidenten Jeannin und Pierre d'Escures, der dem Umkreis des Marschalls angehört.

»Herr Marschall«, rät Jeannin, »ich versichere Euch, daß der König besten Willens ist. Euer Ausbleiben wäre Eurer Sache höchst unzuträglich!«

Biron läßt sich überzeugen und macht sich ohne übertriebene Eile auf den Weg. Er ist seiner Sache sehr sicher.

An einem Junimorgen des Jahres 1602 ergeht sich der König in der großen Allee des Parks von Fontainebleau. Vier Wochen sind seit seinem Schreiben vergangen, und er fragt sich immer wieder, ob »er« kommen wird? Und was tun, wenn er nicht kommt?

»Nein«, sagt er schließlich zu seinen Begleitern, »nein, er wird nicht kommen!«

In diesem Augenblick erscheint Biron mit dem Grafen d'Auvergne und einigen Edelleuten am Ende der Allee. Beim Anblick des Königs sitzt er ab und verneigt sich dreimal tief, »in großer Demut«, den Hut in der Hand. Heinrich umarmt und küßt ihn, sichtlich erleichtert: »Wie gut, daß Ihr gekommen seid, ich wäre gezwungen gewesen, Euch holen zu lassen!«

Nachdem der Herzog eine Entschuldigung für seine Verspätung gemurmelt hat, nimmt ihn der König freundlich bei der Hand und beginnt, im Plauderton von den Umbauten zu reden, die er für das Schloß plant, von den Gärten, die er anlegen lassen will... bis er schließlich – durch die Alleen schlendernd, allerdings ohne dem Marschall zu gestatten, den Kopf zu bedecken – zur Sache kommt und die umstürzlerischen Pläne erwähnt, die ihm nachgesagt werden.

»Ich bin nicht gekommen, um mich zu rechtfertigen«, braust Biron auf, »sondern um die Namen meiner Verleumder zu erfahren!«

Heinrich fährt unbeirrt fort, daß ihm sein Pardon sicher sei, wenn... »Da ich kein Unrecht getan habe, brauche ich auch keinen Pardon!« fällt der Herzog hochmütig ein.

Dabei bleibt er und verbohrt sich eigensinnig in diese absurde Verteidigungstaktik. Da de La Fin ihm geschworen hatte, daß der König von den Machenschaften der Rebellen nichts wisse, fühlt er sich sicher. Nein, er hat nichts zu gestehen!

Aber Heinrich will den alten Waffengefährten nicht aufgeben, will ihn vor dem eigenen verblendeten Ich retten.

Hat er nicht vielleicht im Zorn einmal...?

Nichts.

»Ich möchte nicht, daß gerade der Herzog von Biron ein Beispiel der Unbestechlichkeit meiner Justiz wird, und daß sich die bisherige Milde und Mäßigung meiner Herrschaft in Härte wandeln muß... In meinem Herzen ist mehr Platz für Nachsicht als für Haß und Rache!«

Biron schweigt verstockt.

Nach der Mittagstafel bittet der König den Marschall erneut zu sich, beschwört ihn, die Wahrheit zu sagen, und verspricht ihm Straffreiheit: »Ich verspreche es Euch: Die ganze Sache bleibt unter uns, niemand erfährt etwas davon!«

Ein Tauber hätte begriffen, daß der König alles wußte, doch der Herzog leugnet weiter: »Alles, was von mir gesagt wird, ist erlogen!«

Heinrichs Geduld scheint unerschöpflich. Um die Atmosphäre zu entspannen, lädt er den Eigensinnigen zu einer Partie Ballspiel mit d'Epernon und Soissons ein, doch Biron ist nicht bei der Sache... kein Wunder!

»Ihr spielt gut, Herr Marschall«, ruft ihm sein Partner d'Epernon zu, »aber Ihr verteidigt Euch schlecht!« Es wird Abend, ohne daß sich die Zerfahrenheit des Herzogs legt.

Kaum rührt er die Speisen an, die ihm an der Tafel des Königs gereicht werden und verharrt in grüblerischem Schweigen. Warum hört er nicht auf die Worte des Grafen von Soissons: »Man sollte sich davor hüten, den Unwillen des

Königs zu erregen, sondern eher seine Gnade in Anspruch nehmen, wenn man Unrecht getan hat... Der Zorn des Königs ist der Vorbote des Todes!«

Für das unbegreifliche Verhalten des Marschalls gibt es keine wirklich überzeugende Erklärung, und man ist geneigt mit Sully übereinzustimmen, der in seinen Memoiren von »einem Anflug von Wahnsinn« spricht.

»Man wird von mir keine andere Antwort erhalten, als die, die ich bei meiner Ankunft dem König gab!« versteift er sich.

Am nächsten Morgen sieht man den Monarchen im kleinen Garten hinter der Vogelvolière auf und ab gehen. Noch einmal läßt er Biron rufen, und die Höflinge beobachten von den Fenstern aus, wie dieser sich, heftig gestikulierend, auf die Brust schlägt und auf Heinrich einredet. Zweifellos schleudert er Drohungen gegen seine Ankläger und weist die Verleumdungen zurück, die auf ihm lasten.

Am Abend zuvor hatte ihn Heinrich in den Saal »de la Belle Cheminée« geführt und war vor dem riesigen Kamin stehengeblieben:

»Und, mein Vetter, was würde der König von Spanien sagen, wenn er mich so sähe?« fragte er Biron, auf das lebensgroße Relief deutend, das ihn hoch zu Roß, mit dem Zepter in der Hand und dem Lorbeerkranz auf dem Kopf darstellt.

»Sire, Ihr könntet ihm kaum Furcht einflößen!« lautete die unverschämte Antwort. Aber er verbesserte sich hastig: »Ich meine natürlich... dieses Standbild, nicht Eure Person!«

Am 16. Juni tritt der kleine Rat zusammen. Der König breitet die belastenden Dokumente vor sich aus. Er ist müde und niedergeschlagen: »Ich habe alles getan, um diesen Mann vor dem Untergang zu retten, aber er rennt blindwütig hinein! Urteilt selbst! Eure Meinung, meine Herren?«

Um den Tisch herum sitzen Rosny, der Kanzler Pomponne de Bellièvre, der altgediente Neufville de Villeroy und Nicolas Brulart de Sillery, späterer Nachfolger im Kanzleramt. Ein Blick auf die Papiere genügt, um alle Zweifel zu zerstreuen. Betretenes Schweigen.

»Nun?«

»Sire, Marschall Biron verdient den Tod!«

Wenige Augenblicke später erhalten die Capitaine der Garde Vitry und Praslin Order, den Marschall auf ein Zeichen des Königs hin festzunehmen. Auf dem Weg zum Souper steckt ein Lakai Biron ein Billet seiner Schwester zu, mit dem sie ihn dringend warnt, entweder zu fliehen oder den König um Gnade zu bitten, andernfalls sei er in zwei Stunden ein Gefangener. Aber auch für diese Warnung hat Biron nur ein Achselzucken übrig. Er fühlt sich unantastbar, und doch wird er seiner inneren Unruhe nicht Herr. Als nach der Abendtafel bei der Königin Karten gespielt wird, ist er so zerstreut, daß er vergißt, das Geld einzustecken, das er gewonnen hat. Von hinten nähert sich der Graf d'Auvergne seinem Stuhl, rüttelt ihn zweimal an der Schulter und flüstert ihm hastig ins Ohr: »Es sieht hier nicht gut für uns aus!«...

Mitternacht. Die Königin zieht sich zurück. Auf der Türschwelle macht Heinrich einen letzten Versuch. Noch kann er den Haftbefehl zurücknehmen. Die Umstehenden hören, wie er dem Verräter versichert, daß er bei einem Geständnis auf die königliche Gnade rechnen kann, und daß der Schatten, der zwischen ihnen stehe, vergeben und vergessen sei...

Biron eigensinnig: »Ich habe zu dem Gesagten nichts hinzuzufügen!«

»Wie Ihr wollt, Marschall. Ich sehe, daß ich aus Euch nichts herausbringe. Vielleicht sagt mir der Graf d'Auvergne mehr!«

Heinrich sucht nicht den Bruder der Marquise von Verneuil auf, sondern die Capitaine der Garde, die in seinem Kabinett auf seine Befehle warten. Vitry soll Biron, Praslin den Grafen d'Auvergne festnehmen. Es ist alles bereit. Unauffällig werden die Galerien, Treppen und Ausgänge besetzt, während der König zu seinen Gästen zurückkehrt und auf den Marschall zutritt. Zum ersten Mal redet er ihn ohne seinen Titel an: »Lebt wohl, Baron von Biron. Erinnert Euch meiner Worte!«

Der Marschall zieht sich mit einer Verneigung zurück, verläßt den Raum und sieht, als er den Saal Saint Louis durchqueren will, Vitry auf sich zutreten, der ihm die Linke auf die Schulter, die Rechte auf den Knauf des Degens legt:

»Mein Herr, Befehl des Königs. Ich habe mich Eurer Person zu versichern. Euren Degen, bitte.«

»Ihr scherzt!« empört sich der Herzog, bereit, die Klinge zu ziehen.

»Befehl des Königs«, wiederholt Vitry entschuldigend.

Sechs Wachen treten näher.

»Dann will ich den König sprechen!«

»Der König hat sich zur Ruhe begeben.«

Noch immer ist Biron unfähig, der Wahrheit ins Angesicht zu schauen. Er schickt Montbazon mit der Forderung zum König, seinen Degen behalten zu dürfen. Heinrich lehnt ab.

»Ah«, stöhnt der Gefangene fassungslos, »der Degen, der dem König so viele Dienste leistete... Und das mir, meine Herren, mir, nach allem, was ich für ihn getan habe!«

Am nächsten Morgen verlassen die beiden Gefangenen Fontainebleau in einer Karosse. Unter starker Eskorte gelangen sie nach Melun, wo ein Schiff auf sie wartet. In Paris nimmt sie Rosny, der Gouverneur der Bastille, in Gewahrsam.

»Wenn Vögel zu bewachen sind«, hatte Heinrich ihn wissen lassen, »dann weiß ich sie am besten bei Euch aufgehoben!«

Auch der König kehrt noch am selben Abend nach Paris zurück. Die Nachricht von Birons Verrat hatte die Hauptstadt erreicht und sich in Windeseile verbreitet. Schon an der Porte Marceau wartet ein riesiger Menschenauflauf auf ihn. Man umdrängt sein Roß. Alle wollen ihn sehen, betasten, vielleicht ein Wort von ihm erhaschen. Aber es ist ihm nicht zum Spaßen zumute an diesem Abend. Das Schicksal von Henriettes Halbbruder berührt ihn weniger. Karl d'Auvergne war ihm ein ewiges Sorgenkind, unstet und unberechenbar, aber getreu seinem Versprechen hatte er den Sohn Karls IX. wie sein eigenes Kind gehalten. Nein, es ist die Verhaftung des alten Waffenbruders, des Freundes, mit dem er die schwersten Jahre seines Lebens geteilt hatte, die ihn niederdrückt.

»Sein Starrsinn, nichts als sein Starrsinn hat ihn ins Unglück gestürzt!« wiederholt er immer wieder in seinem Gespräch mit Rosny. »Hätte er mir doch nur die Wahrheit gesagt... er wäre nicht dort, wo er jetzt ist. Ich hätte ihm noch zweihunderttausend Ecus dazugegeben, wenn er es mir ermöglicht hätte, ihm zu verzeihen!«

Manche Historiker sprechen in bezug auf diese Verschwörung von der »abscheulichen Undankbarkeit« des Béarners. Das ist ungerecht. Heinrich konnte unmöglich anders handeln. Verrat und geplanter Königsmord waren nicht nur in seinen Augen, sondern für das damalige Rechtsempfinden überhaupt, unentschuldbare Verbrechen. Trotzdem hatte er zwei Tage lang nichts unversucht gelassen, den Marschall zu einem Geständnis zu bringen, ohne seinen Stolz zu verletzen. Aber alle Bemühungen scheiterten an der unerklärlichen Verbohrtheit des Herzogs. Hätte er ihm sagen sollen, daß er die Beweise seiner Schuld in den Händen hielt? Auch das muß man verneinen. Um den Pardon gewähren zu können, brauchte er einen freiwillig Geständigen, keinen überführten Schuldigen. Ebensowenig konnte er mehr eingreifen, sobald die Verhaftung vollzogen war, denn von da an lag der Fall in den Händen der Justiz.

»Ich wünsche, daß die Justiz ihrer Bestimmung gerecht wird«, befiehlt er, »damit dieses Beispiel allen Großen des Reiches zur Warnung dient, und daß es ihnen die Loyalität, die sie dem Königtum immer bewiesen, und die durch die Sittenlosigkeit der Bürgerkriege verlorenging, wieder in die Herzen pflanzt!«

Biron behält seine Arroganz bei, bis er vor den Richtern des Parlaments steht, die über sein Schicksal zu entscheiden haben und vor ihm das Beweismaterial auftürmen: den Geheimvertrag mit Karl-Emmanuel, die Schreiben der Agenten Savoyens und Spaniens, die Belege über Gelder, die er empfing, Abschriften von seinen eigenen Briefen... Jetzt erst begreift er, daß er Opfer seines eigenen Verrats wurde. Dabei bleibt ihm einzig die Genugtuung, daß die Mitglieder des Hochadels ihre Mitwirkung am Prozeß unter fadenscheinigen Vorwänden verweigern – die einen schützen Krankheit vor, die anderen erklären sich für unzuständig... Und daß sie alle ein Gnadengesuch an den König richten.

Aber Biron hatte die Möglichkeiten der königlichen Gnade vertan. Am 29. Juli 1602 spricht das Parlament das Todesurteil über den Marschall aus, dessen Verlesung er am 31. kniend anhören muß: Tod durch das Schwert des Scharfrichters auf dem Place de Grève.

»Auf dem Place de Grève? So bleibt mir auch die Schande der öffentlichen Hinrichtung nicht erspart?«

»Doch Monsieur. Auf Befehl des Königs wird sie ohne die Schaulustigen in der Bastille stattfinden.« Es war die letzte Geste des Königs.

Wenn man über die Hinrichtungen früherer Jahrhunderte nachliest, ist man immer wieder erschüttert, mit welcher Würde und Fassung die oft unschuldig Verurteilten die Grausamkeiten des Strafvollzugs über sich ergehen ließen. Die Menschen der damaligen Zeit hatten eine andere Beziehung zum Tod als wir heute. Um so erstaunlicher erschienen uns die Berichte über die Enthauptung Birons, der sich bis zuletzt nicht mit dem Richterspruch abfinden wollte. Beim Anblick des Schafotts überkommt ihn ein Tobsuchtsanfall, er stößt wilde Flüche gegen den König aus und schleudert den Henker von sich, der ihm die Augen verbinden will.

»Daß sich mir niemand nähert, ich würde es nicht dulden!« brüllt er. »Wag's einer, und ich drück ihm den Hals zu!«

Die Umstehenden weichen furchtsam zurück. Es ist unmöglich, ihm die Hände zu fesseln. Schließlich kniet er nieder, springt aber gleich wieder auf und reißt die Binde von den Augen, »weil er den Himmel noch einmal sehen will«. Die Schreckensszene wiederholt sich dreimal, und man hört ihn ächzen: »Gibt es denn kein Mitleid für mich hier?«

Dann endlich, als er sich gerade wieder anschickt, mit einer heftigen Bewegung nach der Augenbinde zu greifen, saust das Schwert des Scharfrichters in einem so blitzschnellen Streich nieder, daß das Haupt des Marschalls »drei Schritt entfernt auf das Pflaster fällt und zweimal aufspringt!« Die Zeugen der Hinrichtung sind der Ohnmacht nahe.

Der Leichnam findet vor dem Altar der Kirche von Saint-Paul eine letzte Ruhestätte.

Königin Elisabeth heißt das Urteil gut: »Die Zepter der Könige sind Flammenbündel, an denen sich die Unwürdigen die Hände verbrennen!« schreibt sie an Heinrich IV.

Der König hat den Freund, der ihn verriet, aus seinem Leben gestrichen, aber ein Ausspruch ist ihm geblieben. Um eine Wahrheit zu bekräftigen, pflegte er manchmal zu sagen: »Das ist so sicher, wie Biron ein Verräter war!«

Vier Jahre nach diesen Ereignissen machte der Sohn des Marschalls mit einem Dutzend bewaffneter Raufbolde dem Komplicen Jacques de La Fin den Garaus, als dieser gerade die Brücke von Notre-Dame überqueren wollte.

Und die Mitverschwörer?

Was mag Heinrich empfunden haben, als er beim Durchblättern der Prozeßakten immer wieder auf den Namen der Marquise von Verneuil neben dem ihres Halbbruders d'Auvergne stieß? War er eingeschmuggelt worden, ohne daß seine Geliebte etwas davon ahnte? Hatte man in ihrem Namen intrigiert, ohne sie in Kenntnis zu setzen? Und falls sie einen Teil der Wahrheit kannte, wie hätte sie ihren Bruder anzeigen können, da doch zugunsten ihres Sohnes und damit ihrer eigenen Person komplottiert wurde? Der König ist nur zu gern bereit, solchen Argumenten Glauben zu schenken, und die unter Tränen und Küssen beschworenen Unschuldsbeteuerungen, die Henriette gibt, für bare Münze zu nehmen. Für ihn ist die Loyalität der Geliebten über jeden Zweifel erhaben. Die Teilnahme ihres Bruders an der Intrige wird verharmlost... Heinrich kapituliert vor den Waffen der Verführung. Karl d'Auvergne bleibt nur drei Monate in der Bastille, erhält eine »väterliche Strafpredigt« und wird in seine Güter entlassen!

Man kann begreifen, wenn diese unverdiente Milde bei Königin Maria einen der berüchtigten hysterischen Anfälle auslöst, die ihr Gemahl über alles fürchtet: Wie? Der Bruder der »Putana«, der ihren Sohn, den Dauphin, umbringen wollte, entkommt nicht nur dem Schafott, sondern wird auch noch auf seine Güter entlassen? Vergebens versucht Heinrich, sie zu besänftigen, indem er ihr erklärt, daß der junge Graf ein Valois ist, der Sohn eines seiner Vorgänger, von königlichem Blut... Maria schäumt vor Wut und ihr gellendes Geschrei ist durch Galerien und Gänge bis in den Schloßhof zu hören. Einmal, während eines Zanks mitten in der Nacht zerkratzt sie dem König das Gesicht, daß er aus dem Ehebett in ein anderes Zimmer flüchten muß. Ein anderes Mal ist es Rosny, dem es im letzten Moment gelingt, ihren Arm zurückzuhalten, der mit geballter Faust auf das königliche Haupt niedertrommeln wollte...

Genau diesen Zeitpunkt wählt Henriette für eine Auffrischung ihrer alten Forderung: Solange der König die dicke Florentinerin nicht heimschickt, weigert sie sich, ihm Geliebte zu sein... Aber zum Glück bleibt sie dem grausamen Schwur nicht allzu lange treu. Immerhin: Der Louvre ist kaum der Ort, an dem Heinrich Frieden, Entspannung oder gar Liebe finden könnte!

Im Mai 1603 tritt ein Ereignis ein, das Maria dem Thron näher bringt, Spanien, Savoyen und Österreich in freudiger Hoffnung erzittern läßt: Der König wird krank. Nach einem naßkalten Frühjahr legt er sich mit hohem Fieber und unerträglichen Schmerzen nieder. Die Ärzte sind zunächst ratlos, derweilen er Höllenqualen leidet und sein Ende nahen sieht. Den Quellen nach handelt es sich um schwere Nierenkoliken, durch eine Erkältung hervorgerufen, die er sich bei seinen Streifzügen durch den Park von Fontainebleau zugezogen hat. Trübsinnig betrachtet er das Bildnis seines Söhnchens und bittet den Kanzler Bellièvre, die Texte vorzubereiten, die im Falle seines Ablebens die hohen Staatsbeamten verpflichten, der Regentin und dem Dauphin unverzüglich den Treueid zu schwören. Hinter vorgehaltenen Händen spricht man wieder von einem möglichen Regierungswechsel...

Aber die Schmerzen ebben so plötzlich ab, wie sie gekommen waren, das Fieber fällt, der tödliche Urinstau löst sich. Damit ist die Todesgefahr gewichen, und Heinrich kann die Regierungsgeschäfte wieder übernehmen. Während seiner Genesungszeit versammelt er den Rat in seinem Kabinett anstatt, seiner alten Gewohnheit entsprechend, im Park, und besteht darauf, daß Maria den Sitzungen beiwohnt, damit sie es lernt, »die Staatsgeschäfte zum Wohle seines geliebten Volkes zu verwalten«.

Diese Verfügung verärgert die Konkubine, die mit Vorwürfen und Drohungen nicht spart, und man kann nur betrübt feststellen, daß selbst die Erkrankung des Königs keinen Frieden, allenfalls einen Waffenstillstand auf dem heimischen Kriegsschauplatz brachte. Die Beziehungen der beiden rivalisierenden Damen verlaufen in unvorhersehbaren Zickzackkurven, von Eifersuchtsszenen und lautstarken Zänkereien zu Momenten vorübergehender Versöhnung.

Die Ärzte hatten dem König Zurückhaltung bei den Freuden der Tafel empfohlen, aber sein Appetit ist so unersättlich, daß er sich bei der ersten Gelegenheit auf eine Riesenplatte mit Austern stürzt, wovon ihm schlecht wird... Im Sommer verschlingt er kiloweise Melonen, im Herbst Wildbret und Gänsebraten in rauhen Mengen, was im November einen Gichtanfall zur Folge hat, und er schneidet sich ein Loch in den Stiefel, damit seine geschwollenen Zehen nicht gedrückt werden, wenn er auf die Sauhatz geht, auf die er keinesfalls verzichten will!

Die anempfohlene Zurückhaltung in Sachen Liebe indessen besänftigt vorübergehend Marias Eifersucht, und die Marquise von Verneuil hat plötzlich wieder Zugang zu den Gemächern der Königin:

»Ich liebe Euch nicht wie eine Schwester, aber wie eine Frau aus gutem und ›galantem‹[4] Haus...«, läßt sie die »Putana« wissen, eine rasch wieder vergessene Gunstbezeugung!

Ob sie wußte, daß Henriette zu dieser Zeit auch die Geliebte des Grafen von Soissons aus dem Hause Bourbon-Condé wurde?

Jedenfalls bewies die Affäre, daß die Favoritin des Königs Familiensinn besaß, und daß sie ihn voll auszunützen gedachte: Zusammen mit Soissons versuchte sie auf verschlungenen Wegen und Dank einer dem König abgelisteten Genehmigung, die Früchte einer neuen Steuer in ihre Tasche zu leiten, was allerdings an einem Felsblock scheiterte, der mitten auf diesem Wege lag: Sully!

»Alles, was ihr wünscht, mag gut und recht sein, Madame«, entgegnet ihr der strenge Bewacher des staatlichen Haushalts, als sie ihm ihre Forderung unterbreitet, »solange es aus der Tasche des Königs fließt. Da diese Steuer jedoch von den Händlern, Handwerkern und Bauern kommt, ist sie für den Staat bestimmt. Sie sind es, die den König und uns alle nähren. Sie können nicht auch noch für die Mätressen und Vettern aufkommen!«

Und dabei bleibt er.

Um Henriette über diesen Verlust zu trösten, überschreibt ihr Heinrich zu Beginn des Jahres 1604 einen Teil des Erbes seiner eben verstorbenen Schwester Katharina, der Herzogin von Bar, was wiederum einen Wutausbruch der Königin zur Folge hat. Der leise schlummernde italienische Vulkan speit erneut Feuer und flüssige Lava: Aus ist es mit dem Frieden zwischen den beiden Frauen, und wie zu erwarten war, findet sich Heinrich auf dem unbequemen Platz zwischen zwei Feuersbrünsten wieder. Maria verweigert lautstark der »Putana« den Aufenthalt in Fontainebleau, und sei es auch nur für einen einzigen Tag, der Person, die ihr, »einer Prinzessin aus fürstlichem Hause den Platz als Königin streitig macht und behauptet, ihre Kinder seien legitim und die meinen Bastarde... nie und nimmer!«

Heinrich muß nachgeben, worauf Henriette mit einer neuen Forderung droht: Zum Schutz vor den Mordplänen der Florentinerin brauche sie für sich und ihre Kinder Sicherheitsplätze, die Normandie zum Beispiel... eine der größten Provinzen des Landes, die zu den Apanagen des Dauphin gehört!... Und dabei läßt sie prompt wieder das Schreckgespenst des Eheversprechens aus der Vergangenheit aufsteigen.

»Wenn Ihr der ›Putana‹ diese Sicherheitsplätze zugesteht, schadet Ihr dem Kronprinzen!« kreischt Maria, und der toskanische Gesandte berichtet seinem Auftraggeber besorgt: »Madame de Verneuil hat es fertiggebracht, in Frankreich, Deutschland und Italien Schriften zu veröffentlichen, die verbreiten, daß der König nicht legitim verheiratet ist. Das zeigt deutlich, daß sie finstere Pläne schmiedet und noch das ganze Land in Aufruhr bringen wird, um sie durchzusetzen.«

Womit er recht hat, denn Henriette beginnt in aller Heimlichkeit, die Fäden wieder zu knüpfen, die durch die Verhaftung Birons zerrissen worden waren. Ihr wichtigster Helfershelfer ist, wie immer, ihr Stiefbruder Karl d'Auvergne. Heinrich erhält durch seine Agenten erste Hinweise, aber noch fehlen ihm die Beweise. Eines Tages vertraut er sich Rosny an: »Ich habe sie darauf angeredet und ihr von den Gerüchten gesprochen, die sie nicht nur mit ihrem Stiefbruder, sondern auch mit allen anderen in Zusammenhang bringen, die schon vorher gegen den Staat und mich komplottierten, aber sie antwortete mir mit verächtlichem Stolz, daß es sich um die alten Lügereien handle. Überhaupt würde ich mit zunehmendem Alter so mißtrauisch, daß das Zusammenleben mit mir auf die Dauer unerträglich sei!«

»Haben Eure Majestät die Rückgabe des Versprechens verlangt?« forscht Rosny.

»Gewiß, aber sie hat mir frech zu verstehen gegeben, daß ich es suchen könne, wo ich wolle, aber von ihr bekäme ich es nie! Schließlich bin ich von ihr gegangen, nicht ohne ihr geschworen zu haben, daß sie es mir doch eines Tages herausgeben müsse.«

Inzwischen häufen sich die Verdachtsmomente. Der französische Gesandte in Madrid läßt dem König eine Botschaft zukommen, in der er ihn davon unterrichtet, daß die Marquise von Verneuil mit dem spanischen Hof korrespondiert. Er gibt ihm sogar den Namen des Mittelsmannes an, der die Briefe der Verschwörer empfängt und weiterleitet. Man solle ihn sofort verhaften. Aber Heinrich kann sich nicht zum Eingreifen aufraffen,... aus Schwäche gegenüber der geliebten Frau, aus Furcht vor ihrer Heftigkeit, aber wohl auch in dem verzweifelten Wunsch, den Frieden um sich herum zu bewahren.

»Ich will sie nicht reizen«, ist ein Wort, daß man immer wieder aus seinem Munde hört.

Aber er irrt, wenn er glaubt, sich mit Nachgiebigkeit und Großzügigkeit seinen Hausfrieden zu erkaufen. Ein harmonisches Miteinanderleben, fröhliche Gesichter um sich zu haben, ist sein größter Wunsch, aber seine Schlichtungsversuche scheitern an dem unüberbrückbaren Haß, der die beiden Frauen trennt, und an ihrem Ehrgeiz, der von den Hintermännern beider Seiten eifrig geschürt wird. Die Wutausbrüche der Königin und die Unverschämtheiten der Marquise bilden den Hintergrund zu einem Hofleben, über das bald in ganz Europa geklatscht wird. In seinen Memoiren berichtet Rosny, er habe den König angefleht, alles zu tun, damit der Lärm der Szenen nicht über die Schwellen der Palasttüren dringt, »auf daß der hervorragende Ruf, den der König durch seine Waffentaten errungen habe, nicht darunter leide«.

Wohl versucht Heinrich, Henriette wegen ihres unentschuldbaren Benehmens, das allen unverständlich und ihm selbst so schmerzlich sei, zur Rede zu stellen. Im April 1604 schreibt er ihr: »Ich leide darunter, daß Ihr mich nicht liebt, aber wenn Ihr zu mir seid, wie es sich gehört, so bin ich mehr denn je Euer Sklave... wenn nicht«, fügt er fast drohend hinzu, »dann dürft Ihr diesen Brief als den letzten betrachten, den Ihr von mir erhaltet... der Euch millionenfach die Hände küßt.«

Aber es ändert sich nichts. Die Zustände werden so untragbar, daß der König sich bei Rosny im Arsenal einige Räume einrichten läßt, in die er aus dem Hexenkessel im Louvre fliehen, wo er Stunden der Besinnung und der Aussprache mit dem einzig treuen Freund finden kann.

Zwei Monate vergehen...

Eines Tages im Juni 1604 sieht man den König im Schloßhof von Verneuil vom Pferd springen und langsam die Steintreppe hinaufsteigen. Sein Gesicht ist verschlossen, denn dieses Mal kommt er nicht als Liebhaber, sondern als Ankläger.

Kurz zuvor hatte man ihm die Berichte über einen neuen Anschlag vorgelegt, der gegen ihn in Vorbereitung war, und die er an Rosny mit den Worten weitergab: »Wir haben von verschiedenen Verrätereien erfahren, in die Monsieur d'Entragues und der Graf d'Auvergne verwickelt sind, außerdem von anderen höchst seltsamen Dingen, die Ihr kaum glauben werdet.« Seltsame Dinge? König Jakob von England[5] hatte ihm den ersten Hinweis gegeben. Ein Engländer namens Thomas Morgan spionierte im Auftrag Philipps III. in Frankreich herum. Wenn man seiner habhaft werde, kämen gewiß einige aufschlußreiche Informationen zutage! Ein nützlicher Wink, denn der verdächtige Geselle wurde wenig später im Wald von Vincennes dingfest gemacht. Er zeigte sich – unter der Androhung der Folter – äußerst gesprächig. Es kam heraus, daß sich eine Gruppe von gefährlichen Verschwörern unter der Führung der Grafen d'Entragues und d'Auvergne zusammengetan und Birons alten Umsturzplan wieder aufgenommen hatten. Wie vor zwei Jahren lag ihm das bewußte Heiratsversprechen zugrunde, und wie ehedem zielte er auf die Ermordung des Königs und des Dauphins ab. Er sah vor, daß der kleine Verneuil in der Thronfolge den Platz des Sohnes der Medici einnehmen und zu gegebener Zeit eine Infantin von Spanien heiraten würde... warum nicht Anna von Österreich?

Das sind die Tatsachen, die Heinrich vor seiner Geliebten enthüllt. Dieses Mal konnte sie ihr Mitwirken wohl kaum leugnen, sind doch zwei ihrer Hauskaplane in den geplanten Staatsstreich verstrickt. Man wußte sogar von einem Geheimpakt, der die Verschwörer untereinander verband, und der sich im Besitz eines gewissen Chevillard befand, der den Wachen in die Netze gegangen und in der Bastille festgesetzt worden war. Aber da man es unterlassen hatte, ihn zu durchsuchen, gelang es ihm, das kompromittierende Schriftstück wie Parmesan in seine Abendsuppe zu bröseln... und dann die Mahlzeit gemächlich auszulöffeln...

Der König schweigt bedrückt. Erwartungsvoll. Aber wenn er geglaubt hat, eine zerknirschte Geliebte zu seinen Füßen zu finden, so irrt er sich. Henriette zeigt sich empört, entrüstet, beleidigt. Sie weiß von nichts, hörte von nichts, fällt aus allen Wolken. Das alles ist nichts weiter als eine üble Verleumdung, Ammenmärchen, sonst nichts! Es ist nicht klar, ob sich Heinrich wirklich je ganz von der Marquise täuschen ließ, aber was er bisher vielleicht nicht hatte sehen wollen, kann er von jetzt an nicht mehr bemänteln. Er ist es, der unter dieser Erkenntnis am meisten leidet. Henriette bleibt kühl und leugnet alles ab. Enttäuscht über ihre Verstocktheit verläßt er das Schloß und veranlaßt, die Marquise in einer Residenz im Vorort von Saint-Germain unter Bewachung zu stellen.

Diesmal sitzt auch ihr Vater in der Schlinge, der durch seinen Stiefsohn belastet wird. Das Beweismaterial, das eine Haussuchung bei ihm zutage fördert, genügt, um ihm dasselbe Schicksal wie Biron anzudrohen, falls... er das ominöse Heiratsversprechen nicht herausrückt.

Franz von Balzac d'Entragues kapituliert. Er holt das unselige Schriftstück aus der Flasche und händigt es im Beisein des Grafen von Soissons und einiger Minister aus, wenn auch nicht ohne seiner Frechheit die Krone aufzusetzen: Für seinen »guten Willen« verlangt er nichts Geringeres als den Marschallstab! Man bedeutet ihm, daß der Augenblick für Späße schlecht gewählt sei und bringt ihn in die Bastille.

Henriette gedenkt nicht, während der Voruntersuchungen auch nur einen Fingerhut voll von ihrer frechen Arroganz aufzugeben. Höchst ungnädig empfängt sie den alten Kanzler Bellièvre in ihrer streng überwachten Residenz in Saint-Germain: »Mag der König mich töten lassen,... das ist mir gleich. Ich wünsche es sogar. Aber wenn er es tut, so wird die ganze Welt erfahren, daß er seine Frau umgebracht hat, denn ich war vor der anderen Königin«.

Als der Kanzler sie bittet, zur Sache zu kommen, antwortet sie böse: »Ich habe dazu nichts zu sagen. Aber ich verlange vom König drei Dinge: Gnade für meinen Vater, einen Strick für meinen Bruder, falls er zum Verräter an der Familie wird, und Gerechtigkeit für mich...«

Etwas anderes erreicht der Kanzler nicht bei ihr. Rosny aber hat sich mit eiserner Ruhe gewappnet, bevor er das Haus der streitbaren Mätresse betritt, und kommt ohne Umschweife auf ihre belastende Korrespondenz mit dem spanischen Hof und auf die Aussagen ihres Bruders zu sprechen. Was hat sie vorzubringen?

Nichts. Sie hat mit nichts etwas zu tun. Allenfalls ist sie bereit zuzugeben, daß sie – notgedrungen – den Vorschlägen Philipps III. von Spanien ein williges Ohr geliehen habe, weil... natürlich, weil Spanien im Falle eines Ablebens ihres Geliebten für sie die einzige Rettung vor den mörderischen Absichten der Königin Maria bedeute! Im übrigen verlange sie eine angemessene Vergütung für ihr Geständnis: einhunderttausend Livres... andernfalls verlasse sie das Land mit ihren Kindern!

Rosny jubelt. Nichts könnte ihm eine größere Freude machen, als gerade diese Forderung! Das hieß ja, das boshafte Weib auf wohlfeile Art auf immer loszuwerden. Welch eine Erlösung! Der Optimist! Er hatte natürlich nicht mit Heinrich gerechnet, dem nach wie vor der Gedanke an eine dauerhafte Trennung von seiner Favoritin unerträglich ist! Der Unverbesserliche läßt der Marquise durch den Oberschatzmeister zwanzigtausend Ecus (was nur sechzigtausend Livres entspricht) auszahlen und... sie bleibt. In Sullys Memoiren finden wir folgenden Stoßseufzer:

»Die Liebe, die König Heinrich für Mademoiselle d'Entragues empfand, glich einer Wunde, die, mit vergiftetem Dolch geschlagen, das tödliche Gift ein Leben lang bewahrt. Das Herz fühlt den Schmerz, ohne die Kraft zur Heilung aufzubringen. Der edle Prinz erlitt sämtliche Launen, Bosheiten, Niederträchtigkeiten und Beleidigungen, deren eine ehrgeizige und herzlose Frau fähig ist. Die Marquise von Verneuil war intelligent genug, um zu wissen, welche Macht sie auf ihn ausübte, und sie hat diesen Vorteil rücksichtslos ausgenützt.«

Und der Bastard Karls IX., Henriettes Stiefbruder? Er hatte sich beim Bekanntwerden der ersten Verdachtsmomente in seine Ländereien in der Auvergne zurückgezogen, eine wilde Gebirgsgegend, in der er seither einem Räuberhauptmann gleich in den Wäldern lebt und keine zwei Tage hintereinander am gleichen Ort verbringt. Des Nachts, wenn er sich den Dörfern nähert, hört man zuweilen sein Horn erklingen, mit dem er seine Leute zusammenruft. Die Horde besteht aus einer Handvoll unzufriedener, rauher Holzfäller und verarmter Bauern, die ihn im Notfall mit Stöcken, Mistgabeln und Äxten zu verteidigen haben. Was er wirklich will, weiß niemand so recht zu sagen, aber abgefangene Briefe reden von einer Regentschaft für den »echten Dauphin«, den Sohn seiner Halbschwester Henriette, dann wieder von seinem Thronanspruch als »letzter Valois«. Sully bemerkt in seinen Memoiren, daß das wilde Leben dieses Sohnes Karls IX. den Stempel geistiger Verwirrung trug.

Auf irgendeine Weise muß man sich dieses ewigen Querulanten bemächtigen: Wie bei Marschall Biron versucht es Heinrich zunächst mit gutem Zureden. Er kennt das Temperament dieses verlorenen Sohns und ist schon manches Mal mit ihm und seinen Narrheiten zurechtgekommen. Aber wie bei Biron ist die Antwort ausweichend: Er habe es nicht nötig, sich zu rechtfertigen, und die Korrespondenz mit Spanien sei zum Wohle des französischen Königreiches geführt worden!

Außerdem denke er nicht daran, sich – wie Biron – seinen Mördern auszuliefern! Bleibt also nur die List. Der wilde Reiter, der nebenher mit Stolz den Titel eines Obristen der königlichen Cheveaux-Legers trägt, wird zu einer Regimentsparade in Clermont eingeladen, was er geschmeichelt akzeptiert... Der Rest wickelt sich ab wie eine wohl einstudierte Pantomime. Als d'Auvergne mit wenigen Begleitern herantrabt, wird er sofort umstellt, vom Pferd gerissen und gefesselt. Am 20. November 1604 bezieht er in der Bastille dieselbe Zelle, die vor ihm Marschall Biron bewohnte... Rosny macht ihm sehr rasch begreiflich, daß die Zeit der Hirngespinste vorbei ist, und daß er wohl beraten wäre, fortan mit offenen Karten zu spielen. Plötzlich findet der verwirrte Geist zur Vernunft zurück und legt ein umfassendes Geständnis ab, das seinen Stiefvater d'Entragues schwer belastet. Am 11. Dezember 1604 schließen sich die Gitter der Bastille auch hinter Franz von Balzac, Graf d'Entragues. Als sich seine Gemahlin Maria Touchet dem König weinend zu Füßen wirft und um Gnade für den Sohn und den Gatten fleht, muß sie die lakonische Antwort hinnehmen: »Madame, Euer Jammer und Eure Tränen rühren mich. Doch wenn ich Euren Wünschen Gehör schenken wollte, müßte ich gleichzeitig meine Frau als Hure, meinen Sohn als Bastard und mein Königreich als herrenloses Gut erklären lassen!«

Das Schicksal der Angeklagten liegt von nun an in den Händen des Parlaments, das zu langen Gerichtsverhandlungen zusammentritt und die Beschuldigten wie die Zeugen ausführlich verhört. Alle Spitzfindigkeiten der Verschwörer nützen nichts, die Prozeßakten sprechen eine beredte Sprache. Am 2. Februar 1605 werden d'Entragues und d'Auvergne wegen Hochverrats zum Tod durch das Henkerbeil verurteilt.

Bleibt zu ihrer Rettung nur noch ein Gnadenakt des Königs, dem es, gegen die Empfehlung des großen Rates, zunächst gelingt, einen Aufschub der Urteilsvollstreckung zu erlangen, und später beide vor dem Schafott zu retten... d'Auvergne als »letzten Sproß der Valois«, d'Entragues als »Großvater der königlichen Bastarde«. Henriettes Vater gewinnt nach kurzer Zeit die Freiheit wieder, unter der Bedingung, daß er diskret in seinem Schloß von Marcoussis verschwindet und sich nicht mehr blicken läßt. D'Auvergne bleibt in der Bastille, bis ihm Ludwig XIII. zwölf Jahre später die Gefängnistore öffnet. Er hat noch ein langes, höchst angenehmes Leben vor sich, heiratet mit einundsiebzig Jahren ein knusprig junges Mädchen und geht am Hofe Ludwigs XIV. ein und aus, während Heinrich IV. längst ermordet im Grabe liegt...

Daß auch Henriette ihren schlauen Kopf aus der Schlinge zog, versteht sich von selbst. Wie könnte man die Mätresse des Monarchen verurteilen? Die Mutter seiner Kinder? Ein Ding der Unmöglichkeit! Sie ist ihrer Sache so sicher, daß sie, vor das hohe Gericht zitiert, mit unverschämter Arroganz reagiert. Ihre Taktik ist einfach: sie leugnet alles ab, wie bisher. Auf die Mahnung der Richter, den König um Milde zu bitten, entgegnet sie frech: »Da ich nicht fehlte, habe ich es auch nicht nötig, um Verzeihung zu winseln!«

Sie ist auch keineswegs bereit, ihre zahllosen Betrügereien und Liebesabenteuer einzugestehen, die durch die Verhöre ihres Bruders ans Tageslicht gelangen und die so gar nicht zu dem Bild des keuschen jungen Mädchens passen wollen, das sie vor dem König zu spielen gewohnt war. Nein, das alles ist niederträchtige Verleumdung mit dem Ziel, ihre Ehre zu beschmutzen!

Das milde Urteil lautet, daß sie sich in die Stille des Klosters von Beaumont-lès-Tours zurückziehen und dort mit niemand anderem als den frommen Klosterfrauen sprechen soll... was Heinrich zu verhindern weiß!

Verglichen mit den grausamen Strafen, die den Königsmörder, selbst den nur mutmaßlichen, sonst treffen, ist die königliche Milde diesen Verschwörern gegenüber unendlich. Von seiner Mätresse hofft er, wünscht er sich nur eines, daß das

Prozeßverfahren, das ihr falsches Spiel, ihre Lügen, ihre Verrätereien so schonungslos beleuchtete, nun endlich ihren Stolz brechen würde. Daß sie ihm und sei es nur das kleinste Zeichen der Reue gibt, ihn aus ehrlichem Herzen um Verzeihung bittet. Sein Wunsch wird ihm nie erfüllt. Bis zum Schluß und allen Beweisen zum Trotz spielt sie die unschuldig Angeklagte, das reine Opfer schmählicher Verleumdung. Alles, was er erreicht, ist ein in verschrobensten Formen gedrechseltes Schriftstück, in dem sie von ihrer unglücklichen Liebe zu ihm ein falsches Klagelied singt, »ihre zarten Küsse von ehedem mit dem erstickten Schluchzen der bitteren Gegenwart« vergleicht und über ihre »Liebesglut, die einst das Himmelstor für sie beide öffnete«, einige Krokodilstränen zerdrückt!

Mit raffinierten Worten weiß sie den allzu Gutgläubigen zu umgarnen: »...ich brenne wie eh und je, doch – ach – wo bleibt die Glückseligkeit seit der, der mich mehr als sein Leben zu lieben vorgab, nun meinen Tod will... nein, Ihr habt mich nie geliebt...«

Die Heuchlerin! Sogar die Kinder müssen herhalten, da sie genau weiß, wie sehr Heinrich an ihnen hängt: »...unsere Kleinen... sie hören meine Klage, ohne ihren Sinn zu verstehen... Ach, wenn ich meine Freiheit schon nicht meiner Unschuld verdanken darf, so doch wenigstens Eurer Güte!«

Mehr war nicht aus ihr herauszubekommen! Aber es genügte, um ihn wieder völlig in ihren Bann zu ziehen. Achtzehn Monate später, im Oktober 1606, schreibt er ihr: »Ich liebe Euch mit größerer Leidenschaft als je zuvor!«

17

König Heinrichs Regierung

*»Ich gehe meines Wegs,
wohin Gott mich führt...«*

Heinrich IV.

Aus der Feder eines schuldbewußten Königs fließen folgende Worte an die stets mißtrauische Maria, deren selten schlummernde Eifersucht nur auf ein Fünkchen wartet, um in hellen Flammen zu stehen:

»Mein Herz«, schreibt er, »ich muß es zugeben: Wenn ich allein bin, kann ich keinen Schlaf finden... Glaubt mir, mein Herz, ich liebe Euch mehr als alles andere auf der Welt, ich schwöre es, ich versichere es Euch. Liebt mich, wie ich Euch liebe.«

Am 19. Oktober 1605: »Diejenigen, die behaupten, daß wir uns nicht verstehen, hegen wahrscheinlich dieses Wunschdenken. Aber wir werden es ihnen nicht erfüllen...«

Oder auch: »Ich sehe, daß Ihr mir wegen dieser blonden, mageren Dame grollt; aber diese Ware ist nicht nach meinem Geschmack. Ich nähre mich nur von zartem, fetten Fleisch!«

Ganz so unberechtigt war Marias Mißtrauen allerdings nicht, hatte sich Heinrich doch im Vorjahr Hals über Kopf in die reizende, blonde Jacqueline de Bueil verliebt, die gerade sechzehn Lenze zählte. Sie steht unter dem Schutz der Prinzessin von Conti und als diese das Interesse des Königs für ihren Schützling wahrnimmt, verlangt sie sofort die Schließung einer der berühmten Scheinehen, die den Grundstein zum Stand der königlichen Favoritin bildet. Tatsächlich findet sich ein Freier, der junge Champvallon, Herr von Cézy, Neffe des ehedem so feurigen Liebhabers der Königin Margarethe, der für dreißigtausend Ecus bereit ist, das wenig ehrenvolle Amt anzutreten.

Hier muß man Pierre de l'Estoile das Wort erteilen, der von der Begebenheit ein köstliches Bild entwirft: »Am Dienstag, dem 5. Oktober 1604, um sechs Uhr morgens ehelichte Fräulein de Bueil, die neue Mätresse des Königs, in Saint-Maur-des-Fossés den jungen Champvallon, einen musisch begabten jungen Edelmann, der mit Charme die Laute zu schlagen wußte, in allem anderen jedoch, auch mit weltlichen Gütern, nicht eben reich ausgestattet war. Es wurde ihm die Ehre zuteil, als erster mit seiner Braut zu schlafen.« Allerdings, wie man zu sagen pflegt, »auf lichte Weise«, das heißt, in Anwesenheit der Höflinge, in einem von Fackeln hell erleuchteten Raum. »Der König beehrte die Schöne am nächsten Tag im Hause Montauban in Paris, wo er bis zwei Uhr nachmittags mit ihr im Bett zubrachte. Man sagt, daß der Ehemann in einer kleinen Dachkammer oberhalb dieses Zimmers, also genaugenommen über seiner Frau schlief. Aber die Zimmerdecke war zwischen ihnen...«

»Hat man jemals ein solches Bordell gesehen!« empört sich der florentinische Kaplan Giovannini. »Muß er sie denn alle haben?«

Zum Neujahrstag 1605 legt der König Jacqueline neuntausend Louis d'Or, den Titel der Gräfin von Moret und millionenfache Küsse zu Füßen. Gemäß der Tradition und gegen angemessenes Entgelt willigt Champvallon ein Jahr später in die kirchlich genehmigte Annullierung seiner Papierehe ein.

Zu Beginn des Sommers 1605 strömen die Bewohner von Paris zu einem höchst ungewöhnlichen Schauspiel aus den

Häusern. Sie recken die Hälse und reiben sich die Augen. Was sie sehen, ist die Erscheinung einer Spukgestalt! Nach dreiundzwanzig Jahren Abwesenheit, nach fast einem Vierteljahrhundert Intrigen, Abenteuern, Liebesfesten und einer traurigen Verbannung – um nicht zu sagen: Gefangenschaft – kehrt Königin Margarethe, das Volk nennt sie schon lange freundschaftlich Margot,[1] jetzt Herzogin von Valois, in die Hauptstadt zurück, in der ihr Großvater, ihr Vater und drei ihrer Brüder als Könige geherrscht haben. Ein Auftauchen aus der Vergangenheit, aus der Vergessenheit, wie sie selbst bitter feststellt:

»Am Hof ist nur der Glückliche umgeben, der Unglückliche bleibt stets allein!«

Im Schloß von Madrid an der westlichen Vorstadtgrenze von Paris, das ihr vorübergehend als Wohnsitz dient, macht ihr ein ehemaliger Liebhaber zeremoniös die Aufwartung... Es ist der einst von ihr so heißgeliebte Oberstallmeister von »Monsieur«, Champvallon, der sich im Namen des Königs tief vor ihr verneigt, und man weiß nicht genau, ob Heinrich IV. sie mit diesem Stellvertreter necken oder ihr eine Freude bereiten wollte.

Als er sich am 26. Juli bei seiner ehemaligen Gattin melden läßt, wartet eine grausame Überraschung auf ihn. Man hatte ihn vorbereitet, aber wie weit ist sein Gegenüber von dem zauberhaften Bild entfernt, das Brantôme einst von der berühmtesten Schönheit des Königreiches malte! Von der »Göttin des Jahrhunderts, die ihre Brust frei zur Schau trug«, deren Ruf als »eher himmlische denn irdische Schönheit« sich über ganz Europa verbreitet hatte! Was war von all dem geblieben? Eine unförmige Matrone, die solche Rundungen angenommen hat, daß sie in manchen Türöffnungen steckenbleibt. Das ist der Preis für die Jahre der Gefangenschaft in der Festung von Usson, wo sie die Monotonie ihres Daseins mit gutem Essen und Trinken, mit Süßigkeiten und Vergnügungen im Bett zu töten suchte. Ihr ehemals volles, dunkles Haar ist schütter geworden. Man hat es so lange durch Flechten, Zwirbeln und Kräuseln strapaziert, bis es büschelweise ausfiel. Gemäß Tallemant des Réaux trägt sie statt dessen eine riesige Perücke aus strähnigen, flachsgelben, »auf dem Gras gebleichten« Haaren, die sie aus den blonden Locken ihrer zahlreichen männlichen Dienerschaft fertigen ließ, in deren Kreis sie auch ihre stämmigen Liebhaber wählt... Kann man es der tragischen Gestalt von Usson verargen, wenn sie auf diesem Gebiet noch nicht in den Ruhestand getreten ist? Als ob sie die Jahre der Gefangenschaft aus ihrem Leben streichen wollte, setzt sie sich über die Spuren des Alters hinweg und macht sich zum Gespött der Mitmenschen, indem sie ihre verwelkte Schönheit gepudert und geschminkt, in den tiefausgeschnittenen und geschlitzten Gewändern zur Schau trägt, die einer längst vergangenen Epoche angehören... Derartig aufgemacht mag sie Heinrich IV. an diesem Sommertag 1605 empfangen haben! Ihre Rückkehr an den Hof ist einer Geste des Königs zuzuschreiben, mit der er ihr für ihre Hilfe bei der Gefangennahme des Grafen d'Auvergne dankt. Ihrer Darstellung nach hat sie wertvolle Hinweise über den Aufenthalt des Verschwörers in der Gegend von Usson gegeben, die es dann ermöglichten, ihn in Clermont in die Falle zu locken, was Rosny bezweifelt:

»Ich glaube, daß ebensoviel Falsches wie Richtiges in diesen Behauptungen steckt.«

Eines steht jedenfalls außer Zweifel, daß Margarethe gegen den Bastard Karls IX. einen tödlichen Haß hegte, seit er sie – gemeinsam mit Heinrich III. – durch Palastintrigen um das ihr zustehende Erbe ihrer Mutter brachte: Katharina von Medici hat ihre Tochter in ihrem Testament nicht bedacht!... Drei Stunden dauert das erste Wiedersehen der ehemaligen Ehegatten, drei Stunden lang tauschen sie gerührt Erinnerungen an die gemeinsam verlebte Vergangenheit aus.

»Achtet besser auf Eure Gesundheit!« rät ihr Heinrich, als er sich verabschiedet, »macht nicht länger die Nacht zum Tag und den Tag zur Nacht, wie Ihr es Euch angewöhnt habt!«

»Ich werde tun, was ich kann, um Eure Majestät zufriedenzustellen, aber es wird mir schwerfallen. Bedenkt, so alte Gewohnheiten...«

Als er sie auch zur Sparsamkeit mahnt, antwortet sie bestimmt:

»Das wird mir ganz und gar nicht möglich sein! Ich kann einfach nicht anders leben, das liegt in der Familie!«

Tatsächlich haben alle Valois gelebt, wie die Vögel im Hanfsamen, und das Geld mit vollen Händen aus dem Fenster geworfen.

»Ihr scheint Löcher in den Händen zu haben!« sagte schon Ludwig XII. warnend zum späteren Franz I.

Zwei Tage darauf macht die alte Königin einen Gegenbesuch im Louvre. Während Heinrich sie ehrerbietig im großen Hof des Palastes begrüßt, wartet Maria, von ihren Hofdamen umgeben, oben an der Ehrentreppe (dem sogenannten Grand Degré, der heute noch existiert). Ihr Gesicht drückt Mißtrauen und kühle Höflichkeit aus. Aber Margarethe hat zu viel gelitten, um sich an solchen Kleinigkeiten zu stoßen. Sie scheint nichts dabei zu finden, sich tief vor der zu verneigen, die nun Amt und Würden bekleidet, derer sie – durch eigene Schuld – verlustig ging.

Maria ihrerseits zeigt sich von der sichtbaren Ergebenheit ihrer Vorgängerin geschmeichelt und es sieht so aus, als spinne sich ein freundschaftlicher Faden von Frau zu Frau. Wenig später ernennt Margarethe den Dauphin zu ihrem Universalerben, und auf Geheiß seiner Mutter tauft das Kind die neue Tante auf den überraschenden Namen »Mamanfille«...

In den ersten Tagen des Jahres 1606 siedelt Margarethe in den Palast der Erzbischöfe von Sens über, der unweit von der Seine und dem Louvre gelegen ist[2], und erregt bereits im April desselben Jahres auf höchst unliebsame Weise Aufsehen. Am 5. April kommt sie in ihrer Karosse von der Messe. Neben ihr sitzt ihr jugendlicher Liebhaber, Dat de Saint-Julien, ein Page aus Arles, für den sie in leidenschaftlicher

Liebe entbrannt ist. Er ist zwanzig Jahre alt, sie hat längst die Schwelle der Fünfziger überschritten, ein für die damaligen Verhältnisse beachtliches Alter.

Plötzlich kracht ein Schuß. Saint-Julien sinkt, am Kopf getroffen, tot zusammen, sein Blut ergießt sich in Strömen über das Gewand der Königin.

Wer hat geschossen?

Ein achtzehnjähriger Jüngling, Vermont geheißen, Saint-Juliens Vorgänger im Bett der greisen Königin. Wie er bei seiner Vernehmung erklärt, beschaffte er sich in einem Anfall von Wut und Eifersucht eine Pistole, fest entschlossen, seinen Rivalen ins Jenseits zu befördern. Während er davonrennt, hört man Margots Stimme gellen:

»Tötet ihn, bringt ihn um, den Unverschämten! Hier nehmt meine Strumpfbänder... erdrosselt ihn!«

Vermont ist schnell eingeholt, gefesselt und in einen Raum eines naheliegenden Gebäudes gesperrt. Als man neben ihm den Leichnam des armen Saint-Julien niederlegt, verlangt er:

»Dreht ihn um, ich will sehen, ob er wirklich tot ist, sonst gebe ich ihm den Rest!« Und, nachdem er sich überzeugen konnte:

»Gut er ist tot, jetzt könnt Ihr mich auch umbringen. Ich bereue nichts!«

Margarethe verkündet, daß sie »Speise und Trank verweigern wird, solange über den Missetäter der Stab nicht gebrochen ist.« Angesichts des drohenden Hungerstreiks wird das Verfahren ohne zu säumen eingeleitet, und schon am nächsten Tag findet die Hinrichtung des Jungen vor den Toren des erzbischöflichen Palastes statt – darauf hatte die Königin bestanden. Pierre de l'Estoile notiert, daß der Verurteilte »munter zur Richtstätte schritt und behauptete, daß ihm der Tod nichts ausmache, da er seinen Feind schon in der Hölle wisse... Auch weigerte er sich, die Königin um Verzeihung zu bitten.«

Oben im Erker, an das Fensterkreuz geklammert, die Augen weit aufgerissen, schaut Margarethe starren Blicks zu, wie der Kopf ihres jungen Liebhabers auf das Pflaster rollt... und fällt in Ohnmacht. Am selben Abend verläßt sie das ungastliche Haus, vor dessen Schwelle sie täglich an die blutigen Ereignisse erinnert würde, und findet in Issy, im Haus des königlichen Goldschmieds La Haye Zuflucht.

»Sie soll sich trösten, wir können ihr ein ganzes Dutzend Bessere beschaffen!« ruft Heinrich aus, als er von dem blutigen Vorfall hört.

Aber der Tod von Saint-Julien setzt ihr zu. Sie grämt sich wochenlang, und im Oktober 1606 wird sie krank. Am 6. November diktiert sie einen rührenden Brief an den König, in dem sie ihm für seine Fürsorge dankt, »die sie vom Rande des Grabes zurückgeholt habe«, und versichert, daß sie die Zeit, die ihr noch zu leben vergönnt sei, ihm »demütig und treu dienen wolle. Diese böse Krankheit und die vielen Aderlasse haben mich so geschwächt«, schließt sie, »daß Ihr mich, wenn ich Euch das nächste Mal die Hände küsse, für eine Sezierleiche halten werdet, deren Nase so lang ist, wie die meines königlichen Großvaters...«

Bald wird die ehemalige Königin zum festen Bestandteil der Familie. Mit »freudigem Entzücken« betrachtet sie den ältesten Sohn von Gabrielle d'Estrée – der »eingebildeten Pute«, die sie einst auf den Tod haßte – und schreibt von ihm: »Schönheit und Geist dieses Herrn von Vendôme zeugen von wahrhaft fürstlicher Herkunft. Er ist seinem Alter weit voraus und...«, fährt sie bewundernd fort, »ein ganz königliches Produkt (wörtlich!), würdig Eurer Majestät, die nichts Lebendes oder Künstliches hervorbringt, das nicht alles Bestehende weit übertrifft!...« Wie haben sich die Zeiten geändert, seit sie mit Unterstützung der Liga die Truppen ihres Gemahls Heinrich von Navarra angreifen ließ!

Die tragischen Stunden im Hôtel de Sens sind bald in den Armen eines neuen Liebhabers, des jungen Bajaumont, vergessen. Geistig gesehen ist er kein Kirchenlicht, aber seine körperliche Schönheit muß an Vollendung gegrenzt haben. Jedenfalls ist Margarethe hingerissen. So hingerissen, daß der

Apollo bald an Erschöpfung stirbt. Ihm folgt der junge Villars, ein Sänger, den der Volksmund den König Margarethe nennt. Sie zwingt ihn, sich nach der Mode Heinrichs III. zu kleiden, was ihr die Illusion gibt, in ihre Jugendzeit zurückzukehren... Mit diesem Adonis zieht sie sich in den herrlichen Palast zurück, den sie sich auf dem linken Seineufer inmitten zauberhafter Gärten mit schattigen Alleen, raunenden Fontänen und verschwiegenen Grotten bauen ließ [3]. Der Palast war aufs Fürstlichste möbliert und ausgestattet, was Heinrich zu dem Kommentar veranlaßte:

»Ein so schöner Vogel braucht auch den schönsten Käfig!«

Der König hat seine ehemalige Gemahlin so manches Mal besucht und, wie früher, lange Gespräche mit ihr geführt. Man sagt, daß ihm, während er mit Margarethe durch die Alleen des Parks wanderte, die Idee kam, am rechten Seineufer von den Tuilerien bis nach Chaillot hinaus Bäume zu pflanzen, woraus die elegante Uferstraße »Cours-la-Reine« entstanden sein soll.

Außer mit ihrer Verschwendungssucht – wegen der sie sich von Sully gutmütig schelten läßt – macht Margarethe ihrem ehemaligen Gatten keine Sorgen mehr. Sie ist mit ihrer unverwüstlichen Heiterkeit und ihrer freimütigen, derben Sprache unerhört volkstümlich und ergötzt sich an Theaterspiel, Musik und Dichtkunst. Ohne noch irgendwelche Machtgelüste zu verspüren, verehrt sie den König und seine Taten mit unverhohlenem Stolz. Sie läßt keine Messe, keine Prozession aus, verteilt großzügig Almosen und beruft einen Geistlichen als Hauskaplan an ihren buntgemischten Hofstaat, der später für seine Selbstaufopferung und seine Hingabe bei der Armen- und Krankenpflege heiliggesprochen wird: Vinzenz von Paul.

Der Fall des Herzogs von Bouillon – den Heinrich IV. fachkundig den »Herzog Brouillon« (d. h. Wirrkopf) nannte – stellt die letzte Episode in der Reihe der Komplotte des beginnenden Jahrhunderts dar. Bouillon ist der unbequemste unter all den großen Feudalherren und sein Eintritt in die Geschichte ist es wert, festgehalten zu werden. Wir waren ihm übrigens schon einmal begegnet... in Nérac als ephemerem Liebhaber der Königin Margot! Im Gegensatz zu seinen aufsässigen Vorgängern ist er überzeugter Calvinist, verbissen und unerbittlich, und hat dem König seinen Übertritt zum Katholizismus nie wirklich verziehen. Vielleicht sah er sich seither als den einzig würdigen Führer der hugenottischen Partei. Er entstammt einem Geschlecht des französischen Kleinadels. Sein Name: Henri de La Tour, Vicomte de Turenne[4], bis er Charlotte de la Marck ehelichte, die ihm bei ihrem Tod das Erbe des unabhängigen Herzogtums von Bouillon mit der Hauptstadt Sedan – ihre Mitgift – hinterließ. Solange Bouillon in der Armee des Königs Gefolgschaft leistete, war er ein unersetzlicher Heerführer, unternehmend, klug und tollkühn... wie Biron! Zu Hause aber, hinter den Festungsmauern von Sedan fühlt er sich als Souverän, läßt sich von niemandem Vorschriften machen und verhandelt auf gleichem Fuß, im eigenen Namen, mit den protestantischen, deutschen Fürsten. Er ist offiziell Vasall der französischen Krone, lehnt jedoch die Bezeichnung Untertan ab, was Heinrich bereits 1595 zu spüren bekam, als er gezwungen war, die Provinzen und Herzogtümer seines eigenen Königreiches für teures Geld zu kaufen. Trotz Rosnys Verhandlungsgeschick war es damals unmöglich gewesen, mit dem starrköpfigen »Brouillon« handelseinig zu werden. Als einziger von allen hatte der hugenottische Herzog, der verdiente Feldherr, Marschall von Frankreich, seinem König den Untertaneneid verweigert. Und dabei war es geblieben. Schlimmer: Im Prozeß der Verschwörung des Grafen d'Entragues hatten verschiedene Zeugen Bouillon stark belastet und die Vernehmungen des Grafen d'Auvergne ihn als Komplicen entlarvt. Seither hält er sich in Sedan verschanzt. Heinrichs Aufforderung, den königlichen Pardon durch die Übergabe des Herzogtums zu erkaufen, lehnt er ab. Was bleibt dem Monarchen dann anderes übrig, als sich wieder an die Spitze seiner Armee zu setzen und mit zehntausend Mann Fußvolk und sechstausend Schweizern gegen den Unbeugsamen ins Feld zu ziehen? Das Heer ist unterstützt von fünfzig Kanonen und Feldschlangen, die unter dem persönlichen Befehl des Großmeisters der königlichen Artillerie, Baron von Rosny, stehen[5]. Als der spanische Gesandte angesichts dieses Truppenaufmarsches an den Landesgrenzen Einspruch erhebt, gibt ihm Heinrich klipp und klar zu verstehen, daß es seine, des Königs Sache ist, einen rebellischen Untertanen zur Vernunft zu bringen. Don Pedro wagt keinen weiteren Schritt.

Am 1. April 1606 befindet sich der König mit seinem Heer bereits in Donchery, das eine Meile entfernt von Sedan liegt. In den ersten Morgenstunden des 2. April wird er durch den Herzog von Bouillon höchstpersönlich aus dem Schlaf gerissen, der sich endlich eines Besseren besonnen hat und dem König kniend seine Unterwerfung anbietet... Es war höchste Zeit! Heinrich empfängt ihn, als sei nichts geschehen, aber er vermeidet es, den »Brouillon« zur Teilnahme an der Abendtafel einzuladen. Innerlich vor Zorn kochend, nimmt der Herzog am Tisch der Kammerherren Platz, denen er durch sein betont herablassendes Benehmen und seine schlechte Laune den Appetit verdirbt. Wenig später trifft Maria ein, und das Königspaar von Frankreich hält einen triumphalen Einzug in Sedan, das der König schon zwei Jahre darauf dem Herzog großzügig zurückerstattet. Nach zweitägigem Aufenthalt treten sie bei sintflutartigen Regenfällen die Rückreise nach Paris über Reims an, wo Heinrich seiner Gemahlin die behütete heilige Phiole zeigt, die nur zur Salbung der Könige aus dem Schrein geholt wird.

Ende April erreichen sie, begleitet von achthundert Edelleuten, die östlichen Bollwerke von Paris und durchreiten unter den Vivatrufen des Volkes und den Salutschüssen aus dem Arsenal das Tor von Saint-Antoine. Auf Heinrichs Anordnung sollte »der Herr von Bouillon direkt vor ihm reiten«, erzählt uns Bassompierre, »was er mit einem solchen Pomp und Dünkel tat, daß man sich fragen durfte, ob es wirklich der König war, der den Triumphzug anführte, oder ob er den König im Schlepptau hatte...«

Im Anschluß an diesen Erfolg, der den verschwörerischen Umtrieben im Land ein Ende setzte, verleiht Heinrich seinem treuen Minister den Titel eines Herzogs und Pair von Frankreich. Von jetzt an nennt sich Maximilian de Béthune, Freiherr von Rosny, auch Herzog von Sully, nach dem Adelssitz an der Loire, den er vier Jahre zuvor erworben hatte.

Wenn immer möglich, entflieht der König dem Louvre mit seinen Intrigen und Marias Zänkereien und sucht Zuflucht bei Sully, der im Obergeschoß des Arsenals die Angelegenheiten des Königreiches mit unerbittlicher Strenge und Sparsamkeit verwaltet.

Eines Morgens, kurz nach sieben Uhr, fährt die Karosse des Königs in den Hof des Arsenals ein. Heinrich, von einigen Vertrauten begleitet, findet seinen Minister wie üblich schon zu dieser frühen Stunde über die Staatspapiere gebeugt.

»Seit wann seid Ihr hier?« fragt Heinrich.

»Seit drei Uhr heute morgen, Sire.«

Worauf sich der König zu seinen Begleitern umwendet:

»Sagt, meine Herren, wer von Euch wollte dieses Leben führen?«

Der unbeugsame, manchmal grobe Sully brüstete sich damit, daß er »an Frauen wirklich nichts finde und sich nie von ihnen verführen ließe«! Er behauptete auch, daß ihm an Zechgelagen, Schmaus und Tanzereien nichts liege. Sich dem Spiel hinzugeben – ein »reiner Geld- und Zeitverlust!« – empört ihn. Pierre de l'Estoile glaubt feststellen zu können, daß »auch nicht ein Quentchen menschlicher Güte in ihm steckte«. Wenn man sein abweisendes, bärtiges Gesicht mit den kühl blickenden Augen betrachtet, das so gar keine Leutseligkeit ausstrahlt, will man ihm gerne Glauben schenken. Kurz, unser Oberintendant der Finanzen und frisch gebackener Herzog atmete tödliche Langeweile aus allen Poren! Er hat es tatsächlich fertiggebracht, sich bei allen und jedem unbeliebt zu machen, außer bei Heinrich, der charakterlich sein genaues Gegenteil ist.

Aber diese beiden so grundverschiedenen Männer – außer, wenn sie auf dem Schlachtfeld mit dem Degen in der Hand auf den Feind losstürmten – waren unzertrennlich. Heinrich weiß, daß er seinem alten Freund unbegrenzt vertrauen kann, Sully weiht seinem Monarchen eine durch nichts zu erschütternde Bewunderung:

»Seine ganze Leidenschaft gilt dem Reich und seinem König«, schreibt Heinrich IV. über ihn. »Die Mehrung ihrer Macht und ihrer Größe ist ihm Lebensinhalt. In seinem Herzen ist kein Platz für Bosheit oder Hinterlist, sein Geist ist rege und erfinderisch, er verwaltet meine Güter mit großem Geschick. Er ist der fleißigste, wendigste und ehrlichste meiner Untertanen, der versucht, sich Kenntnisse über alles zu beschaffen und im Frieden wie im Krieg über alles Bescheid zu wissen.«

Der König nimmt von seinem Finanzminister hin, was er von keinem anderen Menschen dulden würde. Erinnern wir uns nur des Heiratsversprechens, das Heinrich für Henriette ausstellte, und das der empörte Rosny unter den Augen seines Herrn in Fetzen riß! Oh, diese Torheiten des Herzens, die den König um seinen gesunden Verstand brachten... wie oft mag Sully sie verwünscht haben! Und mit welcher Engelsgeduld hat er sie allen Widerwärtigkeiten zum Trotz ertragen, ihre Folgen gemildert, ihre möglichen Konsequenzen geschickt neutralisiert, etwa wie ein Vater die Unarten seines unbändigen Sohnes vertuscht. War es aus Nachsicht oder aus einer Art Mitgefühl mit den manchmal verheerenden Irrungen seines königlichen Herrn, oder einfach aus dem Gefühl ungetrübter Freundschaft und Anhänglichkeit? Sicher hält er mit seiner Kritik nicht zurück – womit er einige Donnerwetter heraufbeschwört –, aber er bewundert rückhaltlos Heinrichs lebhafte Intelligenz, seinen Mut und die Schärfe seines Verstandes, der es ihm erlaubt, im Nu die geheimsten Gedanken seiner Gesprächspartner zu erfassen.

Wir schreiben das Jahr 1606. Heinrich erscheint zehn Jahre älter, als er in Wirklichkeit ist. Sein Bart hat sich fast weiß gefärbt, aber sein Tatendrang ist ungebrochen und seine Leidenschaften sind glühend wie eh und je. »Seine alltäglichsten Beschäftigungen, soweit ihm seine militärischen Unternehmungen und die Staatsgeschäfte Zeit dazu ließen«, schreibt Sully in seinen Memoiren, »waren immer von der wildesten und schwierigsten Art. So war er ein vorzüglicher Reiter und wußte mit allen Waffen, dem Degen, der Pike, der Hellebarde, der Arkebuse oder was es auch immer sei, auf das virtuoseste umzugehen... besonders, wenn ein paar schöne, junge Damen dabei zuschauten. Er war ein ausgezeichneter Ballspieler, sowohl mit der kurzen wie mit der langen Paume[6], geschickt im Ringelstechen und Voltigieren.

Seine Jagdleidenschaft war sprichwörtlich, besonders, wenn es sich um eine gefährliche Bären-, Wolfs- oder Sauhatz handelte.«

Die beiden Männer können stundenlang miteinander arbeiten und diskutieren. Meistens gehen sie dabei in den Parkalleen oder in den langen Galerien der Schlösser auf und ab, eine Angewohnheit, die Heinrich nie ablegte. Manchmal hält er den Minister bei der Hand, die Finger ineinander verkreuzt... ein in der Geschichte einzigartiges Bild! Einen Vorwurf hört der König immer wieder aus dem Mund seines »Herrn Grand-Maître«: seine Ausgaben. »Mit tiefem Bedauern mußte ich zusehen«, berichtet Sully seufzend, »wie das Geld, das nutzbringend hätte angelegt werden können, vergeudet wurde. Ich habe ausgerechnet, daß die Ausgaben, die Heinrich jährlich für seine Bauten, für das Spiel, seine Mätressen und seine Jagdhunde machte, nicht weniger als zwölftausend Ecus betrugen, eine Summe, die genügt hätte, eine Truppe von vierzehntausend Mann Infantrie unter den Waffen zu halten...«

Der König liebt keine vielköpfigen Konferenzen, in denen einer am anderen vorbeiredet, wenn nicht gar alle auf einmal ihre Stimme erheben. Er zieht Sitzungen mit einer kleinen

Gruppe enger Mitarbeiter und Ratgeber vor. Als er eines Tages einer Zusammenkunft der Geistlichkeit beiwohnte, zu der sich ein ganzer Saal erhabener Mitren versammelt hatte, bemerkte er ironisch:

»Eine so große Menge von Teilnehmern tritt nur zusammen, wenn keiner vorhat, etwas Nützliches zu erreichen!«

Sein Ideal ist es, die wichtigsten Staatsgeschäfte direkt mit dem Oberintendanten der Finanzen oder mit seinem Kanzler zu erledigen. Wenn es unvermeidlich ist, bietet er allenfalls einen seiner vier Staatssekretäre auf, wie den alten Ligaanhänger Villeroy, der schon unter den Valois diente und als Spezialist der äußeren Angelegenheiten gilt. Sully, der ihn nicht ausstehen kann und manchmal auch eifersüchtig auf ihn ist, brummt, daß er zu nichts anderem fähig ist, als »sich wichtig zu tun, Lobeshymnen loszulassen, herumzugackern, Papier zu kratzen und feierlich sein Siegel aufzudrücken...« Aber Heinrich schätzt ihn, und der »Grand-Maître« zieht eine Grimasse, wenn er vom König eine Bemerkung auffängt wie diese: »Heute habe ich mit Herrn von Villeroy mehr erledigt als mit allen anderen in sechs Monaten!«

»Mit allen anderen...«, das heißt natürlich: ausgenommen mit Sully, mit dem es manchmal zu hitzigen Wortgefechten kommt, die aber bald in friedliche Bahnen gelenkt werden.

»Ihr wißt doch«, ruft der König aus, »daß unsere Meinungsverschiedenheiten nie älter als vierundzwanzig Stunden werden dürfen! Außerdem haben sie Euch noch nie davon abgehalten, schon am nächsten Morgen eine ausgezeichnete Transaktion für unsere Finanzen zum Abschluß zu bringen!«

Heinrich liebt es, nur in Begleitung seines Hauptmanns der Garde in den Straßen seiner Hauptstadt zu flanieren, vor den Bretterbühnen der Schausteller oder an den Auslagen der Händler stehenzubleiben, über die Warenpreise zu diskutieren und mit den Umstehenden zu plaudern. Ohne der Gefahren zu achten, die auf ihn lauern könnten, mischt er sich in den lebenden Strom von Einheimischen und Fremden, der sich schreiend und gestikulierend durch die Gassen schiebt. Immer wieder treibt es ihn zu den Baustellen, auf denen in seinem Auftrag und auf seine Anregungen gearbeitet wird. Er kann es kaum erwarten, daß sich die Wunden der Kriege endlich schließen. Die Schäden der beiden Belagerungen waren vor allem in den Vorstädten sichtbar, wo viele Bewohner ihre Häuser niederreißen mußten, um Schußlinien freizulegen. Jetzt sieht man sie langsam wieder aus dem Boden

Heinrich IV. und Sully.
Radierung nach einer Zeichnung von Bernhard Rode

wachsen und der »Mercure françois«[7] berichtet gegen Ende der Regierungszeit Heinrichs IV.: »Man sieht in der ganzen Stadt nur Maurer an der Arbeit.«

Und Malherbe orakelt: »In zwei Jahren wird niemand mehr Paris wiedererkennen.«

Aber die Instandsetzungsarbeiten des Gürtels um Paris stellen nicht die einzigen Bauvorhaben des Königs dar. Er hat einen ehrgeizigen Sanierungsplan für die Brüche und Gärten beim Temple, an der nordöstlichen Stadtgrenze, wo neue Wohngebiete entstehen sollen.[8]

Seit 1604 wird auch wieder in der Gegend des ehemaligen Schlosses der »Tournelles«, unweit der Bastille, gearbeitet, das Katharina von Medici nach den tragischen Stunden von 1559 niederreißen ließ. Während der Kriegswirren verkümmerten die schönen Gärten und niemand hatte Zeit, die verlassene Stätte zu neuem Leben zu erwecken. Heinrich IV. aber, dank seiner städtebaulichen Interessen, greift einen alten Plan der Regentin auf und läßt an dieser Stelle einen großen, von herrschaftlichen Wohnhäusern umschlossenen, durch Torbögen zugänglichen Platz entstehen, der der Erbauung, glänzenden Festen und Karussellen als Kulisse dienen soll. Die Parzellierung, die am 4. Juni 1605 abgeschlossen ist, sieht – auch dies ist eine Idee des Königs – den Bau von sechsunddreißig einheitlichen, eleganten, in drei Farben gehaltenen (in Weiß und Rot die aus Ziegel und Stein errichteten Mauern, in Blau die Schieferdächer) Wohngebäuden vor, die zu ebener Erde Laubengänge und vornehme Ladengeschäfte enthalten. Heinrich IV. sollte die Fertigstellung dieser Sehenswürdigkeit nicht mehr erleben.[9]

1607 gibt der König die Anregung zu einem ähnlichen Schmuckstück, dem Place Dauphine, als er dem Parlamentspräsidenten Harlay das Gartengelände zwischen der Conciergerie und dem Pont Neuf überläßt. Harlay erhält die Auflage, auch hier das dreieckige Landstück mit eleganten Wohnhäusern, Pavillons und Lauben zu einem harmonischen Ganzen zu fügen. Der Place Dauphine muß einer der bezauberndsten Plätze von Paris gewesen sein, aber im Gegensatz zum Place des Vosges ist von der großartigen Anlage heute nur ein einziges Haus übriggeblieben!

Auch der Pont Neuf – die älteste Brücke des heutigen Paris, von Heinrich III. begonnen – wurde unter der Regierung Heinrichs IV. fertiggebaut. Sie stellt die natürliche Verbindung vom Stadtkern zum belebten Straßenkreuz von Buci und dem Vorort von Saint-Germain her und erhält, mit der sie verlängernden Rue Dauphine[10] die beachtliche Breite von zehn Metern. Das bringt die Besitzer der fruchtbaren Gemüsegärten in den Uferauen, die Mönche des Augustinerklosters, in Harnisch.

»Ventre-Saint-Gris!« poltert der König gegen ihre Beschwerde, »die Häuser, die die Straße säumen werden, bringen Euch mehr ein, als sämtliche Krautköpfe der Stadt!« Womit sich die frommen Klosterbrüder zufriedengeben. Den Bauherren empfiehlt Heinrich eine einheitliche, schmucke Hausfront, damit sich dem »Auge von der neuen Brücke aus ein erfreulicher, harmonischer Anblick bietet«.

Die Breite ist nicht das einzig Besondere am Pont Neuf. Sie ist außerdem die erste und einzige Pariser Brücke ohne Häuser, die den Blick auf den Fluß freigibt. Sie hat die ersten Trottoirs von Paris und in einem ihrer Pfeiler befand sich eine Pumpe, die den Louvre und die Tuilerien mit Wasser versorgte!

Es wäre jedoch falsch, anzunehmen, daß die Baulust des Königs nur der Verschönerung seiner Hauptstadt galt. Viele Zweck- und Sozialbauten entstanden unter seiner Regierung. 1606 läßt er für die Armen und Siechen von Paris das Hôtel-Dieu am Domplatz von Notre-Dame und die Krankenhäuser Saint-Louis und Charité errichten.

Dieses Aufbauwerk Heinrichs IV. wäre ohne die Gesundung des Staates, seiner Gewerbebetriebe und seiner Landwirtschaft, ohne die straffe Verwaltung Sullys undenkbar. Manufakturen und Handel gewinnen mit der Unterstützung des Staates einen nie gekannten Aufschwung, französische

Waren werden wieder weit über die Landesgrenzen hinaus bekannt und beliebt. Lebensmittel sind reichlich vorhanden, köstliche Weine werden angebaut und Sullys berühmter, oft wiederholter Spruch »Labourage et Pastourage sont les deux mamelles de la France«[11] hat inzwischen Eingang in sämtliche Schulbücher gefunden. Heinrich kann mit Genugtuung feststellen:

»Zu meiner großen Befriedigung ist es mir geglückt, Schönheit und Reichtum meines Königreiches wiederherzustellen!«

1607 schreibt Heinrich an den Kardinal Joyeuse: »Ihr werdet meine Große Galerie, die bis zu den Tuilerien reicht, vollendet finden, Gold und Stukkaturen in der Kleinen sind auch

Das Schloß von Saint-Germain

fertig und Wandgemälde schmücken den Tuilerienpalast. Meine Gärten zieren zahlreiche Pflanzen, Brunnen und ein Fischteich. Der Place Royale bei der Porte Saint-Antoine und die Manufakturen sind zu Dreivierteln vollendet, der Rest kommt nächstes Jahr. Über zwei- oder dreitausend Betriebe und Ateliers arbeiten für die Verschönerung unserer Stadt... Ihr werdet nicht aus dem Staunen herauskommen, so sehr hat sie sich verändert!«

Mit großem Interesse verfolgt er an Ort und Stelle die Fortschritte der Arbeiten. »Der große Kanal im Park von Fontainebleau«, erzählt Malherbe im August 1606, »ist seine ganze Leidenschaft, und man kann ihn bei dieser Gluthitze von fünf oder sechs Uhr früh bis Mittag ohne Sonnenschirm sitzen

und den Maurern und Erdarbeitern aufmerksam zuschauen sehen.«

»Ich wüßte niemanden in Fontainebleau so schlecht untergebracht wie Gott«, mäkelt der Spanier Don Pedro, als er feststellt, daß die Schloßkapelle noch nicht restauriert ist.

»Wir Franzosen«, erwidert ihm Heinrich bissig, »tragen den Herrgott in unseren Herzen und zwängen ihn nicht in vier Wände wie Ihr in Spanien!«

»In Saint-Germain«, fährt der König in seinem Schreiben an den Kardinal von Joyeuse fort, »habe ich weitergeführt, was Ihr im Anfangsstadium gesehen habt. Wenn Ihr wiederkommt, werdet Ihr den Park umfriedet finden, den Kanal sehr weit fortgeschritten. Sechzigtausend Bäume habe ich dieses Jahr schon pflanzen lassen, und vor Einbruch des Winters sollen noch sechstausend Obstbäume dazukommen. Alle Kanäle sind gereinigt und entschlammt, der Hühnerhof ist fast fertig. Ein Aquädukt wird mir reichlich Wasser für das Schloß und die Gärten herbeischaffen...«

Schon im Jahr 1604 rühmte ein Zeuge das Schloß mit den Worten: »Der König ließ in Saint-Germain mehrere Gebäude errichten, die vorher nicht vorhanden waren. Das Ganze ist eindrucksvoller als Tivoli! Hier wächst der Dauphin mit Madame, seiner Schwester, heran, denn es ist wunderschön hier, die Luft dank der vielen Bäume gesünder und milder als sonstwo. Das Schloß erhebt sich am Rande eines Hügels, der fast schroff in eine weite Ebene von fünf Meilen abfällt, durch die sich die Seine windet. So weit das Auge schweift, sind Wälder, Wiesen und Felder. Unterhalb des neuen Schlosses durchschneiden den Hang mehrere kunstvoll angelegte Terrassen. Sie sind durch breite Treppen miteinander verbunden, unter denen sich Grotten, Wasserfälle, Gärten und Brunnen verstecken, die der Natur nachgebildet scheinen... König Heirich ließ auch Wasserspiele anlegen, die auf sein Geheiß den ahnungslosen Spaziergänger pudelnaß spritzen.«

Selbst der Geschichtsschreiber de Thou kann seine Bewunderung nicht verhehlen: »Der König hat Wildgehege, Fischteiche und Gärten von solcher Pracht anlegen lassen, daß er damit seinen Großonkel Franz I. übertrifft, worüber er sehr stolz ist.«

»Zur gleichen Zeit«, berichtet der Chronist Palma-Cayet, »ließ es sich der König einhundertdreiundachtzigtausend Ecus kosten, einen schiffbaren Kanal von der Seine zum Loire durchzustechen, für dessen Fertigstellung man drei Jahre benötigte. Wenig später wurde ihm ein viel kühneres Projekt unterbreitet, dessen Verwirklichung wirtschaftlich und militärisch ungeahnte Möglichkeiten bieten konnte. Es handelte sich um einen Kanal, der den Atlantischen Ozean mit dem Mittelmeer verbinden und die Umschiffung von Gibraltar überflüssig machen sollte...«

Wenn einer seiner Ratgeber ihm eine Maßnahme vorschlug, die er nicht gutheißen konnte, pflegte Heinrich zu sagen:

»Bedenkt, daß Ihr es mit einem in Erfahrung ergrauten König zu tun habt, der sein Land in und auswendig kennt!«

Tatsächlich hat keiner seiner Vorgänger oder Nachfolger das Königreich so ausgiebig durchstreift wie er. Abgesehen von der »Großen Reise«, die Frau Katharina unternahm, um dem jungen Karl IX. das Land zu zeigen, über das er regieren sollte, ist Heinrich auf seinen jahrelangen Feldzügen während der Religionskriege auf Pferderücken bis in die entferntesten Winkel und Provinzen vorgedrungen. Er kennt seine Untertanen und sie kennen ihn besser als andere Könige vor ihm und nach ihm. Aber auch in Friedenszeiten hält es ihn nie lange an einem Ort. Unermüdlich ist er unterwegs, von Stadt zu Stadt, von einem Relais zum anderen, wo immer frische Pferde für ihn bereitstehen. Selbst wenn er mit nur kleinem Gefolge und einigen Knappen reist, was oft der Fall ist, braucht er gut sechzig Rosse an jeder Station.

Diese Reisen geben ihm Gelegenheit, sich von den ungeheuren Aufbauarbeiten zu überzeugen, die Sully in knapp zehn Friedensjahren leistete, geduldig, zäh und unermüdlich. Ein Vierteljahrhundert Bürgerkriege hatte Straßen und Wege verfallen lassen, die Posthaltereien lagen ausgeplündert und verwaist, viele Brücken waren eingestürzt. Das neue Jahrhundert brachte grundlegende Änderungen. Die Hauptverbindungswege sind wieder beschottert, die riesigen Schlammlöcher, einst der Alptraum der Reisenden, aufgeschüttet und für Roß und Wagen bequem passierbar, beschattet von Sullys berühmten Ulmen. Der schlaue Wegemeister hatte aber nicht nur an den Schatten für Mensch und Tier gedacht, als er die Straßen mit Ulmen säumen ließ. Ihm war es um das Holz für die Zimmerleute zu tun, die früher weit bis ins Landesinnere zu den Wäldern vordringen mußten, wenn sie Material für den Schiffsbau und die Geschützlafetten brauchten. An jedem Dorfeingang, in jedem Schloßpark rauschen die Ulmen, die, wenn sie gefällt werden, sofort durch junge Bäume ersetzt werden müssen.[12]

Durch die Religionskriege waren ganze Landstriche verödet. Felder und Wiesen lagen brach, das Vieh war umgekommen, die Bewohner wurden in alle Winde verstreut. Ives Casaux schätzt die Zahl der zerstörten und verlassenen Dörfer auf zweihundertfünfzig, deren Bauern verschuldet in Wucherhände gerieten. Bewaffnete Banden, meist ehemalige Soldaten unter Führung entlassener Offiziere, die im Frieden kein Auskommen mehr hatten, machten durch Raub das Land unsicher, brandschatzten und vergewaltigten, was ihnen unter die Finger kam. Die Erinnerung an den berüchtigten Hauptmann Guillery, der sich 1604 in der Feste von Essarts verschanzte und dem man mit einer Truppe von viertausendfünfhundert Mann zu Leibe rücken mußte, ist bis heute lebendig.

Langsam griff die Verarmung von der Landbevölkerung auch auf den Kleinadel über. Er war durch die Kriegsfolgepflicht verschuldet und hatte im jahrelangen Waffendienst verlernt, seine Güter zu bewirtschaften. Viele wurden von den Pfandleihern aus Schloß und Grundbesitz vertrieben.

»Was Frankreich und ich am meisten brauchen«, hatte Heinrich IV. zu Beginn seiner Regierungszeit gesagt, »ist Zeit zum Luftschnappen.« Er sollte recht behalten: die ersten Anzeichen des beginnenden Reichtums machten sich mit dem Aufblühen des Handels bemerkbar.

Die Grundlage für diesen Wirtschaftsaufschwung war die Neuordnung des Finanzwesens und die Schaffung eines verantwortungsbewußten Beamtenapparats, der der Korruption der Steuereinnehmer ein Ende bereiten sollte. Nur wenige Zahlen sind nötig, um Sullys Leistung deutlich zu machen. Jean d'Eblée weist in seinem 1946 erschienenen Werk darauf hin, daß sich die Staatsausgaben im Jahre 1597 auf dreißig Millionen Livres beliefen, denen Einnahmen von nur zwanzig Millionen gegenüberstanden. Nur drei Jahre später war es dem Oberintendanten der Finanzen durch eine Neuregelung der Steuereinnahmen gelungen, die Ein- und Ausgaben des Staates ins Gleichgewicht zu bringen. Beim Tod des Königs, im Jahre 1610, betrugen der Schatz, den er in der Bastille angehäuft hatte, fünf Millionen in Gold, die Ersparnisse elf Millionen. Drei Millionen und sechshunderttausend Livres Schulden waren an die protestantischen Niederlande, sechs Millionen an die Eidgenossen zurückgezahlt worden, ohne den Steuerzahler mit Sonderabgaben zur Kasse zu bitten. Der Schlüssel zu diesem Erfolg war, im Jahre 1606, die Gründung einer Aufsichtsinstanz mit der Aufgabe, »den Finanzbeamten die Unsitte der Wuchergewinne auszutreiben.«

Heinrich IV. und sein »Grand-Maître« hatten auch erkannt, daß es Pflicht des Staates war, die Not der Ärmsten zu lindern. So wurde im Lauf der Jahre der Steuersatz der Taille[13] reduziert und die »Pancarte«[14], die jedes verkaufte Pfund Ware mit fünf Sous besteuerte, ganz abgeschafft. Allerdings mußten die Einkünfte der »Pancarte« durch eine Pachterhöhung[15], die »Gabelle«[16] und eine außerordentliche Steuer in Städten und großen Marktflecken ersetzt werden.

Darüber hinaus gewährt Sully den kleinen Leuten einen Nachlaß ihrer Steuerrückstände, der sie vor dem Schuldturm rettet. Aber gegen diejenigen, die sich durch erschlichene

Adelstitel und über andere krumme Wege der Zahlung der Taille entzogen, geht er mitleidlos vor.

Heinrichs »Grand-Maître« hat noch eine revolutionäre Reformidee im Kopf, die der König mit Begeisterung gutheißt und die Verwaltung fortan mit einem neuen Geist belebt. Sie besteht darin, die Ämter im Justiz- und Finanzwesen fortan mittels einer jährlichen Abgabe von 1/60 der Einkünfte erblich zu machen. Wie in Frankreich üblich, wird die Einziehung dieser Abgabe sofort einem Pächter übertragen, der in diesem Falle Charles Paulet hieß und der neuen Steuer prompt ihren Spottnamen gab: die »Paulette«.

Man muß sich vor Augen halten, daß bis zu diesem Zeitpunkt sämtliche Staatsstellen und Ämter käuflich erworben wurden, wie es noch heute in Frankreich für Rechtsanwälte, Notare, Wechselmakler und andere der Fall ist. Sullys Reform verschafft dem französischen Staat, selbst in den souveränen Provinzregierungen, Parlamenten, Finanz- und Gerichtshöfen usw., ganze Dynastien von Verwaltungsbeamten, in denen der Staatsdienst zur Familientradition gehört.

Es wäre natürlich übertrieben anzunehmen, Heinrich IV. und sein Minister hätten Frankreich von einem Tag auf den anderen aus einer Wüstenei in ein Schlaraffenland verwandelt. Der Weg von der bitteren Armut zum sonntäglichen Huhn im Topf war noch weit, und mancher Bauer schätzte sich glücklich, wenn er eine bescheidene Scheibe Speck in seiner Suppe fand! Aber die Zeiten der großen Hungersnöte, in denen das Volk auf den Feldern das unreife Korn schnitt und man an einem einzigen Tag auf dem Kinderfriedhof in Paris über siebentausend hungernde Bettler zählte, waren vorbei. Es war auch nicht mehr nötig, »die Verwendung von teurer Goldstickerei auf den vornehmen Hofgewändern« zu verbieten, wie zu Beginn von Heinrichs Regierungszeit zum größten Leidwesen der edlen Damen geschehen, um die Kapitalflucht über die Landesgrenzen zu verhindern, da alle kostbaren Stoffe und Materialien aus dem Ausland kamen.

Inzwischen gab es überall wieder blühende Handwerksbetriebe, die erlesene Seidenstoffe, Lederwaren und feinste Tuche herstellten. Heinrich schwebte es vor, der Seidenraupenzucht, die seit über zweihundert Jahren in der Gegend von Avignon angesiedelt war, neuen Aufschwung zu geben, und aus den Büchern wird ersichtlich, daß in den ersten Jahren des Jahrhunderts viertausend weiße Maulbeerstauden nach Paris, Lyon, Tours und Orléans geliefert wurden, von den Samen ganz zu schweigen. Experten wandern in die Anbaugebiete, um die Züchter in der Pflege, Nahrung und Auswertung der Raupen zu unterweisen. Aber der Erfolg bleibt aus. »Dem Franzosen«, sagt man, »fehlt die Ausdauer. Er ist nur am raschen Erfolg interessiert.« Und bei der Seidenraupe dauert es mindestens fünf Jahre, bis man die Früchte seiner Arbeit ernten kann!

Bessere Resultate sind mit der Wiedereinführung der Webstühle zu verzeichnen. In früheren Zeiten war Paris für die Herstellung unverwüstlicher Tuche[17] und für die Kunstfertigkeit seiner Färbereien weltberühmt. Damit hatten Kriege und Mißbrauch des Zunftwesens gründlich aufgeräumt. Niemand redete mehr von den kostbaren, hochroten Tüchern aus dem Stadtviertel von Saint-Marcel, das Handwerk schien mit den letzten Meistern ausgestorben. Von den 1600 Webstühlen in Provins[18] sind gerade noch vier übrig.

Das änderte sich jetzt. Schon 1601 rief Heinrich IV. flandrische Meister nach Paris, die in den Ateliers der reichen Färberfamilie Gobelin die Kunst der Teppichwirkerei lehren und ausüben sollten. Die daraus hervorgegangene Manufaktur der Gobelins existiert noch heute, und es wird jetzt wie damals in der herkömmlichen Art, teilweise an den alten Webstühlen gearbeitet. Den aus Italien eingewanderten Glasbläsern verleiht man die französische Staatsbürgerschaft, um sie im Land zu halten; die Gegend von Senlis entwickelt sich unter flämischer Anleitung zu einem Zentrum der Spitzenklöppelei. In Montpellier beginnt man, feinen Samt, Satin und Taft herzustellen. La Rochelle spezialisiert sich auf die

Gerberei. Sully richtet in seinem Lehnsgut von Mantes Webstühle zur Fabrikation von »edlem Bologneser Krepp« ein.

Überall im Königreich wird emsig gewerkelt, gehämmert und gewirkt. Hardouin von Péréfix berichtet: »Dem Beispiel des Königs folgend, sieht man überall die Bürger ihre vom Krieg zerstörten Häuser instand setzen. Die Adligen legen die Waffen aus der Hand und fangen an, ihre Güter zu verwalten und ihre Einkünfte durch allerlei Geschäftigkeit zu erhöhen. Das ganze Volk ist an der Arbeit, und es ist erstaunlich, wie das Königreich, das noch vor fünf oder sechs Jahren einer Höhle für Natterngezücht und wilde Tiere, einem Schlupfwinkel für Diebe, Wegelagerer und andere Galgenvögel glich, durch diesen großen König von allen seinen Übeln befreit und in einen riesigen Bienenstock verwandelt wurde, in dem es vor Geschäftigkeit summt und eifrig Wachs und Honig gesammelt wird.«

18

Le Vert-Galant

*»... der Euch millionenfach
die Hände küßt!«*

Heinrich IV.

Am Montag, dem 19. Dezember 1605, gegen fünf Uhr abends überquert der König, von der Jagd heimkehrend, den Pont Neuf, der damals seinen Namen voll und ganz verdiente, hoben sich doch die stämmigen Brückenpfeiler in leuchtender Helle aus den Wassern der Seine. Das Bauwerk war zwei Jahre vorher von Heinrich eingeweiht worden, aber fertig war es noch längst nicht, und nur Neugierige oder Tollkühne wagten sich bis jetzt auf den schwankenden Bretterbelag, wobei sich einige von ihnen bereits den Hals gebrochen hatten.

Der König hat es nicht eilig an diesem Dezemberabend und läßt sich, gefolgt von einigen Edelleuten, von seinem zögernden Schrittes gehenden Pferde gemächlich ans andere Ufer tragen, während er den Ausblick auf die Seine genießt. Plötzlich löst sich eine Männergestalt aus dem Dunkel, springt mit einem Satz auf den Reiter zu und zerrt so heftig an seinem Mantel, daß er das Gleichgewicht verliert und fast vom Pferde gefallen wäre. In der Hand des Angreifers blitzt ein Dolch:

»Gib mir mein Königreich wieder!« heult er, mit dem Messer fuchtelnd.

Schon stürzen die Knappen herbei und packen ihn.

»Schafft ihn ins Gefängnis, aber tut ihm nichts zuleide!« befiehlt Heinrich, als sie den Mann abführen, der sich noch einmal kichernd umdreht und ruft:

»Hab' ich Dir einen schönen Schrecken eingejagt, he?«

Ein Verrückter? Viel ist nicht aus ihm herauszubringen. Er behauptet, von Pharamond, dem sagenhaften ersten französischen Staatsoberhaupt abzustammen und Herrscher über alle zu sein. Man schließt auf geistige Umnachtung und läßt den Irren im Gefängnis verschwinden, wo er einige Jahre später stirbt. Er nannte sich Jacques des Isles.

Das Attentat war keine Ausnahme im Leben Heinrichs IV. Jacques Clément, der Mörder Heinrichs III., hatte etliche Nachfolger! Anfang 1596 wurde in Chartres Jean Guesdon, ein Rechtsanwalt und Ligaanhänger aus Angers verhaftet und angeklagt, Mordabsichten gegen den König zu hegen. Am 16. Februar wurde er in Paris gehängt und sein Leichnam auf dem Place de Grève verbrannt. Am Ende des gleichen Jahres fand in Neaux die Hinrichtung eines Italieners statt, der eine Armbrust auf den Monarchen angelegt hatte. Am 3. April 1599 waren es gleich zwei, ein Jakobiner und ein Kapuzinermönch, die auf dem Place de Grève gerädert wurden, weil man ihnen nachweisen konnte, daß sie Heinrich IV. zu töten beabsichtigten. Aber auch Frauen waren an den angeblichen oder tatsächlichen Mordplänen beteiligt: Am 2. Juni 1600 überantwortete man Nicole Mignon, eine Giftmischerin, dem Henker, weil sie vorhatte, über dem Bett Heinrichs IV. eine Lösung auszugießen, deren tödliche Dämpfe ihn ins Jenseits befördern sollten...

Drei Jahre nach dem Mordanschlag von Jacques des Isles fällt das Haupt (denn er ist von Adel)[1] des normannischen Hexenmeisters Saint-Germain de Bacqueville unter dem Schwert des Henkers, »weil er mit Zauberei, Beschwörung

*Der Pont Neuf mit dem Reiterdenkmal Heinrichs IV.
Kupferstich von J. A. Le Campion, 1792*

und Nadelstichen in eine Wachspuppe dem König nach dem Leben getrachtet habe...«

Zauberer, Irre, religiöse Fanatiker treten in den Teufelskreis, aber niemand weiß, ob nicht andere hinter ihrer Tat stehen.

Am 9. Juni 1606 spielt sich ein tragikomischer Vorfall ab, der es Henriette erlauben wird, ihr Schloß von Verneuil zu verlassen, wo sie sich tödlich langweilt. Es ist ein regnerischer Sommernachmittag. Der König und die Königin kommen von einem Besuch beim Dauphin in Saint-Germain zurück. Schwerfällig rollt die wuchtige, von sechs Pferden gezogene Karosse die Straße von Nanterre hinunter an die Seine, von wo sie ein großes Fährschiff an das rechte Ufer zum Weiler von Neuilly übersetzen soll. Es hat noch nie eine Brücke an dieser Stelle gegeben, und der Fährdienst wird seit Menschengedenken von den Mönchen von Saint Denis versehen.

Ein feiner Regen hat eingesetzt. Der König duselt im Wageninnern vor sich hin.

Plötzlich fühlt er sich jäh aus dem Schlaf gerissen und kippt von seinem Sitz. Eines der Pferde war auf den glitschigen Planken der Fähre ausgerutscht, gestürzt und hatte die Kutsche nachgezogen, die sich zur Seite neigt. Ihre Türen öffnen sich schlagartig und die Königin, die Prinzessin Conti und der kleine Vendôme, Sohn von Gabrielle d'Estrée, verschwinden mit lautem Platschen in den Fluten.

»Meiner Frau nach, rettet die Königin!« ruft Heinrich, der im Innern der Karosse hängengeblieben war, sich aber, wie der Kaplan Giovannini erzählt, sofort in die Seine stürzte. »Als der Kopf der Königin an der Wasseroberfläche auftauchte, faßte sie der Baron de la Châtaignerie, der sich unter dem Gefolge befand, an den Haaren. Vom König unterstützt, zog er sie ans Ufer. Sie hatte viel Wasser geschluckt und japste und spuckte erbärmlich. Die Prinzessin Conti mußte sich selber helfen...«

Alle Beteiligten finden sich triefend naß in Neuilly wieder und setzen zu Fuß den Weg in Richtung auf den Kugelspielplatz »du Mail«[2] (an der heutigen Porte Maillot) fort, bis sie von einer anderen Karosse eingeholt werden, die sie, noch immer bis auf die Haut durchnäßt, nach Paris bringt.

Maria legt sich vorsichtshalber zwei Tage ins Bett – sie könnte einen Schnupfen bekommen – und verlangt, daß man so schnell wie möglich bei Neuilly eine Holzbrücke baut. Heinrich behauptet, daß er durch das Abenteuer seine Zahnschmerzen losgeworden ist, die ihn seit Tagen plagten, und daß er ohnedies von dem stark gesalzenen Mittagsmahl durstig gewesen sei...

Alles wäre in bester Ordnung, wenn nicht die Marquise von Verneuil das Geschehnis zum Vorwand gewählt hätte, um aus ihrer Verbannung wieder am Hof zu erscheinen und dem König in den rührendsten Worten zu schildern, wie überglücklich sie sei, ihn vom Tod des Ertrinkens gerettet und wohlauf zu wissen...

Wie zu erwarten war, geht ihre Rechnung auf, sie empfängt aufs neue den unbelehrbaren Vert-Galant in ihrem Alkoven, die Kuriere galoppieren wieder von Paris nach Verneuil, überbringen Briefe, Botschaften und Liebesschwüre und geben Maria Gelegenheit, ihrem Onkel in Florenz zu schreiben: »Diese Frau hat nie etwas andres im Kopf gehabt, als mich zu quälen und mir Ärger zu bereiten.«

Die meisten Botschaften, die Heinrich nach Schloß Verneuil bringen läßt, künden seine Ankunft im Morgengrauen an.

Am 21. Oktober 1606 schreibt er: »Mein Alles, ich dachte, heute abend schon bei Euch zu sein, aber es wird Morgen, bis ich Eure Vorhänge öffnen und Euch beweisen kann, daß ich Euch mehr liebe als je zuvor. Ich küsse Euch millionenfach...«

Oder am 25. Oktober 1606: »Mein liebes Herz, morgen früh um halb sieben oder sieben will und muß ich Euch in die Arme schließen! Steht also nicht zu früh auf, es ist früh genug, wenn Ihr um neun Uhr nach Courances aufbrecht. So bleibt uns eine Stunde für unsere Liebe...«

Heinrichs Herz steht wieder lichterloh in Flammen, auch wenn die Liaison, wie früher, von Gewittern erschüttert wird und den König manchmal die Zweifel plagen. »Madame«, fleht er im Oktober 1607, »bedenkt doch, daß ich diesen Ton und diese Behandlung nicht verdiene!«

»Ich bin wie ich bin!« tönt die gehässige Antwort. »Wenn Ihr wollt, könnt Ihr fernbleiben; überhaupt habe ich von Euch nur Häßliches erfahren.«

Aber im folgenden, ungewöhnlich kalten Winter versöhnt sich das unverträgliche Liebespaar wieder und am 22. Mai 1608 schleicht sich die Erinnerung an alte Zeiten in die Zeilen, die der Fünfundfünfzigjährige für die Geliebte auf das Papier wirft:

»Geliebtes Herz... ein Feldhase, dem ich heute nachjagte, führte mich bis zu den Felsen von Malesherbes und rief die

Stunden größter Glückseligkeit in mein Gedächtnis zurück! Wie sehr hätte ich gewünscht, daß Ihr bei mir wärt. Oh möge alles, was ist und was noch kommt, hinter dem Gewesenen verblassen! Denkt daran, wenn Ihr diese Zeilen lest, oder wenn Ihr künftig auf den Wegen wandelt, die mich so oft zu Euch führten... Geliebte meines Herzens, wenn ich schlafe, erscheint Ihr mir im Traum und wenn ich wache, gehen meine Gedanken zu Euch, die ich millionenfach küsse.«

Noch am 21. Oktober 1608 schreibt Heinrich an Henriette: »Geliebtes Herz, dieser Brief ist glücklicher als ich, denn er wird in Euren Armen schlafen...«

Mag das Jahr 1608 auch die Erinnerung an »Stunden der Glückseligkeit« wachrufen, es läßt auch die Stunde der Trennung schlagen... das Ende einer Passion. Es hat lange gedauert, bis sich die Augen des Königs endlich für das öffnen, was er nie wahrhaben wollte: die Bosheit, die Herzlosigkeit und die Habgier seiner teuflischen Geliebten. »Ihr beliebt zu spotten«, schreibt er ihr in einem Ton, den man von ihm nicht gewöhnt ist. »Ihr glaubt mich zu kennen? Ihr werdet mich ebensowenig nach Eurer Geige tanzen sehen, wie Ihr Euch in ein Geschöpf der Güte und Weisheit verwandelt. Tut, was Euch beliebt, und wenn Ihr nach Verneuil zurückkehren wollt, werde ich Euch nicht daran hindern. Ihr behauptet, mich zu lieben, aber wenn Ihr das Haus verlaßt, wenn ich komme, wird diese Behauptung nicht gerade bekräftigt... womit ich Euch die Hände küsse.«

Eine kleine, vielsagende Episode spiegelt sich in einem der letzten Schreiben des Königs wider: »Ich fand heute morgen während der Messe Gebete in spanischer Sprache im Gebetbuch unseres Sohnes, die er von Euch erhalten hat, wie er mir sagte. Eigentlich sollten Euch Eure spanischen Beziehungen so schlecht bekommen sein, daß Ihr dieses Land aus Eurem Gedächtnis streichen müßtet... Es hat mich lange nichts so aufgebracht, wie diese Sache, aber das wird Euch gleichgültig sein.«

Henriette bemerkt zum ersten Mal – zu spät –, daß der Geliebte ihr zu entgleiten droht. Sein plötzliches Schweigen, das Ausbleiben seiner Briefe beunruhigt sie. Die Erklärung erhält sie wenig später: »Es ist nicht Trägheit, die mich daran hindert, Euch zu schreiben, sondern die Überzeugung, die sich mir im Lauf der letzten fünf Jahre eingeprägt hat: daß Ihr mich nicht liebt. Euer Verhalten stand in dieser Zeit in so vollständigem Widerspruch zu Euren Worten und Briefen und erst recht zu der Liebe, die Ihr mir geschworen habt, daß Eure Undankbarkeit meine Leidenschaft, so stark sie auch war, schließlich erstickte. Wenn Ihr auch nur einen Funken von Neigung für mich übrig habt, solltet Ihr Reue verspüren...«

Aber Henriette wird eher vom Teufel geritten als von der Reue gepackt. Momentan ist der Stiftsvogt von Mans ihr Geliebter, und wenn man Tallemant des Réaux Glauben schenken soll, muß sie das ausschweifende Leben »eines Sardanapal geführt haben, denkt nur noch an Eßgelage und wird abscheulich fett«.

Von der gleißenden Liebesgeschichte, die zeitweise die europäischen Höfe in Atem hielt, bleibt nichts als ihre schäbigen Intrigen, die sie im Dunkeln weiterspinnt... und ein Bündel vergilbter Briefe.

Heinrichs wieder aufflammende Leidenschaft für die Marquise de Verneuil hatte ihn nicht daran gehindert, mit der blonden Jacqueline de Bueil ein Söhnchen zu zeugen. Es erhält den Namen Antoine de Bourbon – in Erinnerung an den vor fünfundvierzig Jahren verstorbenen Vater – und die Grafschaft von Moret in die Wiege gelegt.

Aber kurz nach der Geburt des Knäbleins, das in der königlichen Kinderstube Aufnahme findet, muß Heinrich feststellen, daß das unschuldige Blondchen eine Liaison mit dem Prinzen von Joinville unterhält und dazu noch einen anderen Liebhaber hat. Wer im Glashaus sitzt, sollte nicht mit Steinen werfen, aber immerhin... diese Pille scheint ihm doch reichlich bitter!

Er beeilt sich, die Treulose durch die jugendliche Charlotte des Essarts zu ersetzen, die sich bald darauf mit dem Titel Gräfin von Romorantin und einer großzügigen Pension in einem fürstlich möblierten Wohnsitz niederläßt. Nicht für sehr lange, das muß selbst der unvoreingenommenste Beobachter zugeben. Gerade lange genug, um ein kleines Mädchen zur Welt zu bringen und durch Bekanntwerden einer früheren Liebschaft mit feurigen Liebesbriefen, die am Hof von Hand zu Hand gehen, einen Skandal zu erregen. Der König hat für vieles Verständnis, aber der merkantile Geist der unschuldigen Mägdlein, die nach seiner Gunst gieren, stößt ihn ab. Charlotte wandert mit ihrem Töchterchen ins Kloster, aus dem sie bald entflieht, und weiter ein recht lockeres Leben führt. Die kleine Jeanne-Baptiste von Bourbon dagegen wird später Äbtissin von Fontevrault.

Das Schloß Fontainebleau. Stahlstich, um 1840

Neben Jacqueline und Charlotte macht der Herzensbrecher noch einige andere Eroberungen, darunter Maria d'Entragues, die Schwester von Henriette, die gleichzeitig auch als Mätresse von Bassompierre und Bellegarde gilt... Die alten Freunde des Königs haben noch immer den gleichen Geschmack wie er! Was ist im sechzehnten Jahrhundert nicht alles möglich! Man kann sich vorstellen, daß diese Zustände nicht gerade zum Ehefrieden des Königspaares beitragen. Maria kann und will sich nie mit der Flatterhaftigkeit ihres Gemahls abfinden und macht ihm die fürchterlichsten Szenen. Manchmal wird ihm ihr Gezänk so unerträglich, daß er sich in seinem Bedürfnis nach Stille und Freiheit absichtlich auf der Jagd »verirrt« und erst nach Stunden einsamen Herumschweifens in den Wäldern mit verdreckten Stiefeln und spottlustigen Augen wieder auftaucht.

Ein anderer Stein des Anstoßes ist Heinrichs »Kinderstube« in Schloß Saint-Germain. Der kindernärrische König besteht darauf, daß seine Bastarde – immerhin drei von Gabrielle d'Estrée, zwei von Henriette d'Entragues und zwei von Jacqueline de Bueil und Charlotte des Essarts – zusammen mit den Kindern aufgezogen werden, die Maria ihm schenkte: dem Thronfolger Ludwig, Elisabeth, der späteren Königin von Spanien, die 1602 geboren wurde, Christine von Frankreich, 1606 geboren und zukünftige Herzogin von Savoyen, Nicolas, der nur von 1607 bis 1611 lebte, Gaston von Orléans, dem 1608 geborenen Intriganten, der mit seinen verräterischen Umtrieben seinem Bruder Ludwig XIII. die Existenz vergiften wird, und schließlich Henriette, die erst 1609 das Licht der Welt erblicken und einmal Karl I. von England heiraten sollte... Diese »kleine Truppeneinheit von Saint-Germain«, wie Maria das Völkchen nennt, stammt also von fünf verschiedenen Müttern![3]

Am 14. September 1606 findet in Fontainebleau die Taufe des fünfjährigen Dauphin mit seinen beiden Schwestern statt. Es ist ein großes Fest zu Ehren der Königskinder, für das im ovalen Hof des Schlosses eine Bühne und Reihen von Sitzbänken wie in einem Amphitheater errichtet werden, die durch ein Zeltdach von der Sonne geschützt sind.

Die Schweizergarde führt die Prozession unter dem Klang von Trompeten, Trommeln und Pfeifen an. Ihnen folgen die hundert Ritter der königlichen Kammer, mit den noch nicht entzündeten Fackeln in den Händen. Neun Waffenherolde künden die Ankunft der Königskinder an, die von den Rittern des Michaels- und des Heiliggeist-Ordens umgeben und von den Edelleuten begleitet sind, die die Ehre haben, die silberne Taufschale, die Wasserkanne, das Salzgefäß und das Kissen zu tragen. Als Patin hat man die Schwester der Königin, die Herzogin von Mantua, gerufen, während sich der Papst und Taufpate Paul V. durch den Nuntius vertreten läßt. Gerade als die endlose, feierliche Zeremonie auf ihrem Höhepunkt angelangt ist, verschwindet die Sonne hinter den

Baumwipfeln und die Fackeln werden angezündet, deren flackerndes Licht die Waffen, Kleinodien und goldverzierten Gewänder geheimnisvoll aufblitzen lassen. Den glanzvollen Abschluß des Festes bildet ein Feuerwerk, das Sully, der Oberfeldzeugmeister, nach eigenen Anweisungen fertigen und nach dem Souper abschießen läßt. Das Schlußbouquet zeigt ein leuchtendes Schloß, das bunte Lichtgarben in den Nachthimmel zeichnet und von einem feuerspeienden Drachen mit Funken übersprüht wird...

»Wie wollt Ihr denn heißen?« fragte die Gouvernante Madame de Montglat den Dauphin.

»Heinrich, wie mein Vater!« entgegnete der Kleine stolz. Aber sein Wunsch wurde nicht erfüllt. Der Nuntius entschied sich für Ludwig, in Erinnerung an den großen König, den man den Heiligen nannte, und der so oft im Wald von Fontainebleau gejagt hatte.

Heinrich vergöttert seine Kinder. Eines Tages spielt sich im Louvre eine Szene ab, deren bildliche Darstellung für Kupferstecher und Kunsthändler seither eine wahre Goldgrube bedeutete. Der spanische Gesandte betritt das Gemach des Königs, wohin er zur Audienz gebeten wurde. Er hat sich für diese wichtige Gelegenheit mit Sorgfalt gekleidet, der Degen blitzt an seiner Seite, die Ordenskette schaukelt auf seiner Brust, die Federn wogen an seinem Hut, den er in der Hand trägt. Doch auf der Schwelle bleibt er verdutzt stehen: Heinrich befindet sich nicht hinter seinem Arbeitstisch, sondern krabbelt auf allen vieren, den kleinen Ludwig auf dem Rücken, durch das Zimmer.

»Habt Ihr Kinder, Herr Gesandter?« fragt ihn der König.

»Gewiß, Sire.«

»In diesem Fall kann ich die Runde beenden«, meint der König befriedigt und nimmt die Reitübungen wieder auf.

Ingres hat auf seinem berühmten Bild das Familienidyll noch mit der Gegenwart der beiden ältesten Töchter Heinrichs IV. bereichert.

Der Vert-Galant ist vielleicht kein idealer Ehemann, aber als Familienvater unersetzlich, zärtlich und aufmerksam. Selbst die wichtigsten Staatsgeschäfte können ihn nicht davon abhalten, mit seinen Kindern – die ihn Papa und nicht, wie es der damaligen Sitte entsprach, »Monsieur« nennen – zu spielen, spazierenzugehen und zu schwatzen. Das Tagebuch, das Jean Héroard, der Leibarzt der Königsfamilie hinterließ, ist eine Fundgrube köstlicher Geschichten, die über das Leben, den Charakter und die Erziehung der Kinder Aufschluß geben. Unter dem 2. September 1604, in Fontainebleau, lesen wir: »Der König kommt mit dem Dauphin die Königin wecken; er zeigt ihm die Gärten, die Kanäle und die Karpfen im Teich, die er mit Brot füttert.« Zwei Tage später: »Um fünf Uhr nachmittags kehrt der König von der Jagd heim. Der Dauphin stürzt ihm mit ausgebreiteten Armen entgegen, was den König vor Freude und Rührung erblassen läßt. Er küßt und herzt seinen Sohn zärtlich und führt ihn mit sich in sein Kabinett...«

Heinrich nimmt am täglichen Leben seiner Kinder teil, ist bei ihren Mahlzeiten gegenwärtig, die er mit allerlei Späßen würzt, und zittert, wenn sie krank sind: »Ich bin sehr beunruhigt«, schreibt er 1608, »denn meine Kinderstube gleicht einem Spital: Meine Tochter Verneuil hat die Masern, mein Sohn Orléans den Keuchhusten. Gestern abend mußte der Dauphin zweimal erbrechen, und jetzt fängt auch noch meine Tochter mit Fieber an... gebt zu, daß ich ein geprüfter Vater bin!«

Seine Erziehungsmethoden sind von »durchgreifender Art«, das ist er von seiner eigenen Kindheit gewöhnt, wie wir gesehen haben. Bei dem Dauphin muß man die Rute gebrauchen, findet er, »denn er hat einen dicken Schädel... Hat Mutter Gla (Madame Montglat) meinen Sohn auch ordentlich verhauen? Sie soll es tun, denn ich habe auch manche Tracht Prügel bezogen, was mir sehr gut bekam.« Dazu ist zu bemerken, daß die Rute »über die Kleider« gegeben wird, und daß die »Züchtigung« auf den nackten Allerwertesten erfolgt.

Maria ist mit diesen Methoden nicht einverstanden. Sie findet, daß die Strafe oft unverhältnismäßig schwer für das begangene Verbrechen ausfällt: Eines Tages bekommt der Prinz dafür, daß er einem armen Sperling den Kopf zerquetschte, die Rute zu spüren, was die Königin für übertrieben hält.

»Madame«, antwortet ihr der König, »schickt ein Stoßgebet zum Himmel, daß ich lange lebe. Wenn ich einmal nicht mehr bin, wird er Euch mißhandeln!«

Merkwürdige Vorahnung, die sich später – allerdings nicht grundlos – bewahrheiten sollte. Vielleicht erlaubte es ihm einfach seine Menschenkenntnis, einen Blick in die Zukunft zu tun.

»Oho!« bellt Maria zurück. »Eure Bastarde würdet Ihr so nicht behandeln!«

»Um meine Bastarde mache ich mir keine Sorgen. Mein Sohn, der Dauphin, wird sie verhauen, wenn sie ihm nicht gehorchen. Er aber hat niemand, der ihm die Meinung sagt, und sei es mit der Rute in der Hand!«

Im Tagebuch des Arztes Jean Héroard findet sich noch manche andere lustige oder auch pikante Geschichte. Eines Tages betritt der Dauphin trommelnd und behelmt das Kabinett seines Vaters. »Als erstes nimmt man den Hut ab«, bestimmt Heinrich. Da der Sprößling nicht gehorchen will, nimmt er ihm den Helm weg. Geschrei. Dann nimmt ihm der König Trommel und Schlegel ab. Das Gebrüll nimmt zu: »Mein Hut, meine Trommel...!« Worauf sich der König den Helm selbst aufsetzt... Der Dauphin mit den Füßen stampfend: »Ich will meinen Hut!« Der Vater gibt ihm mit dem Helm einen Klaps auf den Kopf, aber es nützt alles nichts, die Wut des Prinzen nimmt zu. Jetzt faßt ihn der König an den Armen und stämmt ihn in die Höhe: »Heh, Ihr tut mir Weh! Ich will meinen Hut, ich will meine Trommel!« Auf das Geschrei hin eilt die Königin herbei und gibt dem Kind beides wieder. Es war eine kleine Tragödie... schließt Jean Héroard seinen Bericht des Tages.

Den Aufzeichnungen des Arztes zufolge sind die Kinder vom zartesten Alter an in das Privatleben der Eltern eingeweiht. Eines Morgens nimmt der König den kleinen Ludwig splitternackt zu sich und der Königin ins Bett und erteilt ihm auf seine völlig unbekümmerte Art die Grundlehre der Sexualkunde... Es gibt keine Geheimnisse für den Dauphin, der schon als Knirps erläutern kann, wie er es später einmal anstellen wird, um mit der Infantin Anna von Österreich ein Kind zu haben!

Héroard gibt in seinem Tagebuch auch einen überraschenden Dialog wieder, den er bei den Königskindern belauschte: Während er eines Tages mit den Söhnen von Gabrielle d'Estrée (dem Grafen und dem Chevalier von Vendôme) spielte, sagte der Dauphin, daß er Königssohn sei.

»Ich auch«, antwortet Vendôme.

»Ihr?«

»Natürlich, Monsieur. Nennt Ihr mich nicht Féfé?«[4]

»Ah..., aber Ihr wart nicht im Bauch meiner Mutter, wie ich! Wer ist Eure Mutter?«

»Es war die Herzogin von Beaufort, Monsieur.«

»Herzogin von Beaufort? Ist sie gestorben?«

»Sie ist weit fort, wenn sie noch lebt!« antwortet der Chevalier.

Wenig später nimmt Héroard den Prinzen beiseite: »Aber Monsieur, das sind Eure Brüder.«

»Ach was, es ist eine Hunderasse!«

»Und der Herr von Verneuil?«

»Der ist noch von einer anderen Rasse!«

»Von welcher, Monsieur?«

»Von der Marquise von Verneuil. Ich, mein Bruder Orléans, mein Bruder Anjou und meine Schwestern, wir sind von einer anderen Rasse!«

»Und welche ist die beste Rasse?«

»Meine! Dann kommt die von Féfé Vendôme und Féfé Chevalier, dann Féfé Verneuil, dann der kleine Moret. Aber das ist der letzte Dreck, er kommt nach meiner Sch...«

Der Winter, der auf Heinrichs Bruch mit Henriette d'Entragues folgt, bringt eine grimmige Kälte. »Seit den ersten Tagen dieses Jahres (1609) hatten wir klirrenden Frost«, notiert Pierre de l'Estoile. »Seit Menschengedenken konnte sich niemand an etwas Ähnliches erinnern. Dann folgte eine schreckliche Teuerung, vor allem für das Holz. Eine einzige Fuhre kostete sechs oder sieben Ecus...« Der König erzählt, daß sein Schnurrbart über Nacht steifgefroren war, und in der Kirche von Saint-André-des-Arts verwandelte sich der Inhalt des Abendmahlkelches in einen Eisblock. »Mehrere Personen«, fährt l'Estoile fort, »wurden tot in den Feldern gefunden. Ein Mann, der auf seinem Pferd von Norden her die Rue Saint-Martin in Paris erreichte, war zu einer Eissäule gefroren, und man mußte ihn steif und tot aus dem Sattel stemmen; zwei Frauen lagen erfroren vor der Pforte Saint-Marceau; eine davon, die Milchfrau von Villejuif, lehnte an ihrer Milchkanne...«

Die Wasser der Seine und sogar die der Rhône waren gefroren.

Zum Glück sind mit dem Nahen des Frühjahrs all diese Schrecken vergessen. Heinrich kann wieder auf die Jagd gehen, und wenn er nicht in den Wäldern herumstreift, gibt er sich mit Leidenschaft dem Ballspiel hin. »Die Franzosen werden mit einem Schläger in der Hand geboren«, schreibt 1604 den Engländer Dalington. »Es gibt hier mehr Ballspieler als Trunkenbolde in England!«

Man sieht den König aber auch viel in den Straßen von Paris und bewundert seine Frömmigkeit. »Zu Fronleichnam, am 12. Juni 1608«, lesen wir in den Aufzeichnungen von Pierre de l'Estoile, »sah man ihn, als ihm eine Prozession begegnete, vom Pferd steigen und mitten auf der Straße in die Knie sinken und das Allerheiligste anbeten...« Manche wollen allerdings wissen, daß diese Zeugnisse seiner Glaubenstreue nicht ganz echt sind. Hat man ihn nicht mitten in einer katholischen Messe zerstreut einen protestantischen Choral anstimmen hören?...

Während dieses Jahres 1608 gibt sich der König wieder einmal seiner übermäßigen Eßlust hin, was prompt einen Gichtanfall auslöst. Da er annimmt, daß die Nachricht von seiner Erkrankung in Madrid falsche Hoffnungen erwecken könnte, läßt er Don Pedro, den spanischen Botschafter, nach Fontainebleau kommen, wo er ihn in der riesigen, von Franz I. erbauten Galerie empfängt und zu einem Eilmarsch von einem Ende zum anderen und wieder zurück zwingt, bis der gesetzte Herr außer Atem ist:

»Habe ich Euch überzeugen können, mein Herr«, fragt er unschuldig, »daß mir die Gicht nicht übermäßig zu schaffen macht? Wenn die Spanier den Krieg wollen, sitze ich im Sattel, bevor sie den Fuß im Steigbügel haben!«

Don Pedro antwortet mit einem Loblied auf die spanische Streitmacht. »Das alles kann mich nicht beeindrucken«, schneidet ihm Heinrich das Wort ab, »wenn der König, Euer Herr, absolut nicht von seinen Wühlereien lassen will, wird er mich eines Tages in Madrid sehen!«

»Sire, Ihr wärt nicht der erste dort...«, womit er tückisch auf die Gefangenschaft Franz' I. anspielt.

»Eben darum, mein Herr. Ich hätte dort eine Scharte auszuwetzen. Aber... Ihr seid Spanier, ich bin Gascogner, lassen wir uns nicht zu einem hitzigen Wortgefecht hinreißen.«

Von da an verlief das Gespräch in einem überaus freundlichem Ton.

Die Briefe, die er im folgenden Jahr an die Königin richtet, spiegeln deutlich seinen Charakter, seine Neigungen und das Leben wider, das er führt.

Am 22. März 1609: »Mein Herz, die Zeit wird mir lang, bis ich Euch wiedersehe, aber heute ist der letzte Tag. Der Chevalier Vendôme hätte gestern abend fast eine Tracht Prügel bekommen. Aber dann kamen alle weinend zu mir gerannt, um mich um Mitleid mit ihm zu bitten. Fontenac und der alte Raranton schluchzten so herzzerreißend, daß mir vor Lachen die Tränen runterliefen... Morgen gehe ich auf die Pirsch...«

*Maria von Medici, Königin von Frankreich.
Gemälde von Peter Paul Rubens*

Ein andermal liest man: »Mein Herz, gestern hatten wir eine erfolgreiche Beiz, aber ich fürchte, daß es heute damit schlecht bestellt ist, denn es stürmt und sieht nach Regen aus. Die letzte Nacht konnte ich vor Husten und Migräne fast nicht schlafen und will schauen, ob mir beides auf der Hirschjagd vergeht!«

Ein passionierter Waidmann wie Heinrich übt mit Freuden alle Arten der Jagd aus, ob es nun eine mit Hifthorn und Halali, eine Hetzjagd, Hühnerjagd oder Sauhatz ist. Als er noch auf seinen Kriegszügen das Land durchstreifte, ließ er immer seine Hundemeute nachfolgen, für den Fall, daß sich zwischen zwei Gefechten etwa eine Wolfsjagd einschieben ließe... und die Falkner ritten gleich hinter den Streitern.

»Mein Herz«, schreibt er Maria, »ich hatte selten solchen Spaß wie heute!« Er begann den Tag, einen Geierfalken auf der Faust, mit einer Beiz auf Federwild, es folgte eine Wolfsjagd, dann nahm er bis zur Dämmerung die Spur eines Kronenzwölfers auf – und das alles bei einem durchdringenden Dauerregen. Man nehme nur ja nicht an, daß er sich danach ins Bett legte. Keinesfalls. Nach der Jagd kommt das Spiel... »mit der gleichen Leidenschaft«, berichtet uns Villegomblain. »Oft setzte er das Spiel – Würfel- oder andere Glücksspiele mit hohem Einsatz – in seinem Kabinett fort und holte seine Partner von der Straße, meist Leute minderen Standes, die vor keiner wilden Partie zurückschreckten, die bis in den Morgen dauern konnte.«

Nachdem er verloren hat – denn er ist kein guter Spieler – läßt er übelgelaunt Würfel oder Karten liegen und sucht Zerstreuung im Saal der Karyatiden, wo sich die knusprigen Ehrendamen der Königin im Fackelschein bis zu vorgerückter Stunde den Freuden des Tanzes hingeben. Glitzernden Auges trifft er seine Wahl, was schon längst niemand mehr am Hof aus der Fassung bringt – außer Maria.

Man kann sich Heinrich IV. beim besten Willen nicht eingezwängt in eine Hofetikette vorstellen, wie unter seinem Vorgänger Heinrich III.[5] und erst recht nicht in einer Atmosphäre der Beweihräucherung wie zu Zeiten seines Enkels Ludwig XIV. Heinrich IV. als Hauptfigur eines Balletts, in kratzfüßelnder Runde? Das ist undenkbar. Im Louvre und in Fontainebleau läßt er ein Minimum an Protokoll zu, gerade genug, um nicht die Ungezwungenheit seines Privatlebens zu stören, das bis zu seinem Tod formlos und allen zugänglich blieb.

So betritt Sully am Morgen des 1. Januar 1609 das königliche Schlafgemach, um seiner Herrscherin wie alljährlich, einer alten Sitte folgend, eine wohlgefüllte Börse als Neujahrsgabe zu überreichen. Das Königspaar liegt noch im Bett, Maria ist griesgrämig wie immer und tut, als bemerke sie nichts.

»Gebt sie mir«, sagt Heinrich munter, nach der Börse greifend. »Glaubt nicht, daß sie schläft, sie ist nur schlechter Laune. Die ganze Nacht hat sie mir Vorhaltungen gemacht...«

Damit springt er aus den Federn und verschwindet im Nachthemd mit seinem Minister in seinem Arbeitszimmer, denn es ist eine weitere Neujahrstradition, daß der Oberintendant der Finanzen die für die Hof- und Edeldamen der Königin bestimmten Gold- und Silbermünzen mitbringt.

»Ihr habt doch nicht etwa vor, die Geschenke aus der Hand zu geben, ohne sie gegen ein Küßchen einzutauschen?« fragt der König neckend, denn er weiß genau, daß er den Brummbär damit in Verlegenheit bringt. »Welche gefällt Euch denn am besten?«

»Meiner Treu', Sire... was soll ich dazu sagen? Ich habe anderes zu tun, als an Liebesgeschichten zu denken oder zu entscheiden, welche die Schönste ist. Ich würde sie küssen wie eine Reliquie, der ich ein Opfer darbringe!«

Lachend kehrt Heinrich in das Schlafgemach zurück, wo Maria noch immer die Beleidigte spielt.

»Wacht auf, Schlafmütze!« ruft er ihr zu, »und zankt nicht mehr.«

Mehr als einmal muß der Minister zwischen den beiden Kampfhähnen vermitteln, schlichten, besänftigen, vom einen die Klagen, vom anderen die Vorwürfe anhören. Es ist vorgekommen, daß er sich vor ihnen auf die Knie warf, in der vergeblichen Hoffnung, sie, wenn nicht aussöhnen, so doch wenigstens einander näherzubringen. Aber vor allem Maria ist unnachgiebig und nachtragend, wobei man ihr zugute halten muß, daß sie die Tollheiten ihres Mannes täglich vor Augen hat.

Heinrich wird es immer schwerer, die Anwesenheit des »italienischen Klüngels« im Hofstaat seiner Frau zu ertragen. Er weiß ganz genau, daß sie gegen ihn hetzen und die Königin gegen ihn aufbringen. Wenn Maria nächtelang grollt und am Tag ein beleidigtes Gesicht zur Schau trägt, so liegt das zu einem großen Teil an ihrem Charakter, aber im übrigen am negativen Einfluß der Leonora Galigaï, ihrer Milchschwester, ihrer intimsten Vertrauten, die nie von ihrer Seite weicht. Könnte er die Concinis heimschicken, koste es, was es wolle, dann würde er auf alle – sagen wir: fast alle – Liebschaften verzichten, denn ihr Verschwinden würde das Klima in der Ehe und am Hof grundlegend ändern. Aber... er kann sie nicht fortschicken. Alle seine Vorstöße scheitern am Eigensinn seiner Frau. Hin und wieder werden dem König Warnungen zugesteckt, er solle im Louvre nur ja nie Speisen oder Getränke zu sich nehmen, ohne sie vorher kosten zu lassen. Der französische Gesandte in Madrid, ein Schwager Sullys, beschwert sich, daß seine Bemühungen auf rätselhafte Art durchkreuzt werden, daß man am Hof Philipps III. überraschend gut und schnell – schneller als er selbst – über die Vorgänge in Frankreich, die Absichten und den Gesundheitszustand des Königs unterrichtet sei, und daß diese Informationen über den toskanischen Gesandten einflössen... Zu einer Zeit, da Sully und Heinrich IV. entschlossen sind, für die Unabhängigkeit der Niederlande zu wirken, verfolgt die Königin ihre eigenen politischen Pläne und strebt ein Bündnis mit Spanien an. Dabei darf sie der stillen Unterstützung der Ultra-Katholischen Partei Frankreichs sicher sein, deren Anhänger sich nie mit dem Hugenottenkönig abgefunden haben, und zu denen einige der Prinzen von Geblüt gehören.

Leider ist es Heinrich IV. unmöglich, die Dinge zu durchschauen, wie wir sie heute sehen, aber er spürt die intrigengeladene Atmosphäre, und sein fröhliches Lachen, sein trockener Witz sind seltener zu hören als früher. Seltsamerweise findet er am ehesten Wärme bei denen, die ihn am hartnäckigsten bekämpften: bei den Guise, dem dicken Mayenne, dem jungen Karl, den er zum Gouverneur der Provence machte, der Witwe des Balafré... Sie gehören zu den wenigen, die den Generalpardon des Monarchen mit ehrlicher Treue zurückzahlen.

19

Letzte Leidenschaft

»*Tritt ein, Glückseligkeit,
meines Herzens Königin ist da.*«

Heinrich IV.

Der Hof braucht Feste. Feste übertünchen die unterschwelligen Streitereien und Intrigen. In Sullys Memoiren lesen wir, daß die ersten Wochen des Jahres 1609 mit Theater, Bällen und Maskeraden angefüllt waren. Er selbst hat sich der Sitte angepaßt und im Arsenal einen Theatersaal bauen lassen, mit stufenförmig angeordnetem Parkett und einigen diskreten Logen, zu denen die Herren und Damen ungezwungen Zutritt hatten und unbeobachteter waren als im Louvre. Hinter dem Theater gab es Spielräume, und Küche und Keller des sonst so strengen »Grand-Maître« galten als ausgesprochen gut.

Heute summt der Louvre von fieberhafter Tätigkeit. Aus allen Ecken tönt der Klang der Violen und Lauten, Flöten trällern, Schneider und Putzmacher eilen geschäftig von Raum zu Raum: Die Königin läßt das Ballett »Die Nymphen der Diana« proben, das am Abend vor Aschermittwoch 1609 in der Galerie du Bord de l'eau[1] aufgeführt werden soll. Der monumentale Bau hat die einmalige Länge von vierhundertsiebzig Metern und wurde erst im Jahr 1607 fertiggestellt. Er verbindet, wie wir gesehen haben, den Louvre mit dem Tuilerienpalast außerhalb des Stadttors. Heinrich geht manchmal darin mit seinen Hunden spazieren, und einmal wurde eine Fuchsjagd für den Dauphin dort abgehalten!

Das kommende Fest soll etwas ganz Besonderes sein. Bisher hat Heinrich, der seit dem Neujahrstag mit der Königin zerstritten ist, noch keiner Probe beigewohnt. Aber heute möchte er einen Blick auf die Vorbereitungen werfen, die den Louvre seit Wochen in einen Bauplatz verwandeln. Zerstreut wandert er durch die Galerie, wo die jugendlichen Hofdamen, als Tänzerinnen verkleidet, Figuren und Tanzschritte üben. Er beachtet nicht einmal die erste Tänzerin des Balletts, man nennt sie »die kleine Paulette«, denn es ist die Tochter von Charles Paulet, dem neuen Steuerpächter, von dem schon die Rede war. Der Blick des Königs gleitet achtlos über das junge Mädchen, das eine so hübsche Stimme haben soll – es handelt sich um ein »gesungenes Ballett« – und dessen zierliche Formen in dem fließenden Gewand so verführerisch zum Ausdruck kommen, daß sich manch einer angesprochen fühlt. Nein, die »petite Paulette« interessiert den Vert-Galant nicht. Sein Auge schweift gleichgültig über die Schar der Nymphen und... bleibt betroffen an einem Lockenköpfchen hängen. Da steht es, das zauberhafte Wesen, ein Wölkchen von duftigen Schleiern und silbernen Bändern, und hebt seinen Wurfspieß, dessen Spitze genau auf das Herz des Königs gerichtet scheint! Sein Atem stockt... Niemals in seiner langen Erfahrung als Frauenheld hat er eine vollendetere Schönheit zu Gesicht bekommen. Wie im Traum hört er die Stimme Bellegardes in sein Ohr flüstern: »Sire, seht Ihr sie? Ist Fräulein von Montmorency nicht anbetungswürdig?...«

Der Herzog von Bellegarde kennt den Geschmack seines Gebieters, seit sie beide in Gabrielles Gunst standen! Heinrich ist fasziniert und hat alle Mühe, seinen Blick von der betörenden Erscheinung zu lösen. Aber man muß zugeben, daß Charlotte von Montmorency einen unwiderstehlichen Charme ausstrahlt.

„Sie war eine Vollendung der Natur«, stellt der Kardinal Bentivoglio in seinen Erinnerungen sachkundig fest.

Andere Zeitgenossen können nicht genug über die Schönheit und den feurigen Glanz ihrer Augen schwärmen... Das Feuer, das das Herz des Königs wirksamer durchdringt als der Speer der tanzenden Nymphe.

Charlotte ist die Tochter des Konnetabels von Montmorency, Haupt einer der mächtigsten Familien Frankreichs, ebenso unwissend und ungebildet wie unermüdlich im Kampf. Heinrich pflegte von ihm zu sagen: »Es gibt nichts, das ich mit meinem Waffenbruder, dem Konnetabel, der weder lesen noch schreiben kann, nicht anstellen könnte!«

Sie ist durch das glühende Begehren, das den König packt, keineswegs eingeschüchtert, denn in Schloß Chantilly, dem Wohnsitz der Familie Montmorency, herrscht ein eher ungezwungener Lebensstil. Tanten, Cousinen und – wie manche vorgaben, ohne es beweisen zu können – Schwestern von Charlotte hatten den Weg durch das Bett des rüstigen Hausherrn genommen!

Trotz ihrer knappen fünfzehn Jahre war die hübscheste junge Dame des Königreiches bereits verlobt, und zwar mit einem anderen Waffenbruder und Freund des Königs: François de Bassompierre, für den es nichts Schöneres und Graziöseres gab als Charlotte. Nichtsahnend hatte der König seine Einwilligung zu dem Verlöbnis gegeben...

Plötzlich senkt sich Stille über die Große Galerie. Die Probe wird unterbrochen. Heinrich tritt auf die Nymphe zu, die in einer tiefen Verneigung versinkt.

»Seid ihr zufrieden, Herrn von Bassompierre zu heiraten?« hört er sich fragen. »Andernfalls könnte dieser Plan... rückgängig gemacht werden.«

»Es ist der Wunsch meines Vaters, und ich schätze mich glücklich, ihm zu gehorchen«, antwortet Charlotte wohlerzogen mit ihrer schmeichelnden Stimme.

In der folgenden Nacht kann der Béarner kein Auge zutun. Wilde Eifersucht zernagt sein Herz und verscheucht seinen

Schlaf. Wieder einmal, ein letztes Mal, hält ihn die Leidenschaft in ihren tödlichen Fängen. In der Morgendämmerung läßt er Bassompierre kommen und heißt ihn, auf einem Kissen neben seinem Bett niederknien. Der nun folgende Dialog wurde von dem Hauptbeteiligten getreulich aufgezeichnet:

»Ich habe die ganze Nacht wach gelegen«, stöhnt Heinrich, »und habe darüber nachgedacht, Dich zu verheiraten.«

»Wenn der Konnetabel von Montmorency nicht so sehr unter der Gicht leiden würde, wäre es schon geschehen.«

»Nein, ich meinte eher... Mademoiselle d'Aumale.«

Da dieser Vorschlag bei dem immer noch Knieenden keinen Begeisterungssturm hervorruft, geht Heinrich aufs Ganze: »Bassompierre, ich muß von Mann zu Mann mit Dir reden und Dir mein Herz ausschütten. Ich bin verliebt, ich bin vor Liebe wahnsinnig... tollwütig, wenn Du willst! Wenn Du das Fräulein von Montmorency heiratest und sie Dich liebt, würde ich Dich hassen.

Liebt sie mich, dann würdest Du mich hassen. Das darf nicht sein. Sie soll nicht die Ursache zum Bruch unserer Freundschaft werden, dazu liebe ich Dich viel zu sehr. Deshalb habe ich den Entschluß gefaßt, sie mit meinem Netten, dem Prinzen von Condé zu verheiraten und im Hofstaat der Königin zu behalten. Ich gehe auf das Ende meines Lebens zu, sie wird Trost und Stütze meines Alters sein... Condé ist jung, er hält mehr von der Jagd als von den Frauen. Ich werde ihm jährlich hunderttausend Livres geben, damit er sich die Zeit vertreiben kann.«

Außer seiner Vorliebe für das Waidwerk hat der junge Prinz – er ist gerade einundzwanzig Jahre alt – noch eine andere, die den König hoffen läßt, daß Charlotte ihm selbst vorbehalten bleibt: Heinrich II. von Condé ist bekannt für seinen Hang zu jungen Männern! Bassompierre zwingt sich mit höfischer Selbstlosigkeit, wenn auch schweren Herzens, denn ihm war seine Verlobte keineswegs gleichgültig, zum Verzicht: »Sire, es war schon immer mein sehnlichster Wunsch, die Liebe und Bewunderung, die ich Eurer Majestät zolle, durch eine besondere Tat unter Beweis zu stellen. Die Stunde dazu ist gekommen, wenn ich mit meinem Verzicht auf eine so liebenswürdige und untadelige Dame Eurer Majestät zu Gefallen sein kann. Möge Euch diese neue Liebe ebensoviel Freude bringen, wie ihr Verlust mir Schmerz bereitet.«

Gerührt über so viel Selbstaufopferung schließt Heinrich seinen Freund in die Arme. Neue Hoffnung beflügelt ihn.

Charlotte empfindet den ruhmlosen Rückzug ihres Verlobten als wenig schmeichelhaft und beschließt, ihn fortan mit Verachtung zu strafen, während Bassompierre vor Kummer spindeldürr wird. Und der junge, unbedeutende Condé? Zunächst sträubt er sich. Die ihm zugedachte Rolle eines betrogenen Ehegatten behagt ihm nicht, und außerdem ist ihm bei dem Gedanken an eine Frau, die den Ruf einer berückenden Liebesgöttin genießt, nicht wohl zumute. Schließlich fügt er sich in sein Schicksal und macht Charlotte in Anwesenheit des Königs die vom Protokoll vorgeschriebene Aufwartung. Auf diese Weise lernten sich die Eltern des künftigen »Großen Condé« kennen!

Heinrich ist durch die neue Liebe wie umgewandelt und scheint um Jahre verjüngt. »Am Tag vor Aschermittwoch veranstaltete Fräulein von Montmorency im Arsenal ein großes Ringelstechen«, erzählt Tallemant des Réaux. »Der König war ausgelassen, wie nur junge Leute sein können. Trotz seiner sechsundfünfzig Jahre nahm er mit Feuereifer am Spiel teil und war wie ein junger Edelmann gekleidet, mit farbigem Kragen und Bandschluppen aus chinesischer Seide an den Ärmeln.«

In der Woche darauf, am 10. März 1609, wird die Hochzeit offiziell bekanntgemacht. Charlotte hat nur Augen für ihren königlichen Anbeter, während sie ihren Verlobten kaum eines Blickes würdigt.

Unser Béarner mit dem weißen Federbusch am Hut ist so etwas wie eine lebende Legende, ein König aus der Heldensage, der sein Reich mit dem Schwert in der Hand eroberte und die Herzen der schönsten Frauen bei Hof bezwang! Es ist sehr schmeichelhaft für ein blutjunges Geschöpf wie Charlotte, von ihm umworben zu werden, und sie wartet nicht einmal ab, bis sie Prinzessin von Condé ist, um sich ihm hinzugeben. Ein Chronist der Zeit berichtet, sie hätte nach einer Audienz beim König strahlend erklärt: »Ich komme ganz wurmstichig aus seinen Armen!«

Der Prinz von Condé

Am Sonntag, dem 17. März 1609, wird in Chantilly Hochzeit gefeiert, »mit wenig Aufwand und großer Ausgelassenheit«. Wenig Aufwand? Wir wissen von Sully, daß der König zweitausend Ecus für das Hochzeitskleid der Schönen und achtzehntausend Livres für Perlen und Edelsteine spendierte. Alles scheint planmäßig abzulaufen, bis der junge Condé ganz plötzlich entdeckt, wie anziehend seine Prinzessin ist, und sich weigert, ihre Gunst mit dem König zu teilen. Das mit soviel Umsicht errichtete Gebäude stürzt zusammen. War es dem Zauberwesen in der Hochzeitsnacht geglückt, die ursprünglichen Neigungen ihres Mannes in eine andere Richtung zu lenken? Wie dem auch sei, er verschwindet mit seiner Gemahlin auf seine fernen Besitzungen, fort aus der Reichweite des Hofes und seinem gekrönten Faun. Charlotte ist verzweifelt über diese Trennung, denn sie liebt den König mit der ganzen Hingabe ihres jugendlichen Herzens. Erst kürzlich sind Briefe aus ihrer Hand und aus dieser Zeit an die Öffentlichkeit gelangt, die mit den Worten »Mein angebeteter Stern« beginnen und mit »Hört nicht auf, die zu lieben, die Euch anbetet...« enden.

Auf die Dauer kann sich Condé natürlich nicht der königlichen Einladung entziehen, die es ihm nahelegt, mit seiner Frau in Fontainebleau zu erscheinen, wohin sich der Hof fluchtartig zurückgezogen hat, während in Paris, wie alljährlich, die übelriechenden Abortgruben des Louvre gereinigt werden...

Heinrich geht auf Wolken und reimt freudetrunken:

»Tritt ein, Glückseligkeit, meines Herzens Königin ist da...«

Seine Liebe verrät sich in jedem Blick, in jedem Schritt, den er tut. Auf der Hochzeit des jungen Vendôme, seines ältesten Sohnes, mit Fräulein von Mercoeur erscheint er, mit ausgesuchter Eleganz gekleidet, als Troubadour aufgemacht, »den Bart gefärbt und ein Duftcollier um den Hals«. Auf seinen Wunsch zeigt sich Charlotte eines Abends feengleich in wallendem Schleiergewand, mit offenem Haar, auf ihrem Balkon, von Fackeln umgeben, deren tanzendes Licht in ihren Locken sprüht... Der König ist begeistert, entzückt von ihrer »schwebenden Anmut«. Er kann nicht anders, als nur immer von ihr sprechen. Denn die Prinzessin herrscht uneingeschränkt über sein Herz und seine Gedanken.

Am Hof beginnt man zu spötteln, Maria grollt – was man ihr nicht verargen kann – und der Prinz von Condé ist wütend. Diese Maskerade... nein, das geht zu weit. Heldenmütig tritt er vor den König und ersucht um die Erlaubnis, sich mit seiner Frau in eines seiner Schlösser zurückziehen zu dürfen.

»Ich verbiete es Euch!« ruft Heinrich zornbebend aus. »Eure Gattin wie Ihr selbst seid mir untertan, und Ihr habt Euch meinen Wünschen zu unterwerfen!«[2]

»Das ist reine Tyrannei!«

»Ich habe in meinem ganzen Leben nur einen Akt der Tyrannei begangen: als ich Euch als das anerkannte, was Ihr nicht seid! Wenn Ihr wollt, kann ich Euch morgen in Paris Euren richtigen Vater zeigen!«

Wollte der König mit dieser Äußerung eine Andeutung auf die zweifelhafte Abstammung des jungen Condé machen, der allgemein als Sohn des Pagen Belcastel galt? Seine Mutter hatte einige Jahre unter dem Verdacht, ihren Gatten, den Prinzen Heinrich von Bourbon-Condé, vergiftet zu haben, im Gefängnis zugebracht. Henriette d'Entragues verbreitete später das Gerücht, daß Heinrich IV. selbst, als er noch König von Navarra war, ihr Geliebter gewesen sei... Nichts ist unmöglich, aber da die Behauptung von der Marquise von Verneuil stammt...

Condé beugt sich notgedrungen. Wenigstens scheint es so, bis ihm eines Tages die »Galanterien« des Königs für seine Frau zuviel werden und er sie »vor sich auf dem Pferd sitzend« auf sein Schloß Muret bei Soissons entführt. Heinrich versucht alles, die Schöne zurückzuholen und den Aufsässigen zur Vernunft zu bringen. Er kürzt ihm die Zuwendungen, und Sully, der sonst so Gemessene, rät, ihn eine Weile in die Bastille zu stecken, was der König wiederum übertrieben findet. Er ist rat- und rastlos. Nirgends hält er es aus und verschwindet tagelang auf der Jagd. In der Hoffnung, endlich einen Blick auf seinen »schönen Engel« zu erhaschen, taucht er als Postillon verkleidet vor Schloß Muret auf. Aber statt eine Lösung des Konflikts herbeizuführen, verschlimmert er die Sache. Als der Prinz von Condé von der Komödie erfährt, faßt er einen folgenschweren Entschluß.

Am 29. November 1609 befindet sich der König beim Kartenspiel, als sich zwei Offiziere melden lassen und ihm etwas ins Ohr flüstern. Der König wirft die Karten hin und springt

*Der Marschall François de Bassompierre.
Zeitgenössischer Kupferstich*

auf. Eine bestürzende Nachricht: Der beleidigte Ehemann hatte seine Gattin mit einer Ehrendame und einer Kammerfrau in eine Karosse gesetzt und war bei strömendem Regen mit ihr geflohen, begleitet von nur einigen Berittenen. Wohin? Nach Norden. Auf aufgeweichten Straßen der Grenze entgegen, nach Flandern... nach Spanien. Zum Feind des Landes.

Das Unvorstellbare war geschehen: Der Neffe des Königs von Frankreich sucht das Weite!

»Bassompiere«, murmelt Heinrich tonlos, »ich bin verloren. Dieser Wahnsinnige hat seine Frau in die Wildnis entführt. Ich weiß nicht, will er sie umbringen oder... mit ihr außer Landes gehen.«

Inzwischen haben die Fliehenden jedoch die Grenze noch nicht erreicht. Sie sind auf den falschen Weg geraten, der Wagen kippt um, wobei sie einige Pferde verlieren, und landen schließlich in einer Mühle, in der sie ohne Betten, ohne

Feuer, ohne Speise und Trank und völlig durchnäßt eine schlimme Nacht verbringen. Trotzdem gelingt die Flucht. Als sie sich Brüssel nähern, werden sie von einer Gruppe Edelleute eskortiert, die ihnen der Erzherzog entgegenschickte. Man weiß doch, was sich gehört, wenn es gilt, Frankreichs ersten Prinzen von Geblüt mit allen Ehren, die ihm gebühren, zu empfangen!

Die Nachricht vom Eintreffen des Prinzen in der Hauptstadt der spanisch-habsburgischen Niederlande schlägt wie ein Blitz am Hof in Paris ein. Heinrich ringt nach Atem. »Nie in meinem Leben habe ich einen Menschen so außer sich gesehen«, erzählt Bassompierre. Von jetzt an werden sich Liebe, Politik, Krieg und Tod unentwirrbar ineinander verflechten.

Um elf Uhr nachts schickt der König Herrn von Praslin in das Arsenal, um Sully zu holen. Der »Grand-Maître« hatte sich gerade schlafen gelegt und nimmt die Order seines Herrn höchst ungnädig auf: »Barmherziger Gott, er bringt mich noch um, wenn er mich weiterhin so plagt und mich am Schlaf hindert! Morgen früh muß ich um drei Uhr aufstehen, die Depeschen durchsehen und darauf antworten. Ich muß meinen Tagesplan aufstellen für das, was ich selbst erledigen, was im Rat besprochen und dem König unterbreitet werden muß. Meine Sekretäre warten auf meine Anweisungen... Urteilt selbst, ob ich Zeit zu vertrödeln habe! Mag ich mich noch so beeilen, wenn ich jetzt in den Louvre hetze, werde ich kaum vor zwei oder drei Uhr morgens zurück sein, was die anderen Arbeiten bis acht Uhr verschiebt. Aber um diese Zeit erwartet man mich im Conseil...«

»Ich sehe das alles ganz genau«, versichert Praslin, »und auch der König weiß es, denn er hat gleich gesagt, als er mich zu Euch schickte, daß Euch die späte Stunde gewiß sehr zornig machen würde... Aber es gibt nur eine Lösung, Herr Herzog: kommen. Es handelt sich um eine Angelegenheit von größter Wichtigkeit für ihn, für die nur Ihr eine Lösung finden könnt.«

Brummend schält sich Sully aus seinen Decken und kleidet sich an. Er findet Heinrich mit der Königin und einigen Edelleuten, alle in höchster Aufregung. Der König geht, die Hände auf dem Rücken verschränkt und den Kopf gesenkt, nervös mit Riesenschritten auf und ab. Plötzlich bleibt er vor seinem Minister stehen und stößt unvermittelt hervor: »Herr von Sully, der Prinz von Condé ist auf und davon und hat seine Frau mitgenommen.«

»Sire«, antwortet der »Grand-Maître« trocken, »das wundert mich überhaupt nicht. Ich habe von diesem Querkopf nie etwas anderes erwartet. Hättet Ihr meinen Rat befolgt, den ich Euch erteilte, als er vor vierzehn Tagen nach Muret entwich, dann säße er jetzt in der Bastille und nicht in Brüssel!«

»Daran ist nun nichts mehr zu ändern«, ruft Heinrich ungeduldig aus. »Es nützt nichts, davon zu reden. Aber jetzt, was soll jetzt geschehen? Ich brauche Euren Rat, Herzog.«

»Meinen Rat? Allmächtiger, was soll ich sagen? Mir fällt in dieser Minute auch nichts ein... Aber ich flehe Euch an, laßt mich darüber schlafen statt mich jetzt auszupressen. Morgen werde ich sicher eine gute Lösung für Euch finden.«

»Morgen?«, stöhnt der König, »ich brauche Euren Rat sofort, in dieser Stunde.«

»Gut, denken wir also nach«, meint Sully ruhig.

Bassompierre sieht ihn ans Fenster treten und in den Hof hinunterschauen, der von einigen Fackeln erhellt ist. »Eine Weile hörte man nichts in dem Raum, als das Geräusch seiner Finger, die an die Scheiben trommelten. Dann kehrte er zum König zurück.«

»Nun, habt Ihr nachgedacht?«

»Ja, Sire«, antwortet Sully ergeben.

»Und? Was soll geschehen?«

»Nichts, Sire.«

»Wieso nichts? Das ist doch kein Rat!« Die Stimme des Königs überschlägt sich fast.

»Mit Verlaub, Sire, es ist ein Rat. Es gibt Krankheiten, die besser mit Ruhe als mit Arznei zu heilen sind. Wenn Ihr nichts unternehmt, beweist Ihr, daß die Angelegenheit keine Bedeutung für Euch hat, und damit wird auch das Interesse an Monsieur le Prince erlöschen. Niemand wird ihm helfen, weder hier noch drüben, und in drei Monaten treibt ihn die Not zu Euch zurück... zu Euren Bedingungen.«

Die Entwicklung der Dinge scheint ihm zunächst Recht zu geben. Der Erzherzog Leopold hat keine Lust, die ohnedies gespannten Verhältnisse zu Frankreich durch eine Liebesaffäre zu verschärfen und legt Condé nahe, das Gebiet der spanischen Niederlande zu verlassen. Der Prinz zieht weiter nach Köln, Charlotte bleibt in ihrem goldenen Käfig in Brüssel, unter der Bewachung der Habsburger. Das wiederum weckt in Heinrich die verrücktesten Hoffnungen, seinen »schönen Engel« zurückzuerobern. Ob er ernsthaft daran dachte, wie immer wieder behauptet wurde, Maria zu verstoßen und Charlotte zu heiraten, ist zweifelhaft, denn er wußte selbst, daß der Papst niemals sein Einverständnis zu den beiden Scheidungen geben würde. Aber eine rege Korrespondenz geht zwischen Paris und Brüssel hin und her, in der auf beiden Seiten viele Tränen vergossen und Liebesschwüre ausgetauscht werden.

Dann spitzt sich die Lage wieder zu. Condé hatte nach wiederholten Vorstößen beim Erzherzog die Erlaubnis erhalten, nach Brüssel zurückzukehren, wo er von seiner Gemahlin recht kühl empfangen wird. Die Gegenwart des jähzornigen Ehemannes macht die Verbindung mit dem Geliebten in Paris noch schwieriger. Daraufhin heckt Heinrich mit dem Marquis von Coeuvres, dem Bruder von Gabrielle d'Estrée, einen überaus komplizierten Plan aus, der die Befreiung der Prinzessin aus den Klauen der Spanier zum Ziel hat. Nichts fehlt an der abenteuerlichen Unternehmung. Von den maskierten Rittern über das Loch in der Mauer und die Strickleiter bis zum geheimnisvollen »schwarzen Reiter«, der die schmachtende Schöne auf seinem Pferd heimführen soll, ist an alles gedacht. Heinrich ist vom Gelingen des Planes so überzeugt, daß er in seiner naiven Vorfreude den dümmsten

Fehler begeht: er zieht seine Frau ins Vertrauen! Hätte ihm nichts Besseres einfallen können?

Was geschehen muß, geschieht. Maria setzt den päpstlichen Nuntius, dieser den spanischen Gesandten in Paris in Kenntnis. Dann bedarf es nur noch eines Kuriers an den Brüsseler Hof, und die Stadt ist in Belagerungszustand versetzt, Wachen patrouillieren in den Straßen und auf den Befestigungsanlagen... Kurz, es bleibt dem Marquis von Coeuvres nichts anderes übrig, als die Strickleiter zusammenzufalten und mit seinen maskierten Rittern den ungastlichen Ort zu verlassen... ohne die Prinzessin. Charlotte sitzt mehr denn je fest, eingekeilt in die strenge, spanische Hofetikette, von Aufpasserinnen umgeben, und die Botschaften an den Geliebten, der ihr »ganzes Herz und ihr Alles ist« werden seltener.

Heinrich ist verzweifelt. Er schreibt: »Ich verzehre mich so sehr mit diesen Ängsten, daß ich nur noch Haut und Knochen bin. Alles ist mir zuwider. Ich fliehe die Menschen, und wenn man mich in eine Gesellschaft schleppt, wie es von mir erwartet wird, kann ich weder Ruhe noch Zerstreuung finden. Sie bringen mich noch um!«

»Meine Prinzessin«, hört man ihn klagen, »ich muß sie wiederhaben, ich werde sie wiederhaben!«

Dann tritt ein Ereignis ein, das den Lauf der Dinge überstürzt.

Einige Monate zuvor, am 25. März 1609, starb Wilhelm der Einfältige von der Marck, der protestantische Herzog von Kleve, Jülich und Berg, hochbetagt und ohne männlichen Erben. Wir haben am Anfang dieses Buches gesehen, daß schon Franz I. versucht hatte, über eine Ehe seiner Nichte Jeanne d'Albret eine Verbindung zu diesem deutschen Grenznachbarn herzustellen und ihn für die französische Einflußsphäre zu gewinnen. Der Plan war gescheitert, und Wilhelm von der Marck geriet in das Kielwasser Karls V. Bei seinem Tod machten seine Schwiegersöhne, Markgraf Ernst von Brandenburg und Wolfgang Wilhelm, der älteste Sohn des Pfalzgrafen von Pfalz-Neuburg, sofort ihre Ansprüche auf die Herzogtümer geltend. Dem widersetzte sich Kaiser Rudolf II. von Habsburg. Er vertrat die Ansicht, daß es sich um ein im Mannesstamm erbliches Lehen handelte, das an den Lehnsherrn, also ihn, zurückfalle, sobald das Geschlecht ausstirbt. Ein Streit entbrannte, der unter dem Namen Jülich-Klevischer Erbfolgestreit bekannt wird, in dessen Verlauf sich die beiden Hauptanwärter, von den anderen protestantischen Reichsfürsten unterstützt, zunächst als »provisorische Besitzerfürsten« erklären. Rudolf antwortet, in Erwartung eines Schiedsgerichts, indem er die Sequester der Herzogtümer dekretiert und die Zitadelle von Jülich durch Erzherzog Leopold mit seinen spanischen Truppen von Brüssel aus im Handstreich nehmen läßt.

Jetzt wird es für Frankreich Zeit, einzuschreiten. »Leopold in Jülich, das ist wie ein Frettchen im Kaninchenbau!« warnt der französische Gesandte. Heinrich IV. hatte schon seit 1605, im Wunsch, ein Gegengewicht zur Macht des Kaisers zu schaffen, Verbindung mit den deutschen Protestanten gesucht, und sie zu einer Einigung gegen Habsburg ermutigt, was 1608 zur Gründung der Protestantischen Union führte. Daß Frankreich im Erbfolgestreit die Seite der protestantischen Anwärter wählt, scheint natürlich, und als Rudolf das »Frettchen« auffordert, von Jülich aus die »provisorischen Besitzer« anzugreifen, rüstet auch Heinrich IV. auf den Krieg. Ein Heer von zweihundertdreiundachtzigtausend Mann, eine seit den Kreuzzügen nie mehr erreichte Zahl, wird aufgestellt und ausgerüstet. Das ganze Jahr 1609 verläuft mit Kriegsvorbereitungen, und nun liefert Rudolf II. den Kriegsgrund!

Die Aussichten auf den bevorstehenden Kampf, auf Kanonendonner, Pulvergeruch und Schlachtengetümmel waren ganz dazu angetan, die Lebensgeister des Königs wieder zu wecken, und man kann sich vorstellen, daß die Hoffnung auf die Befreiung seines Engels seinen Tatendrang beflügelte. Ein neuer Kampf um die schöne Helena stand bevor!

Es versteht sich von selbst, daß Heinrich diese grandiosen Pläne ohne die Unterstützung Sullys, des Finanzministers und Oberfeldzeugmeisters, nicht in die Tat umsetzen konnte.

Sein Liebeskummer hatte ihn nicht daran gehindert, täglich mit dem »Grand-Maître« zu beraten und alle Einzelheiten festzulegen, die Unterlagen für die Truppenaushebungen und ihre Ausrüstung zu überprüfen. Im Arsenal liegen Sullys Millionen bereit, und trotzdem arbeitet er ein Krisenbudget für den Staat aus, das eine von den Provinzen hartnäckig bekämpfte Geldentwertung und drastische Einsparungen in den Plänen für den Wegebau und den Ausbau der Grenzbefestigungen vorsieht. Den ausländischen Gläubigern wird eine Reduzierung des Zinssatzes, dem inländischen Steuerzahler eine neue Steuer aufgebrummt... Kurz, der Finanzminister setzt seine ganze Energie, seine ganze Begeisterung in die Ausführung der Kriegspläne.

Was mag ihn zu diesem Verhalten verleitet haben? Ihn, den Vorsichtigen, den kühl Berechnenden? War es nicht ein wahnwitziger Krieg, der sich da anbahnte, dessen Gründe niemand im Reich begriff und der naturgemäß auf den Widerstand aller Katholiken stieß? Gewiß ging es ihm nicht um die Befreiung einer Märchenprinzessin, nein, aber auch der »Grand-Maître« hat eine Schwäche. Seit Jahren verfolgte er einen Traum, er nennt ihn »seine große politische Konzeption«. Sully ist Protestant, und er schwärmt von der Schaffung einer christlichen Völkergemeinschaft in Europa, zu der die befreiten Niederlande und ein geeintes Italien gehören sollten, von einer Vereinigung der selbständigen, europäischen Staaten... Das klingt modern, aber wenn man an die Schwierigkeiten der heutigen Zeit denkt, kann ein solches Vorhaben zu Beginn des siebzehnten Jahrhunderts nur als unerreichbares Wunschbild bezeichnet werden.

Und so kam es, daß beide, der »Maître« wie der »Grand-Maître«, jeder auf seine Art, einer Wahnidee nachjagten, als sie sich anschickten, aus einem greifbaren Kriegsgrund, dem Erbstreit um Jülich und Kleve, in ein utopisches Riesenunternehmen zu steuern. Noch einmal versucht der päpstliche Nuntius Ubaldini, den sinnlosen Krieg zu verhindern, und Heinrich gibt ihm zu verstehen, daß die Rückkehr der Prinzessin von Condé, die ihn um Hilfe bittet, eine Planänderung bewirken könnte. Aber Ubaldinis Vorstellungen in Brüssel bleiben erfolglos. Die Kampfhandlungen scheinen mit jedem Tag unvermeidbarer. Heinrich IV. setzt den Einfall in die spanischen Niederlande auf den 16. Mai 1610 fest. Sein Heer wird die Reichsgrenzen überschreiten und eine Verbindung mit dem Markgraf von Brandenburg und dem Pfalzgraf von Pfalz-Neuburg herstellen. Eine ungeheure Unruhe bemächtigt sich des ganzes Landes. Das Papst droht mit der Exkommunizierung, der Hof schwirrt von den unglaublichsten Gerüchten. Man denke: Das Heer des allerchristlichsten Königs von Frankreich verhilft den deutschen Protestanten zum Sieg über das katholische Habsburg!

»Ich fürchte nichts so sehr wie die Flammen der Leidenschaft«, schreibt der spanische Gesandte seinem Fürsten. »Ich sehe es wieder am König hier, der durch seine leidenschaftlichen Gefühle für die Prinzessin von Condé völlig verblendet ist. Wie soll ich mich dazu äußern? Die Staatsräson scheint für den Frieden zu sprechen, die Sprache der Liebe dagegen...«

20

Ravaillac

> »Hütet Euch,
> daß man Euch nicht gleiches antut.«

Der sterbende Heinrich III. zu Heinrich IV.

Eine ungesunde Atmosphäre lastet über den ersten Wochen des Jahres 1610, und abgesehen von den Kriegsvorbereitungen herrscht fast etwas wie ein Kampfzustand zwischen dem Arsenal, wo Sully schaltet und waltet, und dem Louvre, wo es an Gegnern des Erbfolgekriegs nicht mangelt. Gerade zu dieser Zeit sieht man einen Mann aus Angoulême in den Straßen von Paris herumirren, ein Hüne von Gestalt mit rotem Bart und wirren Haaren, ein grünes Wams nach flämischer Art über den Schultern.

Er mag etwa dreißig Jahre alt sein und scheint auf etwas zu warten. Manche beobachten ihn um die Verkaufsbuden streunend und den Gesprächen der Händler und ihrer Kunden lauschend. An diesem Abend hat er in der Herberge »des Cinq Croissants«[1] bei der Porte Saint-Honoré, in der Nähe des Spitals der »Quinze-Vingts«, Platz genommen und verfolgt aufmerksam, was um ihn her vorgeht.

Man spricht von nichts anderem als von diesem Krieg, den der König führen will, um den reformierten Fürsten zu Hilfe zu kommen. Plötzlich fällt sein Blick auf einen langen Dolch, eher ein langes Messer, das auf einem der Tische liegt und dessen Glanz seine Augen wie ein Magnet auf sich zieht. Sein Sinn verwirrt sich, er fühlt sich als Mitwisser göttlicher Geheimnisse! Das ist es. Er wurde zum Werkzeug der Vorsehung berufen. Sie führte ihn nach Paris in diese Herberge, und sie drückt ihm nun diese Waffe in die Hand. Niemand beachtet ihn, wie er seine Rechte ausstreckt, das Messer packt, blitzschnell in seinem Wams versteckt und hinausstürzt...

Der Mann heißt Jean-François Ravaillac.

Er ist nicht im klinischen Sinne verrückt, eher geistesgestört und von krankhaften Wahnvorstellungen heimgesucht. Wenn man ihn nach seinem Beruf fragt, antwortet er, daß er beauftragt sei, beim Gerichtshof Prozesse aufzunehmen. In Wirklichkeit war er früher einmal der dienstbare Geist eines Präsidialrates von Angoulême. Außerdem hatte er einige Zeit im Schuldturm zugebracht, über die er einen konfusen Bericht abgibt:

»Als ich mit gefalteten Händen und gekreuzten Füßen meditierte, fühlte ich Schwefel- und Pulvergestank vom Boden aufsteigen!«

Der Aufenthalt im Gefängnis war seinem ohnedies verwirrten Geist offenbar nicht zuträglich. Etwas später findet man ihn als Laienbruder in einer Feuillantinen-Abtei [2]. Nicht für lange, denn der Abt schickt ihn fort, weil ihm während der Andacht höchst seltsame Visionen kommen, die ihm befehlen, nach Paris aufzubrechen und den König zu ermorden, bevor er in seinen Krieg gegen den Papst ziehen kann...

Vater d'Aubigny, der ihm die Beichte abnahm, stellte fest, daß der reuige Sünder vor ihm »wirren Geistes war, was man seinem Gesicht ansah«. Nachdem er ihm die Absolution erteilt hatte, begnügte er sich damit, ihm zu empfehlen:

»Nährt Euch von mageren Suppen, kehrt in Euren Heimatort zurück, und betet fleißig den Rosenkranz. Gott wird Euch hören.«

Daraufhin versuchte Ravaillac dreimal, den König zu sprechen, um ihn zu überzeugen, wie er sagte, »daß der einzig richtige Krieg der gegen die Reformierten sei«, aber der Gardehauptmann La Force ließ den rothaarigen Hünen mit dem Galgenvogelgesicht vom Toreingang des Louvre vertreiben. Als seine Bemühungen um eine Aussprache auch bei der Königin Margarethe und dem Kardinal du Perron fruchtlos verliefen, kehrte er nach Angoulême zurück, »um sich zu sammeln«. Das Resultat dieser »Sammlung« ist der Entschluß, den König zu töten, »da er nicht auf die Stimme Gottes hören wolle«!

Und wieder ist Ravaillac zu Fuß auf dem Weg nach Paris, das Messer der Herberge der »Cinq Croissants« im Stiefel versteckt. Doch kaum kommt der Louvre in Sicht, wird er an seiner »göttlichen Mission« unsicher: Soll er oder soll er nicht... Frankreichs König... morden? Von Zweifeln geplagt, kehrt er um in Richtung Angoulême. In Etampes bleibt er zu kurzem Gebet zu Füßen eines Kalvarienberges stehen. Der dorngekrönte Christus am Kreuz scheint ihn vorwurfsvoll anzublicken. Wird er seine Aufgabe feige im Stich lassen? Niemals! Nachdem er sein Messer am Rad eines Karrens, der am Wegrand stand, gewetzt hat, bricht er erneut nach Paris auf...

Wir sind in den ersten Maitagen des Jahres 1610. Im Louvre wird von nichts anderem gesprochen als von der bevorstehenden Salbung und Krönung Marias. Seit Monaten war sie ihrem Mann mit dieser Forderung in den Ohren gelegen, aber was zunächst als Ausdruck ihrer Eitelkeit und Eifersucht gedeutet werden konnte, bekam nun, angesichts des Krieges, eine gewisse Rechtfertigung. Regentschaft war das Wort. Maria mußte vor Abzug des Königs die Regentschaft übertragen bekommen!

Heinrich zögerte. Schon wieder eine Medici als Regentin!

Dann mischten sich die unvermeidlichen Concinis ein, fuhren mit ihrer ganzen Überredungskunst auf, um ihn davon zu überzeugen, daß nur die »offizielle Krönung Maria in den Augen des Volkes die nötige Macht und Würde verleiht, damit sie in seiner Abwesenheit ihrer Aufgabe als Regentin nachkommen kann.«

Der König, der nach den Worten Bassompierres »in seiner liebenswürdigen Nachgiebigkeit der beste Ehemann der Welt war«, gibt auch jetzt nach. Aber die Vorbereitungen für die Zeremonie vertreiben ihn aus dem Louvre. Im Palast wimmelt es von Schreibern, Gelehrten und Geistlichen, von Schneidern und Putzmacherinnen. In den Vorzimmern hört man das Gezänk der Höflinge über die ewig gleichen Fragen der Etikette und des Vortritts. Architekten verhandeln über die Triumphbögen in den Straßen für Marias festlichen Einzug in Paris, über die Ausstattung von Saint-Denis für die Krönung.

Meistens finden wir Heinrich im Arsenal, bei seinem wertvollsten Freund und Berater. Er entflieht aber nicht nur dem Lärm und der Unruhe im Louvre, er flieht vor etwas, das er bisher nicht gekannt hat: das dunkle Gefühl einer Gefahr, die er nicht greifen kann. Nach Sullys Aufzeichnungen hat der König den Festlichkeiten mit düsteren Vorahnungen entgegengesehen und unaufhörlich davon gesprochen, daß sein Ende nahe sei, was er früher nie tat. Schweigend sinnt er vor sich hin und ruft dann, plötzlich aufschreckend, mehrmals:

»Verflucht noch mal. Ich werde in dieser Stadt sterben. Ich komme hier nicht mehr lebend raus! Sie setzen alles auf meinen Tod... Ich sehe es ganz genau!«

Es ist wahr, daß in letzter Zeit wieder einige Fanatiker auf den Kanzeln zu hören waren, die gegen das »Ungeziefer und Natterngezücht der Hugenotten« geiferten, das die Katholiken nicht unter sich dulden dürften. Erst im Dezember 1609 war es wieder in Gegenwart des Königs in der Kirche von Saint Gervais geschehen!

Als Sully sich darüber empörte, wies Heinrich ihn mit den Worten zurecht: »Es wundert mich, daß Ihr nichts darüber vorzubringen habt, was bei Euren Hugenotten in Charenton[3] vorgeht, bei denen Ihr täglich die Predigt hört. Die treiben es noch viel schlimmer mit ihrer staatsfeindlichen Wühlerei!«

Weder auf der einen noch auf der anderen Seite haben ihm die verbohrtesten Eiferer seine wiederholten Konvertierungen verziehen. Verdanken wir nicht Pierre de l'Estoile die scherzhafte Bemerkung: »Er hatte mehr Religion als alle seine Vorgänger, denn er war Katholik und Hugenotte zugleich!«

Plötzlich sind sie wieder da, die Dämonen der Intoleranz! Der Friede hatte sie vertrieben, der bevorstehende Krieg bringt sie an die Oberfläche, wie eine Welle des Hasses, die

François Ravaillac, der Mörder Heinrichs IV.
Zeitgenössischer Kupferstich

auf den König zurollt. An verschwiegenem Ort treffen sich die Geisterbeschwörer und Giftmischer und durchbohren mit ihren glühenden Nadeln die Wachspuppe, die stellvertretend für den verhaßten Monarchen den Tod erleidet.

Die letzten Steuererhebungen hatten im Volk Unwillen erregt, und es gab viele Unzufriedene. Marschall d'Ornano, der die Guyenne verwaltet, galoppiert in einem Zug nach Paris, um Heinrich IV. zu warnen: »Sire, ich muß Euch sagen, wie es ist: das Volk kann nicht mehr zahlen. Entsinnt Euch Eures Vorgängers, der sechzigtausend Ecus für die Herzöge von Joyeuse und d'Epernon erheben ließ und sich dadurch so unbeliebt machte, daß er sich nicht mehr sehen lassen konnte. Ihr aber verlangt nicht Tausende, sondern Millionen! Das kann sie zur Verzweiflung und zur Revolte bringen.«

»Ventre-Saint-Gris!« antwortet der König unwillig, »ich weiß wohl, daß es in meinem Königreich Querköpfe gibt, die nur darauf warten, losschlagen zu können. Aber ich bin vorbereitet. Sollen sie nur anfangen, und ich werde ihnen anders zu entgegnen wissen als mein seliger Vetter!«

»Sire«, fährt d'Ornano unbeeindruckt fort, »hört auf mich, Euren ergebenen Diener, geht nicht zu weit! Eure ganze Macht ruht im Wohlwollen Eurer Untertanen.«

Man sagt, ohne es einwandfrei beweisen zu können, er habe sich erdreistet, hinzuzufügen: »Sire, ich sage es Euch ehrlich. Euer Vorgänger, der verstorbene König, war von größerem Adel als Ihr und konnte auf mehr Anhänger im Volk zählen als Ihr. Und doch mußte er vor den Aufständischen aus seiner Hauptstadt fliehen!«

»Es gibt Querköpfe in meinem Land, die nur darauf warten, um losschlagen zu können...« Genauso ist es, und er weiß es. Warum nur kann er das dumpfe Gefühl der drohenden Gefahr, des von irgendeiner Seite lauernden Todes nicht loswerden?

»Wie mir diese Krönung zuwider ist! Lieber Freund, ich weiß nicht, was es ist, aber mein Gefühl sagt mir, daß mir etwas zustößt.«

Sully hat diese Äußerung des Königs in seinen Erinnerungen wiedergegeben und fährt fort: »Mit diesen Worten ließ sich der König in den niedrigen Sessel fallen, den ich für ihn anfertigen ließ und der mein Arbeitszimmer nie verlassen hat. Er war von seinen düsteren Gedanken ganz besessen und grübelte eine Weile vor sich hin, während seine Finger nervös auf sein Brillenfutteral trommelten. Dann, unvermittelt, sprang er auf, hieb sich mit der Hand auf den Schenkel und wiederholte unablässig:

»Verfluchte Krönung! Sie wird der Anlaß zu meinem Tod sein!«

»Allmächtiger Gott, wie kommt Ihr denn auf diese Idee?« versucht Sully ihn zu beruhigen.

»Die Weissagung, mein Freund. Eine Prophezeiung kündet mir den Tod in einer Karosse bei der ersten Prunkzeremonie, die ich veranstalte... Das ist es, was mich so beunruhigt!«

»An Eurer Stelle, Sire, würde ich morgen die Stadt verlassen. Die Krönung kann in Eurer Abwesenheit stattfinden oder, noch besser, verschoben werden. Ich rate Euch auch, für längere Zeit Paris nicht mehr zu betreten und in keine Karosse mehr zu steigen. Soll ich die Vorbereitungen in Notre-Dame und in Saint-Denis abbrechen lassen? Sofort?«

»Ich wollte schon«, entgegnet der König nach einigem Zögern. »Aber was wird meine Frau sagen? Sie ist auf diese Krönung ganz versessen!«

Sully, den die Ehrerbietung für Maria von Medici nicht gerade erdrückt, wirft heftig ein: »Sie kann sagen was sie will, aber es sollte mich doch sehr wundern, daß sie weiter auf ihrem Vorhaben beharrt, wenn sie von der Weissagung erfährt, die Euer Leben bedroht!«

Er wird sich wundern.

Glücklich über seine Idee und die Aussicht, Heinrich vielleicht früher als geplant an der Spitze seines Heeres zu wissen, schlägt er ihm vor, die Königin in dieser Angelegenheit persönlich im Louvre aufzusuchen. Der König willigt ein. Drei Tage lang verhandelt Sully mit Maria. Ohne Erfolg. Ihr

Mann, meint sie, ist nicht die Person, die sich durch Ammenmärchen einschüchtern läßt. Sie will die Krönung, und zwar vor dem Feldzug. Alles, was der Minister von ihr erreichen kann, ist ein Aufschub von drei Tagen. Die Krönungszeremonie wird am 13. und nicht am 10. Mai 1610 stattfinden.

Am 1. Mai 1610 tritt Bassompierre, mit dem Herzog von Guise sorglos plaudernd, an eines der Fenster im Obergeschoß des Louvre, die in den Cour Carré hinausgehen.[4] »Wir lehnten uns an die schmiedeeiserne Balustrade und schauten in den Hof hinunter«, erzählt er. »In diesem Augenblick sahen wir, wie sich der Maibaum, den man in der Mitte eingepflanzt hatte, ohne sichtbaren Grund, ohne daß ein Windstoß ihn berührte, zur Seite neigte und in Richtung auf den Petit Degré[5], der zu den Gemächern des Königs führt, niederfiel.«

»Ein böses Omen«, bemerkt Bassompierre, zu Guise gewandt. »Gott schütze den König, der unser aller Maibaum ist!«

Der Vizeadmiral von Holland, der sich gerade in Paris aufhält, empfängt eine Botschaft aus Antwerpen, die besagt: »Wir erfahren soeben, daß der König durch einen Dolchstoß ermordet worden sein soll.«

In Brüssel, der flämisch-spanischen Hauptstadt, wo von nichts anderem als von dem bevorstehenden Krieg die Rede ist, hält man jeden Reisenden aus Frankreich an:

»Ist es wahr? Heinrich IV. ist tot?«

Einige Wochen nach diesen Ereignissen berichtet Monsignore Hardouin von Péréfixe: »Es müssen schon mehrere Anschläge auf das Leben dieses guten Königs geplant gewesen sein, denn das Gerücht tauchte an zwanzig verschiedenen Orten zugleich auf, gedruckte Botschaften über seinen Tod trafen aus Spanien und Mailand ein. Acht Tage vor dem Mord behauptete ein Kurier, der sich auf der Durchreise in Lüttich befand, daß er den deutschen Fürsten die Nachricht vom Tod des Königs zu überbringen habe. In Montargis fand man auf dem Altar der Stadtkirche eine Notiz, die seinen Mord durch einen Degenstich voraussagte.

Noch unglaublicher sind die Berichte über einen Kurier, der am 3. Mai 1610 in Cambrai mit den Worten vom Pferd stieg, »daß der König von Frankreich zwei Messerstichen erlegen sei«, und über eine völlig verängstigte Nonne in Dieppe, die ihre Äbtissin anflehte: »Madame, laßt Gott um Hilfe für den König bitten. Man bringt ihn um!« Auch Heinrich selbst kann sich von seinen düsteren Vorahnungen nicht befreien. Immer wieder hört man ihn sagen: »Ich werde bald sterben.«

Am Mittwoch, dem 12. Mai, einen Tag vor ihrer Krönung, wendet er sich unvermittelt an die Königin: »Meine Freundin, beichtet für Euch und mich!«, um dann, bei der Türe angekommen, zurücktretend hinzuzufügen: »Nach Euch, Madame la Régente!«

Und als man vor ihm den feierlichen Einzug der Königin in die Hauptstadt erwähnt, der am Sonntag, dem 16. Mai, stattfinden soll, murmelt er halblaut: »Das berührt mich nicht, werde nicht mehr dabei sein.«

Rückblickend kann uns nicht verborgen bleiben, daß der König in den letzten Wochen unerträglichen Spannungen ausgesetzt war: Die Wunde seiner letzten, großen Liebe – ob er überhaupt noch Hoffnung auf ein Wiedersehen hegte? –, Condés Flucht zu den Habsburgern, die Kriegsvorbereitungen, die feindlichen Strömungen am Hof, Marias eigensinniges Beharren auf der gefürchteten Krönung... In diese inneren Kämpfe mischte sich das Gefühl der unheimlichen Drohung. Fast könnte man annehmen, daß er die Gegenwart seines Mörders spürte. Ganz abgesehen davon, daß Ravaillac von vielen gesehen wurde: »Er ist hier«, hieß es, »der dem König nach dem Leben trachtet, der Große, Starke mit dem roten Haar und dem grünen flämischen Wams...«

Donnerstag, der 13. Mai. Die Krönung der Medici entfaltet sich in Saint-Denis »mit einer überaus glanzvollen Festlichkeit, und aller Prachtentfaltung, wie sie für die Salbung der Königinnen denkbar ist...«. Wie ein goldglitzernder Strom ergießt sich Marias Gefolge in das ehrwürdige Kirchenschiff, umgeben von Schweizergarden, in weißen, blaßrot und blau gestreiften Samt gewandet. Die Musikanten in ihren weißen Satinröcken scheinen auf ihrer zartblau drapierten Empore in einer Wolke zu schweben. Der König wirkt gelassen, fast freudig erregt. »Er ist wunderbar fröhlich«, bemerkt ein Augenzeuge. Er hat in einer Loge auf der Empore über der Orgel Platz genommen, schwatzt mit seinen Nachbarn und bewundert den Kardinal Joyeuse, der seinem mühevollen Amt mit unendlicher Würde nachkommt. Sichtbar ergriffen folgt er dem Höhepunkt der Zeremonie, als Maria, im schweren blauen Königsmantel mit der sieben Ellen langen Schleppe, über und über mit goldenen Lilien bestickt, unter dem Gesang von Engelsstimmen, die kostbare Krone von ihren beiden ältesten Kindern über das Haupt gehalten wird.

Mächtig tönt die Stimme des Prälaten, der die rituellen Worte spricht: »Nimm diese Krone, sie bedeutet Ehre, Ruhm und Freude.

»Ich habe nie etwas Schöneres gesehen als meine Frau«, ruft Heinrich begeistert. Er hat seine trüben Gedanken verscheucht und besprengt die Königin vor dem Kirchenportal mit Wasser.

Die erste Morgenröte erhellt die Zinnen und Türme von Paris. Freitag, der 14. Mai, der schicksalhafte Tag bricht an. Ravaillac hört die Messe zu Sankt Benedikt. Zur gleichen Zeit kommt der König aus der Frühmette, der er in der nahegelegenen Kapelle der Feuillants beigewohnt hat. Seine fröhliche Laune vom Vortag ist erneut der Schwermut gewichen. Vorahnung klingt aus den Worten, mit denen er Bassompierre und dem Herzog von Guise ankündigt: »Heute wißt Ihr noch nicht, was Ihr an mir habt. Aber morgen, wenn ich tot und nicht mehr bei Euch bin, werdet Ihr am Vergleich mit den anderen merken, was ich wert war.«

Bassompierre versucht, ihn zu beruhigen: »Du lieber Himmel, Sire, wie lange wollt Ihr uns noch zur Verzweiflung bringen mit der Behauptung, daß Ihr bald sterbt? Solche Worte dürften gar nicht gesagt werden. Mit Gottes Hilfe werdet Ihr noch viele glückliche Jahre verbringen. Bedenkt doch: Ihr seid auf dem Höhepunkt Eures Lebens, Ihr erfreut Euch bester Gesundheit, seid mit Ehren überhäuft und regiert über das blühendste Königreich der Welt! Eure Untertanen lieben und verehren Euch, Ihr besitzt Güter, Reichtum und prächtige Schlösser, schöne Frauen, Mätressen und gesunde Kinder, die heranwachsen. Was begehrt Ihr mehr?«

Aber Heinrich schüttelt nur traurig den Kopf: »Lieber Freund, das alles muß ich zurücklassen!«

Die Stunden vergehen. Ruhelos wandert er von Zimmer zu Zimmer. Übermorgen soll Marias Einzug stattfinden... und gleich danach der Feldzug gegen Habsburg!

»Wie spät ist es?«

»Drei Uhr, Sire«, antwortet ihm der Wachoffizier. »Aber Eure Majestät sehen traurig aus, etwas frische Luft würde Ihr sicher wohltun.«

»Du hast recht. Laß meine Karosse anspannen. Ich fahre ins Arsenal zum Herzog von Sully. Er ist leidend und nimmt heute ein Bad.[6]

In Erwartung der Kutsche vertraut sich Heinrich Herrn von Castelnau an: »Lieber Freund, ich wollte, ich könnte den Beruf wechseln. Nur in der Einsamkeit würde ich meinen inneren Frieden wiederfinden... Aber so etwas gibt es nicht für einen König. Könige müssen für ihren Staat da sein, immer auf stürmischer See... Ruhe erwartet sie erst im Grab.«

Damit nimmt er seinen rastlosen Rundgang wieder auf; die wildesten Gedanken stürzen auf ihn ein, quirlen und tanzen in seinem Kopf. In seinem Zimmer findet er ein gefaltetes und versiegeltes Papier: »Sire, geht heute abend nicht aus«, liest er, nachdem er das Siegel erbrochen hat...

Entgegen aller Logik erreicht die Warnung das Gegenteil von dem, was sie bezweckte. Urplötzlich findet er zu seiner

Die Ermordung Heinrichs IV. am 14. Mai 1610 in Paris.

gewohnten Energie und Unternehmungslust zurück: Wie oft war er dem Schicksal entkommen? Hatten ihn nicht schon die Dolche von Jean Châtel und Jacques des Isles verfehlt? Stand nicht ein guter Stern über ihm, der ihn bisher immer vor den vielen Gefahren schützte, die auf ihn lauerten? Trotzdem fragt er Maria dreimal: »Meine Liebe, was meint Ihr, soll ich gehen, soll ich bleiben?«

Ihre Antwort ist nicht überliefert.

Die Kutsche ist angespannt, die Würfel sind gefallen. Im Vorzimmer tritt Vitry, der Obrist der Garde, auf ihn zu:

»Wünschen Eure Majestät, daß ich Sie begleite?«

Heinrich lehnt ab.

»Darf ich Euch wenigstens einige meiner Leute mitgeben?«

»Nein, weder Ihr noch Eure Garden. Ich will niemand um mich haben!«

Dann bezeichnet er fünf Edelleute aus seiner engeren Umgebung für seine Begleitung. Im Schloßhof wird Pferdegetrappel hörbar. Die von sechs Schimmeln gezogene Karosse hält vor dem Eingang zum »Petit Degré du roi« an, während der König langsam, sehr langsam die Wendeltreppe hinunterotelgt.

»Welcher Tag ist heute?« fragt er.

»Der Dreizehnte, Sire.«

»Nein, der Vierzehnte«, verbessert d'Epernon.

»Ihr kennt den Kalender besser als ich...« dann nach einer kleinen Pause, murmelnd: »zwischen dem Dreizehnten und dem Vierzehnten...«

Das ist wortgenau die Prophezeiung, die mit dieser Formulierung den Zeitpunkt für den Tod des Königs festlegte »...in einer Karosse« hatte ein Wahrsager hinzugefügt. Damals, vor einigen Jahren, machte sich Heinrich über solche Geschichten noch lustig. »Ihr seid wahnsinnig, solche Prognosen aufzustellen«, sagte er zum Astrologen Thomassin, und man erzählte sich, daß er ihn dabei übermütig am Bart gezogen habe: »Seit dreißig Jahren künden mir Sterndeuter und andere Scharlatane einen gewaltsamen Tod an!«

Noch einige Stufen und Heinrich tritt in der Südwestecke des Hofes ins Freie. Ohne zu zögern besteigt er die Karosse.

»Wohin soll es gehen, Sire?« fragt Liancourt, der mit dem Marquis von Mirebeau vorausreitet.

»Fort von hier!«

Er bekreuzigt sich, und das schwere Gefährt holpert über das Pflaster dem Tor zu.[7] Die Herzöge de La Force und Montbazon, der Marschall Lavardin und der Herzog d'Epernon, der ehemalige Günstling Heinrichs III., mit dem sich der König ausgesöhnt hatte, begleiten ihn. D'Epernon hat die Ehre, an seiner Rechten Platz zu nehmen.

Beim Vorbeifahren der Kutsche erhebt sich ein kräftiger, rothaariger Mann mit grünem Umhang von dem Prellstein am äußeren Torbogen, auf dem er gesessen hatte, und läuft ihr nach. Ihre Ledervorhänge sind hochgezogen, damit die Insassen den Festschmuck der Stadt bewundern können. Vergessen wir nicht, daß der offizielle Einzug der gesalbten Königin am Sonntag stattfinden sollte. Jetzt biegt das Gespann in die Rue de l'Arbre-Sec, rollt am Hôtel de Sourdis vorbei, wo vor zehn Jahren Gabrielle d'Estrée starb, und überquert den kleinen Platz de la Croix-du-Trahoir, wo sich eine Richtstätte mit Galgen befindet – daher der Name »Arbre Sec« (Dürrer Baum).

Die Karosse folgt im Schrittempo der Rue Saint-Honoré, in der eine geschäftige Menschenmenge den Bau der Tribünen und Triumphbögen fertigstellt, und schwenkt, an ihrem Ende angelangt, in die sehr schmale Rue de la Ferronnerie ein, die am Kinderfriedhof[8] entlangführt. Ihre Breite betrug damals nur vier Meter und war durch die zahlreichen Verkaufsbuden und Läden der öffentlichen Schreiber, die an der Friedhofsmauer klebten, noch mehr verengt. Vor genau sechsundfünfzig Jahren hatte Heinrich II. ihre Verbreiterung befohlen, aber sein Gebot wurde erst... 1669 befolgt.

In diesem Augenblick versperren zwei Karren, der eine mit Wein und der andere mit Heu beladen, den schmalen Durchlaß. Die Karosse kommt vor einer Weinschenke zum Stillstand, über deren Eingang ein Schild hängt, das ein gekröntes Herz darstellt, das von einem Pfeil durchbohrt ist.[9] Zwei der Lakaien, die hinten auf der Karosse stehen, springen ab und laufen durch den Friedhof, um dem Gefährt vom anderen Straßenende her den Weg freizuhalten. Niemand in der Kutsche beachtet, was auf der Straße vorgeht, denn alle hören d'Epernon, der dem König, der seine Brille vergessen hat, einen Brief des Grafen Soissons vorliest. Zwei Lakaien sind zurückgeblieben. Der eine bemüht sich, die beiden Karren beiseite zu schieben, der andere bindet sein Strumpfband.

Plötzlich springt ein Mann aus der Menge, einen riesigen Dolch in der Linken. Mit einem Satz schwingt er sich auf die Achse des mächtigen Hinterrades, beugt sich über den König und schlägt zweimal zu. Seine Stöße dringen, seiner eigenen Aussage nach, bis ans Heft »wie in ein weiches Bündel Heu«. Der erste Stich gleitet an den Rippen ab, der zweite durchschneidet die rechte Halsschlagader.

»Ich bin verletzt... Es ist nichts«, röchelt der König.

Blut strömt aus seinem Mund. Ob er noch wahrnimmt, daß sich der Herzog de La Force über ihn beugt und ihm ein eindringliches »Sire, denkt an Gott« zuraunt?

Ravaillac bleibt wie festgenagelt stehen, starren Auges, das Messer in der Hand. De La Force stürzt sich auf ihn, aber der Mörder denkt nicht daran, davonzulaufen. Er ist erstaunlich ruhig, wie in Ekstase, »als wolle er sich allen zeigen und im Glanz seines fürchterlichen Mordes sonnen«. Saint-Michel, Ritter der königlichen Kammer, hebt seinen Degen...

»Rührt ihn nicht an, tötet ihn nicht«, heult d'Epernon: »Es könnte Euch den Kopf kosten!«

Dann, zu den Umstehenden gewandt, den Körper des Königs mit seinem Mantel bedeckend: »Er ist nur verwundet«.

Inmitten der schreckensstarren Menge werden Rufe laut: »Wein her!... Ein Wundarzt, wo ist ein Chirurg?« Aber schon setzt sich die Karosse in Bewegung und wendet sich, die Ledervorhänge niedergelassen, dem Louvre zu. Weniger als eine Stunde nachdem sie ausgefahren war, rollt sie wieder in den Schloßhof und hält vor dem Eingang des Petit Degré du roi. Heinrich scheint noch zu atmen. Man befeuchtet seine Lippen mit Wein, und er öffnet zweimal die Augen. Aber es ist ein Toter, der mühsam auf einem Sessel die engen Stiegen – es sind einundsechzig – hinauf in die Königsgemächer getragen wird.

Man bettet ihn auf das Lager in seinem Kabinett. Auf seinen geöffneten Mund legt der Staatsrat de Vic das Kreuz des Heiliggeist-Ordens. Da öffnet sich die Tür zum Nebenzimmer, und Maria stürzt unter »ganz außerordentlichem Geschrei« herein: »Der König ist tot! Der König ist tot!« heult sie, bis der Kanzler Sillery zu ihr tritt: »Darf ich Eure Majestät daran erinnern, daß die Könige in Frankreich nie sterben.« Und, auf den Dauphin deutend, der sich völlig verwirrt an den Rock seiner Mutter klammert, ruft er mit fester Stimme: »Hier ist der lebendige König, Madame.«

Kaum in den Louvre zurückgekehrt, reißt der Herzog d'Epernon die Leitung der Schloßverwaltung an sich. Er läßt die Tore schließen und verteilt die Wachen an alle Zugänge bis zum Pont Neuf. Mit welchem Recht bemächtigt sich der Herzog dieser Aufgabe, die einzig und allein dem Obristen der Wache, Marquis de Vitry, zukommt?

Die Nachricht der Mordtat verbreitet sich wie ein Lauffeuer in der Stadt. »Die Geschäfte und Werkstätten schließen«, berichtet Pierre de l'Estoile. »Jeder jammert, weint und schreit. Groß und Klein, die Alten wie die Jungen, Frauen und Mädchen raufen sich die Haare. Dabei bleiben alle seltsam untätig. Anstatt zu den Waffen zu greifen oder in die Kirchen zu eilen, um für die Gesundheit und das Wohlergehen des neuen Königs zu beten, richtet sich die Volkswut gegen den niederträchtigen Königsmörder und seine Komplicen. Das hatten die schuftigen Urheber der Tat nicht bedacht...«

Mit einem Schlag ist aller Groll verflogen. Die drückenden Steuern, die Geldabwertung, die letzten »unpopulären und höchst bedauerlichen Verfügungen«, sogar die Extravaganzen des Königs, seine Liebestollheiten sind vergessen und begraben... Dabei hatten gerade sie weitgehend zu der allgemeinen Unzufriedenheit und damit zur Durchführung des Mordes beigetragen.

»Er war nicht frei von Fehlern«, schreibt Agrippa d'Aubigné, »aber seine erhabenen Tugenden wogen alle Fehler auf.« Es sind die Tugenden, derer man sich erinnern will. Die Gefahr des verhaßten Krieges ist gebannt, Zwietracht und Rachegefühle sind verflogen... Es gibt keinen Stoff mehr für die fanatischen Kanzelredner!

Alles ist ausgelöscht. Der gute König ist tot...

Gegen Abend sitzt Sully, in seinen Hausmantel gehüllt, über seinen Papieren. Es ist still im Arsenal. Er erwartet den König am nächsten Morgen um fünf Uhr. Plötzlich hört er Schreie und Lärm von der Straße herauf, dann die Stimme seines Sekretärs: »Es ist alles verloren!« Halb angekleidet hastet er zur Tür... Seine Frau kommt ihm entgegen, spricht von einem blutigen Messer in der Hand des Marschalls... Und blitzschnell hat er alles erfaßt: der Tod des Königs, seines Königs, bedeutet das Ende des Ministers. Alles, was er geschaffen, was er plante, gehört von nun an der Vergangenheit an.

Es dunkelt. Gegen sieben Uhr begibt sich der Parlamentspräsident Beaumesnil, gefolgt von zehn Mitgliedern des Parlamentsrats, in den Louvre. Sie sind gekommen, um ihrem toten König die letzte Ehre zu erweisen. Heinrich ruht jetzt, weiß gekleidet, mit einem Schleier über dem Antlitz, auf einem Prunkbett, das psalmodierende Ordensbrüder mit Fackeln beleuchten. Nachdem er den Verstorbenen mit Weihwasser besprüht hat, wendet sich der Präsident der Königin zu, um ihr mit tränenerstickter Stimme den Parlamentsbeschluß zu verlesen: »Besagter Hof beschließt und erklärt die besagte Königin, Mutter des Königs, zur Regentin von Frankreich und ermächtigt sie, während der Kindheit ihres erlauchten Sohnes, des Herrschers, die Angelegenheiten des Königreiches mit allen Machtbefugnissen zu verwalten.«

Der junge König von Frankreich und Navarra ist acht Jahre, sieben Monate und achtzehn Tage alt. Als man ihn zu Bett bringt, stammelt er bekümmert: »Es ist mir nicht drum, König zu sein. Ich wollte, mein Bruder wär's an meiner Stelle, denn ich möchte nicht umgebracht werden, wie man meinen Vater, dem König, tat.«

Die Nacht senkt sich über Paris und »löscht das Licht des größten und besten Königs der Erde«. In der Provinz sieht man während der kommenden Tage verstörte Bauern händeringend auf den Straßen und Wegen irren und nach Reisenden und Kurieren Ausschau halten, damit sie ihnen Einzelheiten über die »unglückselige Neuigkeit« mitteilen. Dann »liefen sie verzweifelt über die Felder, wie eine hirtenlose Herde, und weinten und schrieen wie Wahnsinnige.«

Der einbalsamierte Leichnam liegt in einem Bleisarg aufgebahrt im Prunkzimmer des Schlosses. Achtzehn Tage lang lösen die Priester einander ab und zelebrieren täglich hundert stille Messen und sechs Hochämter. Dann wird der schwere Sarg in den Karyatidensaal hinuntergeschafft, wo bereits das »Schaubild« Heinrichs IV. in einen violetten, mit goldenen Lilien bestickten Samtmantel gehüllt liegt.

Am 29. Juni 1610 bringt ein langer Leichenzug den toten König hinüber zur Kathedrale von Notre-Dame und von dort aus, am nächsten Tag, nach Saint-Denis, wo er – der einzige König, dessen Erinnerung im Volk wirklich lebendig blieb – neben Heinrich III. seine letzte Ruhestätte findet.

Es ist schwer, einen Schlußpunkt zu setzen, ohne eine ganze Reihe von Fragen aufzuwerfen. Wie ist das Schweigen der Jesuiten, der Barfüßer- und Jakobinermönche zu erklären, denen Ravaillac seine mörderischen Absichten beichtete? Wurde nirgends eine Stimme laut, ihn anzuzeigen? Dabei hatte er sich monatelang in den Straßen von Paris herumgetrieben, mit seinem Messer in der Hand, von allen erkannt und als mutmaßlicher Mörder identifiziert? War es Feigheit oder stillschweigendes Einverständnis?

Michelet[10] hat recht, wenn er schreibt: »Über den Tod Heinrichs IV. herrschte eine uneingestandene Mitwissenschaft aller. Alle nahmen andeutungsweise Teil daran, ohne sich tatsächlich zu kompromittieren, aber indem sie den Irren machen ließen.« ALLE. Henriette d'Entragues, die sich an ihrem ehemaligen Liebhaber rächen will, weil er ihr nicht gab, was sie wollte; die Concinis, weil der Tod des Königs ihnen die uneingeschränkte Macht neben der Regentin einräumte, und vor allem d'Epernon, der immer gegen den König intrigiert hatte und in die Verschwörungen von Biron, d'Entragues und d'Auvergne verstrickt gewesen war.

Diese These kann nicht eindeutig belegt werden, denn die Prozeßakten sind zum großen Teil verschwunden, aber es gibt höchst beunruhigende Verdachtsmomente. Philippe Erlanger[11] förderte vor nicht allzu langer Zeit eine Botschaft des Gesandten Foscarini zutage: »Fräulein du Tillet (eine Kupplerin, die unter anderem auch den Herzog d'Epernon ›bediente‹) hat gebeichtet, daß sie den Mörder des Königs kannte und ihm mehrere Male Geld zum Lebensunterhalt zusteckte, was die Richter als wichtige Aussage betrachteten.« Das Gericht kam zu der Überzeugung, daß der Herzog d'Epernon, Gouverneur von Angoulême, Ravaillac persönlich begegnete und an seine Mätresse Charlotte du Tillet weiterschickte.

Am Weihnachtstag 1608 begab sich die Marquise de Verneuil, begleitet von ihrer Kammerfrau Jacqueline d'Escoman, zur Messe in die Kirche von Saint-Germain-de-Grève. Sie fanden den Herzog d'Epernon, scheinbar ins Gebet vertieft, allein, vor einer leeren Sitzreihe. In Wirklichkeit erwartete er die ehemalige Favoritin des Königs. Anläßlich des Prozesses von Ravaillac sagte Fräulein d'Escoman folgendes aus: »Ohne zu zögern ging die Marquise direkt auf die Kirchenbank zu, auf der Monsieur d'Epernon saß und befahl mir, zwei Stühle hinter sie zu stellen, damit niemand hören konnte, was sie sagten, und dann beschlossen sie den Tod des

Königs. Was sie sagten, war so schrecklich, daß ich mich nicht traue, es niederzuschreiben... Einige Tage später meldete sich der Verräter Ravaillac bei mir mit einem Brief der Marquise aus Marcoussis: ›Mademoiselle d'Escoman, ich schicke Euch diesen Mann über Etienne, den Kammerdiener meines Vaters...!‹ Ich gab ihm zu essen und zu trinken...«

Was konnte die arme Escoman mit dem entsetzlichen Geheimnis tun? Sie versuchte, den König über die Königin zu erreichen, wurde aber nicht empfangen.

»In meiner Verzweiflung«, fährt sie fort, »und da ich nicht mehr wußte, an wen ich mich wenden sollte, um das Unheil zu verhüten, von dem so viele wußten, schrieb ich noch an eine der Hofdamen der Königin in Fontainebleau und fragte, ob ich nicht den König und die Königin sprechen könnte, denn ich hätte eine dringende Nachricht für sie.«

Der Brief blieb ohne Antwort.

»An Fronleichnam begegnete ich dem Verräter Ravaillac, der mich unter Tränen bat, nur ja niemandem von seinen finsteren Plänen zu erzählen. Er versicherte mir, daß er sie bereue und niemals ausführen wolle.«

Aber Jacqueline d'Escoman glaubte ihm nicht und beschloß, bei den Jesuiten um eine Unterredung mit Vater Cotton, dem Beichtvater des Königs, zu bitten. Vater Cotton war abwesend und an seiner Stelle empfing sie der Klosterverwalter, der sie mit den fadenscheinigen Worten: »ich werde nach Gottes Rat handeln« abspeisen wollte. Noch einmal versuchte sie aufzubegehren: »Wenn es so ist, dann heißt das, daß ich den König töten lassen soll. Ihr tragt die Verantwortung, und wenn Ihr nichts unternehmt, werde ich Euch anklagen, denn ich bin nicht verrückt!«

Die Antwort, die sie erhielt, lautete: »Es steht Euch nicht zu, Euch in diese Angelegenheit zu mischen.«

Wieder blieb sie mit ihrem bedrückenden Geheimnis allein. Am Tag nach dem Mord wurde sie verhaftet, als verrückt erklärt und am 30. Juni 1610 verurteilt, den Rest ihres Lebens »hinter Mauern« zu verbringen...

Die Hinrichtung Ravaillacs. Radierung von Hoogenbergh, o. J.

479

War sie eine Spinnerin? Eine Wahnsinnige? Oder spiegeln ihre Aussagen die bittere Wahrheit wider? Die Fäden sind hoffnungslos ineinander verschlungen. Mögen wir uns noch so sehr den Kopf zerbrechen, wir werden sie kaum mehr entwirren. Eines ist sicher: Der Gerichtshof kam zu einem überraschend schnellen und verblüffenden Schluß. Am Tag der Hinrichtung des Attentäters wird die Angelegenheit »angesichts des hohen Standes der Angeklagten« sine die vertagt...

Beklemmend. Die einzige stichhaltige Aussage, die Ravaillac in extremis machte, war: »Ich wartete mit der Ausführung meines Plans, bis die Königin gekrönt und nach Paris zurückgekehrt war, weil ich dachte, daß es dann weniger Verwirrung in Frankreich geben würde, als wenn es vor der Krönung geschehe.«

Wer mochte dem verwirrten Geist diesen Rat gegeben haben?

Kehren wir noch einmal zu Philippe Erlanger zurück: Der König war dabei, in einen Krieg zu ziehen, von ihm gewollt und geplant, der sowohl bei der spanischen als auch bei der ultra-katholischen Partei auf heftigsten Widerstand stieß. Rom sah das Gespenst eines Konflikts auf sich zukommen, der durchaus mit einem Sieg der Protestanten enden konnte.

Erinnern wir uns auch an die eigensinnige Beharrlichkeit, mit der Maria von Medici auf ihrer Krönung bestand und an Heinrichs Widerwillen, ihren Wunsch gerade in diesem Moment zu erfüllen. Es lag ihr viel an dieser Regentschaft, der Florentinerin. Die ganze Macht in ihren Händen... ohne sie wirklich auszuüben. Dafür würden die drei Freunde Concini, d'Epernon und d'Entragues – alle mehr oder weniger im Sold Spaniens stehend – sorgen.

Man kann es nicht anders sagen, der Dolchstich Ravaillacs erfüllte die Wünsche sämtlicher Verschwörer: die Armee wird aufgelöst, der Vertrag mit dem Herzog von Savoyen gebrochen, die deutschen Fürsten im Stich gelassen und Sully verabschiedet. Die spanische Partei erringt die Oberhand, d'Epernon und Concini steigen, im Schatten der Regentin, aber allen deutlich sichtbar, zur eigentlichen Herrscherposition im Reich auf. Und Henriette d'Entragues? Sie erscheint wieder bei Hof und sieht sich von Maria von Medici äußerst huldreich aufgenommen: die beiden ehemaligen Rivalinnen vereint fortan eine unzertrennliche Freundschaft! Und schließlich erhalten sowohl der päpstliche Nuntius als auch der spanische Gesandte das Recht auf einen Sitz im Regentschaftsrat – ein nie dagewesenes Privileg!

Wie aufschlußreich klingen Ravaillacs letzte Worte, bevor er am 27. Mai 1610 von vier Pferden in Stücke gerissen wird: »MAN hat mich schändlich getäuscht, als MAN mich glauben machte, das Volk würde meine Tat begrüßen, dabei liefert es die Pferde für meine Hinrichtung.«

Um die Leiden des Verurteilten zu verschlimmern, gossen die Folterknechte siedendes Öl, geschmolzenes Blei und heißes Pech auf seine Gliedmaßen. »Man konnte sich keine furchtbareren Schmerzen vorstellen«, erwähnt ein Augenzeuge. Dann wurde, wie die grausame Sitte es wollte, dem Königsmörder die rechte Hand verbrannt. »Der Unglückliche hatte noch die Kraft, aufzustehen und einen Funken aus seinem Bart zu schütteln...«, berichtet derselbe Zeuge.

»Nach der Vierteilung machte sich das Volk – sie kamen aus allen Schichten und Ständen – mit Messern, Stöcken und Säbeln über die Reste her, zerhackten und zerschnitten sie und schleppten die Stücke in alle Richtungen davon. Nichts konnte ihre Wut dämmen, und der Scharfrichter, dessen Aufgabe es war, den Leichnam zu verbrennen, hatte am Ende nur noch das Hemd des Hingerichteten in Händen...«

Wenn man einer alten Legende Glauben schenken will, so ereignete sich in Pau etwas überaus Seltsames, etwas so Wunderbares, daß die braven Einwohner die Begebenheit vor dem Notar beeiden wollten. In der Nacht vom 14. auf den 15. Mai 1610, als man sich im Sternzeichen des Stiers befand, strebten plötzlich Hunderte von Béarner Kühen von ihren Bergweiden hinunter zur Stadt. Sie waren von einem mächtigen Stier angeführt, den die Hirten »den König« nannten. Die Einwohner, vom vielhundertfachen Hufschlag aus dem Schlaf getrommelt, sahen sprachlos, wie die riesige Herde vor dem Schloß der Könige von Navarra mit einem Ruck stehenblieb. Alle Tiere trugen goldene Glocken, wie auf dem

Heinrich IV. unterzeichnet am 13. April 1598 das Toleranzedikt von Nantes.

Wappen des Hauses Béarn, und ihr klagendes Gebrüll war in weitem Umkreis zu hören.

Dann beobachtete man, wie der Stier vergeblich versuchte, mit seinen mächtigen Hörnern das Tor einzurennen, sich schließlich in den Schloßgraben stürzte und verendete.

Quarzrelief von Bouchard, Genf, Denkmal der Reformation, um 1916

Totenmaske Heinrichs IV.

Anhang

Am 31. Oktober 1919 wurde im Hôtel Drouot in Paris der Nachlaß von Madame Nallet-Poussin versteigert. Plötzlich ertönt der Aufruf des Auktionators:
»Wir versteigern jetzt einen mumifizierten Kopf: Der Kopf Heinrichs IV. ... drei Franken... zu ersten, zum...«
Eine Hand im Saal erhebt sich. Da keine weiteren Gebote gemacht werden, erfolgt der Zuschlag zum Aufrufpreis. Der Bieter nannte sich Monsieur Bourdais, war Antiquitätenhändler in Montmartre und sollte den Rest seines Lebens damit zubringen, die Reliquie authentifizieren zu lassen.
Zunächst dürfen wir als Tatsache festhalten, daß der Leichnam Heinrichs IV., als die Königsgräber in Saint-Denis während der Schreckensherrschaft der Revolution profaniert wurden und die Überreste der französischen Herrscher in ein Massengrab wanderten, überraschend gut erhalten war. Der Beauftragte der Schönen Künste, Monsieur Lenoir, der von sich behauptete, ein überzeugter Republikaner zu sein, konnte nicht umhin, ihm »äußerst respektvoll« die Hand zu drücken und seiner Sammelleidenschaft freien Lauf zu lassen: So fand man nach seinem Tod in seinem Nachlaß eine Pappschachtel mit einem Schulterblatt von Hugo Capet, einem Oberschenkelknochen von Karl V., einer Tibia von Karl VI., einem Wirbelknöchelchen von Karl VII. und einer Rippe Philipps des Schönen... Ob er auch den Kopf Heinrichs IV. beiseite geschafft hat? Niemand kann es beweisen. Erwiesen ist, daß der Leichnam des Béarners zwei Tage lang am Eingang zu den Kapellen aufrecht an der Wand lehnte, bevor er mit den anderen Königen in der Grube verschwand.

Viele Neugierige kamen vorbei, um den »guten König« zu betrachten, und einer von ihnen, ein gewisser Comparot, nahm ihm sogar eine Totenmaske ab, deren Photographie – siehe vorhergehende Seite – jahrelang in sämtlichen Schulbüchern abgebildet war.

Als Ludwig XVIII. im Jahr 1815 das Massengrab öffnen ließ, in das dreiundzwanzig Jahre vorher die Überreste der französischen Könige geworfen worden waren, fand man Heinrich IV. ohne Kopf... Über hundert Jahre später stellten verschiedene zu Rate gezogene Anthropologen fest, daß der im Hôtel Drouot versteigerte Schädel lange nach dem Tod seines Besitzers vom Rumpf getrennt worden war. Ihrer Ansicht nach gehörte dieser Kopf einem Mann von etwa fünfundfünfzig Jahren, der zu Beginn des 17. Jahrhunderts eines gewaltsamen Todes gestorben war. Seine Oberlippe wies eine Narbe auf – man denke an Jean Châtels Attentat vom 27. Dezember 1594. Vor allem aber trug er am Hals eine breite Schnittwunde, die die rechte Halsschlagader sektionierte, und die Todesursache des Fünfundfünfzigjährigen darstellte. Sie glich auf ein Haar derjenigen, die Ravaillac Heinrich IV. beibrachte.

Trotz dieser Beweise war es Monsieur Bourdais nie gelungen, den Kopf offiziell anerkennen zu lassen. Die Einkaufskommission des Louvre, der der Händler bei seinem Tod im Jahr 1947 die Reliquie vermachte, verweigerte das Legat, und das Erbe ging an die Schwester des Verstorbenen über. Diese bewahrte sie jahrelang, in ein Tuch gewickelt, unter ihrem Bett auf und kramte sie nur zum Hausputz hervor...

Es gibt übrigens noch ein weiteres Indiz: Der mumifizierte Kopf Heinrichs IV. hatte keinen Schnurrbart mehr. Die Erklärung ist einfach. Am Tag, als im Jahre 1793 die Totenmaske abgenommen wurde, schnitt ein Revolutionssoldat den Schnurrbart ab, klebte ihn sich an und versicherte den ganzen Tag, daß er nie einen anderen Bart tragen werde. Wenig später schenkte er ihn seiner Freundin, die ihn sorgfältig aufbewahrte. Als sie hochbetagt starb, glaubten die Hinterbliebenen, daß es sich um ein altes Liebespfand handelte und warfen, aus Respekt vor der Verstorbenen, den Schnurrbart des Vert-Galant ins Feuer...

Ein Astrologe errechnete, daß Heinrich IV. an einem 14. Dezember, vierzehn Jahrhunderte, vierzehn Dekaden und vierzehn Jahre nach Christi Geburt geboren wurde und an einem 14. Mai starb, nachdem er viermal vierzehn Jahre, vierzehn Wochen und vierzehn Tage gelebt hatte. Sein Name Henri de Bourbon zählt sich aus vierzehn Buchstaben zusammen.

REZEPT

DAS HUHN IM TOPF À LA HENRI IV.

Man nehme ein fleischiges Huhn, säubere es und fülle es mit frischen Kräutern,
sowie ein schönes Stück saftiges Rindfleisch, nicht zu fett, sowie ein Stück geräucherten Schinken und eine Paler Wurst (eine Spezialität aus Pau; es handelt sich um eine leicht angeräucherte Wurst, die man roh oder gekocht essen kann).

Das alles lege man, mit Wasser reichlich zugedeckt, in einen großen Kochtopf und füge alle Gemüsesorten bei, die man wünscht (Zwiebeln, Möhren, Sellerie, Lauch...). Salzen.

Zum Kochen kommen lassen und etwa eineinhalb Stunden sieden. Abschmecken.

Fleisch und Gemüse können mit Kartoffeln, am besten jedoch mit Bauernbrot verzehrt werden.

Die angegebene Menge genügt für etwa vier bis sechs Personen... sollte Heinrich IV. zu Gast sein, wird sie knapp für zwei reichen... Ventre-Saint-Gris!

P. S. Man trinkt dazu den Wein aus dem Jurançon... so man hat!

Zeittafel

1548 Heirat von Antoine de Bourbon und Jeanne d'Albret.
1553 Geburt des späteren Heinrich IV. in Pau (13. Dezember)
1555 Tod seines Großvaters, Henri d'Albret.
1559 Französisch-spanischer Vertrag von Catau-Cambrésis, Ende der Kriegszüge in Italien. Tod Heinrichs II., Thronbesteigung Franz' II.
1560 Edikt von Amboise. Fehlschlag der vom Prinzen von Condé angezettelten Verschwörung von Amboise (März). Michel de L'Hopital wird Kanzler. Tod Franz' II. (Dezember). Katharina von Medici Regentin bis zur Volljährigkeit Karls IX. Versammlung der Generalstände.
1561 Heinrich von Navarra kommt an den Hof von Frankreich (August). Beginn der Reibereien zwischen Katholiken und Protestanten. Fehlschlag der Verhandlungen von Poissy.
1562 Edikt von Saint-Germain-en-Laye (Januar). Massaker von Vassy. Beginn des 1. Religionskrieges (April). Antoine de Bourbon vor Rouen tödlich verwundet.
1563 Ermordung des Herzogs Franz von Guise vor Orléans (Februar). Friedensvertrag, dann Edikt von Amboise (März).
1564 Beginn der »Großen Reise« durch Frankreich.
1566 Großer Erlaß von Moulins zur Neuordnung der Rechtsprechung. Ende der »Großen Reise«.
1567 Jeanne d'Albret nimmt ihren Sohn zurück ins Béarn. Beginn des 2. Religionskrieges. Die Protestanten werden bei Saint-Denis geschlagen. Der Konnetabel von Montmorency wird tödlich verletzt.
1568 Friede von Longjumeau (März). Katharina von Medici entläßt den konzilianten L'Hopital. Jeanne d'Albret und Heinrich von Navarra stoßen zu den Protestanten in La Rochelle (November). Beginn des 3. Religionskrieges.

1569 Niederlage der Protestanten bei Jarnac. Tod des Prinzen Ludwig von Condé. Heinrich von Navarra und sein Vetter Heinrich von Condé werden dem Namen nach Führer der Reformierten, während der Admiral Coligny ihr effektives Haupt ist. Erneute Niederlage der Hugenotten bei Moncontour.

1570 Friede von Saint-Germain-en-Laye, Rückkehr zu den Klauseln des Edikts von Amboise (August). Festlegung der Heirat von Heinrich von Navarra mit Margarethe von Valois.

1572 Jeanne d'Albret findet sich beim Hof in Blois ein, zieht mit nach Paris, wo sie im Juni stirbt: Heinrich König von Navarra. Hochzeit von Heinrich und Margarethe, Greuel der Bartholomäusnacht. Heinrich schwört dem protestantischen Glauben ab (September).

1573 4. Religionskrieg. Heinrich, Herzog von Anjou, wird zum polnischen König gewählt. Ende des Krieges durch das Edikt von Poitiers (Juni). Der Herzog von Alençon stellt sich an die Spitze der »Politischen«.

1574 Tod Karls IX. Heinrich III. wird König von Frankreich.

1575 Verständigung zwischen den »Politischen« und den Protestanten. Franz von Alençon flieht aus dem Louvre und stößt zu Condé. 5. Religionskrieg. Heinrich von Guise erhält vor Dormans die Verletzung, die ihm den Spitznamen »Das Narbengesicht« (Le Balafré) einträgt. Waffenstillstand.

1576 Heinrich von Navarra flieht aus dem Louvre. Friede von Beaulieu oder »Herrenfrieden«, der von den Katholiken als beschämend betrachtet wird. Gründung der Liga zum Kampf gegen die »Vorrechte« der Protestanten, unter der Leitung der Guise. Generalstände in Blois (Dezember).

1577 Die Generalstände stimmen für den Bruch des »Herrenfriedens« (Januar). Franz von Alençon-Anjou schlägt sich zu den Royalisten. 6. Religionskrieg und Friede von Bergerac (September).

1578 Franz von Alençon-Anjou verläßt erneut seinen Bruder. Katharina bricht mit Margarethe in die Guyenne auf. Verständigung zwischen Katharina und Heinrich von Navarra.

1579 Konferenz von Nérac zwischen Katholiken und Protestanten, Politik des Gleichgewichts.

1580 7. Religionskrieg (April). Heinrich von Navarra nimmt Cahors, die Katholiken erobern La Fère. Vertrag von Fleix (November).

1581 In der Versammlung der protestantischen Kirchen in Montauban wird Heinrich von Navarra als ihr »Protektor« anerkannt.

1582 Franz von Alençon-Anjou, »Verlobter« der Königin von England, ernennt sich selbst zum Herzog von Brabant und zieht in Antwerpen ein (Februar). Margarethe verläßt Nérac, um an den Hof von Frankreich zurückzukehren. Katharina von Medici protestiert vergebens gegen die Besetzung Portugals durch Philipp II. von Spanien.

1583 Kläglicher Fehlschlag Anjous in den Niederlanden. Heinrich III. versucht, sich Heinrich von Navarra anzunähern. Er verbannt seine Schwester Margarethe vom Hof. Versöhnungsversuche Katharinas zwischen Heinrich III. und seinem Bruder Anjou, genannt »Monsieur«.

1584 Tod des Herzogs von Anjou (Alençon), Heinrich von Navarra wird Thronerbe (Juni). Die Liga ruft zum Kampf gegen die Protestanten und Heinrich III. auf. »La Grande Corisande« tritt in das Leben Heinrichs von Navarra.

1585 Kardinal Karl von Bourbon, der sich als Thronerben betrachtet, verläßt den Hof Heinrichs III. (Januar). Margarethe verläßt ihren Mann und schließt sich der Liga an. Heinrich III. sieht sich gezwungen, der Liga beizutreten und das Heer der Katholiken gegen die Protestanten zu führen (Juli). Papst Sixtus V. veröffentlicht die Exkommunikationsbulle gegen Heinrich von Navarra und Condé. Beginn des Krieges der »Drei Heinriche« im Westen und Südwesten.

1586 Fehlschlag der Verhandlungen von Saint-Brice und Cognac zwischen Heinrich von Navarra und Katharina von Medici.

1587 Kämpfe im Poitou, Schlacht von Coutras mit Sieg von Heinrich von Navarra (Oktober). Rückzug der deutschen Landsknechte über die Grenze. Die Liga und Heinrich von Guise »allmächtig« in Paris. Gründung der »Sechzehner«.

1588 Tod Heinrichs I. von Condé, postumer Sohn Heinrich II. von Condé. Tag der Barrikaden in Paris und Flucht Heinrichs III. (Mai), der in Rouen zur Unterzeichnung des Unionspaktes gegen die Protestanten gezwungen wird. Heinrich von Guise Generalleutnant, Kardinal von Bourbon mutmaßlicher Thronerbe als Karl X. (August). Einberufung der Generalstände in Blois und öffentliche Demütigung des Königs (September). Mord an Heinrich von Guise in Blois (Dezember). Kardinal von Bourbon gefangen. Herzog von Mayenne Haupt der Liga.

1589 Tod Katharinas in Blois (Januar). Das Parlament, die Universität von Paris und andere Städte meutern gegen Heinrich III. Mayenne weigert sich, mit ihm zu verhandeln. Versöhnung Heinrichs III. mit Heinrich von Navarra in Plessis-la-Tour (April). Belagerung von Paris und Mord an Heinrich III. in Saint-Cloud (1. August). Heinrich IV. König, aber Ernennung des Kardinals von Bourbon zum Gegenkönig als Karl X. Niederlage der Armee der Liga bei Arques. Mayenne weicht dem Kampf aus. Rückzug Heinrichs IV. nach Etampes, Tours und Vendôme.

1590 Schlacht bei Ivry, Heinrichs Armeen umzingeln Paris. Tod des Kardinals von Bourbon. Mayenne entsetzt die Hauptstadt mit spanischer Hilfe (Farnese), Heinrich muß abziehen.

1591 Chartres ergibt sich dem König. Elisabeth von England bietet ihre Hilfe an. Gregor XIV. bestätigt Heinrichs Exkommunikation und dehnt sie auf alle aus, die ihn unterstützen (Juni). Philipp II. schlägt seine Tochter als Thronfolgerin in Frankreich vor. Beginn der Belagerung von Rouen. Streit unter den Ligaführern in Paris. Gabrielle d'Estrée wird die Geliebte Heinrichs IV.

1592 Farnese entsetzt Rouen. Mißerfolg Heinrichs in der Bretagne.

1593 Konferenz von Suresnes. Generalstände der Liga in Paris (April). Heinrich IV. schwört in Saint-Denis dem reformierten Glauben ab. Fünfmonatiger Waffenstillstand. Mehrere Städte ergeben sich dem König.

1594 Das Parlament von Aix erkennt die Autorität Heinrichs IV. an, der am 27.2. in Chartres zum König gesalbt wird. Einzug in Paris (März). Rouen unterwirft sich. Der König belagert Mayenne in Laon. Beginn der Unruhen im Limousin und im Périgord. Laon ergibt sich, Mayenne entkommt. Karl von Lothringen, Sohn des »Balafré«, unterwirft sich dem König. Attentat Jean Châtel. Die Jesuiten werden aus Frankreich verbannt (Dezember). Geburt des Herzogs von Vendôme, erster Sohn Heinrichs IV. mit Gabrielle.

1595 Kriegserklärung an Spanien (Januar). Heinrich IV. begibt sich nach Burgund, das von der Liga unter Mayenne und von den Spaniern bedroht wird. Sieg von Fontaine-Française (Juni). Triumphaler Einzug in Lyon. Schwierigkeiten im Norden und in der Bretagne. Papst Klemens VIII. erteilt Heinrich die Absolution.

1596 Vertrag von Folembray, Mayenne und Joyeuse unterwerfen sich dem König (Januar). Die Truppen des Herzogs von Savoyen und Philipps II. werden in der Provence zurückgeworfen. Unterwerfung des Herzogs von Epernon. Ständeversammlung in Rouen. Maximilian de Béthune, Baron von Rosny (später Sully), tritt in den Finanzrat ein.

1597 Die Spanier nehmen Amiens durch einen Überraschungsangriff. Königliches Zunftdekret. Der König verlangt vom Parlament Subsidien für den Krieg gegen Spanien. Amiens kapituliert trotz Eingreifens des Erzherzogs Albert von Österreich (September).

1598 Dinan wird genommen. Vertrag und Unterwerfung der Ligaanhänger der Bretagne. Die Tochter des Herzogs von Mercoeur wird mit César von Vendôme verlobt. Unterzeichnung des Edikts von Nantes (April). Friedensvertrag von Vervins mit Philipp II. (Mai). Plötzlicher Entschluß Heinrichs, Gabrielle d'Estrée zu heiraten. Krankheit des Königs.

1599 Verhandlungen in Rom über die Annullierung von Heinrichs Ehe mit Margarethe von Valois. Das Pariser Parlament unterzeichnet das Edikt von Nantes. Erstes Edikt über die Verbesserung der Landwirtschaft (Trockenlegung der Sümpfe) in Fontainebleau. Tod der Gabrielle d'Estrée (April). Neue Favoritin: Henriette d'Entragues. Eheverhandlungen in Florenz (Maria von Medici). Annullierung der ersten Ehe. Rosny wird »Surintendant der Finanzen« (Oberschatzmeister), außerdem Wegemeister, Oberintendant der Befestigungen und Oberfeldzeugmeister.

1600 Krieg in Savoyen. Heinrich heiratet Maria von Medici per procurationem. Eheschließung in Lyon (17. Dezember).

1601 Vertrag von Lyon mit dem Herzog von Savoyen, Frankreich erhält die Bresse und das Bugey. Unruhen in der Provinz aufgrund neuer Steuererhebungen. Sully ordnet die Staatsfinanzen. Geburt des Dauphin (September) und des Sohns von Henriette d'Entragues.

1602 Unterzeichnung des Vertrags von Solothurn mit den Schweizer Urkantonen. Verhaftung des Herzogs von Biron und des Grafen d'Auvergne wegen Verschwörung gegen den König. Hinrichtung Birons (Juli). Finanzmaßnahmen: Reduzierung der Taille, Abschaffung der »Pancarte«, Erhöhung der Salzsteuerpacht. Schaffung eines Wirtschaftsrats.

1603 Der König hält sich in Lothringen auf. Zurückrufung der Jesuiten. Unzufriedenheit der Protestanten. Graubünden bittet Heinrich IV. um Hilfe gegen Spanien. Schwere Erkrankung des Königs. Schaffung der »Gesellschaft Neu-Frankreich« (Kanada).

1604 Unruhen unter den Protestanten im Süden und Westen. François und Henriette d'Entragues konspirieren mit dem Grafen d'Auvergne, dem Herzog von Bouillon, den deutschen Fürsten, Philipp III. von Spanien und dem Herzog von Savoyen gegen den König. Der König befriedet das Limousin. Unterzeichnung eines Handelsvertrages mit Spanien. Bekanntwerden der Verschwörung, Verhaftung der Grafen d'Auvergne und d'Entragues. Neue Steuer: die »Paulette«.

1605 Reduzierung der Staatsschulden. Attentat des Irren Jacques des Isles.

1606 In Paris Unterzeichnung eines Handelsvertrages zwischen Heinrich IV. und Jakob von England (Februar). Feldzug nach Sedan und Unterwerfung des Herzogs von Bouillon. Reformierung der katholischen Geistlichkeit.

1607 Navarra und das Béarn werden mit dem Königreich vereinigt. Edikt über den Straßenbau. Heinrich IV. rät den protestantischen Fürsten Deutschlands, eine Liga zu gründen.

1608 Entdeckung eines neuen Komplotts gegen Heinrich IV. Champlain gründet Quebec. Vergebliche Verhandlungen über eine Heirat der Königstochter Christine mit Don Carlos, Infant von Spanien.

1609 Heinrich verliebt sich in Charlotte von Montmorency (Februar). Tod des Herzogs von Kleve, Jülich und Berg: Heinrich widersetzt sich der Wahl des österreichischen Kandidaten. Neue Steuern für die Kriegsführung gegen Habsburg erwecken Unmut im Volk. Heinrich II. von Condé entführt seine Frau Charlotte von Montmorency nach Flandern.

1610 Unionspakt der deutschen Fürsten, Vertrag mit Heinrich IV. Kriegsvorbereitungen und Unruhen unter Katholiken und Protestanten. Maria von Medici zur Regentin ernannt und in Reims gekrönt. Bildung eins Regentschaftsrats für die Abwesenheit des Königs im Falle des Krieges. Ermordung Heinrichs IV.

Stammbaum Heinrichs IV.
(gekürzt)

Ludwig IX
(der Heilige)
(1214 †1270)
|
Robert
Graf von Clermont
(1256 †1317)
(6. Sohn von Louis IX)
⚭ : Beatrix von Bourbon
|
sechs Generationen, dann:
|
Karl von Bourbon
(†1537)
⚭ : Franziska von Alençon

├─────────────────────────────────────┬─────────────────────────────────────┤

Antoine de Bourbon   Karl
Herzog von Vendôme   Kardinal von Bourbon
(1518 †1562)   (1523 †1590)
⚭ : Jeanne d'Albret   (Karl X der Liga)

Heinrich IV   Katharina
König von Frankreich   (1559 †1604)
und Navarra   ⚭ : Henri
(1553 †1610)   Marquis von Pont-à-Mousson
⚭ : 1. Margarethe von Valois   später Herzog von Bar
    2. Maria von Medici

aus 2. Ehe:

Louis XIII	Elisabeth	Christine
(1601 †1643)	(1602 †1644)	(1606 †1663)
⚭ : Anna von Österreich	⚭ : Infant Philipp	⚭ : Victor-Amadeus
Tochter Philipps III	später Philipp IV	Prinz von Piemont
von Spanien	von Spanien	später Herzog von Savoyen

─── Legitimierte, uneheliche Kinder Heinrichs IV ───

von Gabrielle d'Estrées:

César	Catherine-Henriette	Alexandre
Herzog von Vendôme	(1596 †1663)	Chevalier von
(1594 †1665)	⚭ : Karl von Lothringen	Vendôme
⚭ : Françoise	Herzog von Elbeuf	Großprior
von Lothringen-Mercœur		von Malta
		(1598 †1629)

494

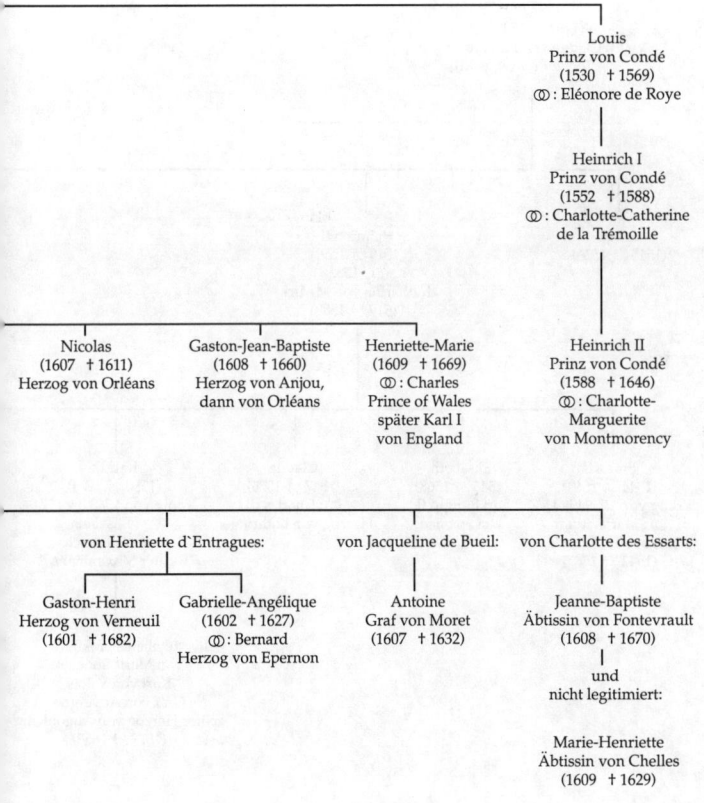

Stammbaum der Valois

(gekürzt)

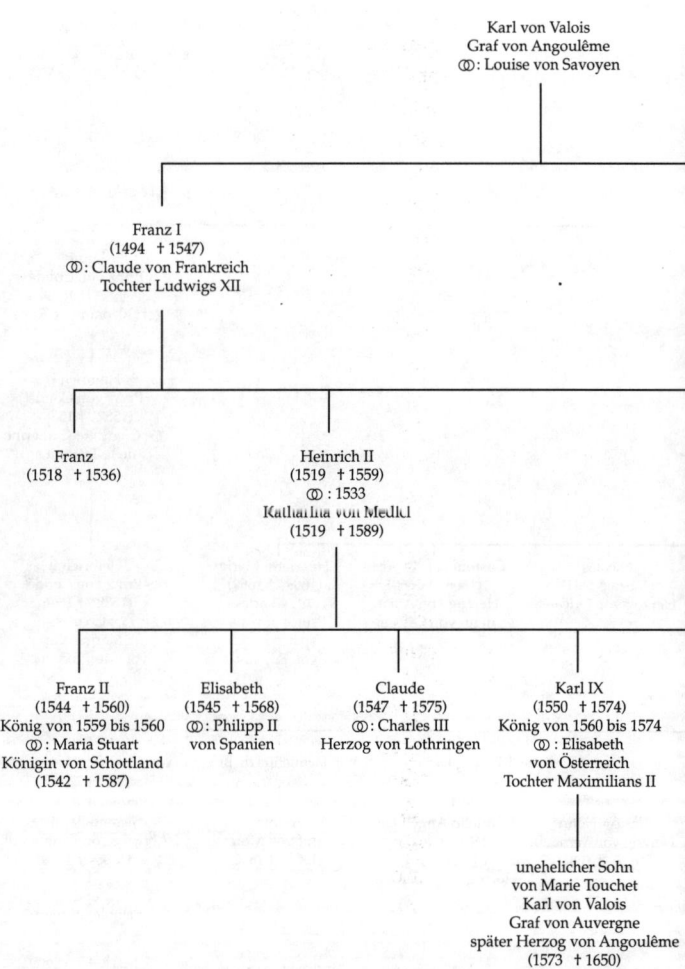

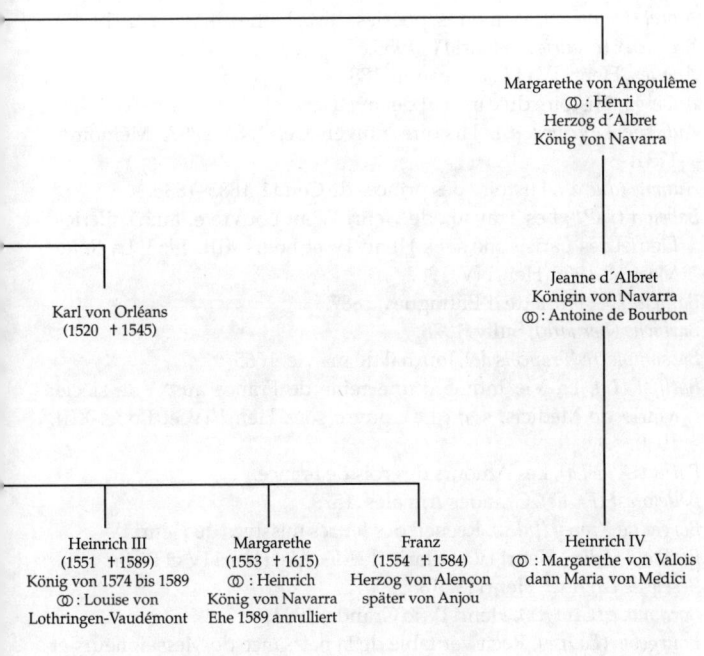

Bibliographie

Albret (Jeanne d'), Mémoires, poésies, 1893. Lettres inédites, 1910.
Andrieux (Maurice), Henri IV, 1955.
Anquez, Henri IV et l'Allemagne, 1887.
Aubergy, Histoire du cardinal de Joyeuse.
Aubigné (Agrippa d'), Histoire universelle, 1886–1897. Mémoires, 1731.
Aumale (duc d'), Histoire des princes de Condé, 1885–1886.
Babelon (J.-P.), Les Travaux de Henri IV au Louvre et aux Tuileries. Demeures parisienne sous Henri IV et Louis XIII, 1965. La Reine Margot, 1965. Henri IV, 1982.
Ballieu (J.), Henriette d'Entragues, 1887.
Barbiche (Bernard), Sully, 1978.
Bassompierre (François de), Journal de ma vie, 1665.
Batiffol (L.), La Vie intime d'une reine de France au XVIIe siècle, Marie de Médicis, s. d.; Le Louvre sous Henri IV et Louis XIII, 1930.
Batut (G. de La), Les Amours des rois de France.
Belleforest (Fr. de), Grandes Annales, 1579.
Berger de Xivrey (Jules), Recueil des lettres missives de Henri IV.
Berthold-Zeller, Henri IV et Marie de Médicis, Henri IV et Biron.
Bescle de Lagrezef, Henri IV, 1885.
Bordonove (Georges), Henri IV le Grande, 1982.
Bourgeois (Louise), Récit véritable de la naissance de Messeigneurs et Dames les enfants de France, 1625.
Brantome (Pierre de Bourdeille, seigneur de), Vie des hommes illustres et des grands capitaines, 1665. Vie des dames illustres, 1740.
Capefigue, Gabrielle d'Estrées, 1859.
Carmona (Michel), Marie de Médicis, 1981.
Carré (H.), Sully, 1932. Gabrielle d'Estrées plus que reine, 1935.
Castelnaut, La Reine Margot, reine de Navarre, 1981.

Castelot (André), Grandes Heures des cités et châteaux de la Loire, 1959. François 1er, 1983.
Castries (duc de), Henri IV, roi de cœur, roi de France, 1962.
Catalogue de l'expositions L'Assassinat de Henri IV, 1968.
Cataux (Yves), Henri IV ou la Grande Victoire, 1977, Henri IV, les horizons du règne, 1986.
Chamier, Journal..., 1858.
Champion (P.), et François (M.), Lettres de Henri III, 1959–1972.
Champion (P.), Cathérine de Médicis présente à Chalres IX son royaume, 1937. Henry III, 1941–1951.
Chaunu (P.) et Gacon (R.), Histoire économique et sociale de la France, 1980.
Chevallier (Pierre), Henri III, 1985.
Cheverny (Philippe Hurault de), Mémoires, 1636.
Cimber (L.) et Danjou (F.), Archives curieuses de l`Histoire de France, 1834–1841.
Cloulas (I.), Catherine de Médicis, 1979, Henri II, 1985.
Condé (Louis, prince de), Mémoires, 1839.
Corneio, Histoire du siège de Paris, 1820.
Crete (Liliane), Coligny, 1985.
Desclozeaux, »Le Mariage et le divorce de Gabrielle d'Estrées.« Revue historique, 1886, t. XXX.
Duby (Ch.), Histoire de France.
Dufour (A.), La Guerre de 1589–1593.
Duhamel (Pierre), Henri de Guise.
Duhourcau (François), Henri IV, libérateur er restaurateur de la France, 1941.
Duplessis-Mornay (Philippe), Mémoires, 1624.
Elbee (Jean d'), Le Miracle d'Henri IV, 1946.
Erlanger (Philippe), La Vie quotidienne sous Henri IV, 1956. Henri III, 1960. Les Plus belles lettres d'amour de Henri IV, 1962. L'Étrange mort d'Henri IV, 1965. Marguerite de Valois, 1972.
D'Escoman, Véritable manifeste de la Demoiselle d'.
Estailleur-Chanteraine (Philippe d'), Henri IV de France et de Navarre, 1954.
Estoile (Pierre de l'), Journal pour le règne de Henri III et de Henri IV.
Fafyn (Henri), Antoine de Navarre, 1612.
Fels (Marthe de), Quatre Messieurs de France, 1975.
Fontenay-Mareuil (marquis de), Mémoires, 1826.
Forneron (Henri), Histoire des ducs de Guise, 1877.

Gérard (Jo), Henri IV, le plus vert des galants.
Groulard (Claude), Mémoires, 1826.
Guadet, Henri IV, 1879.
Guise (Marguerite de, princesse de Conti), Les Amours du Grand Alcandre, 1651.
Guth (Paul), Henri IV, 1962.
Hardouin de Péréfixe, Histoire d`Henri le Grand, 1661.
Hauser (Henri), Les Sources de l`Histoire de France, XVIe siècle. Les Guerres de religion (1559–1589), tomes III et IV, 1906–1915.
Hayem (Fernand), Le Maréchal d'Ancre et Léonora Galigaï.
Henrard (P.), Henri IV et la princesse de Condé, 1870.
Henri IV, Lettres et missives.
Héritier (Jean), Catherine de Médicis, 1959.
Heroard (J.), Journal sur l'enfance et la Jeunesse du roi Louis XIII, 1868. Histoire de la vie, conspiration et mort du maréchal de Biron.
Jousset (Abbé), Henri IV, 1893.
Jubinal (A.), Henri IV et Montaigne, 1873.
Kermaingant (P.-L. de), Le Siège de Rouen par Henri IV, 1891.
Kermina (Françoise), Marie de Médicis, 1979.
La Barre du Parcq (de), Henri IV, 1884.
La Batut (G. de), Les Amours des rois de France, Henri IV, 1928.
La Brière, La Conversion de Henri IV.
Labrousse (Elisabeth), La Révocation de l'Édit de Nantes, 1985.
Lacombe, Henri IV et sa politique, s. d.
Lacour-Gayet, Renaissance financière, 1959.
Lacretelle (Charles), Histoire de France pendant les guerres de religion, 1814–1816.
Lacretelle (Jacques de), La Galerie des amants, 1963.
Laffemas (Barthélemy de), Règlement pour dresser les manufactures de ce royaume, 1597. Ruine et disette d'argent..., 1608.
La Ferrière (H. de), Henri IV, le roi amoureux, 1890.
La Force (duc de), Le Maréchal de La Force, 1924.
La Grande (marquise de), Mémoires du duc de La Force.
La Huguerye (Michel de), Mémoires, 1877–1880.
La Noue, Discours politiques et militaires, 1967.
Lanux (Pierre de), Vie d'Henri IV, 1927.
Lavisse, Histoire de France, 1903–1911, tomes IV et VII.
Leory-Ladurie (E.) et *Monneau (M.)*, Paysannerie et croissance, 1980.
Lescure (A.-M. de), Lettres d'amour d'Henri IV, 1874–1876.

Levis-Mirepoix (duc de), Henri IV, 1973.
Levron (Jacques), Henri IV, 1949, Les Rois de France ne divorcent jamais, 1986.
Maindron (Robert), Introductions à la France moderne, 1974.
Malet et *Isaac*, L'Age classique, 1959.
Mariejol (J. H.), La Vie de Marguerite de Valois, 1928.
Martin, »Sully, Henri IV et l'organisation de l'Europe«, Revue des deux-mondes, 15 octobre 1955.
Matthieu (P.), Histoire de la mort déplorable de Henri IV (Archives curieuses de Histoire), 1611. Histoire des derniers troubles de France sous Henri III et Henri IV, 1594–1595.
Médicis (Catherine de), Lettres, 1880–1905.
Merki (Charles), La Reine Margot et la des Valois, 1905. La Marquise de Verneuil, 1912.
Michelet, Histoire de France, 1855–1856–1857.
Millon (C.), Cérémonial du sacre des rois de France, 1931.
Miquel (Pierre), Les Guerres de religion, 1985.
Montaigne (Michel de), Essais, 1580–1592.
Montluc (Blaise de), Commentaires, 1592.
Mousnier (Roland), L'Assassinat de Henri IV, 1964.
Nevers (duc de), Lettres à reine Marie de Médicis, 1614.
Noailles (vic. de), La Mère du Grand Condé, 1924.
Nouaillac (J.), Henri IV raconté par lui-même, 1913.
Pages (G.), »L'Edit de Nantes«, Revue d'Histoire moderne, 1936.
Palma-Cayet (Pierre-Victor), Chronologie novenaire, 1589–1598. Chronique septenaire, 1605.
Pasquier (Ét.), Au roi, congratulation, octobre 1570.
Patry (R.), Philippe Duplessis-Mornay, 1933.
Pérot (Jacques), Henri IV à cheval, 1982; Henri de Navarre et le royaume de France, 1984; Catalogue de l'Exposition »Henri de Navarre«, 1985; Quinze années d'acquisitions, 1985.
Perron (du), Discours véritables..., 1600.
Poirson, Histoire du règne de Henri IV, trois vol,. 1805.
Poisson (Georges), Histoire du règne de Henri IV.
Pourrat (H.), Sully, 1942.
Reinhard (Marcel), Henri IV, 1943. La France sauvée, 1943.
Revue des Questions Historiques (1878; 1883; 1887; 1902; 1905; 1911; 1936.)
Rigal (J.), Nérac et la jeunesse de Henri IV. Bulletin des Amis du Château de Pau.

Ritter (Raymond), Le Château de Pau, étude historique et archéologique, 1919; Cette grande Corisande, 1937; Charmante Gabrielle, 1947. Henri IV lui-même. L'homme, 1944; La Petite Tignonville, 1945; Lettres du Cardinal de Florence, 1955.

Rival (P.), La Folle Vie de la reine Margot, 1929.

Ronsard (P. de), Hymnes et Amours, 1560.

Roupnel (Gaston), La Ville et la Campagne au XVIIe siècle, 1952.

Royer (L.-Ch.), Les 51 maîtresses du Vert-Galant, 1956.

Ruble (A. De), Le Mariage de Jeanne d'Albret, 1877. Antoine de Bourbon et Jeanne d'Albret, 1881–1886.

Russel (Edward), Henri IV, New York, 1970.

Saint-René Tallandier (Georges), Henri IV, 1934.

Schlossen (Louis), La Vie de Nostradamus, 1985.

Serres (Jean de), Histoire des choses mémorables avenues en France (1547–1597).

Serres (Olivier de), Théâtre d'agriculture et mesnage des champs, 1600. Cueillette de la soie par la nourriture des vers qui la font, 1599.

Seward (D.), Henri IV, Boston, 1971.

Slocombe (Georges), Henri IV, 1933.

Sully (Maximilian de Béthune, baron de Rosny, duc de), Mémoires, 1664.

Tamizey de la Roque, Lettres de Marguerite de Valois à Pomponne de Bellièvre, 1897.

Tavannes (Maréchal Saulx de), Mémoires, 1787.

Testard (Louis), Henri IV, 1904.

Tharaud (J. et J.), La Tragédie de Ravaillac, 1913.

Thou (Jacques-Auguste de), Histoire universelle (1544–1607); Discours politiques et militaires.

Tœsca (Maurice), Le Château de Fontainebleau, 1949.

Turenne (Vicomte de), Mémoires (1515–1588).

Trisch (Walter), Henri IV, 1938.

Vaissière (P. de), Henri IV, 1928. Tableaux du règne de Henri IV, 1935. Scènes et tableaux du règne de Henri IV, 1935. La Jeunesse de la reine Margot, 1940.

Valois (Marguerite de), Mémoires, 1628.

Valori (comte de), Journal militaire de Henri IV, 1921.

Vienot (John), Histoire de la Réforme, 1926.

Villegomblain (François-Racine, seigneur de), Histoire des troubles, 1667.

Villeroy (Nicolas de Neufville), Mémoires, 1622.

Anmerkungen

1 »Das Früchtchen«

1   Das Königreich Navarra, acht Meilen lang und acht Meilen breit, ist in der Tat auf einige Landkreise am Nordhang der Pyrenäen begrenzt. Allerdings verspricht die Braut des Jahres 1548 außer diesem Ländchen noch einige echte Hoffnungen auf weitere Landstriche. Bis zur Stunde ist sie nämlich die allein erbberechtigte Nachfolgerin von Henri d'Albret, der nicht nur Navarra, sondern auch noch die Besitztümer der Familien Foix, Albret und Armagnac sein eigen nennt. 1436 hat die Erbin von Navarra Gaston IV. von Foix geheiratet, dessen Hausgüter sich seit dem 13. Jahrhundert um die Grafschaften von Béarn und Bigorre erweitert hatten. 1484 sind durch die Ehe Katharinas von Foix mit Jean d'Albret die Domänen des Hauses Albret hinzugekommen: Albret (seit 1520 Herzogtum), Bazadais, Tartas und Buch, außerdem die Grafschaften von Gaure, Périgord, Limoges, Tursan und Gabardan. Als ihr Sohn Henri von Navarra 1527 Margarethe von Angoulême, Schwester des Königs von Frankreich und Witwe des Herzogs von Alençon, ehelichte, schenkte ihm Franz I. als Morgengabe die Güter der Armagnac aus dem Besitz des verstorbenen Alençon, nämlich die Grafschaften von Armagnac und Fézenac, von Isle-Jourdain und von Pardain. Außerdem die Vizegrafschaften von Fézensaguet, Lomagne, Carlat und der Quatre Vallées. Damit ist Henri d'Albret selbständiger Herrscher über Navarra und Béarn und gleichzeitig Vasall des Königs für seine Besitztümer aus den Häusern Albret und Armagnac.

Was den Bräutigam des Jahres 1548, Antoine de Bourbon anbetrifft, so besitzt er außer dem Herzogtum Vendôme Ländereien in der Picardie, die er von seiner Großmutter Maria von Luxemburg geerbt hat: die Grafschaften Marle und La Fère, die Lehnsherrschaften Ham und Condé en Brie, sowie einige flandrische Lehensgüter. Seine Mutter, Franziska von Alençon, hatte Vendôme, außer dem Herzogtum gleichen Namens, die Grafschaft von Soissons sowie die Baronsgüter von Château-Gontier, La Flèche und Beaumont (seit 1543 Herzogtum) eingebracht.

2 Pierre de Ronsard, 1525–1585, berühmtester französischer Dichter des 16. Jahrhunderts. Gründer (mit de Bellay) der Dichterschule »La Pléiade« (Das Siebengestirn). In jungen Jahren als Page nach Schottland, England, Flandern, Deutschland und Frankreich. Hofdichter Katharinas von Medici und vor allem Karls IX. Gefeiert für seine reizvolle, formvollendete Sprache, mit der er Liebe, Lebensfreude, Natur und Tod beschrieb.

3 Die zusammengewürfelte Architektur des Schlosses Pau legt Zeugnis von den Tiefen und Höhen seiner Geschichte ab. Sein Kern wurde im 12. Jahrhundert für die Grafen von Béarn am Zusammenfluß des Gave von Pau und des Hédas erstellt und in den folgenden drei Jahrhunderten erheblich befestigt, ausgebaut und verschönert. Um 1370 errichtete Gaston Fébus den Burgfried aus Ziegelstein und den Südflügel. Im 15. Jahrhundert ließ Gaston IV. von Foix-Béarn den Nordflügel erstehen, die strengen Mauern von großen Fenstern durchbrechen und das ganze Schloß mit einem hohen Schieferdach krönen. Im 16. Jahrhundert nahmen Henri d'Albret und seine Gemahlin Margarethe an der Fassade und im Innenhof die Veränderungen vor, die dem Bau, insbesondere durch die kunstvoll gearbeiteten Fensterumrahmungen, Giebel und antikisierenden Medaillons etwas von dem Zauber der Renaissanceschlösser an der Loire verliehen. Mit dem Aufstieg Heinrichs IV. zum Thron von Frankreich begann der Verfall des Schlosses in Pau – es war ihm nicht vergönnt, oft in seine geliebte Heimat zurückzukehren. Dieser setzte sich unter den Bourbonenkönigen fort. Die Revolution besiegelte den Niedergang des Bauwerks. Erst Louis-Philipp machte sich daran, die Ruinen zu Ehren Heinrichs IV. und zur eigenen Verwendung wieder aufrichten zu lassen. Das Schloß ist heute ein Museum, im Troubadourstil des 19. Jahrhunderts reich möbliert. Als besonderen Reichtum weist es eine einzigartige Sammlung von Wandteppichen aus dem 15. Jahrhundert auf.

4 »Unsere liebe Frau von Brückenkopf,
steh' mir bei in diesen Stunden,
daß ich von meines Leibes Frucht
glücklich werd' entbunden...«

5   Frei übersetzt mit: »Oh Prinz von edlem Blut, Bourbone,
    Es bestimmt der Himmel Dir die Krone,
    die einst des heilgen Ludwig Stirn geschmückt.«
6   Unter den zahlreichen Kindern, die Großvater Karl von Bourbon mit Franziska von Alençon hatte, verdienen drei Brüder Antoines besondere Aufmerksamkeit: Franz (1519–1546), Graf von Enghien, der sich im Piémont auszeichnet, als er für Franz I. seinen glanzvollen Sieg in der Schlacht von Cerisole erringt. Karl (1523–1590), Kardinal von Bourbon, 1548 zum Kardinal, 1550 zum Erzbischof von Rouen geweiht, Pair des Königreiches. Als eine der führenden Persönlichkeiten der Liga läßt ihn Heinrich III. bei der Ermordung des Herzogs und des Kardinals von Guise gefangensetzen. 1589, nach dem Tod Heinrich III., des letzten Valois, wird er von der Liga unter dem Namen Karl X. zum König von Frankreich und damit zum Gegenkönig von Heinrich IV. ausgerufen. Antoines Bruder Ludwig schließlich (1530–1569), der erste Prinz von Condé, wählt die Gegenpartei. Er tritt nach seiner Heirat mit der Nichte des Konnetabels von Montmorency, Eleonore de Roye, zum reformierten Glauben über und wird einer der Befehlshaber der Hugenottenarmee. Nach der mißglückten Verschwörung von Amboise, die den unsicheren Franz II. in die Hand der Hugenotten bringen und damit dem Einfluß der katholischen Guise entziehen sollte, zum Strang verurteilt, rettet ihn der frühe Tod des Königs vor dem Galgen. Schließlich kommt er in der Schlacht von Jarnac ums Leben. Er wird, bereits verwundet, von Montesquiou, dem Hauptmann der Garde des Herzogs von Anjou (des späteren Heinrich III.) niedergeschossen.
7   Der Gouverneur hatte die Aufgabe, in einer oder mehreren Provinzen den König zu vertreten. Seine Vollmachten waren jedoch nur auf militärischem Gebiet vollständig, während sie in politischen und administrativen Angelegenheiten durch die jeweiligen Parlamente und die königliche Zentralgewalt eingeschränkt waren.
    Parlamente gab es außer in Paris in Aix, Bordeaux, Dijon, Grenoble, Rouen und Toulouse. Die Bretagne verfügte über ein Parlament, das abwechselnd in Rennes und in Nantes tagte.
8   Gave = in den Pyrenäen gebräuchlicher Ausdruck für Wildbach.
9   Von der ehemaligen Festung ist heute nur noch der mächtige, viereckige Wehrturm übrig, dessen Untergeschoß in eine Ka-

pelle umgewandelt wurde. Das jetzige Schlößchen stammt aus dem 18. Jahrhundert.

10 Das Hôtel des Tournelles hatte seinen Namen von den Türmchen, die es zierten. Es war von zahlreichen Nebengebäuden und Gärten umgeben und diente dem Königshaus seit Anfang des 15. Jahrhunderts als Residenz. Nach dem Unfall läßt Katharina den Palast, Schauplatz der Schreckensszene, niederreißen. Heute zeugt nur noch der Name der Rue des Tournelles von seiner Existenz.

11 Theologe und Humanist aus Vezelay, ab 1564 Nachfolger Calvins in Genf und mit der Übersetzung des Neues Testaments beschäftigt.

12 Wohl am besten mit »Heiliger grauer Fettwanst« zu übersetzen, womit oft die wohlbeleibten Franziskaner-Mönche spöttisch bezeichnet wurden.

2 Der kleine Vendôme

1 Das Collegium Navarra befand sich in der Rue de la Montagne-Sainte-Geneviève, und zwar an der Stelle des späteren Polytechnikums.
2 Nérac ist neben Pau Hauptresidenz der Könige von Navarra.
3 Beim »Desport« handelt es sich um eine Art Fußballspiel, das besonders in Südfrankreich populär war.
4 Katharinas dritter Sohn, der Herzog Heinrich von Anjou, war mit siebzehn Jahren zum Generalleutnant des Königreiches ernannt worden und befehligte das Heer des Königs, neben dem Marschall von Tavannes.
5 Es handelte sich mit ziemlicher Sicherheit um einen Racheakt für den Mord an Herzog Franz von Guise im Jahr 1565, für den die Katholiken Condé und Coligny verantwortlich machten.
6 Der vierundfünfzigjährige Coligny stand vor seiner Bekehrung zum Protestantismus in Frankreich hoch in Ehren und wurde von Heinrich II. sehr geschätzt. Karl IX. hatte ihn »verehrter Vater« genannt. Seine Abwendung vom Katholizismus erfolgte während seiner Gefangenschaft in Spanien 1557.
7 Ludwig XII. galt besonders in jungen Jahren als Frauenheld.
8 Später Rue d'Autriche genannt.
9 Seine Grundmauern wurden 1986 freigelegt.

3 Die Bluthochzeit

1   Konnetabel, ursprünglich »Conte des étables«, d. h. höchster militärischer Rang im Königreich.
2   Die jüngste der drei Prinzessinnen von Kleve, die man auch die »drei Grazien« nannte. Die älteste, Katharina, war seit 1570 mit dem Herzog Heinrich von Guise verheiratet. Marie, die jüngste, hatte Heinrich von Bourbon-Condé, den Hugenotten, geehelicht.
3   Etwa auf der Höhe der Nummer 114 der heutigen Rue de Rivoli. Das Palais wurde im Jahre 1848 beim Durchbruch der breiten Straße zerstört.
4   Ambroise Paré, berühmtester Wundarzt seiner Zeit, begleitete bereits Franz I. auf seinen Feldzügen nach Italien. Rettete auch Herzog Franz von Guise das Leben, indem er ihn, nach einem Lanzenstoß in den Kopf, operierte und der seither den Beinamen »Le Balafré« – das Narbengesicht – trug. Ambroise Paré galt als Hugenotte, was nicht eindeutig erwiesen ist. Er soll sich in der Todesstunde des Admirals in dessen Gemach befunden haben und nur mit knapper Not den Mördern Anjous entgangen sein. Er erfand u. a. das Abklemmen der Blutgefäße bei Amputationen.
5   Ein in der Pariser Stadtverwaltung außerordentlich wichtiger und einflußreicher Posten. Er wird von der Bürgerschaft, den Händlern, gewählt.
6   Sohn Heinrichs II. und der Diane de Poitiers, Stiefbruder des Königs, des Herzogs von Anjou und des Herzogs von Alençon.
7   Parpaillots = Schimpfwort für die Calvinisten.
8   Condé leistete längeren Widerstand. Unter Todesdrohung beugte er sich einige Tage später dem königlichen Diktat.
9   Die Hugenotten der letzten Valois waren längst nicht mehr die armen Schlucker aus der Zeit Franz' I., sondern bildeten eine Art Geistesaristokratie, die sich aus hohen Beamten, Gelehrten, Medizinern und Händlern zusammensetzte, zu denen aber auch Schriftsteller, Meister des Druckereigewerbes und Offiziere gehörten. Sie hatten nicht unerhebliche Reichtümer, teils aus ehemaligem Kirchengut (was den Haß der Katholiken anstachelte) angehäuft und standen vornehmen Häusern und Besitzungen vor. Im Umkreis der Residenz des Admirals in der Rue de Béthizy lebten einige ihrer führenden Persönlichkeiten in üppigen Palästen und großem Wohlstand.

10 Sogar der Herzog von Anjou und der Bastard von Angoulême wurden bezichtigt, sich hinterrücks bereichert zu haben.
11 »Unmöglich, die Zahl der Opfer zu nennen, denn ohne Unterlaß tragen die Fluten bis nach Rouen die vielen Toten, die während der Schreckenstage in Paris ein grausames Ende fanden.«
12 Der Widerstand von La Rochelle gegen die katholische Zentralmacht wurde erst 1628 unter Ludwig XIII. endgültig gebrochen.
13 Titel des ältesten Bruders des jeweiligen französischen Königs.
14 Tochter Maximilians II.
15 Pierre de l'Estoile: Chronist der Regierungszeit der Valois.
16 Es war damals vielfach Sitte, Kopf, Herz oder Gedärme einer verstorbenen Persönlichkeit an einem anderen Ort beizusetzen, als den Körper.
17 »Unseliges, ehrwürdiges, altes Schloß von Vincennes,
trauernde Gärten, Wälder und Auen,
wo der junge Held auf immer die Augen schloß,
um fortan himmlische Lichter zu schauen...«

4 »Der Zaunkönig« entfleucht

1 Man hatte es sich angewöhnt, die Halskrause mit einer Serviette zu schützen, die im Nacken geknotet wurde, was der Umfang des Kragens nicht immer zuließ. Als Erinnerung daran gibt es noch heute im Französischen den Ausdruck »ne pas pouvoir joindre les deux bouts«, was etwa gleichbedeutend mit der deutschen Redewendung »es will hinten und vorne nicht reichen« ist.
2 Bilboquet: nach dem Pariser Schreiner Boquet genanntes Kugelfangspiel. Es besteht aus einem gedrechselten Stäbchen, das auf der einen Seite mit einer Spitze, auf der anderen in einer halbkugelförmigen Schale endet. Eine Kugel mit Loch ist mit einer Schnur an der Stabmitte befestigt und wird, nach dem Hochschnellen, einmal mit der Schale, einmal mit der Spitze aufgefangen.
3 Gaston von Orléans: Zweiter Sohn Heinrichs IV., Bruder Ludwigs XIII., dem er das Leben mit seinen Konspirationen zur Hölle machte.
4 Agrippa d'Aubigné: 1552–1630, Französischer Schriftsteller, Humanist und Calvinist, schrieb u. a. eine Geschichte der Religionskriege von 1515 bis 1601.

5 Der heiligen Liga, die ausschließlich zum Kampf gegen die »Irrlehre« und zur Ausrottung des Protestantismus ins Leben gerufen wurde, kann jeder, uneingedenk von Herkunft, Alter und Geschlecht beitreten. Sonntags nach der Messe, an Straßenecken und Plätzen wurde öffentlich dafür geworben, dem Haupt der Liga – Guise – Gehorsam zuschwören. Wer abseits blieb, war verdächtig.
6 béret = Mütze, heute »Baskenmütze«.
7 Gaillard = Prachtkerl, stämmiger, munterer Bursche.
8 Paillard = Geiler Bock.
9 Chabichou = typischer Béarner Ziegenkäse.
10 So ist in der Familie des Autors überliefert, daß Navarra in einer Gewitternacht des Jahres 1578 in ihrer Hostellerie du Bousquet, unweit von Saint-Emilion Unterschlupf fand und von den Wirtsleuten so gut versorgt wurde, daß er ihnen gestattete, an der Stelle des Gasthofes ein Herrschaftshaus zu errichten, womit das Privileg zum Bau von zwei Türmchen verbunden war. »Nennt das Schlößchen Castelot«, soll der König vorgeschlagen haben.
11 Le Vert Galant, »der Frauenheld« oder »der jugendliche Liebhaber«, waren Beinamen, die die Nachwelt Heinrich IV. gab.
12 »Gegrüßt sei mit frohem Lied die schönste Göttin mir.«

5 Der Zauberer von Nérac

1 Herzog von Anjou-Alençon, Bruder des Königs.
2 Michel Eyquem, Seigneur de Montaigne, 1533–1592, Philosoph des Späthumanismus, skeptische Reflexionen über Zeit und Leben, von nachhaltigem Einfluß auf unsere Weltanschauung.
3 Unter Navarras Vorfahren befindet sich auch noch Madeleine von Frankreich, Tochter Karls VII. und Schwester Ludwigs XI.
4 Ursprünglich betraf das salische Gesetz lediglich Fragen des Privatrechts, indem es die Frauen vom Erbe an Gütern, nicht aber vom Thronerbe ausschloß. In diesem Sinn kam es bis zum Beginn des 14. Jahrhunderts zur Anwendung. Das änderte sich beim Tod von Jean I., dem Posthumen (1316), Sohn Ludwigs X.: Da kein direkter männlicher Erbe mehr vorhanden war, wurden die weiblichen Anwärter zugunsten der Brüder des Zänkers von der Thronfolge ausgeschlossen und damit das Vorrecht der männlichen Nachfolge festgelegt. Der Hundertjährige Krieg, der

die englischen Ansprüche auf den französischen Thron zum Anlaß hat, hat das Prinzip noch verhärtet und seither zur Grundlage der französischen Monarchie gemacht. Die Spitzfindigkeit der Rechtsgelehrten gab somit dem salischen Gesetz eine Auslegung, die es ursprünglich nicht besaß.
5 Siehe Stammbaum Seite 494–495.
6 Krieg der drei Heinriche: Heinrich III., Heinrich von Guise, Heinrich von Navarra.

6 Der Teufel ist los

1 Die heutige Charente.
2 Die Guise, die Liga.
3 Die Hakenbüchsen (Arkebusen) des 16. Jahrhunderts konnten jeweils nur einen Schuß abfeuern und mußten danach umständlich neu geladen werden.
4 Anne de Joyeuse hatte Margarethe von Lothringen-Vaudémont, Schwester der Königin Louise, Gemahlin Heinrichs III. geheiratet.
5 Die Prinzessin von Condé bringt im Gefängnis einen Sohn zur Welt, den Heinrich IV. später als ehelich anerkennt.
6 Von diesem Palast sind heute noch der »Turm Medici« oder »Tusum Ruggieri« in der Nähe der Warenbörse übrig.
7 Die Große Galerie, damals noch unvollendet.
8 »Leibwache« Heinrichs III., bestehend aus 45 Haudegen aus der Gascogne.
9 Er will damit sagen, daß er nicht durch die Tore, sondern durch die zerstörten Mauern, also im Kampf, wieder in die Stadt zurückkehren wird.

7 Die Krone ist Euer

1 Jacques-Auguste de Thou, Geschichtsschreiber der Religionskriege.
2 Von dieser Zeit an erhalten die Sitzreihen in den Tribünen den Namen »Rang«.
3 Unter Karl VII., während des Hundertjährigen Krieges.
4 »Über die Brücken« bedeutet ohne Schlacht.

8 Von Arques nach Irvy

1. 1 Meile = ca. 4,5 Kilometer
2. Halbbruder des Herzogs von Mayenne und des »Balafré«.
3. Sohn des am 5. Juni 1568 von den Spaniern hingerichteten Grafen Egmont.
4. Der uneheliche Sohn Karls IX., Graf d'Auvergne.
5. Der frank und freie Ritter ist im Gegensatz zum Ritter eines Ordens völlig unabhängig.
6. Paris hat zu dieser Zeit etwa zweihundertfünfzigtausend bis dreihunderttausend Einwohner.
7. 1590 ist er 37 Jahre alt.

10 Der gefährliche Sprung

1. Am 28. Juni 1593 wird das Parlament dann einen Beschluß verabschieden, den man den Beschluß »des Präsidenten Le Maître« oder »des salischen Rechts« nennt und der das Prinzip der männlichen Nachfolge endgültig festlegt, wobei es sich um die erste verbriefte Niederschrift des salischen Gesetzes in der französischen Geschichte handelt.
2. Französisch »la taille«, eine Kopfsteuer, die jeder zu entrichten hatte, der weder dem Adelsstand noch der Geistlichkeit angehörte.
3. 118 Bischöfe stimmten für den König und nur 23 für die Liga.
4. Noch heute kann man den Schnitt durch Paris von der oberen Rue Saint-Denis aus in einem Blick erfassen. Einige Häuser, die sie säumen, mögen die Ereignisse des 22. März 1594 miterlebt haben.
5. Die Festung des »Grand Châtelet« beherrschte den Flußübergang des Pont-au-Change vom rechten Seineufer zur Ile de la Cité. Nur ihr Name hat die Jahrhunderte überdauert, aber ihr Gegenüber, die Conciergerie, steht heute noch.
6. Noch Katharina von Medici hat Zeit ihres Lebens die Sitte der öffentlichen Tafel gepflegt.
7. Das Stadttor von Saint-Denis stand an der Stelle der jetzigen Nummer 248 der gleichnamigen Straße.
8. Im 16. Jahrhundert war es nicht üblich, die Besiegten nach der Einnahme einer Stadt ohne Gegenleistung abziehen zu lassen.

11 Der Triumpf

1 Mörder Heinrichs III.
2 Siehe Anmerkung zum Tod Karls IX.
3 Während der Revolution, am 29. September 1793, wurde das Herz Heinrichs IV., das »hart und schwärzlich aussah«, in Anwesenheit der Garnisionstruppen von dem Volksvertreter namens Thirion auf einem Miniatur-Scheiterhaufen verbrannt. Als sich die Menge nach dem makabren Schauspiel verstreut hatte, sammelte ein ehemaliger Chirurg des Jesuitenkollegs, Charles Boucher, die Reste und verschloß sie in einem Glasfläschchen, das er mit rotem Lack versiegelte.

Nur einmal, zum vierhundertsten Geburtstag des großen Königs, verließ die Reliquie das Prythaneum von La Flèche und wurde am 26. Juni 1953 für die Dauer der Feierlichkeiten in das Schloß zu Pau gebracht.

4 Nach dem Tod Karls des Kühnen fiel ein Teil von Burgund, u. a. die Freigrafschaft (heute die Franche-Comté) an Spanien. Die Grenze bildete etwa der Flußlauf der Saône.
5 Mayenne, letzter Führer der Liga und Gouverneur der sehr katholischen Grenzprovinz Burgund, hatte zweifellos gehofft, nach dem Sieg von den Spaniern zum Herzog von Burgund erhoben zu werden.
6 Seit Franz I. gab es reguläre Gesandtschaften beim Heiligen Stuhl, beim Kaiser, beim Sultan in Konstantinopel, beim König von England, in Venedig, in Solothurn für die Schweizer Kantone und in Chur für Graubünden. Außerdem Gesandte mit besonderem oder zeitlich begrenztem Auftrag.

12 Die Toleranz

1 Außerordentliche Ausgaben, etwa die Anwerbung von Söldnern, mußten durch besondere Staatseinnahmen finanziert, folglich vom Pariser Parlament genehmigt werden.
2 Calais, letzter Überrest der kontinentalen Besitzungen Englands, ging 1558 unter Maria der Katholischen an Frankreich zurück. Sieg durch Herzog Franz von Guise.
3 Die Trauerfarbe der verwitweten Königinnen war weiß. Katharina von Medici machte eine Ausnahme.

4 Sébastien le Prêtre de Vauban, Ingenieur und namhaftester Kriegsbaumeister Ludwigs XIV. Leitete zahlreiche Belagerungen und schuf eine beachtliche Anzahl von Festungsanlagen, die bis ins 19. Jahrhundert als uneinnehmbar galten. Generalinspektor sämtlicher Festungen Frankreichs.

13 Die Fügung Gottes

1 Heinrich IV. soll von Jean Bertaut, einem Schüler Ronsards, zu diesem Gedicht inspiriert worden sein.
2 Im Gegensatz zum mittelalterlichen Louvre.
3 Auf Befehl der späteren Regentin, Maria von Medici, wurden diese Initialen entfernt und durch HM ersetzt. Eine einzige von ihnen scheint ihrem Späherblick entgangen zu sein. Sie wurde unter der Zweiten Republik vom Architekten Duban an der Nordseite der »Großen Galerie« entdeckt!
4 »Herzogin Unrat«
5 Isabeau, Prinzessin von Bayern, heiratete 1385 Karl VI. von Frankreich und führte ein ziemlich sittenloses Leben.
6 Die Fähre war 1550 eingerichtet worden, um die Baumaterialien für das auf Anregung der Königinmutter Katharina errichtete Tuilerien-Schloß von den Steinbrüchen von Vaugirard herüberzuschaffen. Die heutige Rue du Bac ist eine Erinnerung an diesen alten Verbindungsweg. Überhaupt herrschte auf der Seine damals ein viel regerer Verkehr von Schiffen, Lastkähnen und Fähren, als dies heute der Fall ist.
7 Manche Chronisten sprechen von einer Orange.

14 »Ein arrogantes, durchtriebenes Weibsbild«

1 Jean Coujon, bedeutendster französischer Bildhauer des 16. Jahrhunderts, Geburts- und Todesdaten ungewiß.
2 Siehe Françoise Kermina: »Maria von Medici, Regentin und Intrigantin«, nach bisher unveröffentlichten Unterlagen.
3 Die Tochter Katharinas, Claude von Frankreich, hatte an dem unglückseligen Turnier in Paris Herzog Karl von Lothringen geheiratet. Siehe Stammbaum.
4 Siehe Françoise Kermina »Maria von Medici«.

5 Frankreichs Bevölkerung bis zur industriellen Revolution lebte im 19. Jahrhundert zu achtzig Prozent auf dem Land. »Dem Bauern ein Huhn in den Topf wünschen« heißt also, dem Volk im allgemeinen ein besseres Leben wünschen.
6 Sohn des alten Biron, der Heinrich in der Guyenne bekämpfte.
7 Feldherren unter Karl VII. und Ludwig XI.

15 Eine Ehe zu dritt

1 Der König trägt die Krone nur zur Salbung und auf dem Totenbett.
2 Ein regelmäßiger Postdienst wurde in Frankreich durch Ludwig XI. eingerichtet.

16 Verrat am König

1 »Undankbarer König, Du bist des Todes,
Wie das Wachs dahinschmilzt, gehst auch Du dahin!«
2 Heinrich IV. legt mit dieser Auffassung den Grundstein zu der Politik, die später durch Richelieu und Ludwig XIV. weitergeführt wurde.
3 Biron plante, das Gouvernat von Burgund in ein selbständiges Fürstentum umzuwandeln. Die Herzöge von Savoyen und Fuentes gaukelten ihm den möglichen Zusammenschluß der Freigrafschaft mit Burgund unter seinem Zepter vor, während sich Karl-Emmanuel an der Bresse, der Provence, dem Dauphiné und dem Lyonais schadlos halten würde.
4 Das Wort »galant« hatte im 16. Jahrhundert eine andere Bedeutung. Es war eher im Sinne von edel, vornehm gemeint.
5 Jakob I. von England, Sohn der Maria Stuart und Lord Darnley, seit 1603 König von England.

17 König Heinrichs Regierung

1 Man spricht »Margot« ohne t aus.
2 Die Residenz der Erzbischöfe von Sens, denen der Bischofssitz von Paris unterstand, existiert noch heute und diente ihnen über Jahrhunderte hinweg als Wohnsitz, wenn sie in der Hauptstadt weilten. Zur Zeit der Liga ist der erzbischöfliche Palast ein Intri-

gennest, und im Mai 1594, während in Notre-Dame das Te Deum für Heinrich IV. gesungen wird, stirbt der Kardinal-Erzbischof in seinen Räumen an »unterdrückter Wut«!

3   Einige Mauerreste des einstigen Palastes überleben zwischen den Nummern 2 und 10 der Rue de Seine. Der Park reichte bis über die heutige Rue du Bac hinaus und die Alleen, die durch ihn führten, heißen heute Rue le Lille, Rue de Verneuil und Rue de Beaune. Die Fassade der Chapelle des Louanges, die Margarethe im Park errichten ließ, ist im Hof der Ecole des Beaux Arts, Rue Bonaparte 14, erhalten geblieben.

4   Der Name Turenne gewinnt mit dem Enkel Bouillons, dem Großen Turenne, unter Ludwig XIV. Berühmtheit.

5   Rosny war im Laufe der Jahre auch zum Oberfeldzeugmeister und Oberstraßenbaumeister bestellt worden und überwacht als solcher die Ausrüstung der Truppen und den Zustand des Wegenetzes. Da er außerdem als Oberintendant der Finanzen amtet, liegen Wirtschaft und Heerwesen in seiner Hand. Mit Ausnahme der Finanzen hat er diese Ämter auch nach Heinrichs Tod noch innegehabt.

6   Man macht sich heute kaum einen Begriff von der Beliebtheit des Ballspiels, das ursprünglich mit der nackten Hand, dann mit Handschuhen, vom 16. Jahrhundert an mit kurzen oder langen Schlägern gespielt wurde und als Vorgänger des Tennis gilt. Zur Zeit Heinrichs des IV. gab es in Paris nicht weniger als zweihundertundfünfzig Ballhäuser oder Ballspielplätze für etwa dreihunderttausend Einwohner. Heute gibt es weniger Tennisplätze für vier Millionen Einwohner!

7   Der »Französische Merkur«, eines der ersten Nachrichten-Blätter von Paris.

8   Der Name »Temple« geht auf den Templerorden zurück, der aufgrund seiner Macht und seines Reichtums im 13. Jahrhundert fast 1/4 des Pariser Bodens besaß, vor allem die Stadtteile, die noch heute als »Le Marais« bezeichnet werden. Der mächtige, von der Krone unabhängige Orden beherrschte ein riesiges, von Festungsmauern umgürtetes Areal mit viertausend Bewohnern. Nach dem berühmten Schauprozeß 1307 fiel der gesamte Besitz des Ordens an die Krone. Von den Festungsanlagen, die z. T. noch während der Revolution bestanden und als Gefängnis dienten, sind heute nur noch vereinzelte Reste in neueren Häuserpartien und Kirchen erhalten geblieben.

9 Ursprünglich »Place Royale« – ein königlicher Platz – genannt, wurde die Anlage 1792 in »Place des Fédérés« (der Verbündeten), im Jahr 1793 in »Place de l'Indivisibilité« (der Unteilbarkeit) umgetauft. Im Jahr 1800 schließlich erhielt er seinen endgültigen Namen, »Place des Vosges«, den er heute noch trägt, zu Ehren der Einwohner des Departements der Vogesen, die der Republik als erste ihre Steuern bezahlten.

10 Rue und Place Dauphiné erhalten ihren Namen zu Ehren des im Jahr zuvor getauften Thronfolgers (Dauphin) Ludwig, später Ludwig XIII.

11 »Ackerbau und Viehzucht sind die Brüste, die Frankreich nähren.«

12 Einer alten Sitte nach galt die Ulme im Dorf als Versammlungsort. In ihrem Schatten wurden Feste gefeiert und kleinere Zwistigkeiten ausgehandelt.

13 Die »Taille-Royal« war eine direkte Grund- und Kopfsteuer, der alle Untertanen außer dem Adel und dem Klerus und den Bürgern bestimmter Städte unterworfen waren. Sie bestand seit 1439.

14 Pancarte = das Schild, auf dem der Warenpreis verzeichnet war, hat auch der Steuer ihren Namen gegeben.

15 In Frankreich wurde das Recht zur Einziehung der verschiedenen Steuern an Staatsbeamte verpachtet, was ihnen freie Hand zur Ausbeutung des Steuerzahlers, aber auch zum Betrug des Staatssäckels ließ, um so mehr, als sie ihren Lohn aus den Einnahmen zogen! Auf dieses System sind die meisten Revolutionen und etliche Staatsprozesse (Jacques Coeur und Fouquet zum Beispiel) zurückzuführen.

16 Die »Gabelle« ist eine Salzsteuer, mit der Maximilien de Béthune, der spätere Sully auf Kriegsfuß stand, schrieb er doch selbst darüber: »In meinem ganzen Leben bin ich keiner größeren Verrücktheit begegnet, als dieser Gabelle, die eine Privatperson zwingt, mehr Salz einzukaufen, als sie nötig hat und haben will und ihr dann auch noch verbietet, den Überschuß weiterzuverkaufen!«

17 Das »gute Tuch« der Zeit wurde von den Eltern an die Kinder vererbt.

18 Provins, eine Stadt südöstlich von Paris. Man mennt sie auch die Stadt der Rosen, weil dort die ersten Rosen (der Kreuzfahrer) in Frankreich gepflanzt wurden.

18 Le Vert-Galant

1 Angehörige des Adelsstandes werden nicht gehängt, sondern enthauptet.
2 Kugelspiel: Es handelt sich um ein Croquet-ähnliches Spiel mit Holzhammern und Holzkugeln.
3 Siehe Stammbaum.
4 Féfé, von frère = Bruder.
5 Auch Franz I. hatte wenig für strenges Hofzeremoniell übrig.

19 Letzte Leidenschaft

1 Die heutige Große Galerie.
2 Es war in der französischen Monarchie nicht üblich, daß sich ein Prinz, schon gar nicht der erste Prinz von Geblüt, ohne Genehmigung des Königs vom Hof entfernt, und es galt als absolut undenkbar, daß er sich ohne königliche Zustimmung ins Ausland begab.

20 Ravaillac

1 »Zu den Fünf Mondsicheln«
2 Ordensbrüder und Schwestern, die die Regeln des Heiligen Bernhard von Clairvaux streng befolgen.
3 Die Hugenotten von Paris konnten in Charenton ihrem Gottesdienst beiwohnen, wo ihnen der Architekt eine geräumige Kirche mit drei Emporen errichtet hatte.
4 Der Cour Carré war zu dieser Zeit der Haupthof des Palastes, umfaßte aber kaum mehr als ein Viertel des heutigen Gebäudekomplexes. Nur die Süd- und Westflügel waren »neu«, d. h. im Renaissancestil, der Rest noch immer gotisch.
5 Kleiner Nebeneingang mit Wendeltreppe in der Süd/Westecke des Schloßhofes.
6 Sully hatte tatsächlich wegen einer Verletzung am Mund an den Krönungsfeierlichkeiten des Vortages nicht teilgenommen. Um ein Bad zu nehmen, bedurfte er zur damaligen Zeit eines ganzen Ruhetages, um sich, in ein warmes Hauskleid gehüllt, von den Strapazen zu erholen!

7 Der Haupteingang des Louvre lag damals noch nach Osten. Er bestand aus einem Doppeltor zwischen zwei mächtigen, mittelalterlichen Festungstürmen. Das innere war mit dem äußeren Tor durch eine Holzbrücke verbunden, die über die Abfallgruben des Louvre führte und in die enge Rue d'Hostriche mündete. Der Zugang war immer von allerlei Volk belagert, das die Vorübergehenden belästigte!

8 Millionen von Toten waren hier seit fünf Jahrhunderten begraben worden. Ihre Gebeine lagen in den Beinhäusern gestapelt, die den Friedhof umgaben. Der Boden ringsum war völlig verdorben, in den Kellern wurden Milch und Wein sauer.

9 Vor der heutigen Nr. 11, Rue de la Ferronnerie.

10 Jules Michelet, 1798 bis 1874, französischer Philosoph und Geschichtsschreiber. Namentlich bekannt durch seine neunzehnbändige »Histoire de France« und durch seine berühmte »Histoire de la Révolution française« (neun Bände).

11 Philippe Erlanger: »L'Etrange mort de Henri IV.« L.A.P.

Bildnachweis

Archiv für Kunst und Geschichte, Berlin
Seite 10, 37, 43, 69, 99, 109, 157, 210/211, 262, 284 (Erich Lessing), 231, 262, 291, 319, 369, 409, 423, 478/479, 482/483

Süddeutscher Verlag, Bilderdienst, München
Seite 19 (Ewing Gallowy, N.Y.), 165, 201, 205 (Jean Marie Marcel), 221, 341

Bildarchiv Preussischer Kulturbesitz, Berlin
Seite 23, 65, 78/79, 89, 109, 175, 193, 197, 268/269, 301, 353 (Lauros-Giraudon), 428/429, 437, 449, 461, 468/469

Staatsbibliothek Berlin
Seite 412/413

Personenregister

Kursiv gedruckte Seitenzahlen verweisen auf Abbildungen

Agucchi, Monsignore 350
Alba, Ferdinand Alvarez de Toledo, Herzog von 47f.
Albret, Henri II. d', König von Navarra 11ff., 15–18, 21
Albret, Isabella d' 21
Albret, Jeanne d', Königin von Navarra *10*, 11ff., 15–18, 21, 24, 29–36, 40f., 45f., 48f., 52-61, 125, 241
Alya, Victoire ›Dayelle‹ d' 121, 128
Albert, Erzherzog von Österreich 297
Aldobrandini 352
Alincourt, Marquis d' 338
Alligre, Marquis d' 220
Allous, Madame d' 128
Amboise, Clermont d' 127f.
Amyot, Jacques 58
Andouins, Diane d', Gräfin von Gramont ›Corisande‹ 140f., 146, 153, 164, 166, 183, 185, 187, 202, 204, 212, 214, 217, 219
Angoulême, Heinrich von 77
Angoulême, Margarethe von, Herzogin von Alençon, Königin von Navarra 11f., 15, 25, 30, 143

Armagnac, Georges Herzog von 82, 121
Arros, Baron von 61
Aubiac, Stallmeister 147
Aubigné, Agrippa d' 104–107, 111, 116f., 123, 130, 139, 152, 164, 186, 208, 267, 277, 324, 474
Aubigny, d' 456
Aubry, Christoph 274
Aumale, Karl Herzog von 213
Aumont, Jean Herzog von 191, 193, 202
Austria, Don Juan d' 64
Auvergne, Graf d' s. Valois, Karl von

Bajaumont 401
Bambefort, Anne von 128
Barrière, Pierre 246
Bartas, Wilhelm von 122
Bassompière, François de 220, 320, 326, 345, 349f., 404, 419, 443ff., *449*, 450f., 460, 464, 466f.
Batz, Manaud de 114, 135
Beaumanoir de Lavardin, Charles de 28, 81

Beauvilliers, Katharina von 214, 219
Belcastel 448
Belleforest, de 24
Bellegarde, Roger de 190, 219, 222f., 230, 232f., 247, 267, 272, 344, 346f., 429, 442
Bellièvre, Pomponne de 322, 337, 347, 377, 384, 390
Bentivoglio, Kardinal 443
Bérandière, Luise de la 30, 39
Beringhem, Pierre de 322
Besme 77
Besnard, Pater 238
Bèze, Théodore de 31, 40, 49, 55, 241
Biron, Armand de Gontaut, Baron von 112, 120, 122, 133f., 136, 153f., 160, 163, 193, 208f., 214, 266, 297, 367
Biron, Karl Herzog von 342ff., 367f., *349*, 370–382, 386, 388
Boncini, Abt 312, 314
Boucher, Abt 241
Bouillon, Henri Herzog von 342, 372, 402ff.
Bouillon, Herzogin von 348
Bourbon, Antoine de, Herzog von Vendôme 12f., 13f., 21, 24, 29–36, *37*, 38, 144
Bourbon, Antoine de, Graf von Moret 427, 434
Bourbon, Jeanne-Baptiste 428
Bourbon, Karl Kardinal von (Karl X.) 21, 68, 144, 173, 198, 204, 213, 235
Bourbon-Busset, Suzanne de, Baronin von Miossens 22f., 28
Bourbon-Condé, Heinrich Prinz von 448

Bourbon-Vendôme, Karl Kardinal von 235, 239, 243, 317
Bourges, Erzbischof von 235, 243f.
Boursier, Hebamme 361, 363
Brandenburg, Ernst Markgraf von 453, 456
Brantôme, Pierre de Bourdailles 63, 68, 84, 397
Brissac, Karl von 204, 252–255
Brugairolles 134
Bueil, Anne de 272
Bueil, Jacqueline de, Gräfin von Moret 395f., 427, 429f.
Bussy 102

Calvin, Johann 31
Canillac, Marquis von 147
Casaux, Ives 416
Castelnau, von 467
Champvallon von Cézy 396
Chastes, Aymar de 199
Châtaignerie, Baron de la 424
Châtel, Jean *268*, 274f.
Châtellerault, Diana Herzogin von 181
Cheverny, Philippe Herault de 225, 258
Chevillard 389
Chicot 229
Christine von Lothringen, Großherzogin von Toscana 335
Christine von Frankreich 430
Claude, Herzogin von Lothringen 25
Clément, Jacques 33, *175*, 189f., 192, *193*, 275
Coconas, Annibal Graf 93f.
Coeuvres, Marquis von 452f.

521

Coligny, Gaspard de 32, 54ff., 61f., 66ff., *69*, 71–75, 77, 80, 84
Concini, Concino, Marschall d'Ancre 352, 355, 359f., 365, 440, 476, 480
Concini, Leonora s. Galigaï-Dori, Leonora d'Ancre
Condé, Charlotte von Montmerency, Prinzessin von 442–447, 449, 451ff., 456
Condé, Henri I. Prinz von 162, 166f., 172
Condé, Henri II. Prinz von 444f., *446*, 447ff., 451f., 465
Condé, Louis I. Prinz von 32, 36, 52, 54, 61, 68, 70–73, 80, 83, 88, 90, 93, 103f., 134, 149, 161ff.
Condé, Maria von Kleve, Prinzessin von 98, 70, 90
Condi, Jérôme 337
Contarini 324
Conti, François Prinz 235, 240, 292, 361
Conti, Prinzessin 396, 424
Corisande s. Andouins, Diane d'
Cotton 477
Cossé-Brissac s. Brissac, Karl von

Dalington 435
Damours, Prediger 239
Dayelle s. Alaya, Victoire d'
Dohna, Fabian von 159, 164, 167
Duplessis-Mornay, Philippe 132f., 186, 204, 281

Eblée, Jean d' 417
Egmont, Graf von 207
Elisabeth, Königin von England 38, 91, 136, 198, 288, 370f., 382
Elisabeth, Königin von Spanien 25, 47f., 95
Elisabeth, Erzherzogin von Österreich 91
Elisabeth von Frankreich 363, 430
Epernon, Jean-Louis Herzog von 145f., 194, 220, 279, 316, 342, 462, 470–473, 476, 480
Entragues, Franz von Balzac d' 326, 331f., 338ff., 365, 388f., 392f., 403, 480
Entragues, Henriette von Balzac d', Marquise von Verneuil 326, 328f., 331, 333, 337–340, 342, 345, 347, 354f., 357, 359, 363, 365f., 379, 382–387, 389, 391, 393f., 423–427, 430, 434f., 448, 476, 481
Entragues, Maria Touchet von Balzac d' 326, 429
Epinac, Pierre d', Erzbischof von Lyon 180, 215
Epinay, François d' 252
Erlanger, Philippe 476, 480
Escoman, Jacqueline d' 476f.
Estoile, Pierre d' 92, 154, 172, 182, 185, 215, 236, 238, 240, 245, 251, 272, 277, 286, 293, 316, 396, 400, 405, 435, 473
Escures, Pierre d' 375
Estrée, Antoine Marquis von Coeuvres d' 220f., 227, 323
Estrée, Diana d' 220, 224, *231*, 366
Estrée, Françoise Babou de la Bourdaisière d' 220

Estrée, Gabrielle d', Herzogin von Beaufort 219f., *221*, 222–230, *231*, 232f., 242, 244, 247, 249, 266f., 270–273, 277, 279, 287–290, 292ff., 296, 298, 300, 302, 306ff., 312–318, *319*, 320–323, 327, 335, 347, 357, 362, 401, 430, 434, 452

Essarts, Charlotte des, Gräfin von Romorantin 428ff.

Fafyn, Henri 25
Farnese, Alessandro, Herzog von Parma 216ff., 227, 229
Fayette, Aymée de la 16
Ferdinand von Medici, Großherzog von Toskana 309, 312, 314, 317, 333ff., 346, 425
Féria, Don Gómez Suárez de Figueroa, Herzog von 253ff., 258
Ferier, Kanzler 145
Ferrara, Kardinal von 34
Fervacques, Marquis von 105f., 325
Foscanini 476
›La Fosseuse‹ s. Montmorency-Fosseux, Françoise von
Fourcade, Jeanne 20
Franz I., König von Frankreich 11ff., 15, 62, 71, 143, 214, 300
Franz II., König von Frankreich 25, 27, 29, 47
Franz von Medici, Großherzog von Toskana 334, 352
Franz Hercule, Herzog von Alençon 25, 27, 33, 69ff., 88, 90–93, 97, 100–104, 108f., 112, 118, 136, 142f.
Frontenac 108, 436

Gaillard 114f.
Galigaï-Dori, Leonora d'Ancre 351, 358–361, 440, 476
Gast, Du 180, 220
Gautier, Maria Edle von La Boudaisière-Babou 214, 220
Giovannini, Baccio 336f., 357, 396, 424
Givry, Baron von 192f., 208
Gondi, Albert de 74f.
Gondi, Pierre de, Bischof von Paris 215, 235
Gramont, Philibert Graf von 140
Gregor XIII. 85f.
Gregor XIV. 226
Grimouville, Nicolas de 37
Guarinus, Pater 252
Guercheville, Marquise von 361
Guéret, Jean 274f.
Guisdon, Jean 422
Guignard, Jean 275
Guillery 416
Guise, Anna Herzogin von 32
Guise, Franz Herzog von 33ff., 39
Guise, Heinrich Herzog von 33, 41, 56, 64, 68f., 76ff., 80, 86, 103, 109, 111, 145, 148, 158, 160, 164, *165*, 167f., 170–173, 175–181, 188, 208
Guise, Karl von, Kardinal von Lothringen 33, 53, 58, 176f., 180
Guise, Karl von, Herzog von Lothringen 235, 241, 278f., 287, 347, 464, 466
Guise, Louise Margarethe von 222, 247, 272, 292, 310, 360
Guise, Ludwig Kardinal von 33, 221

Habsburg, Ernst Herzog von 235
Harlay, Achille von 189
Heinrich II., König von Frankreich 12, 21, 24–28, 57, 181, 235, 340, 349
Heinrich III., Herzog von Anjou, König von Polen und Frankreich 25, 27, 32f., 41, 47, 54, 58, 62, 64, 70–74, 76f., 80, 87–91, 96–106, 108, 110ff., 118–121, 123f., 128, 133f., 136, 139, *141*, 143f., 146–149, 151, 155f., 159, 162, 165–171, 173f., *175*, 176–191, 195, 213, 229, 234, 249, 299, 367, 398, 402, 411, 438
Henriette von Frankreich 430
Héroard, Jean 432ff.
Héritier, Jean 87
Hôpital, Louis d', Marquis von Vitry 194
Hôpital, Michael d' 67
Howard, Lord 174
Humières, d' 193

Isabeau von Bayern, Königin von Frankreich 311
Isabella, Infantin von Spanien 235
Isles, Jacques des 422

Jakob I., König von England 388
Jeannin 375
Johann von Österreich, Großherzogin von Toskana 334f.
Joinville, Prinz von 427
Joyeuse, Anne Herzogin von 138, 160ff., 182, 316, 462
Joyeuse, Claude von 163
Joyeuse, François, Kardinal von 412, 414, 466

Karl II. (III.), Herzog von Lothringen 25
Karl IX., Herzog von Orléans, König von Frankreich 25, 27, 29–34, 36, 40, 43, 47, 50, 53, 56f., 60, 66–75, 81f., 84, 88, *89*, 90–94, 96, 235, 398, 415
Karl-Emmanuel, Herzog von Savoyen 340, 342f., 345, 354, 368, 370–373, 380, 480
Katharina von Medici, Königin von Frankreich 25ff., 29–34, 40, 42, *43*, 44–49, 52ff., 56ff., 60, 62, 64–68, 72–76, 80, 83–87, 89f., 95f., 100f., 103, 105–108, 111, 119f., 122ff., 136f., 142, 146, 155–158, 168–171, 173, 175, 180f., 213, 398, 415
Katharina, Herzogin von Bar 20, 29, 35, 58, 60f., 109f., 126, 249, 266, 292, 295, 317, 385
Kernevenay, François 50
Klemens VIII. 247ff., 282f., 303, 314, 318f., 324, 332, 335
Kleve, Wilhelm von der Marck, Herzog von 11f., 453

Labèze, Jean de 54
La Fin, Jacques de 368, 373, 376, 382
La Force, Hauptmann 459
La Force, Jacques Herzog de 148, 471f.
La Gaucherie, Henri de 28, 40, 46, 49
La Guiche, de 208
La Haye 401
La Marck, Charlotte de 403

La Mothe-Fénelon, Bertrand 53f.
La Rochefoucauld, Franz II. Graf de 58, 71
Lassanséa, Jean 20
Laugnac, Obrist 179f.
Lavardin, Marschall 471
Le Charron, Jean 75
Leopold, Erzherzog von Österreich 450, 452, 454
Lépine 108
Leran, Edler von 81f.
Lhuillier, Jean 252–255
Liancourt, Nicolas d'Armeval von 227f., 471
Lisle, Gräfin 358
Longueville, Heinrich Herzog von 188, 202, 209
Losse, Jean de 52
Lothringen, Françoise von 299f.
Lothringen, Kardinal von s. Guise, Karl von
Louvois 305
Luc, Katharina von 128
Lucinge, Georges de 349
Lude, Graf von 327
Ludwig XIII., König von Frankreich 22f., 62, 181, 362, 366, 373, 383f., 388, 393, 399, 414, 423, 431–434, 442, 473ff.
Luise von Lothringen-Vaudémont, Königin von Frankreich 97, 110, 143, 175, 183, 299
Luther, Martin 31
Luxemburg-Piney, Herzog von 194

Malherbe, Françoise de 410, 413
Mantua, Herzogin von 430

Margarethe (Margot) Valois, Königin von Navarra und Frankreich 25, 27, 50, 56, 58ff., 62f., 65, 68f., 73, 76, 81f., 86f., 92ff., 101f., 105f., 108, 110, 117–131, 133f., 137–140, 142, 146, 148, 158, 180, 270, 300, 308f., 313f., 318, 325f., 329f., 332f., 336, 397–401, 403, 459
Margarethe, Herzogin von Savoyen 25
Maria von Medici, Königin von Frankreich 309, 314, 317, 333–338, 341, 354–361, 363ff., 378, 383–387, 390, 395, 399, 404, 423ff., 429f., 432ff., 436, 437, 438f., 441f., 447f., 451ff., 459f., 463–467, 470, 473f., 480f.
Maria Stuart, Königin von Schottland 25, 27
Marot, Clément 15, 30
Matignon, Jacques II. von 136, 146f.
Maurevert, Charles de 71f.
Mayenne, Karl von Lothringen, Herzog von 151, 182, 186, 188, 194, 198ff., 202ff., 206, 209, 213, 215ff., 227ff., 234, 252f., 264, 267, 279ff., 286, 288, 297, 310, 317
Medici, Alexander von, Kardinal von Florenz 312f., 332
Melanchthon, Philipp 31
Mercoeur, Philipp Emanuel Herzog von 299f.
Mermet 14t
Michelet 20, 476
Mignon, Nicole 422

Miossens, Henri d'Albret, Baron von 22, 82
Mirabeau, Marquis von 471
Miron, François 181
Mole, Joseph Bonifaz de la 92f.
Monluc, Blaise de 41, 53
Montagu, Mademoiselle 128
Montaigne, Michel 59, 130
Montauban, Jean Gardezy von 183
Montbazon, Herzog von 320f., 379, 471
Montesquiou, Franz von 55, 134
Montglat, Madame de 23, 361, 431f.
Montgomery, Gabriel von, Graf von Lorges 26f., 38
Montigny 273f.
Montmorency, Henri I. de, Konnetabel 66, 88, 292, 347, 354, 443f.
Montmorency-Fosseux, Françoise de ›La Fosseuse‹ 131, 137
Montpensier, Henri de Bourbon, Herzog von 316, 361
Montpensier, Henriette de Joyeuse, Herzogin von 168, 177, 188, 191, 215, 241, 263f., 276
Morely, Jean 49
Morgan, Thomas 388

Nançay, von 83
Nanteuil-Schomberg, Gaspard Graf von 293
Navailles 135
Nemours, Anna d'Este, Herzogin von 350, 361
Nemours, Herzog von 213

Nevers, Henriette von Kleve, Herzogin von 93f.
Nostradamus, Michel 46f., 181

O, Marquis d' 192, 239f., 252, 289
Oignon, Baron von 174
Oranien, Wilhelm von 67, 136
Orléans, Gaston von 430, 432, 434
Orléans, Karl Herzog von 12
Ornano, d' 462
Orsini, Monsignore 85
Ossat, Arnauld d' 281

Palma-Cayet, Pierre-Victor 415
Pardaillan, Baron von 74
Paré, Ambroise 28, 72, 94, 361
Paul V. 430, 456
Paul, Vinzenz von 402
Paulet, Charles 418, 442
Péréfixe, Hardouin de 420, 464
Perron, Jacques Davy du 241, 281, 459
Pfalz-Neuburg, Wolfgang Wilhelm Pfalzgraf von 453f., 456
Philipp I., der Schöne, König von Spanien 13
Philipp II., König von Spanien 25, 30, 48, 85, 99, 118, 173f., 194, 198, 216f., 229, 235, 248, 258, 279, 285, 297, 300, 340, 342
Philipp III., König von Spanien 368, 377, 388, 390, 440
Philipp Emmanuel, Herzog von Savoyen 25, 298
Pius V. 58
Planche, Pierre Pépin de la 298
Pluviers 259

Poitier, Diane de, Herzogin von Valentinois 25, 27, 140, 181, 214
Pont-à-Mousson, Marquis de, Herzog von Bar 317
Portocarrero, Tello 295
Praslin 378, 450
Pujols, Baron 188

Rabelais, François 30
Raranton 436
Ravaillac, Jean-François 276, 456, 459, *461*, 465f., 472, 476f., *479*, 480f.
Réaux, Gedeon Tallemant des 220, 351, 368, 398, 427, 445
Renée de France, Prinzessin von Ferrara 38
Richelieu, Armand Jean du Plessis, Herzog von 169, 352
Ronsard, Pierre 13, 20, 30, 44, 63f., 94, 127
Roquelaure, Baron von 105, 107, 145, 295
Rosny, Maximilien de Béthune von s. Sully
Rouet, Louise von 104
Rudolf II., Kaiser 454
Ruggieri, Cosimo 47, 181

Saint-Germain, Julian von 181
Saint-Germain de Bacqueville 422f.
Saint-Julien, Dat de 399ff.
Saint-Michel 472
Saint-Sauveur, Claude de 182
Saint-Vincent, Etienne de 115
Salviati, Antonio Maria 83
Sancy, Harley de 188, 191, 292
Sauve, Charlotte de 93, 103, 120f.
Sieradz, Albert, Woiwode von 64
Sillery, Nicolas Prûlart de 332, 338, 377, 473
Sixtus V. 149f., 188
Soissons, Charles de Bourbon, Graf von 162, 172, 202, 361, 376, 385, 389, 472
Sourdis, François de 225
Sourdis, Isabelle de 225, 272, 321, 323
Sully, Maximilien de Béthune, Baron von Rosny, Herzog von 50, 85, 99f., 106, 122, 135, 210, 217, 234, 240, 245, 265, 289f., *291*, 296f., 308, 310ff., 314f., 321, 323. 328ff., 332, 337f., 342ff., 349, 356, 362, 364ff., 373f., 377, 379f., 383, 385–388, 390ff., 398, 402–408, *409*, 411f., 415–418, 420, 431, 438, 441, 446, 448, 450f., 455, 457, 460, 463, 467, 474, 480

Tavannes, Gaspard von 83
Thomassin 470
Thou, Jacques-Auguste de 173, 236, 352, 373, 414
Thou, Nicolas de, Bischof von Chartres 250
Tignonville, Jeanne von 117
Tillet, Charlotte de 476
Toledo, Don Pedro von 283, 404, 414, 436
Trémoille, Herzog von 280
Turenne, Henri de la Tour d'Auvergne, Vicomte de 122, 128, 158, 161, 403

Ubaldini, Nuntius 456

Valence, Bischof von 89
Valois, Karl von, Graf von Auvergne 208, 235, 326, 362, 365, 373ff., 378f., 382f., 386, 388–393, 398, 403
Vauban, Sébastien le Prêtre de 305
Velsaco, Du Fernande, Konnetabel von Kastilien 279ff.
Vendôme, Alexander Chevalier de 302, 320, 434, 436
Vendôme, César de 267, 292, 294, 299f., 312, 320, 401, 424, 434, 447
Vendôme, Henriette de 292, 320, 414
Verdun, Katharina von 214
Vermont 400

Verneuil, Gabrielle von 363, 432
Verneuil, Gaston-Henri, Graf von 363, 365f., 373
Vic, de 473
Vieilleville 26
Villars ›König Margarethe‹ 402
Villegomblain, François-Racine de 438
Villeroy, Neufville de 200, 336f., 354, 377, 408
Villars, Marquise de 265f.
Villiers, Franz von 71f.
Vinta, Belisario 348, 358
Vitry, Obrist 256, 378f., 470, 473

Willoughby, Lord 202

Zamet, Sébastien 220f., 321, 324, 356
Zerotin, Charles von 227